S.F.
V.

Richard Sennett

Civitas

Die Großstadt und die Kultur des Unterschieds

Aus dem Amerikanischen
von Reinhard Kaiser

S. Fischer

Die amerikanische Originalausgabe mit dem Titel
›The Conscience of the Eye. The Design and Social Life of Cities‹
erschien 1990 bei Alfred A. Knopf, Inc., New York.

Umschlaggestaltung: Buchholz/Hinsch/Walch
Satz: Fotosatz Otto Gutfreund, Darmstadt
Druck und Einband: F. Spiegel Buch GmbH, Ulm
Printed in Germany 1991
ISBN 3-10-072504-2

Für Saskia Sassen

»Hiebei bekenn' ich, daß mir von jeher die große und so bedeutend klingende Aufgabe: erkenne dich selbst, immer verdächtig vorkam, als eine List geheim verbündeter Priester, die den Menschen durch unerreichbare Forderungen verwirren und von der Tätigkeit gegen die Außenwelt zu einer innern falschen Beschaulichkeit verleiten wollten. Der Mensch kennt nur sich selbst, insofern er die Welt kennt, die er nur in sich und sich nur in ihr gewahr wird.«

Goethe

Inhalt

Einleitung: Das Gewissen des Auges

Die alten Griechen konnten die Komplexität des Lebens mit den Augen sehen. Die Tempel, die Märkte, die Stadien, die Versammlungsorte, die Mauern, die öffentlich sichtbaren Statuen und Bilder der antiken Stadt, sie alle verkörperten die Wertvorstellungen dieser Kultur in bezug auf Religion, Politik und Familie. Man wüßte nicht recht, wohin man sich heutzutage in London oder New York wenden sollte, um, sagen wir, Reue zu empfinden. Und wenn man Architekten heute bitten würde, städtische Räume zu entwerfen, die der Demokratie förderlich sind, dann würden sie den Zeichenstift niederlegen; in der modernen Architektur gibt es kein Äquivalent für eine antike Versammlungsstätte. Und es fällt auch nicht leicht, Orte zu ersinnen, die uns, wie die Griechen es in ihren »Gymnasien« erlebten, etwas über die moralischen Dimensionen des sexuellen Verlangens lehren – ich meine moderne Orte, an denen sich viele Menschen, ja Menschenmengen tummeln, nicht die Stille des Schlafzimmers oder die Einsamkeit der Couch des Psychologen. Als Stoff für die Kultur sind die Steine der modernen Stadt von den Planern und Architekten, wie es scheint, schlecht gesetzt, denn das Einkaufszentrum, der Parkplatz, der Aufzug im Apartmenthaus verraten in ihrer Form nichts von der Komplexität möglichen Lebens in ihnen. Aus dem, was einmal Erfahrung öffentlicher Räume war, sind heute, so scheint es, schwebende Vorgänge in der Psyche geworden.

Die Vergangenheit der Griechen können wir, auch wenn wir wollten, nicht wiederbeleben, aber wir würden wohl auch nicht wollen, denn ihre Stadt gründete auf massiver Sklaverei. Wenn man sich allerdings klarmacht, wie deutlich umrissen sie das Leben in seiner Fülle buchstäblich sehen konnten, kann man durchaus die Frage stellen, warum uns dies nicht möglich ist – eine Frage, die dieses Buch zu beantworten versucht.

Ein Unterschied zwischen der Vergangenheit der Griechen und unserer Gegenwart besteht darin, daß sich die Alten, wenn sie über politische, religiöse und erotische Erfahrungen nachdachten, ihrer Augen bedienen konnten, während die moderne Kultur unter einer Spaltung zwischen Innen und Außen leidet, einer Spaltung zwischen subjektiver Erfahrung und Erfahrung von Welt, zwischen dem Selbst und der Stadt. Mehr noch, es ist kennzeichnend für unsere Kultur, daß es immer wieder zu heftigen Konflikten kommt, sobald Menschen versuchen, der Innerlichkeit eine konkrete Form zu geben. Dies trennt uns nicht nur von unseren eigenen Ursprüngen, sondern auch von zeitlich näher liegenden nichteuropäischen Kulturen, die dem subjektiven Leben durch Masken, Tänze, Zeremonien, Heiligtümer, Weiheorte und kosmologische Systeme Materialität verleihen.

In dieser Spaltung zwischen der inneren, subjektiven Erfahrung und dem äußeren, materiellen Leben kommt eine große Angst zum Ausdruck, die sich unsere Zivilisation nie eingestanden hat und die sie erst recht nie genauer untersucht hat. Die von Menschen erfüllten Räume der modernen Stadt inszenieren den Konsum und sind ganz auf ihn beschränkt, oder sie sind dem touristischen Erleben vorbehalten und inszenieren dieses. Die Verödung und Trivialisierung der Stadt als Schauplatz des Lebens ist kein Zufall. Jenseits aller ökonomischen und demographischen Ursachen für die Neutralisierung der Stadt gibt es eine elementare, im Grunde genommen »spirituelle« Ursache dafür, daß die Menschen bereit sind, einen derart nichtssagenden Schauplatz für ihr Dasein hinzunehmen. Im Erscheinungsbild der Städte spiegelt sich eine mächtige, weitgehend unbeachtete Angst davor, sich »preiszugeben«.

Mit Worten wie »sich aussetzen« oder »Ausgesetztsein« verbinden wir die Vorstellung von möglicher Verletzung eher als die von möglicher Anregung. Die Angst davor, sich »auszusetzen«, ist in gewisser Hinsicht Teil einer militarisierten Auffassung der Alltagserfahrung, so als ließe sich das Modell von Angriff und Verteidigung auf psychische Prozesse ebensogut anwenden wie auf den Krieg. Es ist ein Merkmal unseres Städtebaus, daß er die Unterschiede zwischen Menschen verstellt, ausgehend von der Annahme, diese Unterschiede würden vor allem als gegenseitige Bedrohung und nicht als gegenseitige Anregung empfunden. Deshalb schaffen wir in der städtischen Sphäre nichtssagende, neutralisierende Räume, Räume, die die Bedrohung durch sozialen Kontakt ausschalten: Straßenfronten aus Spiegelglas, Autobahnen, die arme Stadtviertel vom Rest der Stadt abtrennen, Siedlungen, die nur als Schlafstädte taugen.

In diesem Buch werde ich zu zeigen versuchen, wie die Angst vor der Selbstpreisgabe entstanden ist, wie die Mauer zwischen Innerlichkeit und Außenwelt errichtet wurde. Diese Mauer steht in einem Zusammenhang mit der Geschichte unserer Religion: Das Christentum brachte die abendländische Kultur auf einen Weg, in dessen Verlauf auch eine Mauer zwischen innerer und äußerer Erfahrung errichtet wurde. Die Schatten, die diese Mauer wirft, fallen auch noch auf die säkulare Gesellschaft. Versuche, die Dimensionen von Innen und Außen zu vereinen, indem man die Mauer niederreißt und Innen und Außen zu einem organischen Ganzen verschmilzt, sind gescheitert; Einheit kann nur gewonnen werden, wenn man bereit ist, den Preis der Komplexität zu zahlen.

Das exponierte, nach außen gewendete Leben der Stadt kann kein einfaches Spiegelbild des inneren Lebens sein. Wer sich preisgibt, der tut dies in der Menge, unter Fremden. Das kulturelle Problem der modernen Stadt besteht darin, wie man diese unpersönliche Umgebung zum Sprechen bringen kann, wie man ihr ihre Ödnis, ihre Neutralität nimmt, deren Ursprünge an die Überzeugung geknüpft sind, daß die Außenwelt der Dinge nicht die eigentlich wirkliche Welt ist.

In der Schlacht, auf dem Sterbebett oder auf ihren Straßen waren die alten Griechen sicherlich keine weichherzigen, gutmütigen Gefühlsmenschen, die sich zu Tränen rühren ließen, sobald sie Zeugen fremden Leidens wurden. Zeuge zu werden sowohl von Unheil als auch von Vielfalt, galt vielmehr insofern als wertvoll, als das Individuum, indem es sich der Welt aussetzte, nach und nach seine Orientierung fand und lernte, ein Gleichgewicht zu wahren. Diesen Zustand bezeichneten die Griechen als *sophrosyne*, was man mit »Anmut« oder »Gelassenheit« übersetzen könnte. Heute würden wir einen Menschen, der sein Gleichgewicht in der Welt wahrt, als *centered*, als »zentriert« oder »ausgeglichen«, bezeichnen. Die Stadt sollte eine Schule sein, in der man lernen kann, ein »zentriertes« Leben zu führen. Indem wir uns anderen preisgeben, könnten wir lernen zu beurteilen, was wichtig ist und was nicht. Wir sollten Unterschiede auf den Straßen oder bei anderen Menschen weder als Bedrohung noch als sentimentale Verlockung, sondern als notwendige Visionen verstehen. Notwendig sind sie für uns, wenn wir – individuell und kollektiv – lernen wollen, im Gleichgewicht zu leben.

Man könnte meinen, dies sei nur eine Frage des Nachdenkens über das, was wir sehen, es gehe einfach darum, unseren Platz inmitten von anderen zu erkennen. Aber für die Griechen bedeutete Gleichgewicht sowohl Handeln als auch Sehen. Daraus, daß man Anteil nimmt an dem, was man sieht, erwächst auch das Verlangen, etwas zu tun, etwas zu machen. Die Griechen nannten dieses Verlangen *poiesis*, und davon leitet sich das Wort »Poesie« her, aber das griechische Wort bezeichnet mehr als eine einzelne Kunstgattung. Der Mensch im Gleichgewicht will nicht nur ein Gedicht machen, er will auch eine Rede halten, eine Schlacht schlagen, er will lieben – und stets ist jene »Anmut« oder »Gelassenheit« mit im Spiel. Insofern er sich darauf einläßt, etwas zu machen oder zu tun, sind *sophrosyne* und *poiesis* eng miteinander verknüpft. Ich gehe nicht so weit, die »Stadt als Kunstwerk« zu betrachten, wie es Donald Olsen in seinem gleichnamigen Buch tut, aber der Impuls hinter diesem Titel scheint mir in die richtige Richtung zu zielen. Sich aus dem, was man in der Welt sieht, »etwas zu machen«, führt zur Mobilisierung der eigenen schöpferischen Kräfte. Unsere Kultur braucht eine Kunst der »Selbstpreisgabe«; diese Kunst wird nicht den einen zum Opfer des anderen machen, sie wird aus jedem von uns Erwachsene machen, die besser imstande sind, ihr Gleichgewicht zu halten, mit Komplexität umzugehen und aus ihr zu lernen.

Civitas ist der letzte Band einer Trilogie über die Stadtkultur, die ich, als ich sie zu schreiben begann, so gar nicht geplant hatte. Der erste Band, *Verfall und Ende des öffentlichen Lebens. Die Tyrannei der Intimität* (*The Fall of Public Man*, 1977, dt. 1983), untersuchte die Trennung zwischen öffentlichem und privatem Leben, indem er das öffentliche Verhalten als eine Art Ritual betrachtete. In diesem Buch habe ich zu zeigen versucht, wie die öffentliche Sphäre ihre Kraft verlor, als sie ihre Rituale verlor. Der zweite Band dieser Trilogie war ein Roman, *Palais Royal* (1986), der davon handelt, wie die Komplexität einer Stadt das Leben von Individuen bereichert, die, gemessen an den geläufigen Maßstäben für Erfolg und Mißerfolg, scheitern. Das vorliegende Buch versucht die gesellschaftskritische Perspektive des ersten mit der persönlicheren Sicht des zweiten zu verbinden. Mehr als die beiden ersten zielt es darauf, die Architektur, die Planung, das Erscheinungsbild und die Ereignisräume der Stadt in einen Zusammenhang mit ihren kulturellen Formensprachen zu stellen.

Teil I:
Innere Schatten

1. Kapitel: Die Zuflucht

Innen und außen

Für die Menschen des Alten Testaments gab es eine Kluft zwischen Spiritualität und irdischer Erfahrung nicht. Wie den Griechen erschien auch ihnen das Dasein erfüllt von göttlichem Wirken – von gottgesandten Plagen, von Meeren, die sich auf wunderbare Weise teilten, von Stimmen, die aus brennenden Büschen sprachen. Gott war stets gegenwärtig. Aber im Unterschied zu den Griechen sahen sich die Menschen des Alten Testaments als entwurzelte Wanderer. Der Jahwe des Alten Testaments war selbst ein wandernder Gott, und seine Bundeslade konnte man tragen. Dazu der Theologe Harvey Cox: »Höchst interessant ist die Feststellung, daß die Israeliten in dem Augenblick, als die Lade von den Philistern erobert wurde, erkannten, daß Jahwe nicht einmal dort ansässig war. [...] Er wanderte mit seinem Volk und überall hin.«[1]* Jahwe war ein Gott der Zeit, nicht des Ortes, ein Gott, der seinen Anhängern für ihre unglückliche Wanderschaft das göttliche Heil verhieß.

Die frühen Christen faßten ebenso wie die Juden des Alten Testaments ihr Wanderdasein und ihr Ausgesetztsein als eine Konsequenz ihres Glaubens auf. Der Verfasser des »Briefes an Diognet« aus der Zeit, als das Römische Reich auf der Höhe seines Ruhmes stand, erklärte:

> »Die Christen sind weder durch Heimat noch durch Sprache und Sitten von den übrigen Menschen verschieden. Sie bewohnen nirgendwo eigene Städte [...] und führen kein absonderliches Leben. Sie bewohnen jeder sein Vaterland, aber nur wie

* Die Anmerkungen stehen am Ende des Bandes ab Seite 321.

> Beisassen. [...] Jede Fremde ist ihnen Vaterland und jedes Vaterland eine Fremde.«[2]

Das Bild des Wanderers diente auch dem hl. Augustinus dazu, in seinem Werk *De civitate Dei* (*Von der Stadt Gottes*) die beiden Städte voneinander abzugrenzen:

> »Von Kain nun steht geschrieben, daß er eine Stadt gründete, Abel aber als Fremdling tat dies nicht. Denn droben ist die Stadt der Heiligen, wenn sie auch hienieden Bürger erzeugt, in denen sie dahinpilgert, bis die Zeit ihres Reiches herbeikommt.«[3]

Diese These von der Pilgerschaft in der Zeit, im Unterschied zur Ansiedlung an einem Ort, kann sich auf Jesus berufen, der seinen Jüngern nicht gestattete, Denkmäler für ihn zu errichten, und außerdem die Zerstörung des Tempels von Jerusalem verhieß.

Die jüdisch-christliche Kultur hat es von Beginn an mit Erfahrungen der Ort- und Heimatlosigkeit zu tun. Die Schrecken des Preisgegebenseins bilden den Kern unserer religiösen Vorstellungen. In seinen Anfängen stand unser Glaube im Widerstreit mit dem Ort, weil unsere Götter selbst geneigt waren, zu wandern. Aber in der Zeit des Augustinus schwächte sich dieser spirituelle Widerstand gegen die Seßhaftigkeit ab. Anlaß für Augustinus' Werk *Von der Stadt Gottes* war die Plünderung Roms durch Alarich im August 410. Wie die meisten seiner Zeitgenossen war Augustinus tief erstaunt gewesen, daß die Barbaren die christlichen Kirchen weitgehend unangetastet ließen. Angesichts des von Volusianus und anderen Heiden erhobenen Vorwurfs, das Christentum habe den Kampfwillen der Römer untergraben, war Augustinus nun bemüht, seine Glaubensgenossen zu verteidigen; man könne, so erklärte er, ein guter Soldat und zugleich ein guter Christ sein, so sehr seien die Sphäre des Kampfes und die Welt der inneren Erfahrung voneinander geschieden. Und auf den Vorwurf, das Christentum gedeihe auf den Trümmern des Römischen Reiches und mache sich dessen Verfall zunutze, erwiderte Augustinus, zwar habe Gott die Ungläubigen durch die Barbarenhorden gestraft, die Christen indessen seien nicht befugt, sich zu neuen Herren und Wiedererbauern Roms aufzuwerfen; ihre Pflicht erfüllten sie mit ihrer Seele, nicht mit ihren Händen. Wenn Augustinus also von zwei Städten sprach, so meinte er »zwei Arten menschlicher Gemeinschaft, die wir mit unserer Heiligen Schrift sehr wohl zwei Städte nennen können«.[4] In dieser Bedeutung bezeichnete »Stadt« zwei unterschiedliche Formen von Autorität, »zwei große Pyramiden der Treue«[5], und nicht zwei unterschiedliche Orte.

Für die Christen in der Zeit des Augustinus war der Konflikt zwischen spirituellem Leben und irdischer Erfahrung etwas, das jedem Menschen, ob Christ oder Nicht-Christ, widerfuhr; der Christ nimmt den spirituellen Kampf auf, und dabei macht es ihm nichts aus, wenn er in einem Haus lebt, in dem auch Heiden ihre Kinder großgezogen haben. Er nimmt sein Bad, wo auch Heiden gebadet haben, und er benutzt für seine Gebete zu Jesus sogar ihre Tempel, ob sie nun Minerva oder Apollo geweiht sind. Dennoch schuf das Buch des Augustinus die theologische Grundlage für eine Stadt, deren Architektur und deren Formen dem ruhelosen Geist schließlich eine Heimstatt gaben. Dies hing damit zusammen, daß die »religiöse Vision« für Augustinus nicht bloß sprachliches Gleichnis, sondern ein konkreter Wahrnehmungsakt war. Diese »Vision« sollte letztlich zu einem nach innen gekehrten Leben führen, das in Glas und Stein Gestalt annahm. Seit dieser Zeit hat sich unsere Zivilisation bemüht, ihre spirituelle Entwurzelung mit dem Auge ebensosehr wie mit Worten zu bewältigen.

Auf das Wesen der religiösen Vision kommt Augustinus unmittelbar im Anschluß an seine Ausführungen über die beiden Städte zu sprechen. »Eine Art Schatten und prophetisches Bild dieser Stadt, mehr dazu bestimmt, sie anzudeuten als wirklich darzustellen, war dienstbar auf Erden zu einer Zeit, in welcher einstweilen bloß solch ein Hinweis am Platze war [...].« In dieser Passage nimmt die Vision zum erstenmal deutlich christliche Züge an. Für Augustinus wirft der »Schatten« des Ewigen, diese kaum faßliche Andeutung des Glaubens, seinerseits einen Schatten, der Dunkelheit und Licht erzeugt, die mit bloßem Auge von Gläubigen und Ungläubigen wahrgenommen werden können: »Wir müssen also zwei Weisen der irdischen Stadt beachten, die eine führt uns ihr eigenes Dasein vor Augen, die andere dient durch ihr Dasein als Hinweis auf die himmlische Stadt.«[6] Mit »Vision« verbindet

Augustinus die Vorstellung von einer Wahrnehmung, die ein Bild verfolgt, das gleichsam im Schrittempo einen mit Spiegeln ausgekleideten Gang entlangwandert. Dieses Bild besitzt eine merkwürdige Eigenschaft; je weiter es sich von seiner spirituellen Quelle entfernt, je näher es dem Alltäglichen kommt, desto leichter kann man es erkennen. Der Schatten ist klarer umrissen als das Licht, welches ihn erzeugt. Diese Feststellung lieferte Augustinus das Modell für den Prozeß, in dessen Verlauf Ungläubige zu Gläubigen werden. Diejenigen, die Gottes am meisten bedürfen, die Ungläubigen, können ihn finden, indem sie ihre Augen gebrauchen. Sie müssen darauf achten, woher das Bild kommt, sie müssen das Licht ausfindig machen, das den klar umrissenen Schatten hervortreibt. Die Lichtquelle selbst wird als Endpunkt eines langen Ganges bestimmt.

Ein neuerer Biograph des Augustinus, Peter Brown, hat diesen »stereoskopischen Effekt« als eines der Grundprinzipien für die Anordnung der Gedankengänge in *De civitate Dei* bezeichnet.[7] Augustinus geht von Heidnischem, von Vertrautem aus, fügt dann schwierigere, aber immer noch heidnische Gedanken oder Bilder hinzu, bis man plötzlich, so als würde man den ganzen Tunnel mit einem Blick durchmessen, an sein Ende gelangt und die Offenbarung eines neuen christlichen Bildes erlebt. Der Christ, der seinen Augen folgt, findet Gott.

Für Augustinus, wie für Platon, war das Auge ein Organ des Gewissens, des Bewußtseins (*conscience*); das griechische Wort *theoria* bedeutet nichts anderes als »Betrachtung«, »Schau« oder – im modernen Sprachgebrauch, der die physische Empfindung von Licht mit dem Verstehen verknüpft – »Erleuchtung«. Die religiöse Vision war aber keine plötzliche Erleuchtung, so wie wenn man in einem abgedunkelten Zimmer das Licht einschaltet. Man mußte sich vielmehr auf eine lebenslange Suche einlassen, um die Quelle des Lichts zu entdecken.

Auch die heidnischen Zeitgenossen des Augustinus und lange vor ihnen schon Homer faßten das Leben als Suche auf, aber diese Suche war mit einem aktiven Handeln in der Welt verbunden. So konnten beispielsweise Männer versuchen, die Ehre ihrer Familien wiederherzustellen und eine alte Kränkung zu rächen, indem sie einen Feind ihr Leben lang verfolgten. Die christliche Suche hingegen mündete nicht in ein handlungsreiches Epos, sie sandte den Mann oder die Frau vielmehr auf die Suche nach dem Glauben und war ganz und gar nach innen gerichtet. In seinen *Confessiones* schildert Augustinus, als er schließlich den Augenblick seiner Erleuchtung erlebt, wie ihm hier etwas widerfährt, nach dem er sein Leben lang gesucht hat, ohne daß er in jungen Jahren gewußt hätte, was es war. Später nähert er sich dem Glauben zunächst über Vernunftgründe, während ihm die volle, sinnlich wahrgenommene Erleuchtung des Glaubens immer noch fehlt. Denn erst am Ende sieht man klar.

Schon die Vorstellung, daß man den Glauben erst »finden« muß, so als würde Gott sich verbergen, erzeugt tiefe Ungewißheit. Der Heide und der Israelit des Alten Testaments zweifelten nicht an der Gegenwart ihrer Götter. Deren Nähe spürten sie im Geflüster des Windes zwischen den Zweigen der Bäume oder in der Heimsuchung ihrer Stadt durch eine Plage. Für Augustinus indessen war mit der Suche nach dem Glauben eine Erneuerung des Wahrnehmungsvermögens des einzelnen Menschen verbunden; der Mensch mußte neu sehen lernen. Aber es gab keine in der Schule, durch das Gebet oder durch das sokratische Beispiel erlernbare Formel, die zur religiösen Vision verhalf. Jeder Christ mußte für sich selbst den Weg dorthin finden, von wo das Licht erstrahlte.

Die »Zentriertheit« bezeichneten die Griechen, wie gesagt, als *sophrosyne*, und man könnte diesen Begriff auch mit »Grazie« oder »Gleichgewicht« übersetzen. Was dieses griechische Ideal bedeutet, kann man sich vielleicht an einem Tänzer oder einer Tänzerin vergegenwärtigen, von denen man sagt, er oder sie halte den eigenen Körper im Gleichgewichtspunkt; in der Vorstellung der Griechen wurde der körperliche Gleichgewichtssinn durch einen Kreisel, der die spirituelle Balance sicherte, ergänzt. Das spirituelle Zentrum des Augustinus hingegen war kein Gleichgewichtspunkt; seine Suche war nicht auf die *sophrosyne* gerichtet. Die Suche des Christen nach seinem spirituellen Zentrum löste sich in ihrem Fortgang von jeglicher Orientierung an Dinglichem ab; den Schatten war nicht zu trauen.

Diese christliche Theologie hatte nachhaltige und höchst irritierende Auswirkungen darauf, wie unsere Kultur die Realität der Sinne begreift und zugleich beargwöhnt. Einerseits eröffnen uns die Augen den Zugang zu Gott. Andererseits ist das meiste von dem, was uns die Augen bis zum Augenblick der Erleuchtung offenbaren, trügerisch. Anders als Platon hielt Augustinus es für notwendig, Erfahrungen immer aufs neue zu prüfen und zu gewichten; auch in seiner eigenen Lebensgeschichte gingen der endlichen Erleuchtung sinnliche Ausschweifung, Machthunger und unzählige Irrtümer voraus. Darin nämlich besteht die Tragik des Christen: Erfahrung ist als Voraussetzung des Glaubens unabdingbar, aber die Sinneserfahrungen korrespondieren nicht den Wahrheiten der Religion.

Diese Entkoppelung brachte es mit sich, daß »innen« und »außen« zu inkommensurablen Dimensionen wurden. Nichts hat sich für unsere Kultur als so verhängnisvoll erwiesen wie die fortdauernde Kraft dieser Spaltung. Sie macht es so schwer, Motive und Handlungen miteinander zu verknüpfen, weil jene einer anderen Sphäre anzugehören scheinen als diese. Erfahrungen wie die Liebe etwa münden in eine Verwirrung, weil die Gefühle im Inneren verschlossen und unsichtbar gehalten werden – dort, wo die »Wahrheit« ihren Sitz hat. Und auch die Orte, an denen Menschen leben, haben etwas Verwirrendes an sich. Die Straße ist eine Bühne des äußeren Lebens, und auf dieser Straße sieht man Bettler, Touristen, Händler, Studenten, spielende Kinder, alte Leute, die sich ausruhen – ein Panoptikum menschlicher Unterschiede. Aber in welcher Beziehung stehen diese Unterschiede zum inneren Leben? Worin besteht der spirituelle Wert der Vielfalt? Augustinus hat bereits erkannt, daß es dem Christen schwerfallen würde, den Wert menschlicher Mannigfaltigkeit zu ermessen. Der Glaubensakt raubt dem Menschen die Fähigkeit, den Szenen des äußeren Lebens einen Sinn abzugewinnen.

Wie Platon, der sich in seiner *Politeia* Gedanken über diejenigen machte, die plötzlich aus einer von schattenhaften Trugbildern erfüllten Höhle befreit würden, nahm auch Augustinus die Tatsache ernst, daß derjenige, der in die Sonne blickt, geblendet wird. Sobald der Christ seinen Glauben gefunden hat, kann er die Halbtöne und vielfältigen Formen jener irdischen Unterschiede, die Schatten, die der Alltagserfahrung ihre Form geben, nicht mehr erkennen; der Christ wird von der Wahrheit geblendet. In dieser Situation, in der die Wahrheit mit ihrer ganzen Gewalt auf ihn eindringt, ist der Christ auf Gottes Obhut angewiesen. Er hört auf, ein weltzugewandter Erwachsener zu sein, und kehrt zu einem einfacheren Dasein zurück – zum Dasein eines Gottes-Kindes.

Nach der Auffassung des Augustinus gab Gott den Männern und Frauen, die dieses Dasein führten, ein Versprechen, von dem selbst die frömmsten Juden des Alten Testaments nichts ahnten – das Versprechen der Sicherheit durch den Glauben. Allein dadurch, daß man glaubt, gewinnt man Gottes Schutz, auch wenn die Erlösung, die er der Märtyrerseele gewährt, schmerzlich getrennt bleibt vom Schutz des leidenden Körpers. Um die endlose Wanderschaft inmitten von Schatten abzuschließen und herauszufinden, woher das Licht kommt, muß man jedoch, während man mit den Augen an der Reihe der Bilder entlangwandert, eine Kapitulation auf sich nehmen – doch je bereitwilliger man seinen Willen fahrenläßt, desto größer die Einsicht in das, was man sieht. Insofern hatte die religiöse Vision des Augustinus eine konkrete politische Konsequenz. Es wird dir versprochen, daß man für dich Sorge tragen wird, sofern du dich unterwirfst, sofern du gegen Bischof oder König, gegen Vater oder Mutter deine Pflicht tust. Die Vision führt den Wanderer in ein Haus, in dem die Qualen des Preisgegebenseins aufhören, das aber zugleich ein Haus der Unterwerfung ist. Das Auge ist ein Organ sowohl des Glaubens als auch der Herrschaft.

Die Errichtung der Mauer zwischen Innen und Außen

Pläne für eine christliche Stadt aus wirklichen Steinen hat dann der heilige Isidor von Sevilla (etwa 560–636) entworfen. Er war ein praktisch veranlagter Mann. Mit Waffengewalt bekehrte er die Westgoten zum Christentum und errichtete eine ganz Spanien umfassende kirchliche Hierarchie. Auch seine gelehrten Arbeiten dienten einem praktischen Zweck; er schrieb die *Etymologiae*, ein

Buch über den Ursprung der Wörter, das zur Klärung ihres Gebrauchs beitragen sollte. Darin führte er das Wort *Stadt/city* auf verschiedene Ursprünge zurück. Die eine Wurzel ist *urbs*, ein Wort, das die Steine der Stadt bezeichnet; die Steine einer Stadt werden aus praktischen Gründen wie Obdach, Handel und Schutz in Kriegszeiten aufgeschichtet. Die andere Wurzel für *Stadt* ist *civitas*; dieses Wort bezeichnet die Empfindungen, Rituale und Anschauungen, die in einer Stadt Gestalt annehmen.

Das Christentum, so dachte Isidor, kann in einer heidnischen *urbs* nicht praktiziert werden. In dieser Überzeugung ging der Sieger über die Westgoten einen Schritt weiter als Augustinus und die anderen frühen Kirchenväter, die es nicht für notwendig hielten, die Tempel, die Thermen, die Gärten und Märkte der Ungläubigen niederzureißen. Isidor hingegen glaubte, daß der Christ in dem mühevollen Kampf um das spirituelle Leben eine eigens für ihn entworfene *urbs* brauche. Die *Etymologiae* erklären nicht, wie der Entwurf aussehen soll, sondern nur, daß der Christ eine Stadt bauen müsse, um die Flüchtigkeit und die Unruhe der Seele einzudämmen.

Im 7. Jahrhundert n. Chr. hatte dieser Glaube an das Bauen etwas Heroisches. Überall zerfielen die Städte: plündernde Heidenstämme verwandelten die öffentlichen Gebäude des Römischen Reiches in Steinbrüche; auf den Straßen, die nicht mehr von wogenden Menschenmengen blank getreten wurden, wuchs glitschiges Moos. Aber nicht allen Städten widerfuhr dieses Schicksal. Mailand, Trier und Paris wuchsen weiter, als das Römische Reich unterging – aber sie wuchsen als Festungen, als Orte, an denen die Menschen von der kirchlichen Hierarchie Schutz erwarteten. Unter diesen Umständen konnte die Idee der Erneuerung nur aus tiefverwurzelten Glaubensüberzeugungen oder Wertvorstellungen hervorgehen. Angesichts derart widriger Bedingungen zu bauen, erforderte eine große Kraft der Hingabe, die noch viele Generationen von Maurern und Zimmerleuten antreiben sollte. Diese Kraft rührte daher, daß diese Männer an einem idealen »Inneren« bauten, das den Kindern Gottes Schutz vor der Straße bot. In diesem »Inneren« vertrieb das Licht des Glaubens die Schatten der Differenz.

In den Tagen Isidors entwickelte sich die Kirche zu einer Gemeinschaft von Bauenden. Vom 6. bis zum 10. Jahrhundert wurde die christliche Verpflichtung, Obdach zu gewähren, mit Nachdruck umgesetzt, und es entstand ein Netz von Städten. Als Tourist kann man sich heutzutage jedoch leicht einen Eindruck davon verschaffen, daß die Bauleute des frühen Mittelalters auch die von Augustinus propagierte Gleichgültigkeit gegenüber der materiellen *urbs* beherzigten, denn hinter ihren Mauern scheint diesen Städten jede planvolle Anlage zu fehlen. Die Straßen schneiden und kreuzen sich zufällig, sie werden enger oder verbreitern sich, ohne jede Beziehung zu den angrenzenden Gebäuden. Selbst in Städten wie dem norditalienischen Aosta oder im französischen Nantes, die das regelmäßige Gitternetz der römischen Stadtplaner erbten und die ohne Unterbrechung bewohnt waren, hatte die mittelalterliche Bautätigkeit zur Folge, daß die alten römischen Foren mit Gebäuden gefüllt wurden, die ihre Lage im Gitternetz oder ihr Verhältnis zueinander ignorierten – ein Flickenteppich von Neubauten auf dem alten Raster der Rechtecke. Tatsächlich funktionierte die mittelalterliche Stadt nach einem ganz anderen Regelsystem.

Die Baumeister des Mittelalters waren Maurer und Zimmerleute, keine Theoretiker. Als Christen wußten sie wohl, daß der säkulare Raum anders aussehen sollte als der sakrale. Dieser Unterschied wurde dadurch erzeugt, daß die säkularen Gebäude zu einem dichten, von engen, ineffizienten Straßen durchzogenen Gewirr verwuchsen, während die Kirchen mit Umsicht plaziert, mit großer Sorgfalt gebaut und in ihrer Konstruktion genau berechnet waren. Dahinter stand keine stadtplanerische Theorie, aber im Ergebnis verlieh diese Anlage der Städte den Anschauungen des Augustinus eine konkrete Form. In dieser Stadt war die Mitte genau markiert, präzise und sorgfältig gestaltet, und hier regierte das Wort Gottes – im Kontrast zu der wogenden, in ständigem Fluß befindlichen Umgebung. Mehr noch, die Mitte bot Zuflucht und Schutz vor der Gewalttätigkeit, von der die übrige Stadt durchdrungen war. Die christlichen Bauleute schufen ein Zentrum mit diesen Merkmalen, und sie schufen sie auf eine besondere Weise.

Laotse: »Das eigentlich Wirkliche eines Raumes sind nicht die

Wände, es ist vielmehr die Leere, die sie umschließen.«[8] Auch chinesische und japanische Städte besitzen Zentren, die durch geheiligte Orte definiert werden. Der Kaiserpalast in Tokio zum Beispiel diente als Orientierungspunkt für eine Stadt, die sich jahrhundertelang um ihn herum immer wieder verlagert hat. Aber diese heilige Stätte war, ähnlich wie die Verbotene Stadt in Peking, als Leere konzipiert, als Mitte, die der Außenwelt verwehrt war, als Ort, an dem das Profane abwesend war. Der katholischen Lehre hingegen erschien das Heilige als etwas, das dem Suchenden in gewissem Grade sichtbar sein sollte. Und die riesigen mittelalterlichen Kirchen waren eine Art Zeichen oder Hinweis auf dieses Heilige.

Die Kirchen des 12. Jahrhunderts unterscheiden sich von denen der Zeit Isidors durch ihre ins Gigantische strebenden Dimensionen. Manche Autoren haben versucht, diese Größe rein funktional zu erklären, haben sie als ein Mittel bestimmt, die Macht der Kirche gegenüber dem säkularen Treiben in ihrer Umgebung materiell faßbar zu machen. Damit haben sie eine fragwürdige Idee unserer Zeit auf das Mittelalter übertragen. Die Macht Gottes war auf Reklame nicht angewiesen; das Problem bestand vielmehr darin, wie sich die jammervolle, sündige Menschheit Gott nähern konnte, wie der Gemeinde eine Anschauung von seiner Gegenwart zu vermitteln war, statt seine Existenz lediglich zu behaupten. Die schiere Größe des Kirchenbaus, der riesige, von farbigem Licht, Weihrauch und Gesang erfüllte Raum sollte diese Anschauung befördern. Die Kathedralen dienten also nicht eigentlich der Zurschaustellung nach außen, groß waren sie vielmehr um dessentwillen, was sich in ihrem Inneren abspielte. Indem hier alle seine Sinne in Anspruch genommen wurden, erlebte der Gläubige Gott als überwältigende Gegenwart und nicht, wie in den nüchternen Tempeln von Tokio oder Peking, als leeres Zeichen.

Die Baukörper der mittelalterlichen Kirchen verraten eine mathematische Präzision, die so ausgefeilt war, daß sie in vieler Hinsicht die Genauigkeit, die in der modernen Bautechnik aufgewendet wird, weit übertrifft. Die gotische Bauweise war ein höchst effizientes System zur Errichtung hoher Gewölbe mit minimalem Materialaufwand; der Preis für dieses sparsame Bauen war, daß der geringste Fehler beim Legen und bei der Zurichtung der Steine den Einsturz der Bögen bewirken konnte. Dem technischen Scharfsinn, der in den Gewölbekonstruktionen etwa des Freiburger Münsters oder der Kathedrale von Chartres zum Ausdruck kommt, begegnet man in den weltlichen Gebäuden in ihrer Umgebung nirgendwo – ein qualitativer Unterschied in der Konstruktionsweise, der sich durch die Größenunterschiede zwischen diesen Gebäuden allein nicht erklären läßt. In den mit äußerster Sorgfalt und Präzision errichteten Kirchen, deren Verhältnis zu den sie umgebenden, sehr viel dürftigeren weltlichen Gebäuden etwas Zufälliges zu haben scheint, wurde die Ingenieurkunst zu einem Moment der Glaubensanstrengung. Die Präzision gewann hier spirituelle Bedeutung.

Ein Zentrum, das sichtbar ist, weil es ausladend und massiv ist, ein Zentrum der Klarheit im Gegensatz zur Wirrnis des Diesseitig-Irdischen: in der mittelalterlichen Stadt, in der es ein solches Zentrum gibt, kommt es zu einer Emanation, es zeigt sich ein Schatten vom Schatten der Gegenwart Gottes. Hier hat sich die Glaubensvision des Augustinus in die Struktur einer Stadt übersetzt. Die ersten christlichen Städte machten den Gegensatz zwischen dem »Sakralen« und dem »Säkularen« als Kontrast zwischen Klarheit und Mannigfaltigkeit in der *urbs* sinnfällig.

Es gibt zwei Möglichkeiten, Aufmerksamkeit auf ein materielles Objekt zu lenken, genau wie in der Sprache: durch Betonung oder durch Diskontinuität. Die Betonung tendiert zur Übertreibung. Die Kursivierung eines Wortes beispielsweise soll unterstreichen, daß es *wichtig* ist. Betonung läuft auf Konzentration von Bedeutung hinaus. Im modernen Raum wird die Betonung oft dadurch erzeugt, daß man eine gewöhnliche Form übertreibt – man gibt einem Dach eine übermäßig steile Neigung oder den geschwungenen Kotflügeln eines Autos die Form eines Penis. Das Auge nimmt die übersteigerte Wirkung wahr und bemerkt das Objekt. Die Baumeister des Mittelalters erzeugten Aufmerksamkeit, indem sie einen Gegensatz zwischen geordneten und ungeordneten Räumen schufen, aber auf Betonung in unserem Sinne waren sie nicht angewiesen. Weder betonte noch konzentrierte die Kirche innerhalb ihrer Mauern die verschiedenen Tätigkeiten, denen die Menschen innerhalb der Stadt nachgingen. Die Bauleute lenkten die Aufmerksamkeit auf das spirituelle Zentrum, indem sie Diskontinuität herstellten.

Diese Diskontinuität hätte Augustinus wahrscheinlich leicht verstanden, während es ihn wohl irritiert hätte, daß die Theologie eine derart greifbare, materielle Gestalt angenommen hatte. Am Ende des Ganges mit seinem »stereoskopischen Effekt«, nachdem man von den Schatten und Spiegelbildern durch einen langen, gewundenen Tunnel geführt wurde, sieht man sich plötzlich der offenbarten Wahrheit, dem Glauben selbst gegenüber, der klar umrissen ist und ganz für sich steht. Den modernen Betrachter irritiert eher das willkürliche Bauen in der mittelalterlichen Stadt; aber das zufallsbestimmte Gewimmel der Häuser und Plätze bildete den notwendigen Kontrast, vor dem die gegliederte Klarheit zum Ausdruck einer Glaubenserfahrung werden konnte.

Dem romantischen Blick des 19. Jahrhunderts erschienen die Kirchen und Kathedralen der mittelalterlichen Stadt als stille, gruftartige Refugien. Dank den Arbeiten von Alain Erlande-Brandenburg und anderen neueren Historikern wissen wir, daß dieses romantische Bild von der weihevollen Einsamkeit trügt. Die Kathedrale und die mit ihr verbundenen Gebäude waren in die Ökonomie und die Politik der Stadt eingefügt, aber sie bildeten eine Stadt in der Stadt, durch Diskontinuität getrennt von anderen, säkularen Lebenssphären.

In Cordes, einem Städtchen im französischen Departement Tarn, kann man beobachten, wie die Inszenierung von geheiligter Klarheit im Laufe eines Jahrhunderts bewerkstelligt wird. Cordes war eine sogenannte *bastide*, eine befestigte Garnison, abgesondert von der Burg des Oberherrn, der die *bastide* gegründet hatte. Cordes wurde vom Grafen Raymond VII. von Toulouse im Jahre 1222 begonnen, also gegen Ende der Albigenser-Kriege, die die Bevölkerung der Gegend dezimierten. Nach den ursprünglichen Plänen schmiegten sich die Häuser dicht an eine Mauer, die ein Rechteck umschloß, und bildeten einige Jahre lang ein regelmäßiges Gitterraster nach römischem Muster. Im Jahre 1273 aber, als die Erinnerung an den Krieg verblaßt war, wurden der Stadt Marktrechte verliehen, und auf dem Hügel, auf dem ursprünglich die *bastide* angelegt worden war, begann man mit dem Bau von Saint-Michel, einer der schönsten Kirchen des späten 13. Jahrhunderts; doch die Häuser dieser reichen, friedlichen neuen Stadt wurden in der Umgebung der Kirche gänzlich planlos und willkürlich verteilt.

Der Kontrast von »gegliedert« und »ungegliedert« in der Horizontalen wird durch den Kontrast in der Vertikalen noch verstärkt. Nicht nur die Christen verbinden die Vorstellung der Höhe mit dem Glauben und die der Tiefe mit dem Bösen. Auch die Autoren des frühen Islam dachten sich das Universum als eine Art Trichter mit Himmels- und Höllenkreisen, ähnlich denen in Dantes *Göttlicher Komödie*. Der Unterschied zwischen dem Erbauer einer mittelalterlichen Moschee und dem christlichen Architekten gründete in ihrem Verhältnis zur anschaulichen Darstellung. Der Islam untersagte die Herstellung heiliger Bilder, um der Götzendienerei vorzubeugen, und dieses Verbot erstreckte sich auch auf die Gebäude – es war untersagt, die Gottheit in irgendeiner Weise nachzuahmen. Dagegen versuchten die christlichen Baumeister ebenso wie die Maler religiöser Bilder, den Glauben gerade für das Auge faßbar zu machen. Die kreuzförmige Anlage der Kirchen veranschaulicht Christi Leiden am Kreuz, und nicht weniger deutlich ist der Hinweis auf die Himmelfahrt, die sich in dem architektonischen Griff nach der Höhe verkörpert.

Die Türme an vielen mittelalterlichen Kirchen sind allerdings erst im 19. Jahrhundert hinzugefügt worden; mit Höhe verband sich ursprünglich die Vorstellung des Aufblickens im Inneren der Kirche, während des Gebets, als eines visuellen Nachvollzugs der Himmelfahrt. Es ist interessant, die Wirkung der Zutaten des 19. Jahrhunderts mit der ursprünglichen Höhe im Inneren zu vergleichen. Die Zutaten wurden nämlich offenbar nach dem Prinzip der Betonung – je mehr, desto besser – angefügt, in diesem Falle also: je höher, desto spiritueller. Diese Hinzufügungen machen die Gebäude jedoch kopflastig; der Turm steht in einem Mißverhältnis zur Grundfläche. Drinnen aber erzielen die weniger hohen Decken genau jene gewünschte Wirkung, die man später draußen zu erreichen versuchte; die Gewölbe sind in ihren Ausmaßen genau darauf abgestimmt, daß das aufblickende Auge tatsächlich sehr weit wandern kann, aber schließlich an ein Ziel gelangt, eine Innendecke, die noch in jedem Detail lesbar ist. Man sieht hier die Unterseite des Himmels. Es ist die Präzision in der Baugestaltung und nicht das Bauen um der schieren Größe willen, die diese Wirkung erzeugt. Um das Beispiel eines ganz und gar neuen Gotteshauses zu nehmen: das Kirchenschiff der Kathedrale St. John the Divine in New York ist merklich höher als das der mittelalterlichen Kathedrale von Rouen. Das Schiff von St. John ist riesig, das von Rouen ist ehrfurchteinflößend. In den echten mittelalterlichen Kirchen genügte der präzise Umgang mit der Höhe, um die visuelle Vorherrschaft über die flachen Horizontalen des Irdischen zu sichern. Horizontale und vertikale Klarheit waren überdies miteinander verbunden. Im mittelalterlichen Lübeck zum Beispiel gab es fünf große Kirchen, die zwar nicht auf der Ebene des Straßennetzes, wohl aber in der Höhe ihrer Dächer so miteinander koordiniert waren, daß man von jedem Punkt in der Stadt eine Kirche erblicken konnte.

Wie in jedem Zeitalter wies der Städtebau auch im Mittelalter eine Vielfalt spezifischer Formen auf. Mehr als in anderen, weiter im Landesinneren gelegenen Städten bemühte man sich zum Beispiel in Bremen, das Zentrum der Handelstätigkeit allein schon wegen des Umfangs des Handels zu gliedern. In den mittelalterlichen Städten Italiens hielten sich römische Gewohnheiten und heidnische Erinnerungen: im 11. Jahrhundert ging die Stadt Todi bei der Anlage ihrer Marktplätze mit mehr geometrischer Vernunft zu Werke als etwa die Hansestadt Rostock. Aber den Raum durch Abgrenzungen zu heiligen, die sich der Unregelmäßigkeit des Irdischen entgegensetzten, wurde zu einem Kennzeichen des abendländischen Städtebaus. Die moslemischen Städte der damaligen Zeit machten keine deutliche Trennung zwischen dem Sakralen und dem Säkularen, zwischen Moschee und Markt; und in der römischen Vergangenheit vieler christlicher Städte waren die Aquädukte mit derselben Sorgfalt errichtet wie die Tempel.

Augustinus hatte dem erleuchteten Gläubigen auf seiner Wanderschaft den Schutz Gottes verheißen. Der religiöse Mittelpunkt der christlichen Stadt sollte diesen versprochenen Schutz gewähren.

Das christliche Asylrecht reicht bis ins frühe Mittelalter zurück: innerhalb der Kirchenmauern dürfen Feinde nicht verfolgt werden; wer sich in einer Kirche oder einem Kloster aufhält, hat Anspruch auf Speisung und, wenn er krank ist, auf Pflege. Zu Isidors Zeiten war das Netz der Straßen und Gebäude in den Städten locker gewoben; oft umschlossen die Stadtmauern auch Felder und Baumgruppen. Aber im 11. Jahrhundert war dieses Netz bereits sehr viel enger geknüpft (außer in Städten ohne Mauern wie Canterbury oder Gloucester). Die sakrale Stadt dehnte sich aus und stieß auf die sich ebenfalls ausdehnende säkulare Stadt. Dabei war die säkulare Stadt des Mittelalters jenseits der Kirchensphäre ein einziger Markt. Überall wurde gekauft und verkauft, auf der Straße, in den Häusern und auf offenen Plätzen. Diese Marktplätze bildeten jedoch keine Zentren in der säkularen Stadt – damit wäre die säkulare Sphäre eine Art Gegengewicht zum sakralen Zentrum geworden. Marktplätze wurden selten planvoll angelegt; meistens waren es freie, offene Zonen, in denen sich das Geben und Nehmen, das Feilschen und Transportieren, das auch jeden anderen zugänglichen und unzugänglichen Winkel der Stadt mit Getriebe erfüllte, lediglich fortsetzte. Auch innerhalb der Kirchen war den mittelalterlichen Zünften oft ein bestimmter Bereich vorbehalten, da die Zünfte häufig Förderer des Kirchenbaus waren. Wie konnte die Kirche unter solchen Bedingungen zunehmender Enge als Bollwerk gegen die Welt dienen?

In Städten, die auf Klostergründungen zurückgehen, etwa in Magdeburg oder in Sankt Gallen, wurde die unmittelbare Umgebung der Kirchen zu einer Art Schutzraum, zu einem Niemandsland. Durch ihre Massigkeit und ihre Höhe boten die Kirchengebäude zwar Schatten und Schutz vor Wind, die auch dem Handel hätten nützlich sein können, aber die Kluft zwischen dem Sakralen und dem Säkularen ließ eine solche praktische Nutzung nicht zu. Eine Leerzone machte sinnfällig, daß sich die Maßstäbe und Formen des Lebens veränderten, sobald man in die andere Sphäre überwechselte. Dieser Bruch umgab die Kirchen mit dem, was man damals »Freistatt« nannte. Hier ließen sich die Bettler nieder, hierher brachte man die noch lebenden Opfer der Pest aus ihren Häusern, und dies war auch der Ort, an dem Kinder ausgesetzt wurden. Kurz, es war der Ort, an dem alle Bedürftigen einen Anspruch darauf hatten, daß man sich ihrer annahm. Ursprünglich gehörte auch der Vorhof der Kirche zu dieser Freistatt (dieser Vorhof, meist ein regelmäßig geformter Treppenabsatz, war eher eine Erweiterung der Kirchenvorhalle als Teil des Außen). Mit der Zeit wurde der Vorhof zu einem Platz, an dem öffentliche Rituale zelebriert, Theaterspiele aufgeführt und Reden gehalten wurden, während sich die Schutzzone unter freiem Himmel nach den Gärten hinter und neben der Kirche verlagerte, in die Nischen zwischen den Strebepfeilern. Hier befand sich die Region des Übergangs, ein Außen, das der Stadt bereits entzogen war und für Stille im Zentrum sorgte.

Das Wort »Kathedrale«, das zuerst im Hochmittelalter auftauchte, bezeichnete nicht nur das Kirchengebäude selbst, sondern auch den Sitz des Bischofs und seiner Verwaltung, sodann einen spezialisierten, für die Bedürfnisse der Kleriker eingerichteten Markt und das *hôtel Dieu*, in dem die Kranken gepflegt wurden. In diesem Ensemble von Gebäuden waren dieselben Regeln wie in der Freistatt unter freiem Himmel gültig. Wenn der Bewohner einer modernen Großstadt wissen will, wohin er sich wenden soll, um Hilfe zu erhalten, dann muß er zunächst die Art seines Leidens genau bestimmen – jemand, der an AIDS erkrankt ist, erfährt dies vielleicht zuerst von einem Arzt, dann kommt er möglicherweise zu dem Schluß, daß er die Dienste eines Sozialarbeiters und eines Rechtsanwalts benötigt, und schließlich sieht er sich um, wo er diese Hilfe finden kann. Dank den Schutzzonen und Gebäuden, die als Freistatt galten, kehrte sich diese Suche in der mittelalterlichen Stadt um. Zuerst begab sich der Bedürftige dorthin, wo Hilfe obligatorisch war; sodann wurde die Art seines Leidens festgestellt und schließlich, wenn möglich, ein Heilmittel gefunden. Wer um Hilfe bat, mußte nicht im voraus wissen, wie es um ihn stand, und die Logistik des Kirchenbaus war so beschaffen, daß stets klar war, wohin er sich wenden mußte.

In mancher Hinsicht sind diese Freistätten nur eine kurze Fußnote in der europäischen Stadtgeschichte. Untersucht man die Beziehung zwischen Burg und Stadt, so ergeben sich weiterreichende und in einem direkteren Sinne politische Fragen im Hinblick auf die Bedeutung von Schutz und Zuflucht. In Avignon, in Granada oder auch im mittelalterlichen Mannheim (bevor die Mauer zwischen Burg und Stadt niedergelegt wurde) funktionierte die Burg als eine getrennte, von der Kirche und gelegentlich auch von aufständischen Untertanen abgerückte Sphäre. Zuweilen dienten den Herren die Burgen als befestigte Horste, von denen aus sie die Bewohner ihrer Dörfer und Städte regelrecht ausplünderten. Aber diese massigen befestigten Freiräume mußten sich ganz und gar auf ihre Steine verlassen, während die Kirche durch eine Art von Magie geschützt war: Gott richtete eine unsichtbare Barriere um jene Zone auf, in der die Strebepfeiler emporragten, die Nonnen angsterfüllte Säuglinge in den Armen hielten, die Leprakranken bettelten, und machte auf diese Weise deutlich, daß hier die Bedürftigkeit ihre Stimme erhob.

Der scharfe Dualismus zwischen Innen und Außen trat städtebaulich zuerst in der Art und Weise zutage, wie das Mittelalter Territorien abgrenzte. Die Freistatt entstand dort, wo Barmherzigkeit und Rücksichtnahme auf andere fehlten: auf der Straße gab es keine Barmherzigkeit, und nachdem man in der Kirche gebetet hatte, konnte man hinausschlendern und zuschauen, wie auf dem Marktplatz jemand gevierteilt wurde. Magische Räume bringen nicht immer und nicht notwendigerweise einen solchen Dualismus hervor. Ganz anders als die Freistatt um die mittelalterliche Kirche war zum Beispiel der Boden beschaffen, der den griechischen Tempel mit seinem Zauber schützte. Dieser geheiligte Boden behütete den Tempel als materielles Ding, doch die Offenbarungen, die den Frommen in ihm zuteil wurden, sollten in die Stadt getragen und dort in Handeln umgesetzt werden. Diese spirituelle Botschaft war von ganz anderer Art als die der Prozessionen, die in den Straßen der mittelalterlichen Stadt umherzogen. Kaum war eine solche Prozession aus dem Blickfeld verschwunden, da kehrte die Straße nach der Aussage eines Einwohners von Paris aus dem 13. Jahrhundert auch schon »zu den Wölfen zurück«. In einer Epoche, in der das Sakrale und das Säkulare im Gefüge der Stadt heftig aneinanderstießen, wurden deshalb große Anstrengungen unternommen, einen geheiligten Raum zu markieren, in dem irdisches Tun keine Ansprüche erheben konnte. Das mittelalterliche Theater liefert hierfür ein interessantes Beispiel: die Passionsspiele, die zunächst im Inneren der Kirchen aufgeführt worden waren, wurden im Laufe des 12. Jahrhunderts immer mehr nach draußen verlagert, während gleichzeitig der Teufel und seine Unterteufel, die anfangs als erschreckende, in einen elementaren Kampf verwickelte Urgewalten dargestellt worden waren, zunehmend zu komischen Figuren mit menschlichen Zügen gerieten. Obgleich die Klöster auf dem Land ebenso wie die in der Stadt verpflichtet waren, Schutz und Hilfe zu gewähren, erzeugte vor allem die Zusammenballung der Menschen in der Stadt den Kontrast zwischen sakraler Obhut und säkularer Gleichgültigkeit. Die Freistatt schützte die Menschen vor der Stadt, während die irdische *civitas* amorph, gewalttätig, ungegliedert blieb – ein Ort der moralischen Amnesie.

Hier nun liegt eine der historischen Wurzeln der modernen Angst vor dem Preisgegebensein und der Selbstpreisgabe. Dort wo Menschen in der mittelalterlichen Stadt bloßgestellt und ausgesetzt wurden, wurde Schmerz in einer Weise sichtbar, die für andere erträglich war, die man sogar genießen konnte. Kein moralisches Gebot nötigte in der äußeren Welt dazu, sich abzuwenden; wenn man dabei zusah, wie anderen Menschen an exponierten Stellen Leid widerfuhr, so war dies nichts anderes als ein Schauspiel. Sobald man aber die Schwelle des Gotteshauses überschritten hatte, wuchs dem Leiden plötzlich ein neuer Ernst zu; sein Anblick erlegte dem Betrachter die Pflicht zur Barmherzigkeit auf. Solche Wirklichkeit und Wirksamkeit gewann der Schmerz aber nur auf geheiligtem Boden. Die Konkretisierung der Ethik war abhängig vom Ort, von einem Ort, dessen visueller Charakter sich durch klare Gliederung, durch Präzision auszeichnete.

Augustinus dachte sich seinen Pilger als jemanden, der tief in die Welt eingetaucht ist. Während seiner Suche sind alle seine Sinne in einem Chaos versunken, und erst wenn er die spirituelle Erleuchtung erfahren hat, erkennt er, wo er sich befindet, welchen Platz er – so die Vorstellung des Augustinus – innerhalb einer imaginären Hierarchie einnimmt. Nun aber hatte die Optik des Glaubens materielle Bauwerke hervorgebracht. Dadurch hatte sich das Wesen der Pilgerschaft verändert. In einer Stadt, die die Beziehung des Menschen zu Gott in greifbare Formen gliederte, brauchte der spirituelle Wanderer die Straßen kaum zu durchzuforschen, brauchte nicht zu erkunden, was hinter den Unterschieden zwischen den Menschen lag. Er brauchte sich nur kurz umzusehen, und schon wußte er, wohin er sich zu wenden hatte, wo seine Reise zu Ende sein würde. Sobald sie steinerne Gestalt annahm, weitete sich die Kluft zwischen dem spirituellen Inneren und dem weltlichen Äußeren. Von allen Folgen, die diese tausendjährige Geschichte für die moderne Zeit hatte, hat sich keine als so destruktiv erwiesen wie diese Kluft: das Außen als Dimension der Vielfalt und des Chaos hat als moralische Dimension seine Wirkung auf unser Denken und unser Vorstellungsvermögen verloren – ganz anders als das gegliederte Innen.

Die moderne Angst vor dem Preisgegebensein

In einer bestimmten Filiale eines großen Auktionshauses in Manhattan wird neben sehr wichtigen Gegenständen allerlei Familienplunder versteigert. Die staubigen Aquarelle, die Tante Ethel vor vierzig Jahren in Venedig von einem reizenden jungen Maler gekauft hat, die Sammlung von silbernen Eispickeln, die Onkel Herbert in den Jahrzehnten nach jener schicksalhaften Reise zusammentrug – alle diese Überbleibsel aus erloschenen Leben werden am Tag vor der Versteigerung einem seltsamen Publikum präsentiert, das aus lauter leidenschaftlichen Voyeuren besteht. Vor ein paar Jahren errichtete diese Firma bei einer solchen Gelegenheit einmal eine bizarre Dekoration aus den verschiedensten Habseligkeiten. Neben einer Rudermaschine stand ein viktorianischer Rollstuhl, und davor war eine Sammlung von Cocktail-Shakern im Art-Deco-Stil aufgebaut, vielleicht als Warnung an den Käufer, daß übermäßiges Trinken ihn nötigen könnte, von dem einen Sitz in den anderen überzuwechseln. Und zu beiden Seiten dieser Zusammenstellung stapelten sich Gemälde und gerahmte Photographien von Leuten, die unmöglich miteinander verwandt sein konnten – ein kunterbuntes Gemisch von Nasen, Unterkiefern, Bäuchen und nackten Schultern.

Unter diesen Bildern glaubte ich etwas wirklich Wertvolles gefunden zu haben. Anscheinend handelte es sich um eine Ölskizze von William Orchardson zu seinem Gemälde *Die erste Wolke* aus der Zeit nach 1890, das sich heute in der Sammlung der Londoner Tate Gallery befindet. Orchardsons Genrebild zeigt eine elegante junge Frau, die gerade das Zimmer verläßt, während ihr junger, vornehm gekleideter Gatte dasteht, die Hände in den Kummerbund, die statt einer Weste getragene Schärpe, geschoben hat und zusieht, wie sich seine Frau zurückzieht. Er blickt ärgerlich und verwirrt drein; offensichtlich haben die beiden gerade miteinander gestritten: am Ehehimmel ist »die erste Wolke« aufgezogen.

Das Gemälde erinnert den, der sich in der viktorianischen Ära ein wenig auskennt, an ein berühmtes Bekenntnis zu den Vorzügen des häuslichen Lebens, das John Ruskin in seinem Buch *Sesam und Lilien* von 1865 abgelegt hat:

> »Darin besteht die wahre Natur des Heims – es ist der Ort des Friedens: die Zuflucht nicht nur vor aller Verletzung, sondern vor allem Schrecken, allem Zweifel, aller Zwietracht. Wenn es dies nicht ist, dann ist es kein Heim; wenn die Ängste des äußeren Lebens eindringen, wenn Mann oder Frau die wankelmütige, lieblose, feindselige Gesellschaft über die Schwelle lassen, dann hört es auf, Heim zu sein; dann ist es nur noch ein überdachter Teil der äußeren Welt, in dem man ein Feuer entzündet hat. Aber wenn es ein geheiligter Ort ist, ein vestalischer Tempel, ein Tempel des heimischen Herdes [...] dann ist es ein Heim.«[9]

Innerhalb von *Sesam und Lilien* wird die Wirkung, die der Traum vom sicheren, schützenden Interieur auf Ruskin ebenso wie auf seine Epoche ausübte, immer stärker. Orchardsons Skizze zu dem Gemälde, das zu seiner Zeit ebenfalls sehr gefeiert wurde, zeigt ein Paar, das gerade aus Ruskins Traum erwacht.

Natürlich würde man dieses bescheidene Bild mit symbolischer Bedeutung überfrachten, wenn man behauptete, an ihm lasse sich ablesen, was aus dem christlichen Glauben am Ende wird, wenn er Baugestalt annimmt. Aber es zeigt doch, wie ich meine, die profane Realität einer umfassenderen Schwierigkeit, der Schwierigkeit nämlich, die Vision des Christentums in der säkularen Sphäre wirksam werden zu lassen. Denn die Wörter »sakral« und »säkular« bilden natürlich keinen einfachen Gegensatz. Der Anbruch der Industriellen Revolution weckte eine heftige Sehnsucht nach schützenden »Freistätten«, und die Arbeiter, die die Auswirkungen der Industriellen Revolution als erste zu spüren bekamen, hielten sich verständlicherweise zunächst an die Religion, wenn es darum ging, Worte zu finden, die ihren Klagen Ausdruck verleihen und ihnen in ihrem harten Los Kraft geben sollten. Etwas Ähnliches geschah in der Gesellschaft insgesamt, als die Menschen begannen, nach Bildern von Schutz und Sicherheit Ausschau zu halten; sie griffen auf die religiösen Vorstellungen von Asyl, Zuflucht und Freistatt zurück. Einfach ausgedrückt: das »häusliche Heim« wurde zu einer säkularen Version der spirituellen Zuflucht; die Geographie der Sicherheit wandelte sich, und die Schutzzone verlagerte sich vom Mittelpunkt der Stadt in das Innere des Hauses. Doch so wie die Industriearbeiter feststellten, daß der göttliche Zorn wider den schnöden Mammon die Übel der maschinellen Industriearbeit nicht recht in den Griff bekam, so mußten auch jene, die in der Häuslichkeit Obhut suchten, feststellen, daß sich hierdurch ihr Elend oft nur noch vergrößerte. Eben dies zeigt Orchardsons Gemälde: plötzlich erkennen die jungen Leute einander mit großer Klarheit – und der Schauplatz dieses Erkennens ist das häusliche Heim.

Der lange Schatten, den die Religion auf die Welt der Industriellen Revolution warf, erfaßte zunächst den Zusammenhang von Innenraum und Innenleben. Augustinus hatte diesen Zusammenhang mit seiner Annahme gestiftet, der Mensch, der den Glauben gefunden habe, sei auf den Schutz Gottes vor der Welt angewiesen; die Bauleute des Mittelalters waren bestrebt, das Leben der Straße vom spirituellen Leben zu trennen und den Geist innerhalb der Kirchenmauern zu bergen. In der säkularen Sphäre nun kamen, sobald man den Rückzug von der Welt in die Innerlichkeit vollzog, Psychologie und psychologisches Verstehen zum Vorschein.

Hundert Jahre vor der Industriellen Revolution, durch die Ruskins Traum ausgelöst wurde, besaß die Vorstellung von einem spirituellen Interieur keine sonderliche Faszinationskraft – nicht für ein Zeitalter, das der Natur huldigte. Es schien damals völlig einleuchtend, wenn man einen Menschen, den man verstehen wollte, zu diesem Zweck im Freien betrachtete. Maler wie Gainsborough waren im 18. Jahrhundert bestrebt, den Charakter der Personen, die sie porträtierten, sichtbar zu machen, indem sie sie unter freiem Himmel malten: die Dame in ihrem einfachen Kleid liegt ausgestreckt im Gras, das Gesicht von Brombeeren und Laub umrankt, während der Herr mit offenem Hemdkragen neben ihr lehnt; sie schaut belustigt zu uns herüber, und er spricht mit lebhafter Miene zu ihr. Die Natur offenbart sie. Der Porträtmaler, der hundert Jahre später etwas vom Wesen der Menschen, die ihm Modell saßen, zeigen wollte, plazierte sie in einem Zimmer inmitten ihrer Familie. Orchardsons Zeitgenosse James Tuxen, der den Auftrag erhielt, Königin Victoria zur Feier ihres 50jährigen Thronjubiläums im Jahre 1887 zu malen, setzte die alternde Königin in einen Sessel, den sie mit zwei kleinen Mädchen, ihren Enkelinnen, teilt – ihr alternder Körper zwängt sich mit den jungen Körpern auf einen Sitz, der nur für eine Person bestimmt ist, rechts und links wird die Gruppe von anderen kleinen Mädchen ergänzt, und hinter ihnen steht ein weiteres Enkelkind. Eine alte, geruhsame Dame, umgeben von lauter pulsierenden jungen Leibern; die Würdenträger des Britischen Empire treten auf diesem Bild, das in den Privatgemächern der Königin und nicht im Thronsaal gemalt wurde, in den Hintergrund. Warum Tuxen seine Modelle so und nicht anders in Szene setzte, ist offenkundig. Hier, im Schoß der Familie, erkennt man, wie die Königin wirklich ist.

Auch wenn man in weniger vornehme Interieurs blickt, kann man dieselbe Art von psychologischer Wesensbestimmung beobachten. Es gibt beispielsweise eine berühmte Photographie, auf der Sarah Bernhardt, angeblich ohne ihr Wissen, in ihrem Boudoir festgehalten ist. Unter einem mit Fransen besetzten Baldachin hat sich die Schauspielerin auf ihrem Bett ausgestreckt. Sie ruht auf orientalischen Kissen, und das Bett ist mit einem rauhhaarigen Pelz bedeckt. Auf dem Fußboden erkennt man noch mehr Pelz, ein vollständiges Bärenfell; mit weit geöffneten Augen und offenem Maul, in dem zwei lange weiße Reißzähne blitzen, bewacht dieser Bär seine Herrin. Im Vordergrund neben dem Bär steht eine reich verzierte, gußeiserne marokkanische Lampe mit einem kuppelförmigen Fransenschirm. Der wachende Bär lagert auf weiteren orientalischen Requisiten, einander überlappenden Perser- und Berberteppichen. Die Prachtentfaltung in der Horizontalen nimmt an den Wänden ihren Fortgang. Auf den Kaminsims hat die Schauspielerin ein Gazellengeweih gestellt, dahinter hängt ein riesiges Gemälde. Am oberen Rand der Photographie dieses Boudoirs sehen wir einen Kronleuchter und die Spitzen einer herabhängenden Pflanze.

Dieser Raum spendet nicht nur Wärme, er leistet sehr viel mehr. Wirklich preisgegeben wird diese exponierte Frau durch das Dekor; sie selbst ist untadelig gekleidet, fast zugeknöpft. Es geht hier nicht um Enthüllung wie auf Manets Bild *Olympia*, das ebenfalls eine Szene in einem Boudoir darstellt – eine nackte Frau und neben ihr eine schwarze Sklavin. Madame Bernhardt hingegen scheint nur einer von vielen Gegenständen in dem Interieur zu sein, und sie tritt weniger stark hervor als ihr ausgestopfter Beschützer. Diese Höhle der Sinnlichkeit ist von der Außenwelt abgesondert: das Erotische offenbart sich im Interieur, in das eine menschliche Gestalt plaziert wurde.

Auch die Ölskizze von Orchardson stellt eine solche Verbindung zwischen innerer Offenbarung und Interieur her. Einem viktorianischen Betrachter wäre der Wohlstand dieser jungen Leute sofort ins Auge gefallen, und er hätte aus dem Bild vielleicht die Lehre gezogen, daß Reichtum den Charakter junger Menschen verderben kann. Dem heutigen Betrachter fallen die Perlen am schwanenhaften Hals der Frau oder die glitzernden Diamantknöpfe am Hemd des Mannes weniger auf als die Tatsache, wo sich die beiden befinden. Zweifellos haben sie viele Abende bei Dinnerpartys und auf Bällen verbracht. Und für ein elegantes Paar des Ancien Régime wären gerade solche Ausflüge in die Gesellschaft die Augenblicke der Wahrheit gewesen. Orchardsons Jungvermählte jedoch mußten sich zurückziehen, um einen solchen Augenblick zu erleben. Erst im häuslichen Heim werden sie füreinander offenbar. Das Zimmer, das der Maler als die geeignete Szenerie betrachtete, um den Sinn seiner Geschichte aufzudecken, ist auch das Gelände von Ruskins Traum.

Aus der klärenden Kraft, die dem Inneren oder dem Interieur innezuwohnen schien, erhofften sich auch Sozialisten wie Saint-Simon die Erfüllung ihrer Träume von einer besseren Gesellschaft. Saint-Simon versuchte, kleine, überschaubare, »intime« Gemeinschaften zu errichten, in denen Arbeiter, Eigentümer und Händler gemeinsam leben sollten; der tägliche Umgang, der direkte Austausch zwischen ihnen, so glaubte er, würde den Klassenhaß überwinden. Als sich Saint-Simons Anhänger 1848 um Unterstützung für ihre Pläne in der Öffentlichkeit bemühten, verwendeten sie ein Plakat, das die Grundsätze ihres Lehrmeisters veranschaulichen sollte. Es zeigte eine Fabrik, in der es aussah wie bei einem freundlichen Zusammensein in einem großen Wohnzimmer; gesittete Arbeiter bewegten sich zwischen sauberen Maschinen von Sofa-Größe. Für Saint-Simon ergab sich der schützende Charakter des häuslichen Interieurs allein aus den Größenverhältnissen; die Entfremdungen des Kapitalismus, so dachte er, würden in dem Maße gemindert, wie der Raum, in dem die Arbeit vonstatten ging, verkleinert würde und dadurch persönliche Merkmale bekäme.

Die Vision von einem Inneren, in dessen Wärme sich die Menschen einander öffnen können, hat Ferdinand Tönnies mit seinem Begriffsgegensatz von »Gemeinschaft« und »Gesellschaft« in der Sprache der Soziologie verankert. Unter »Gemeinschaft« verstand er direkte soziale Beziehungen in einem begrenzten, sozial überschaubaren Raum; unter »Gesellschaft« hingegen einen eher anonymen, stärker »exponierten« gesellschaftlichen Austausch. Der Kauf eines Kochtopfs im Laden an der Ecke, wo man plaudert und um den Preis feilscht, spielt sich in der Sphäre der »Gemeinschaft« ab, der Kauf desselben Kochtopfs in einem anonymen Warenhaus gehört in die Sphäre der »Gesellschaft«. Ähnlich wie Ruskin und Saint-Simon gab auch Tönnies seinen beiden Begriffen eine räumliche Dimension. Er übersetzte sie in den Gegensatz von Dorf und Stadt und innerhalb der Stadt in den Gegensatz von Zuhause und Straße, von Eckcafé und großem Caféhaus, von Nachbarschaft und Menschenmenge. Dabei soll das jeweils enger umgrenzte, stärker nach innen gekehrte Element auch das geselligere, umgänglichere sein. Bilder von Menschen, die einander berühren und miteinander sprechen, deren Verhaltensweise eine Bindung zwischen ihnen erzeugt, deuten an, wie sich das Individuum zuletzt festigen und öffnen kann: in der »Gemeinschaft« kann man »sich mitteilen«, kann andere »Anteil nehmen lassen an dem, was man ist«. Das Bild, das dabei zutage treten würde, war nach Saint-Simons Auffassung nicht der Arbeiter oder die Arbeiterin in Lumpen und Elend, sondern ein Mensch mit klarem, strahlendem Blick. Diese edle Gestalt war schon immer dagewesen, sie hatte drinnen, im Inneren, darauf gewartet, den Mantel der Unterdrükkung abstreifen zu können.

Die Industrielle Revolution mit all ihren Schrecken erzeugte auch ein starkes Bedürfnis nach säkularen Schutzzonen. Aber mit der Idee der Zuflucht verbindet sich in der abendländischen Kultur mehr als die Vorstellung von bloß materiellem Schutz. Die Zuflucht scheint auch, wie wir heute sagen würden, eine Möglichkeit zur psychologischen Entfaltung zu bieten, ähnlich wie der Mönch in der Abgeschiedenheit seiner Zelle nach spiritueller Erleuchtung strebte. Wir glauben, daß wir, wenn wir vor der geballten Macht in der Welt Zuflucht suchen, auch die Chance haben, mehr über uns selbst herauszufinden. Nach dem Rückzug, so meinen wir, werden wir klarer sehen. An diesem Zufluchtsort werde sich uns unser wahres, wirkliches Selbst offenbaren – in dieser Vorstellung besteht die Bürde, mit der das Mittelalter noch auf der Gegenwart lastet. In einer säkularen Gesellschaft indes stellen solche Erwartungen viel zu hohe Ansprüche an die Zufluchtsstätte.

Es war absehbar, daß die Erwartungen, die man an die Zuflucht knüpfte, in einer säkularen Welt unerfüllt bleiben mußten. Im Jahre 1830 wurden die Familien des alten französischen Adels aufgerufen, dem neuen König, Louis Philippe, den Treueid zu schwören. Er war ein Sproß des Hauses Orléans, vor allem aber der Repräsentant des neuen bürgerlichen Zeitalters. Die Juli-Revolution, die den König auf den Thron gehoben hatte, war kurz gewesen, hatte einen vergleichsweise wenig gewalttätigen Verlauf genommen, und es verbanden sich große Hoffnungen mit ihr; Menschen aus allen gesellschaftlichen Schichten hatten sich zu der Forderung nach einer Regierung zusammengefunden, die gerechter wäre als die der Restaurationszeit zwischen 1815 und 1830.

Louis Philippe enttäuschte diese Hoffnungen; er wurde zum Handlanger der Börsenspekulanten und korrupten Juristen. Als der König nun die Aristokratie aufforderte, ihr Ansehen zugunsten dieser Clique von Neureichen in die Waagschale zu werfen, da verweigerten sich viele der alten Familien; ihre Angehörigen traten von den Ämtern zurück, die sie unter dem vorigen Regime innegehabt hatten, sie zogen sich auf ihre Güter zurück und hielten sich von der Öffentlichkeit fern. Diesen freiwilligen Rückzug der Aristokratie bezeichnete man damals als *émigration intérieure*. Sie war von ganz anderer Art als das Exil der Aristokraten während der sehr viel radikaleren Großen Revolution in den Jahren 1789–1794. Nicht Angst, wie sie ihre Eltern umgetrieben hatte, bewegte diese Aristokraten, sondern Abscheu.

Anfangs wirkte die *émigration intérieure* wie der reine Wahnsinn; kein vernünftiger Mensch gibt freiwillig Macht auf. Aber binnen weniger Jahre begann die Öffentlichkeit das Handeln der alten Familien zu begreifen – vor allem die jungen Leute. Wie in England, in Preußen und in Amerika begann das anbrechende Industriezeitalter auch in Frankreich erste Spuren zu hinterlassen und das Bewußtsein der Jüngeren zu prägen; ein Gefühl der Leere und Ernüchterung machte sich in ihrem Alltag breit. Ähnlich wie bei den alten Adligen wurde in ihnen der Wunsch immer stärker, sich aus der Welt zurückzuziehen, obgleich der Wohlstand, der sich mit dem neuen Regime einstellte, auch ihnen große Chancen bot. Mit einem raffinierten psychologischen Rückzug versuchten sie sich ihr Refugium zu sichern.

Die Generation von 1840 verstand sich darauf, ihr Gefühl der Entfremdung in Signale zu verwandeln: das ironische Schulterzukken über Studium und Karriere, die höhnischen Bemerkungen über die alten Männer, die infolge von zuviel reichhaltiger Kost und zu wenig geistiger Nahrung die gleiche Birnenform annahmen wie ihr König. In der Chronik des Ehrgeizes ist zwischen den jungen Helden Balzacs und denen Flauberts ein Wandel zu beobachten – von Balzacs Schilderung des jungen Rastignac, der in dem leidenschaftlichen Wunsch, Paris zu erobern, von der Höhe des Montmartre den glitzernden, unerreichbaren Lockungen unter ihm seine Faust entgegenstreckt, bis zu Flauberts Porträt des jungen Frederic Moreau, der ähnliche Wünsche hegt, aber mit sehr viel zwiespältigeren Gefühlen. Frederic gehörte bereits zur Generation der jungen Leute von 1840; er hatte gelernt, daß es bei allem Streben und allem Ehrgeiz nicht ohne Beschämung abgehen würde. Und in den Augenblicken, die ihn mit Abscheu vor der Welt erfüllten, bemühte er sich, sein wahres Selbst zu begreifen. Aber anders als bei der *émigration intérieure* der landbesitzenden Aristokratie von 1830 war ein Jahrzehnt später der Versuch, sich der eigenen Integrität zu versichern, mit einem gewissen Maß an Selbstverachtung belastet. Man verleugnete die eigene Kindheit, verleugnete die Träume der Eltern, die einem in jungen Jahren den Weg zu weisen schienen. Der psychologische Aristokrat fühlte sich in seiner eigenen Vergangenheit kaum zu Hause. Die Suche nach einem Refugium endete im Unbehagen. Der Rückzug brachte keine Klärung; vielmehr verlor man den Halt, die Verankerung.

Diese Schwierigkeit einer ganzen Kultur, innerhalb einer säkularen Gesellschaft Zuflucht ins Werk zu setzen, trat auch als eine der visuellen Gestaltung zutage. Die Gestaltung eines Refugiums warf ein spezifisches Problem auf: auf welche Weise ließen sich die Qualitäten eines so riesigen Bauwerks wie einer Kathedrale in die Dimensionen eines Hauses übersetzen? Mehr noch, die Kathedrale war ein Ort der Präzision inmitten einer chaotischen Welt; aber welche Präzisierungen konnten dem Menschen im Haus Halt und Stützung geben? Diese Fragen sind für uns heute nicht weniger wichtig, als sie es damals für die Viktorianer waren, insofern die Unsicherheit darüber, wie das Haus als Zufluchtsort beschaffen sein soll und ob es als solcher geeignet ist, nicht geringer geworden ist, und auch insofern die allgemeine Frage immer noch offen ist, wie ein Gebäude seinen Bewohnern als Instrument der Selbstverständigung dienen kann. Eben dies hatte ja die Kathedrale versprochen.

Im mittelalterlichen Haus gab es kaum Räume, die speziellen Funktionen, etwa der Liebe oder anderen Zwecken, vorbehalten waren. Auch in den Häusern reicher Leute konnte dasselbe Zimmer als Eßraum, Arbeitsraum, Schlafstätte und Abort dienen. Die hierfür jeweils erforderlichen Möbel wurden, sofern sie leicht genug waren, in das Zimmer geholt und wieder hinausgetragen oder einfach in die Ecke gerückt, wenn sie nicht gebraucht wurden. So verfuhr man bis ins 18. Jahrhundert mit den meisten Zimmern, wenngleich um diese Zeit nur noch bei den Armen üblich war, was früher in allen Gesellschaftsschichten die Regel gewesen war: daß nämlich die Kinder in demselben Zimmer schliefen, in dem ihre Eltern schliefen und der Liebe nachgingen. Toiletten waren um die Mitte des 18. Jahrhunderts weit verbreitet. Nachts wurde allerdings häufig immer noch der Nachttopf benutzt, und tagsüber urinierten auch vornehme Personen an allen möglichen geeigneten oder ungeeigneten Stellen. Das Haus des *ancien régime* glich einer überdachten Straße.

Im Laufe des 19. Jahrhunderts sonderte die innere Anlage des Hauses die einzelnen Familienmitglieder immer mehr voneinander ab und verbarg die Verrichtung der körperlichen Bedürfnisse im Inneren des Hauses. Das Haus selbst wurde in öffentliche und private Zonen unterteilt, in Gesellschaftszimmer und Schlafzimmer. In Häusern, die sich zahlreiche Dienstboten leisten konnten, wurde diesen zum erstenmal eine eigene Bewegungssphäre zugewiesen, indem man in die Stadthäuser des späten 18. Jahrhunderts immer häufiger Hintertreppen einbaute. Mit der Erfindung des Kinderzimmers bekamen die Kinder einen besonderen Platz zum Spielen. Wenn arme Familien zu Wohlstand gelangten, dann ahmten sie mit den Veränderungen, die sie in ihren Häusern vornahmen, die Raumaufteilung der Reichen nach: die Häuser wurden in verschiedene Zonen gegliedert oder durch Hinzufügung von Räumen mit eng umrissenen Funktionen erweitert. In der Praxis mündete Ruskins Traum vom Reich der Familie also in der Segmentierung des subjektiven Erlebens in verschiedene häusliche Zonen: Liebe, Spiel, Geselligkeit – jede dieser Sphären besaß ihr eigenes Interieur, und alle diese der Subjektivität vorbehaltenen Räume waren ihrerseits wieder von den Räumen der körperlichen Tätigkeit, von Küche, Toilette und Badezimmer, getrennt.

An der Raumaufteilung, die für die New Yorker Wohnungen des Industriezeitalters charakteristisch wurde, am sogenannten »Eisenbahn-Apartment«, wie man es in den großen Mietshäusern antraf, läßt sich die Logik dieser Segmentierung sehr gut ablesen. In diesen Wohnungen liegen die Zimmer in einer Reihe hintereinander, und von jedem führt eine Tür auf einen Flur an der Seite. Jeder Raum hat einen ganz bestimmten Zweck; dem Wohnzimmer folgt das Eßzimmer, diesem ein oder mehrere Schlafzimmer und schließlich die Küche. Eine gewisse Auflockerung dieser starren Trennung ergab sich daraus, daß im »Eisenbahn-Apartment« in seiner frühen, bürgerlichen Version bestimmte Räume durch Türen miteinander verbunden waren: das Wohnzimmer mit dem Eßzimmer oder mit dem kleinen Salon. Doch als Grund hierfür nannte man damals nicht etwa Bequemlichkeit im Verkehr zwischen den Zimmern, sondern die Verstärkung der Abgeschiedenheit; man konnte vom vornehmen Salon in das weniger förmliche Wohnzimmer gelangen, ohne in der gemeinschaftlichen Sphäre des schmalen Seitenflurs erscheinen zu müssen.

Im Rückblick erscheint uns das große Mietshaus als Teufelswerk. Als diese Wohnungen dann nämlich an die Armen übergingen, entwickelte sich jede einzelne von ihnen zu einer kleinen Stadt, und der Flur bildete die Hauptstraße. In den einzelnen Zimmern drängten sich jetzt ganze Familien. In seiner ursprünglichen Form aber zeigt das Mietshaus, warum Ruskins Traum vom Zufluchtsort durch die Neugestaltung des häuslichen Interieurs nicht zu verwirklichen war.

In der öffentlichen Szenerie der Straße nistete das Verbrechen; sie war rauh, kalt und in ihrer Komplexität durchaus verwirrend. In der privaten Sphäre strebte man nach Ordnung und Klarheit, indem man die Arbeitsteilung auf das Gefühlsleben und die Erfahrungswelt der Familie übertrug und den verschiedenen Bereichen verschiedene Zimmer zuwies. Die Grundidee hierbei lautet etwa: man zerlegt etwas in seine Bestandteile und weiß dann, was es ist. Der Unterschied zu dem Bruch zwischen Chaos und Klarheit im Mittelalter besteht allerdings darin, daß die in der öffentlichen Sphäre einsetzende Zerstückelung mit den Mitteln der Arbeitsteilung in die private Sphäre hinein fortgeführt wird. Diese Aufspaltung erzeugte Isolation – in der Familie genauso wie auf der Straße.

Schon unsere Vorfahren haben erkannt, daß es ihnen nicht gelungen war, die erstrebte Geborgenheit zu schaffen. Ein deutscher Betrachter aus der Zeit nach 1850, als der Kult des »trauten

Heims« seinen ersten Höhepunkt erreichte, beschreibt deutlich die entzweiende Wirkung, die sich einstellt, wenn man alte Häuser nach neuen Prinzipien gliedert:

> »In unseren privaten Stadthäusern des 16. und 17. Jahrhunderts taten sich dem Ankömmling sogleich weite Bereiche, Hallen und Höfe auf. [...] Diese ausgedehnten Räume [...] waren für *alle* Mitglieder des Haushalts da. [...] In den *modernen* Wohnungen der wohlhabenden Bürger hingegen sind alle Räume, die der Familien- und Haus*gemeinschaft* zugedacht sind, auf den kleinstmöglichen Raum beschränkt.«[10]

Oder, wie es ein moderner Beobachter formuliert, die Logik von Einschließung und Aufteilung trug nicht dazu bei, »engere und zärtlichere Beziehungen innerhalb der Familie zu ermöglichen«. Der häusliche Herd sollte Wärme erzeugen, aber die Arbeitsteilung, die innerhalb des Hauses in dem Streben nach funktional immer genauer definierten Interieurs für die verschiedenen Formen privaten Verhaltens zum Ausdruck kam, verbreitete eine eigentümliche Kälte. Insofern ist es der visuell klärenden Gliederung des Interieurs nicht gelungen, Geborgenheit zu schaffen.

Der Entwurf des Hauses als Zufluchtsort scheiterte auch in einer anderen Hinsicht. Es gelang nicht, die Ungleichheit zwischen Menschen aus ihm fernzuhalten. In der Kirche wurden die Menschen insofern gleich, als ihnen gleichermaßen Barmherzigkeit zuteil wurde. Der sakrale Raum dehnte gleichsam die moralische Würde von Armut und Bedürftigkeit auf alle aus. Aber als im 19. Jahrhundert das »traute Heim« Gestalt annahm, wurde es für die Frauen zu einer Sphäre der Abgeschiedenheit, zu einer Art von indischem »Purdah«, wie es in früheren Zeiten undenkbar und ökonomisch nicht praktikabel gewesen wäre. Das Haus wurde zum moralischen Refugium, in dem die Frauen ein Leben in Ein- und Ausgeschlossenheit führten, während die Männer sich auf der Straße frei bewegen konnten. Es wäre allerdings falsch, anzunehmen, daß es immer nur die Männer waren, die die Frauen in das Innere der Häuser sperrten. Frauen übten in der gleichen Weise Herrschaft über andere Frauen aus und zwangen ihnen die Enge der Häuslichkeit auf.

Londoner Frauen zum Beispiel, die der Arbeiterklasse angehörten, konnten es sich nicht leisten, Ruskins Traum zu träumen. Häusliche Pflichten wie das Wäscheaufhängen führten sie auf die Straße. Arme Frauen, die einer Arbeit außerhalb des Hauses nachgingen, teilten die Vergnügungen der männlichen Arbeiter und tranken nach der Arbeit in Cafés oder Pubs gern ein Glas. In den Augen der bürgerlichen Frauen setzten sich diese Wäscherinnen, Putzfrauen und Näherinnen sowohl moralischen als auch physischen Gefahren aus; die Erfüllung der mütterlichen Aufgaben mußte unter diesen gefahrvollen Ausflügen in die Außenwelt leiden. Über die Ursprünge von Hausbesuchen durch Sozialarbeiter schreibt Christine Stansell:

> »Die Ideologie der Häuslichkeit lieferte also den ersten Anstoß für das Eindringen der Reformer in die Arbeiterviertel und die Häuser der Armen während der Jahre von 1830 bis 1860.«[11]

Diese wohlmeinenden Frauen hielten es für richtig, in das Leben der Armen einzugreifen, sie nach innen, in eine abgeschirmte Häuslichkeit zu holen, wo sie endlich ein angeblich geordnetes und deshalb moralisches Leben würden führen können. Diese Art von Einflußnahme war weit entfernt von dem Umbruch aus der Kraft des Glaubens, den Jesus bei den Armen bewirken wollte.

Dies waren die beiden fatalen Konsequenzen der Suche nach Zuflucht in der säkularen Gesellschaft: stärkere Vereinzelung und mehr Ungleichheit. In der modernen Industriegesellschaft, wie sie erstmals im 19. Jahrhundert Gestalt annahm, verschärfte der Arbeitsprozeß die isolierenden Trennungen und Ungleichheiten zwischen den Menschen. Dieser Vorgang griff über auf die Gestaltung des häuslichen Raumes – die *émigration intérieure* gewann immer mehr an Terrain, während die »Gemeinschaft« schrumpfte. Eine wichtige Tatsache muß jedoch berücksichtigt werden, wenn wir die Schatten verstehen wollen, die das 19. Jahrhundert auf unsere Gegenwart wirft. Trotz der Isolation innerhalb der Privatsphäre »blieb der tiefe Glaube an das traute Heim als Ort der moralischen Erneuerung unerschüttert«.[12] In einem Aufsatz mit dem Titel »Ein paar Bemerkungen über die Wonnen des häuslichen Lebens«, der 1879 in *Appelton's Journal* erschien, erklärt der Verfasser voller Zorn, das Heim sei für die Frau nicht

»Rückzugsort, es ist vielmehr ihr Kampfplatz, ihre Arena, ihr Spielfeld, ihr Wirkungskreis. Für die Frau bedeutet das Haus kämpferisches Leben; für den Mann bedeutet es Ausruhen. [...] Sie hat keinen anderen Wirkungskreis. [...] Schon aufgrund ihres Daseins muß die Frau eine ganz andere Vorstellung vom häuslichen Leben haben als der Mann.«[13]

Das Innere ist ein verlockender Ort, weil es der Ort der Wahrheit ist – für die gute Hausfrau genauso wie für Sarah Bernhardt. Die Räume ihres Hauses erscheinen als faszinierende »Arena«, als »Spielfeld«, als »ihr Wirkungskreis«.

Die Vorstellung, das Innere des Hauses sei der wahre Schauplatz des inneren Lebens, ist ein Erbe, das die säkulare Gesellschaft von der christlichen Vergangenheit übernommen hat. Aber nun wurde der innere Raum der Seele zum Schauplatz einer neuen Art Innerlichkeit. Die Auffassung, das Haus sei als Zufluchtsort dringend erforderlich, ergab sich aus der neuen, säkularen Vorstellung, daß der menschliche Charakter formbar sei und am nachhaltigsten in den frühen Lebensphasen geprägt werde. Um ein Menschenkind zu formen, muß man es vor zerstörerischen äußeren Einflüssen schützen. Für uns ist diese Vorstellung selbstverständlich, für frühere Zeitalter war sie das nicht, und es gab Zeiten, da war der Umgang mit Jugendlichen von einer Rücksichtslosigkeit geprägt, die uns schockiert hätte.

Der Umstand, daß im *ancien régime* viele Kinder starben, bevor sie das Erwachsenenalter erreichten, trug dazu bei, daß die Erwachsenen sich mit intensiven Gefühlen ihnen gegenüber eher zurückhielten. Die Fortschritte in der Versorgung und Pflege der Kinder und in der Medizin, etwa das Impfen, machten es emotional weniger riskant, intensive Beziehungen zu den eigenen Kindern einzugehen. Auch aus ökonomischen Gründen schien dies geboten. In Zeitaltern, in denen Besitz zusammen mit gesellschaftlicher Stellung vererbt wird, sind Besitz, Rang und Macht durch die Bande der Abstammung geprägt. Aber Ruskin lebte zu einer Zeit, in der sich ererbter Rang und Besitz voneinander gelöst hatten; der Motor dieser Zeit war das unternehmerische Handeln, und die Herausbildung eines robusten, aggressiven, zähen Charakters beim männlichen Kind war ein Gebot der Stunde. Außerdem dehnte sich die Zeitspanne, die Jungen und Mädchen für ihre Entwicklung zu benötigen schienen, von zehn auf zwanzig Jahre aus. Die Zeit der Kindheit wurde, genau wie das Innere des Hauses, immer sorgfältiger gegliedert. In der Epoche Freuds schienen sich alle Phasen der menschlichen Entwicklung in körperlicher, geistiger und psychischer Hinsicht allmählich auseinander zu entfalten, und jeder Schritt hatte Folgen für die Zukunft.

Die Vorstellung, daß sich Charakter in einem nach dem Muster der Arbeitsteilung organisierten inneren Raum bildet und offenbart, führte dazu, daß man der kindlichen Entwicklung im 19. Jahrhundert eine neue Bedeutung beimaß; dieser lange, schwierige, gefährdete Prozeß war auf eine abgeschiedene Schutzzone angewiesen. Dagegen erschienen die vielfältigen Verwirrungen des Draußen – die Menschenmenge, die Straße, die raucherfüllte Kneipe – nicht als der geeignete Ort, an dem sich die langwierige Bildung vom Kleinkind zum Erwachsenen vollziehen konnte. Den Reizen der Straße fehlte die folgerichtige Ordnung der Zimmer des Hauses. So traten auch visuell die Entwicklung des Selbst und die Preisgabe an die Vielfalt der Stadt in einen Gegensatz zueinander – die ordentliche Abfolge wohlumrissener Schauplätze im Inneren geriet in einen Gegensatz zum collagehaften Chaos auf der Straße draußen, die Flucht in den Schutz der Folgerichtigkeit in einen Gegensatz zur Preisgabe an die Synchronizität. Es wird sich zeigen, daß diese Gegensätze unsere Wahrnehmung auch heute noch prägen.

Im Grunde genommen war die *émigration intérieure* ein willentliches Zurückweichen vor einer mit Abscheu beobachteten, vordergründigen, kulissenhaften, materialistischen Gesellschaft. Saint-Simon dachte sich seine Werkstatt als einen Ort der gesellschaftlichen Anteilnahme, an dem die Arbeiter ihre unter Ruß und Schmutz verborgene Würde bekunden würden. Die Frau, die die Armen in ihren Unterkünften aufsuchte, war bestrebt, sie vor dem moralischen Untergang zu retten, indem sie das Feuer des häuslichen Herds schürte, während sich Madame Bernhardt in ihrem Boudoir inmitten einer Szenerie der Verworfenheit rekelte. Ruskin träumte vom Ende allen Streits im Inneren des Hauses. Aber Orchardsons Weltkinder, die schon viele Abende in der vornehmen Gesellschaft verbracht haben, stellen plötzlich fest, daß sie zu Hause auf einem Schlachtfeld stehen. Ludwig XIV. ließ sich für sein Volk als Mars und sogar als Jupiter malen, während sich Königin Victoria als Großmutter präsentiert. Das alles erhöhte den Wert, den man dem »Innen« beimaß. Aber so, wie dieses Innen gefügt war, genügte es den Erfordernissen der Kultur nicht, es bot der Privatheit keinen Schutz und war ihr nicht einmal förderlich.

Man könnte sich überlegen, wie wohl ein Christ aus einer früheren Epoche diese Kluft zwischen den Kräften der architektonischen Gestaltung und den Bedürfnissen der Menschen erklären würde. Immerhin klingt in dem Antagonismus, den man seit den Anfängen des Industriezeitalters zwischen dem Trubel auf der Straße und der geordneten Entfaltung des Inneren wahrnahm, der alte Gegensatz zwischen Chaos und Gliederung an. Aber der Christ würde wohl zu dem Schluß kommen, daß die moderne Architektur und ihre Entwürfe zum Scheitern verurteilt seien, weil unsere Kultur auf die Entfaltung des Selbst aus ist und nicht auf die Entfaltung eines Glaubens, der das Selbst transzendiert.

Räume der Autorität

Das zweite Bild, das ich in jenem Auktionshaus entdeckte, hat auf den ersten Blick mit Orchardsons Skizze wenig zu tun. Es war eine vergilbte, nur wegen ihres Alters wertvolle Photographie der Ecke Fifth Avenue/Einundzwanzigste Straße, aufgenommen wahrscheinlich vor 1893 und seit Mary Blacks klassischer Zusammenstellung von alten New Yorker Photographien aus der Sammlung der New Yorker Historical Society zumindest denen bekannt, die sich für die Geschichte New Yorks interessieren.[14]

Dieses Bild zeigt eine Zeile von Häusern wohlhabender Bürger an der kleinen Einundzwanzigsten Straße, die zur Fifth Avenue hin vom Union Club abgeschlossen wird. Dieser Club residierte in einem massigen, viereckigen Bau, dessen Außenwände eine regelmäßige Reihe von Rundbogenfenstern ziert. Auf dem Photo ist die Straße vollständig leer, kein Lebewesen ist zu sehen. Außerdem sind die Jalousien des Union Club heruntergelassen, und ihr undurchsichtiges, flaches Weiß scheint den Blick des Betrachters von den dinierenden, schlummernden Herren drinnen fernhalten zu wollen. Die Bäume in der Einundzwanzigsten Straße sind kahl, und die Stadthäuser, die man sehen kann, müssen als Block in einem Zuge gebaut worden sein, denn sie gleichen einander sehr.

Dieses Photo ist, wie gesagt, durchaus bekannt – vielleicht deshalb, weil die leere, einförmige Straße auf viele Betrachter, genau wie auf mich, einen starken Eindruck macht. Obwohl eigentlich nichts weiter zu sehen ist als ein häßliches Gebäude mit verschlossenen Türen an einer Straßenecke, hat die Szenerie etwas Beruhigendes – sie wirkt solide und gewichtig. Natürlich dürfte man auf dieses Bild so gar nicht reagieren. Denn hier triumphiert die Bourgeoisie; daß auf der Straße kein Leben ist, bedeutet nichts anderes, als daß es dieser Bourgeoisie gelungen ist, sich die Massen vom Leibe zu halten und sie in die engen Mietskasernen ein paar Blocks weiter westlich bei den Docks zu pferchen.

Auch hier war Gliederung am Werke. Zum Teil erklärt sich die Reaktion des Betrachters aus der technischen Qualität der Photographie. Wer auch immer den Union Club hier photographiert hat (wahrscheinlich war es Samuel Marksville, ein Gesellschaftsphotograph, der damals ganz in der Nähe sein Atelier hatte) – er war ein Meister seines Faches. Das Licht auf den Gebäuden wirkt frisch und klar, die Position der Kamera ist gut gewählt, so daß sie sowohl das Eckgebäude als auch die Straße erfaßt, und der Abzug ist vorzüglich. Dagegen ist die Pinselführung auf Orchardsons Skizze ebenso wie auf dem endgültigen Gemälde selbst mangelhaft, und die Komposition wirkt nachlässig. Dieser visuelle Kontrast erschien mir durchaus aufschlußreich: eine wohlgegliederte Außenaufnahme gegenüber einem schlecht gearbeiteten Interieur. Die gestochene Schärfe der Photographie des Union Club machte einen Teil ihres Reizes aus, während die Nachlässigkeit von Orchardsons Skizze zu deren beklemmender Wirkung beitrug. Vielleicht gründet dieser Kontrast in dem, was beide Bilder darstellen: auf der einen Seite eine Szene, in der es um Schutz und Abschirmung geht, auf der anderen eine Szene, in der es um persönliche Wahrheit und persönliche Sehnsüchte geht. Die Klarheit des Photos läßt den Union Club als einen Ort erscheinen, der vor dem Durcheinander, dem Rauch und dem Lärm der Stadt abgeschirmt werden kann; die Solidität des Gebäudes steht gegen die Komplexität der Stadt.

In gewisser Hinsicht stellt dieses Photo natürlich nichts anderes dar als die Phantasie jedes selbstzufriedenen Bürgers: Zuflucht findet man eher im eigenen Club als im eigenen Heim. Aber man kann aus diesem Bild genausoviel herauslesen wie aus Orchardsons Gemälde: es zeigt, welche äußere Gestalt die Autorität im Raum der modernen Stadt annimmt.

In einer Untersuchung zu der Frage, wie die Stadt Boston von ihren Bewohnern wahrgenommen wird, hat der Stadtplaner Kevin Lynch hervorgehoben, wie wichtig es sei, sich »auf eine besondere visuelle Qualität zu konzentrieren: auf die Klarheit oder ›Lesbarkeit‹ der Stadtszene«. In seinem Buch *Das Bild der Stadt* erläutert Lynch, was er unter Klarheit versteht:

> »Damit ist die Leichtigkeit gemeint, mit der ihre einzelnen Teile erkannt und zu einem zusammenhängenden Muster aneinandergefügt werden können. Genauso wie diese bedruckte Seite, wenn sie leserlich ist, visuell als ein zusammenhängendes, aus erkennbaren Symbolen bestehendes Muster erfaßt wird, so sind auch bei einer ›lesbaren‹ Stadt die einzelnen Bereiche, Wahrzeichen und Weglinien leicht zu identifizieren und zu einem Gesamtmodell zusammenzufügen.«[15]

Die Idee der »Bildhaftigkeit« oder »Einprägsamkeit« bezeichnet Lynch als eine Leitlinie für die Stadtplaner, weil die Menschen selbst im Alltag ständig bemüht seien, solche klaren Bilder von ihrer städtischen Umgebung zu gewinnen. Und dreißig Jahre nach seiner ersten Untersuchung erklärt er:

> »Die Menschen hatten [in Boston, in der Zeit vor dem Bau-Boom] ein relativ kohärentes und detailliertes Bild von ihrer Stadt, das aus der Wechselwirkung zwischen Selbst und Ort hervorgegangen war, und diesem Bild kam eine wesentliche Bedeutung sowohl für die Bewältigung ihrer Alltagsaufgaben als auch für ihr emotionales Wohlbefinden zu.«[16]

Diese Bemerkungen appellieren an den Stadtplaner, Stellung zu beziehen gegen Hochhäuser, die in Rangun genausogut stehen könnten wie in Poitiers oder in Boston. Lynch glaubt, daß sich die Mißstände der modernen Großstadt durch eine gegliederte, wohlumrissene Bildlichkeit kurieren lassen, dadurch, daß der Stadtplaner sein lesbares Bild von der Stadt jenem »undurchdringlichen Gewühl« entgegensetzt, das Dickens vor langer Zeit in London vor sich sah und das noch Lewis Mumford beschwört, wenn er die moderne, expandierende Metropole eine »nicht geplante Nicht-Stadt« nennt.[17]

Das Photo des Union Club veranschaulicht die modernen Dimensionen von Klarheit. Es zeigt einen Ort, von dem der Betrachter ausgeschlossen ist, an dem eine »Wechselwirkung zwischen Selbst und Ort«, um Lynchs Formulierung aufzugreifen, nicht stattfindet. Keine Kirche, die jedermann zugänglich ist, sondern ein exklusiver Herrenclub. Die Lesbarkeit des Photographischen unterstreicht die Abgeschlossenheit des Ortes.

Von hier aus, so scheint es, müßte sich ohne weiteres bestimmen lassen, wie ein »Raum der Autorität« aussieht. Man könnte meinen, es sei dies ein Ort oder eine Szenerie oder ein Bild, von denen sich sagen läßt, daß sie eine Privilegierung ausstrahlen. Wem dies so erscheint, der würde jedoch einer optischen Täuschung in soziologischem Sinne erliegen: er würde den Unterschied zwischen Macht und Autorität verkennen.

Die unterschiedlichen Erscheinungsbilder von Macht und Autorität kann man sich heutzutage in New York an der Gestaltung jenes Hochhauskomplexes vergegenwärtigen, der fünfzig Jahre lang die Modernität dieser Stadt definiert hat: am Rockefeller Center, das in den dreißiger und vierziger Jahren von einer Architektengruppe unter der Leitung von Raymond Hood erbaut worden ist. In einigen Zeichnungen für den Regionalen Planungsausschuß aus dem Jahre 1931 entwickelten Hood, Hugh Ferris und Thomas Adams zwei Alternativen für die immer höher und immer zahlreicher werdenden Wolkenkratzer in New York. Auf der einen Zeichnung verdichten sich die Türme der Stadt durch ungeplantes Bauen so sehr, daß sie wie eine künstliche Gebirgskette aussieht. Die andere Zeichnung veranschaulicht das, was die Mitglieder des

Ausschusses dann vorzogen: eine kontrolliert wachsende Stadt, in der die Hochhäuser einen bestimmten Abstand voneinander wahren, in der sie aus jeder Richtung klare Umrisse aufweisen und statt einer willkürlichen Unordnung ein logisches Ganzes bilden. Ein solches Ganzes baute Hood dann auch.

Carol Krinsky hat sich mit der Geschichte des Rockefeller Center beschäftigt und führt die »Nüchternheit« seiner Formen teilweise auf einen von Hoods Mitarbeitern, H. W. Corbett, zurück. Corbett hatte die Gebäude des Kriminalgerichts in der Stadt entworfen und wandte nun dieselben Regeln monumentaler Autorität auf den neuen Mittelpunkt der Stadt an, indem er die Fassaden aus »hellen Kalksteinpfeilern, die die Vertikale betonen«, gestaltete.[18] Die Menschen, die vom Rockefeller Center und dort vor allem von der Fußgängerzone und der Eisbahn angelockt werden, sind hauptsächlich Touristen. Man findet sie auf der Esplanade und über der Eisbahn zu jeder Tageszeit, und es geht lebhaft zu. Aber wie sich gezeigt hat, werden die Einheimischen von diesen Postkartenvergnügungen anscheinend nicht sonderlich angezogen; tatsächlich wirkt das Alltagsleben in der näheren Umgebung durchaus nüchtern. Die Gebäude mit ihrem großartigen Ernst sind so angelegt, daß ihr wahres Zentrum hinter der touristischen Postkartenfront liegt; von der Sixth Avenue ist dieses Zentrum gar nicht zu sehen und von der Fifth Avenue schwer zugänglich; in dieser Mitte mitten in New York hört man das Knattern der Fahnen im Wind nur noch von fern. In der Umgebung der Gebäude herrscht eine ungeheure Betriebsamkeit, die Straßen quellen über von Menschen, aber Fußgänger nutzen die inneren Bezirke des Rockefeller Center selten, um einen Weg abzukürzen. Und nachts sind die in großartigem Gleichmaß gestalteten Räume zu beiden Seiten des Rockefeller Center zwischen Fifth und Sixth Avenue sehr viel öder als die nördlich oder südlich gelegenen Straßen. Im Laufe der Jahre hat es verschiedene Vorschläge gegeben, wie die Straßen im Rockefeller Center und in seiner Umgebung nachts belebt werden könnten. Menschen auf den Straßen – das ist in New York das, was die Straßen sicher macht. Aber auch unabhängig von diesem Gesichtspunkt wirkte es wie Verschwendung, daß ausgerechnet das eigentliche Zentrum des Zentrums von New York allabendlich verödete, sobald die dort arbeitenden Menschen nach Haus gegangen waren. Dennoch sind die Versuche, diesen Raum mit Leben zu erfüllen, an der Struktur dieses Zentrums gescheitert. Mit ihrem Meisterstück einer präzisen, formal sparsamen Bauweise scheinen Hood und seine Kollegen der Stadt zugleich einen Abszeß beschert zu haben.

Gleichwohl kommt einem angesichts des Rockefeller Center nicht jenes Wort in den Sinn, das einem bei so vielen modernen Bauten einfällt. Das Rockefeller Center ist nicht »inhuman«. Man erlebt es nicht als einen Raum der Herrschaft, und es wird von den New Yorkern nicht als ein Raum der Macht wahrgenommen. Wie der Union Club weckt auch dieser vielgeliebte Gebäudekomplex ein Gefühl von Wohlbehagen. Wenn man um Mitternacht durch die totenstillen Seitenstraßen des Rockefeller Center geht und dann in das Gewühl und den Lärm der Sixth Avenue eintaucht, fühlt man sich plötzlich preisgegeben und verletzlich, obwohl die dunklen Seitenstraßen in Wirklichkeit gefährlicher sind als die von Menschen wimmelnden offenen Räume um die nahe gelegenen Bars und Hotels. Das Wichtigste an diesem Raum ist seine Leere – ähnlich wie bei dem alten Union Club. Diese visuelle Leere erzeugt einen eigentümlichen Eindruck von Autorität.

In seiner ursprünglichen Bedeutung bezeichnet das lateinische Wort *auctoritas*, von dem sich das Wort *Autorität* herleitet, den Beschützer, den Hüter, der für diejenigen sorgt, die nicht für sich selbst sorgen können, oder den Ratgeber, der denen, die ratlos sind, weiterhilft. Autorität in dieser ursprünglichen Bedeutung bezeichnet etwas ganz anderes als Herrschaft; sie verweist auf den Schutz, den Eltern ihren Kindern zuteil werden lassen, auf den Schutz, den das Gesetz den Erwachsenen gewährt. In der Römerzeit war ein Schutzherr wie etwa der Kaiser Augustus keineswegs bloß ein demütigender Unterdrücker, er sorgte vielmehr mit Hilfe seiner Macht für das Wohlergehen derer, die ihm gehorsam waren. Und umgekehrt hatte die Herrschaft des Kaisers Caligula auf dem Höhepunkt seiner Macht in den Augen der Römer bereits jegliche Autorität verloren, weil er es versäumte, denen, die seine Gebote befolgten, Schutz zu gewähren. Autorität, wie man sie einem Gebot oder einem Urteil beimißt, gründet vor allem auf Wert- und

Sinnsetzungen. Autorität setzt Maßstäbe für diejenigen, die sich in ihrer Umgebung befinden. Sie ist eine Ausformung von Gewissen; ein Mensch oder eine Institution dient den anderen als Gewissen. Die Geschichte, die wir hier nachgezeichnet haben, gipfelt in der Frage, wie Autorität heute visuell begründet wird.

Die Sphäre der Autorität hat sich in der abendländischen Kultur als eine Sphäre der Präzision entwickelt: darin besteht die Anleitung, die sie anderen zuteil werden läßt. In den christlichen Städten findet man die Wurzeln jenes Wunsches nach »Lesbarkeit«, dem Kevin Lynch so großes Gewicht beimißt. Diejenigen, die sich auf Ruskins Traum einließen und den gleichen Weg gingen wie die ersten »inneren Emigranten« des 19. Jahrhunderts, suchten diese Lesbarkeit im Inneren des Hauses. Die Abfolge der Räume sollte moralische Orientierung bieten. In diesem Heim sollten die Erwachsenen genauso diszipliniert werden wie die Kinder in ihren Zimmern. Sie sollten lernen, wie und wann man sich zur Verrichtung der körperlichen Bedürfnisse aus der Gesellschaft anderer Menschen entfernt; wie man in der Stille und Dunkelheit eines zu diesem Zweck ausgestatteten Zimmers der Liebe nachgeht; wie man sich benimmt, wenn man im Salon statt im weniger förmlichen Wohnzimmer empfangen wird. Man könnte sagen, daß diejenigen, die sich nach innen wandten, auf diese Weise selbst eine Sphäre der Autorität zu schaffen versuchten und dabei gescheitert sind.

Sakrale Innenräume waren Räume des Wortes, der Beichte und des Gebets, der Unterwerfung unter Gott, der, wie es zuerst Augustinus verheißen hatte, seine Kinder beschützen würde. Präzision und Barmherzigkeit, Gliederung und Zuflucht waren unlöslich miteinander verwoben. Heute ist der säkulare Raum der Autorität leer; er sieht aus wie die Seitenstraßen des Rockefeller Center oder wie der Union Club mit seinen geschlossenen Fenstern. Die visuellen Formen der Lesbarkeit in den Plänen und der Anlage moderner Städte besagen kaum noch etwas für das subjektive Leben, und sie heilen nicht die Wunden der Bedürftigen. Die Freistatt der christlichen Stadt ist zu einer Anmutung von Wohlbehagen angesichts gut gestalteter Plätze geschrumpft, wo man von anderen Menschen nicht gestört wird. Sie ist sicher, weil sie leer ist, sicher, weil sie deutlich markiert ist. Die Autorität hat sich von der Gemeinschaft, vom Zufluchtsort gelöst: darin besteht das Rätsel der Freistatt, wie sie sich in der modernen Stadt entwickelt hat. Jedem New Yorker tritt dieses Rätsel vor Augen, wenn er an einem der berühmtesten Wahrzeichen der Stadt, am Rockefeller Center, vorübergeht.

Die St. Patrick's Kathedrale in New York ist eine moderne Kopie eines mittelalterlichen Originals oder vieler mittelalterlicher Originale. Sie starrt von Strebebogen, Fensterrosetten und Fialen in einem Stil, der die Gotik umkreist, aber dabei nie zur Ruhe kommt. Die Kathedrale, die einen ganzen Straßenblock einnimmt, steht mitten in New York, und der erhöhte Platz vor dem Hauptportal grenzt an die Fifth Avenue. Im Norden, an der Ecke Einundfünfzigste Straße / Fifth Avenue steht der Olympic Tower, eine glänzende, glatte Schachtel aus schwarzem Glas und Stahl, die dreißig Stockwerke hoch aufragt. Im Süden, an der Ecke Fünfzigste Straße/ Fifth Avenue stellen die Auslagen des Kaufhauses Saks farbenfrohe Badeanzüge an straffen, schlanken Körpern, wie nur Schaufensterpuppen sie besitzen, zur Schau. Gegenüber der Kathedrale mündet die Touristen-Esplanade des Rockefeller Center auf die Fifth Avenue. St. Patrick's ist eine wuchtige mittelalterliche Phantasie in einer hochmodernen Umgebung.

Aber man kann nicht behaupten, daß diese Pralinenschachtel bei den New Yorkern insgesamt beliebt wäre – zumindest bei vielen Schwarzen und bei vielen Kranken ist sie das nicht. Vor dreißig Jahren war die Kathedrale Schauplatz von Demonstrationen der Bürgerrechtsbewegung. Viele Menschen hatten damals den Eindruck, das Erzbistum New York leiste den Schwarzen nicht genügend oder überhaupt keine Unterstützung in ihrem Kampf gegen die Rassendiskriminierung in Schulen, an öffentlichen Orten und in der katholischen Kirche selbst. Heute kommt es vor der Kathedrale immer wieder zu Demonstrationen gegen die Haltung, die die Kirche zu AIDS einnimmt, der Immunschwächekrankheit, an der in New York vor allem männliche Homosexuelle und Drogenabhängige leiden. Der amtierende Kardinal ist ein prominenter Gegner der großen Gruppe der Homosexuellen in New York.

Seine Gegner werfen ihm vor, er vernachlässige über seiner Moral die Barmherzigkeit – die Barmherzigkeit gegenüber den akut Erkrankten und die Sorge für jene, die von der Krankheit bedroht sind. Der Kardinal weigert sich nämlich, die Verwendung von Kondomen beim Geschlechtsverkehr zu empfehlen.

Immer wieder kommt es in der Kathedrale und in ihrer Umgebung zu einzelnen, spontanen Aktionen. Aber vor allem gibt es den alljährlichen AIDS-Marsch, der an der Kathedrale vorüberzieht; wie die Demonstrationen der Bürgerrechtler vor einer Generation ist er stärker ritualisiert als die spontanen Aktionen. Ein Demonstrationszug kommt die Fifth Avenue herunter, die Seitenstraßen sind durch Polizeiketten abgesperrt, hinter denen Kirchenanhänger johlen und Gegendemonstranten sich durch Zwischenrufe Luft machen. Früher ging es hinter diesen Sperren nicht sehr freundlich zu: rassistische Beleidigungen flogen den Demonstranten entgegen, wenn sie sich Block um Block der Kirche näherten, und häufig kam es zu Wortgefechten und manchmal auch zu Schlägereien zwischen Schwarzen und Weißen, während die Polizei die Demonstrationsteilnehmer auf der Straße in Schach hielt. Bei der alljährlichen Demonstration für die Kranken geht es gesitteter zu; hinter den Polizeisperren sieht man zwar Transparente wie *Gott hat euren Tod beschlossen!*, aber es kommt kaum zu Diskussionen – es gibt anscheinend keine Gründe für sie –, und beim geringsten Anzeichen von Unruhe werden die Unruhestifter von der Polizei überwältigt.

Bei dem, was sich dann vor der Kathedrale abspielt, nimmt die Stille sogar noch zu. Überraschenderweise – denn es ist dies ein konfliktträchtiger Augenblick äußerster Spannung. Die gesamte Front des Platzes vor der Kirche ist von einer Kette von Polizisten abgeriegelt, viele von ihnen zu Pferd, wie es bei dieser Art von polizeilichem Einsatz üblich ist. An diesem einen Tag im Jahr haben die Touristen das Rockefeller Center gegenüber geräumt; das Kaufhaus Saks liegt verlassen da, genauso wie das Modegeschäft im Erdgeschoß des Olympic Tower; die Portiers haben sich in die Lobby zurückgezogen; hinter den Rauchglasscheiben sind ihre Gesichter nur undeutlich sichtbar, ein paar Flecken von verängstigtem Weiß.

Früher, bei den Demonstrationen der Bürgerrechtler wendete sich auf ein Zeichen des Demonstrationsführers in diesem Augenblick eine Gruppe von Schwarzen und Weißen der Kathedrale zu, kniete auf der Straße nieder und begann zu beten. Beim alljährlichen AIDS-Marsch wendet eine Gruppe von AIDS-Kranken, Ärzten, Krankenschwestern und Angehörigen der Kathedrale den Rücken zu, setzt sich auf die Fifth Avenue und hält eine Schweigeminute ab. Dann stehen alle wieder auf und gehen weiter. Deutlich hört man während dieser Minute das Schnauben der Polizeipferde und gelegentlich das Geräusch der Hufe, mit denen sie auf dem heißen Pflaster scharren.

Aber während dieses Augenblicks, einmal im Jahr, sieht St. Patrick's plötzlich wie eine richtige mittelalterliche Kirche aus. Von den Polizeiketten scheint der magische Bann der alten Freistatt auszugehen, die leeren Straßen um die Kathedrale scheinen ihr einen eigenen Raum zu schaffen – im innersten Zentrum der Stadt, in diesem Augenblick aber abgespalten von ihr. Der Olympic Tower, das Kaufhaus Saks und das Rockefeller Center treten zurück, die gotische Fassade ist nicht mehr bloß die vierte Seite eines oft photographierten Platzes; die Portiers hinter dem Spiegelglas in der Lobby des Olympic Tower schauen auf das erschreckende Spektakel in der Ferne. Plötzlich erkennt man, wie hoch die Kathedrale in Wirklichkeit ist, während sie, aus einem vorüberfahrenden Bus betrachtet, zwischen den Wolkenkratzern wie ein Zwerg anmutet. Aus irgendeinem Grund brannte an den Tagen, als die Bürgerrechtsbewegung hier ihre Demonstrationen veranstaltete, immer die Sonne, so daß das Spiel von Licht und Schatten in der reich verzierten Fassade das Auge etwas von der erfrischenden, höhlenartigen Kühle hinter den verschlossenen Türen der Kathedrale ahnen ließ. Und die Straße, damals von schwarzen und weißen Leibern erfüllt, die beteten, heute von gesunden und kranken Leibern, die sich besinnen, machte noch deutlicher, daß hier etwas geschah, das im prallen Licht der Sonne obszön wirkte, und daß diese Demonstranten eigentlich ins Innere der Kirche hätten treten sollen, wenn nur die Türen nicht verschlossen gewesen wären – damals aus sozialem, heute aus moralischem Abscheu; die Bedürftigen gehörten nach drinnen.

Wie gesagt, in diesem Augenblick wird St. Patrick's zu der Kirche, die sie sonst nur zu sein scheint. Autorität ist in diesem Augenblick keine leere Geste. Ihre Präsenz zeigt, wie schon Augustinus erklärte, daß Klarheit und Präzision in die Unterwerfung unter ein höheres, strenges Gesetz münden. Im Zeitalter des Glaubens identifizierte man sich mit einem Raum, um sich mit einem anderen Menschen zu identifizieren. Man konnte die anderen moralisch nur wahrnehmen, wenn sie im Verhältnis zum eigenen Selbst genau und richtig plaziert waren. Nur Menschen, die glaubten, waren in diesem Raum zugelassen, und alle, die ihn betraten, beugten sich seiner Autorität. Die Erbauung der Stadt des Augustinus hat der Kultur eine verhängnisvolle Richtung gegeben, in der sich das Spirituelle vom Körperlich-Materiellen löste. Voller Staunen spricht Nietzsche über diesen »merkwürdigen Gegensatz eines Inneren, dem kein Äußeres, eines Äußeren, dem kein Inneres entspricht«.[19] Doch die Kathedrale ist geschlossen.

Aus diesem Grund wirkt meine Photographie eines Herrenclubs an einer menschenleeren Straße so tröstlich und gleichzeitig so bestürzend. Der Photograph hat die Arbeit der Klärung und der visuellen Auflösung vollbracht. Wir haben es mit einem umrissenen, gegliederten Raum zu tun, umrissen nicht durch Stein, sondern durch das Objektiv der Kamera, aber die Wirkung ist die gleiche. Es ist jedoch kein Zufall, daß dieses Bild ein unzugängliches Inneres zeigt, verschlossene Türen und herabgelassene Jalousien, ähnlich wie die Kathedrale mitten in New York: klar konturiert und verschlossen.

2. Kapitel: Die neutrale Stadt

Im Nirgendwo

In den *Canterbury Tales* schildert Chaucer einen Priester, der die Grenzen seines Glaubens wohl begriffen hat:

»And though he hooly were and vertuous,
He was to synful men nat despitous,
Ne of his speche daungerous ne digne,
But in his techung discreet and benygne.«

[»Er selbst war fromm und tugendhaft,
Und blickte doch auf Sünder nicht herab,
Redete nicht hochfahrend noch stolz,
Sondern gab taktvoll und freundlich seine Lehre.«][1]

Chaucer wollte wohl Verankerung und Ortsgebundenheit andeuten, wenn er die Tugenden dieses Priesters als die eines »guten Kirchenmannes« beschrieb: es waren die Tugenden eines Pfarrpriesters und nicht die eines umherschweifenden Mystikers. Aber der christliche Drang zur Wanderschaft ließ sich nicht durch die Verheißung einer Zuflucht zähmen, in der die Reise enden würde. Es gab Wanderer, die auf ihrer spirituellen Reise nie zur Ruhe kamen. Der Aufruhr in ihrem Inneren versagte ihnen die Tröstungen des Lebens in einer Pfarrei; dort wurde ihr Glaubenshunger nicht gestillt. Es trieb sie hinaus, dorthin, wo die Grenzen und Schranken der Welt nicht mehr zählten. Aus ihrem unglücklichen Bewußtsein erwuchs schließlich in der säkularen Gesellschaft unvermutet eine andere Raumlogik: die Logik des neutralen Raumes. Die von Nietzsche beschriebene Diskontinuität zwischen Innerem und Äußerem sollte eine neue Wendung nehmen: die Welt erschien nicht mehr als Jammertal, sondern als eine von Schweigen erfüllte Wildnis.

Von diesem Wandel in der christlichen Bildwelt, der mit dem Aufstieg des Protestantismus hervortritt, läßt sich eine Verbindung mit der Optik des modernen Städteplaners herstellen, der neutrale, sterile Lebensräume entwirft. Natürlich liegt dies nicht in der Absicht des Planers. Und doch ist es merkwürdig, wie sehr diejenigen, die heutzutage Parkplätze, Einkaufszentren und öffentliche Plätze entwerfen, mit einem Talent zur Sterilität begabt sind – sowohl in der Art, wie sie ihr Material einsetzen, als auch in den Details der Ausführung und in der gesamten Anlage. Diese zwanghafte Neutralisierung der Umwelt wurzelt in einem uralten unglücklichen Bewußtsein, in einer Angst vor der Lust und dem Vergnügen, die die Menschen dazu trieb, ihre Lebenswelt so neutral wie möglich zu gestalten. Der moderne Städteplaner steht im Banne einer protestantischen Raum-Ethik.

Es mag seltsam erscheinen, wenn die kleine Gruppe der amerikanischen Puritaner hier als erstes Beispiel für diesen zwanghaften Wunsch nach Neutralisierung genannt wird. Seltsam deshalb, weil die Orte, an denen diese Puritaner zunächst lebten, von ihren Zeitgenossen sofort als traditionelle europäische Dörfer wiedererkannt worden wären – eine Ansammlung von Häusern drängte sich um einen Dorfanger. Außerhalb dieses traditionellen Dorfes dehnten sich die Weiden und Felder bis an die Grenzen des Bezirks.

Solange es sie gab, wurden die Dorfkerne auch als spirituelles Zentrum aufgefaßt, um das sich die Gruppe der Gläubigen inmitten der Wildnis zusammenschloß. Im »Covenant« oder »Feierlichen Bündnis der Kirchengemeinde des Dorfes Salem« aus dem Jahre 1689 heißt es unter anderem:

> »Wir beschließen, daß wir rechtschaffen darauf sehen, worin unsere Pflicht besteht, und daß es uns zum Kummer und zur Schande gereichen soll, wenn wir jemals in ihrer Erfüllung versagen, und nehmen, um Verzeihung hierfür zu erlangen, Zuflucht beim Blut des Ewigen Bundes.
>
> Und daß wir diesen Bund und alles, was er umfaßt, für immer unverbrüchlich wahren, und weil wir erkennen, daß wir für uns selbst nichts auszurichten vermögen, flehen wir demütig,

daß die Hilfe und Gnade unseres Mittlers ausreichen möge für uns.«[2]

Doch bald schon sollte den Gläubigen dieser enge Verband der Gemeinde zu eng werden. Diese Pilger wagten mehr als Chaucers Pfarrpriester: sie schätzten die Sicherheit gering; die Wildnis begann sie zu locken. Im späten 17. Jahrhundert begann sich daher das traditionell strukturierte Dorf aufzulösen: »In der Aufteilung von Grund und Boden wichen die Siedler von dem Konservativismus ab, der für die Anlage ihrer Straßen kennzeichnend gewesen war. Angesichts der Wildnis, deren Aufteilung bevorstand, wirkte das bescheidene europäische Feldersystem nur noch lächerlich.«[3] Bis zum 18. Jahrhundert hatten sich die geschlossenen Dörfer aufgelöst, und die Menschen siedelten zum überwiegenden Teil auf dem Land, das sie auch bearbeiteten.

Die Lockung der Wildnis hatte auch eine spirituelle Bedeutung. Der amerikanische Puritaner glaubte, er müsse sich wegen des unglücklichen Widerstreits in seinem Inneren vom Europa seiner Herkunft distanzieren. Seine Erlösung oder Verdammnis war ihm von Gott vorausbestimmt, aber dieser Gott hatte ihm die Möglichkeit genommen, in Erfahrung zu bringen, ob er gerettet oder verdammt werden würde. Er hatte die Pflicht, wie es der amerikanische Puritaner Cotton Mather formulierte, die »unerforschlichen Reichtümer Christi zu preisen«. Doch der Puritaner war auch ein Mensch; er wollte wissen, welches Schicksal für ihn ausersehen war, er suchte Klarheit zu gewinnen.[4] Er vermochte der Sündhaftigkeit der Welt und ihrer Versuchungen nicht Herr zu werden, und die beruhigende Aussicht des katholischen Glaubens auf Vergebung der Sünden bot sich ihm nicht. Nichts ließ sich mit letzter Gewißheit in Erfahrung bringen, nichts wurde vergeben – sein Gott glich einer sadistischen Schicksalsgottheit. Gewissen und Qual wurden auf diese Weise zu unzertrennlichen Gefährten. Sehr anschaulich kommt dieser innere Konflikt in einem populären Gedicht von George Godwin aus dem frühen 17. Jahrhundert zum Ausdruck, in dem es heißt:

»I sing my self; my civil wars within;
The victories I hourly lose and win;

The daily duel, the continual strife,
The war that ends not, till I end my life.«

[»Ich sing von mir, von innern Bürgerkriegen,
Von jähen Niederlagen und von Siegen;
Vom täglichen Duell und immerwähr'ndem Zwist,
Dem Kriege, der nicht endet, ehe mein Leben nicht zu Ende ist.«][5]

Aus solcher Kümmernis lockte den Puritaner die Wildnis, die Leere, von der keine Verführungen ausgingen, in der er versuchen konnte, das eigene Leben in die Hand zu nehmen, so vergeblich diese Hoffnung auch sein mochte. Der Vater von Cotton Mather, Increase Mather, der zur ersten Generation der Puritaner gehört hatte, die die Segel setzten, schrieb die folgenden Zeilen auf das Deckblatt seines Tagebuchs:

»Give me a Call
To dwell
Where no foot hath
A Path
There will I spend
And End
My wearied years
In tears.«

[»Berufe mich, zu wohnen, wo keinem Fuß ein Weg gebahnt. Dort will ich bleiben und in Tränen meine Kummerjahre enden.«][6]

Weltliche Kennzeichnungen wie »erste Kolonisten« oder »englische Abenteurer« berücksichtigen die Motive nicht, von denen diese Menschen getrieben wurden, sich auf die gefährliche Reise in ein kaltes, felsiges, mückenverseuchtes Land zu begeben und dort ihr eigenes Leben zu leben. Sie litten unter dem doppelten Drang, »alles hinter sich zu lassen« und »das eigene Leben selbst in die Hand zu nehmen«. Es zeigt sich hier schon sehr früh ein Dualismus, der die moderne Gesellschaft prägt: die Flucht vor den anderen geschieht um der eigenen Selbstbeherrschung willen.

In dieser Flucht finden sich bereits Ansätze zu bestimmten Haltungen, die wir selbst gegenüber unserer physischen Umwelt einnehmen. Die Kirchen in der Mitte der traditionellen europäischen Dörfer und Städte zeigten für das Auge unverkennbar, wo Gott zu finden war. Sie umschrieben einen Raum des Wiedererkennens. Gott ist lesbar: er befindet sich drinnen, im Inneren der Freistatt ebenso wie im Inneren der Seele. Draußen gibt es nur Preisgegebensein, Unordnung und Grausamkeit. Das puritanische »Innere« hingegen war unlesbar, ein Kriegsschauplatz, auf dem das Gewissen mit sich selber kämpfte; die furchtbare Aufgabe, »sich selbst zu finden«, wird noch furchtbarer und verwirrender, wenn sich das Außen, wenn sich andere Menschen und andere Verwirrungen einmischen. Der Spanier kam als Herr in die Neue Welt, für ihn waren Bekehrung und Eroberung eins; er kam als Katholik. Der Puritaner kam als Flüchtling; Bekehrung war für ihn eine Pflicht und Eroberung eine Überlebensnotwendigkeit, doch weder das eine noch das andere war der Grund für sein Kommen gewesen. Diese Suche nach Zuflucht beförderte eine Vorstellung vom Außen, die sich von dem lusterfüllten, gewalttätigen Außen der katholischen Stadt des Mittelalters mit ihrem immerwährenden Jahrmarktsgewühl unterschied. Die Welt, in der die Puritaner gelandet waren, mußte wie eine leere Leinwand behandelt werden – unter dem doppelten Zwang, die alte Welt zu verabschieden und das eigene Leben in die Hand zu nehmen, indem man in einer neuen Welt von vorn begann.

Die Sprache ließ die Menschen oft im Stich, die sich auf dieses reinigende Experiment eingelassen hatten und nun versuchten, auszusprechen, was sich in ihrem Inneren zutrug. Das Versagen der Wörter bei der Offenbarung der Seele verband sich mit einem gesteigerten Selbstbewußtsein in einem unermeßlichen, fremden Raum. Da es an einer dem inneren Erleben angemessenen Sprache fehlte, verschloß es sich zunehmend in der Seele jedes Einzelnen, wurde unaussprechlich und ließ sich allenfalls andeuten. Der innere Raum des mittelalterlichen Katholizismus war ein physisch greifbarer Raum, den die Menschen miteinander teilen konnten. Der innere Raum des Puritanismus war ein Ort des radikalen Individualismus, und er war ungreifbar. Das Auge des Puritaners konnte nur in dieses innere Selbst blicken. Draußen war nichts. Dieses von einer inneren Wildnis erfüllte Selbst begegnet uns in den Räumen, die Beckett für seine Stücke *Endspiel* und *Warten auf Godot* ersonnen hat, ein leerer Raum in einer Zeit ohne erzählbare Geschichte. Bei den amerikanischen Puritanern, diesen seltsamen Geschöpfen, zeigen sich hier erste Anzeichen einer bestimmten modernen Wahrnehmungsweise, und zugleich deutet sich schon an, welche Folgen diese Wahrnehmungsweise für die Umwelt haben sollte.

In der Suche nach einer physisch greifbaren Zuflucht kam, wie wir gesehen haben, der Wunsch zum Ausdruck, sich einer Autorität anzuvertrauen. In der protestantischen Vorstellung vom Raum hingegen kommt der Wunsch nach Macht zum Ausdruck, vor allem nach einer egoistischen Macht. Wer in seinem Inneren zwanghaft mit sich selber kämpft, mag eine tiefe Feindseligkeit gegenüber den Ansprüchen anderer Menschen entwickeln, ein Unbehagen darüber, daß sie überhaupt da sind. Die anderen stören; im Kampf um die Selbstbeherrschung zählt das, was »draußen« ist, nicht. Dieselbe Feindseligkeit kennzeichnet die Art und Weise, wie heutzutage Obdachlose oder Geistesgestörte auf der Straße wahrgenommen werden; sie erregen schon deshalb Unwillen, weil sie, die offenkundig Bedürftigen, überhaupt sichtbar sind. Der bloße Anblick ihrer Bedürftigkeit ist für das Selbst eine Zumutung. Um sie abzuwehren, will man das Außen neutralisieren; dann ist man endlich mit sich allein. Aber die Neutralität kann Macht auch auf eine systematischere Weise bündeln, die den Blick direkter einbezieht.

Zu den kulturellen Problemen, die die Stadt mit sich bringt, zählt man für gewöhnlich ihre Anonymität, ihre entfremdende Größe, ihre Kälte. Aber in diesen Vorwürfen steckt noch mehr, etwas, das das Auge betrifft. »Anonymität«, »Kälte« und »Leere« sind zentrale Wörter im protestantischen Umwelt-Vokabular; in ihnen bekundet sich der Wunsch, das Außen als nichtig und wertlos anzusehen. Es sind Wörter, in denen ein ganz bestimmtes Interesse am Sehen zum Ausdruck kommt; die Wahrnehmung der äußeren Leere macht den Blick nach innen nur um so wertvoller. Natürlich darf man sich nicht vorstellen, der Architekt eines Einkaufszentrums werde von den Ängsten geplagt, die vormals Cotton Mather heimsuchten. Aber das unglückliche Bewußtsein von einst hat sich in einer Art von Verleugnung des Visuellen erhalten, in der Bereitschaft, die Absage an die sinnliche Wahrnehmung im Alltag normal zu finden. Nicht nur normal, sondern geradezu beruhigend. Es gibt nichts, was so wichtig wäre wie der innere Kampf. Deshalb kann man mit dem Außen instrumentell und manipulativ verfahren, denn dort draußen gibt es nichts, worauf es »wirklich« ankommt. In dieser abgewandelten Form wird die Neutralität zu einem Werkzeug der Macht. Im folgenden möchte ich zeigen, wie sich dieses Instrument gebrauchen läßt, und wende mich dazu den modernen Ausformungen eines alten Prinzips der Stadtplanung zu.

Das Gitter

Die ägyptische Hieroglyphe, in der der Historiker Joseph Rykwert eines der ursprünglichen Symbole für »Stadt« sieht, ist das Zeichen

– in der Transkription »nywt«.[7] Diese Hieroglyphe, ein Kreuz in einem Kreis, zeigt zwei sehr elementare und zugleich sehr dauerhafte Elemente von »Stadt«. Die ununterbrochene, in sich geschlossene Linie des Kreises verweist auf einen geschlossenen Bezirk, auf eine Mauer oder einen Platz; innerhalb dieses Bezirks entfaltet sich das Leben. Das Kreuz ist die einfachste Verbindung von zwei Doppellinien: es verweist auf das vielleicht ursprünglichste Ziel des Austauschs mit der Umwelt und tritt damit in einen Gegensatz zum Kreis, der die Grenze und den Bezirk dieser Umwelt bezeichnet. Die gekreuzten Linien sind ein elementares Modell für die Anlage von Straßen in einem umgrenzten Gebiet, das Gitternetz.

Die Babylonier und die alten Ägypter statteten ihre Städte mit geraden, einander im rechten Winkel kreuzenden Straßen aus, so daß regelmäßige, gleich große Bauparzellen entstanden. Im allgemeinen bezeichnet man Hippodamos von Milet als den ersten Stadtplaner, der diese Gitter als kulturelle Ausdrucksform begriffen hat; für ihn kam im Gitternetz die Rationalität zivilisierten Verhaltens zum Ausdruck. Im Zuge ihrer militärischen Eroberungen arbeiteten die Römer den Gegensatz zwischen den primitiven, planlosen Lagern der Barbaren und der regelmäßigen Anlage ihrer eigenen Befestigungen oder *castra* immer deutlicher heraus. Die römischen Feldlager wurden als Quadrate oder als Rechtecke strukturiert. Die äußere Umgrenzung war anfangs von Soldaten bewacht, später, wenn aus dem Lager eine ständige Niederlassung wurde, versah man die vier Seiten mit Mauern. Wenn ein neues *castrum* angelegt wurde, teilte man sein Inneres durch zwei im rechten Winkel zueinander verlaufende Axialstraßen, den *decumanus* und den *cardo*; anfangs wurden am Schnittpunkt dieser beiden Hauptstraßen die wichtigsten militärischen Zelte aufgeschlagen, später entstand unmittelbar im Norden der Kreuzung das Forum. Hatte das Feldlager Bestand und wuchs weiter, so wurden die Räume zwischen dem Mittelpunkt und der äußeren Umgrenzung nach und nach ausgefüllt, indem man die Grundidee des durch Achsen gebildeten Zentrums im kleinen wiederholte. Dieses Verfahren sollte Städte nach dem Muster Roms schaffen; der römische Soldat war überall in der Welt zu Hause.

Ursprünglich markierte das Gitter ein spirituelles Zentrum. »Der Ritus der Stadtgründung ist einer der bedeutendsten Aspekte des religiösen Erlebens«, schreibt Joseph Rykwert in seiner Untersuchung über die römische Stadt; der antike Autor Hyginus Gromaticus glaubte, die Priester, die eine neue römische Stadt einweihen, müßten die erste Achse im Kosmos verankern: »Grenzen werden nie ohne Beziehung zur Ordnung des Universums gezogen, denn die *decumani* werden parallel zur Bahn der Sonne angelegt, während die *cardines* der Himmelsachse folgen.«[8]

In der späteren Geschichte des abendländischen Städtebaus ist das Gitter bei der Erschließung neuer Räume oder bei der Neugestaltung von Räumen, die durch Katastrophen verheert worden waren, immer wieder genutzt worden. Die Pläne für den Wiederaufbau von London nach dem großen Brand von 1666, der Entwurf von Robert Hooke, der von John Evelyn und der von Christopher Wren, machten sich das römische Gitterschema zunutze; diese Pläne wiederum beeinflußten Amerikaner wie William Penn, wenn sie neue Städte gründeten. Im 19. Jahrhundert schien Amerika aus lauter Städten zu bestehen, die nach den Prinzipien römischer Feldlager angelegt waren, und das amerikanische Beispiel der »Stadt aus dem Nichts« prägte seinerseits den Städtebau in anderen Teilen der Erde. Aber keine formale Gestaltung kann einen bestimmten Sinn auf Dauer bewahren. Mit einem Gitternetz, wie mit jedem anderen Schema, können verschiedene Gesellschaften sehr unterschiedliche Sachverhalte zum Ausdruck bringen. Für die Römer hatte das Gitterschema eine tiefe emotionale Bedeutung, während die Amerikaner es erstmals zu einem ganz neuen Zweck einsetzten: dazu, die in ihrer Umwelt vorfindliche Komplexität und Vielfalt zu leugnen. In neuerer Zeit diente das Gitternetz als ein Planschema, das die Umwelt neutralisiert. Es ist ein protestantisches Zeichen für die Stadt.

Die römische Militärsiedlung war so konzipiert, daß sie sich im Laufe der Zeit innerhalb ihrer Umgrenzung entfalten konnte; dieser Raum sollte nach und nach gefüllt werden. Das moderne Gitter hingegen ist von Anfang an auf Grenzenlosigkeit angelegt, es sollte sich von Block zu Block ausdehnen in dem Maße, wie die Stadt wuchs. Bei der Entwicklung des Gitterplans von 1811, der seither die Grundlage für das moderne Manhattan oberhalb von Greenwich Village bildet, äußerten die Mitglieder des Planungsausschusses: »Es mag belustigend wirken, daß die Planer Raum für eine größere Zahl von Menschen vorgesehen haben, als man sie außerhalb Chinas irgendwo an einem Ort versammelt findet.«[9] Aber so wie die Amerikaner die sie umgebende natürliche Realität als grenzenlos erachteten, so schien auch die Energie, mit der sie darangingen, Neuland zu erobern, zu erschließen und zu besiedeln, keiner inneren oder natürlichen Beschränkung unterworfen. Die Überzeugung, die von Menschen besiedelten Räume ließen sich ins Unendliche ausdehnen, ist ein erster Versuch, den Wert oder die Qualität jedes bestimmten Raumes geographisch zu neutralisieren.

Die Römer entwickelten aus der Idee des abgesonderten, umgrenzten Ganzen eine Vorstellung davon, wie sich an der Kreuzung von *decumanus* und *cardo* ein Zentrum errichten läßt und wie sich innerhalb jedes einzelnen Viertels wiederum Zentren bilden lassen, indem man in den einzelnen Bezirken das Prinzip der Kreuzung zweier Hauptachsen wiederholt. Die Amerikaner hingegen waren zusehends bestrebt, das öffentliche Zentrum zu beseitigen – das beweisen die Pläne für Chicago aus dem Jahre 1833 und die für San Francisco von 1849 und 1856, welche zwischen Tausenden geplanter Häuserblocks nur eine Handvoll kleiner öffentlicher Räume vorsahen. Aber auch dort, wo der Wunsch nach einem Zentrum vorhanden war, fiel es schwer, zu bestimmen, wo diese öffentlichen Plätze liegen und wie sie eine Wirkung entfalten sollten – in Städten, die aus unzähligen rechteckigen Bodenparzellen bestanden. Die humane Raumplanung im Philadelphia der Kolonialzeit, die William Penn und Thomas Holme geschaffen hatten, und, um das entgegengesetzte Extrem zu nennen, das brutale Raster des Sklavenmarkts im Savannah der Zeit vor dem Bürgerkrieg – beides funktionsfähige Räume für organisierte Menschenmassen – traten als Planungsmodelle in den Hintergrund, sobald riesige Geldsummen in die Stadtentwicklung zu fließen begannen. Die Preisgabe des Zentrums ist ein zweiter Versuch, den städtischen Raum geographisch zu neutralisieren.

Zwar verstärkte das amerikanische Gittermodell die funktionale Bedeutung der Straßenkreuzungen gegenüber den mittleren Partien der Häuserblocks; im heutigen Manhattan dürfen in Wohnvierteln höhere Gebäude an den Straßenecken errichtet werden, während die mittleren Abschnitte niedrig gehalten werden. Aber auch dieses Muster verliert, wenn es oft genug wiederholt wird, die Kraft, den besonderen Charakter bestimmter Orte und ihrer Beziehung zur Stadt als ganzer auszudrücken.

Die vielleicht beachtlichsten Gitternetze dieser Art findet man im südlichen Siedlungsgürtel der Vereinigten Staaten, in den Städten, die unter der Herrschaft oder dem Einfluß Spaniens entstanden sind. Am 3. Juli 1573 erließ Philipp II. von Spanien eine Reihe von Dekreten über die Errichtung von Städten in seiner Neuen Welt, das »Gesetz der beiden Indien«. Die zentrale Bestimmung besagt klipp und klar, daß die Städte ihre Form von ihrem Zentrum aus gewinnen sollen:

»Der Grundriß des Ortes mit seinen Plätzen, Straßen und Baulosen soll durch Vermessung mit Schnur und Richtscheit festgelegt werden, angefangen beim Hauptplatz, von dem die Straßen nach den Toren und den wichtigsten Landstraßen ausgehen sollen, wobei so viel freier Raum vorzusehen ist, daß sich die Stadt, auch wenn sie wächst, symmetrisch ausdehnen kann.«[10]

Dieser königliche Erlaß wurde zunächst in Städten wie St. Augustine in Florida und dann im ganzen spanischen Einflußgebiet fast dreihundert Jahre lang genau befolgt. Ein alter Plan von Los Angeles aus dem Jahre 1781 wäre Philipp II. durchaus vertraut erschienen – einem Mann wie Julius Cäsar übrigens ebenfalls. Aber plötzlich, mit dem Aufkommen der Eisenbahnen und dem Zustrom großer Mengen von Kapital, kam es in den Städten im spanischen Siedlungsgürtel zu einem Bruch mit den Grundsätzen, die das Gesetz Philipps II. aufgestellt hatte. Der Platz hörte auf, Zentrum zu sein; er bildete nicht mehr den Bezugspunkt für die Erschließung von neuem städtischen Raum. Die Plätze waren jetzt nur noch willkürlich verteilte Punkte zwischen den regelmäßigen Blocks sich ins Endlose dehnender Bauparzellen – etwa in einem Plan für Santa Monica als Teil des »neuen« Los Angeles aus dem Jahre 1875 –, und sie verschwanden schließlich, als das »neue« Los Angeles dreißig Jahre später vom Papier in die Wirklichkeit überwechselte.

Im 20. Jahrhundert setzten sich diese beiden Formen von geographischer Neutralisierung, die bei der Anlage von Gitternetzen wirksam werden, auch dort durch, wo die Stadtentwicklung mit dem Bau von Tausenden von Häusern an willkürlich sich dahinschlängelnden Straßen oder durch den Aufbau von wuchernden Industriezonen, Bürostädten und Einkaufszentren an den Rändern der Highways vorangetrieben wurde. Im Laufe der Entwicklung der Stadt zur modernen »Megalopolis« hat es sich als sinnvoll erwiesen, von »Knotenpunkten« statt von Zentren und Vororten zu sprechen. Schon die Unschärfe des Wortes »Knotenpunkt« zeigt, daß uns eine Sprache, die den qualitativen Wert unserer Lebenswelt zu bezeichnen vermag, abhanden kommt: das Wort »Zentrum« ist mit allen möglichen historischen und visuellen Bedeutungen ausgestattet, das Wort »Knotenpunkt« hingegen bleibt nichtssagend.

Dieses amerikanische Muster ist in vieler Hinsicht das Extrem, auf das andere Besiedlungsformen zulaufen; in ähnlicher Form hat man in Italien und Frankreich, in Israel und in Rußland jenseits des Ural Siedlungen errichtet. All diesen Projekten fehlt eine Vorstellung von ihren eigenen Grenzen und von einer Form, die sich in diese Grenzen fügt; das Resultat dieses amorphen Bauens sind Orte ohne Charakter. Das Gitter als solches ist, wie gesagt, nicht die »Ursache« für diese Verödung; die Neutralität kann die Gestalt einer endlos gerasterten Stadt, aber auch die einer von gewundenen Straßen durchzogenen Siedlung, von willkürlich zusammengewürfelten Läden, von auswuchernden Bürostädten oder Industriegebieten annehmen. Aber die neuere Geschichte des Gitters zeigt besonders deutlich, wie sich die moderne Neutralität dort ausbreitet, wo eine protestantische Sprache des Selbst und des Raums zu einer modernen Ausprägung von Macht wird.

Im April 1791 widersetzte sich Pierre Charles L'Enfant mit großem Mut dem Plan Thomas Jeffersons, die neue amerikanische Hauptstadt auf der Grundlage eines Gitterschemas zu errichten. Er schrieb an Präsident Washington:

> »Solche regelmäßigen Pläne [...] wirken zuletzt ermüdend und langweilig, und es [das Gitter] kann seinem Ursprung nach nie mehr sein als die Wiederholung einer kalten Phantasie, der es an einem Sinn für das wirklich Großartige und wahrhaft Schöne gebricht.«[11]

Eine Hauptstadt soll Symbolkraft ausstrahlen, und L'Enfant war der Ansicht, daß den Regelmäßigkeiten des Gitters diese Ausstrahlung fehlt. Das Jahrhundert nach L'Enfant sollte aber zeigen, daß Gitter Macht gerade dadurch organisieren, daß sie einem Ort seinen Charakter rauben.

Eine Generation nach L'Enfant gehörte die Familie des jungen Alexis de Tocqueville zur Gruppe jener Aristokraten, die 1830 dem neuen Regime ihre Unterstützung versagten und sich in die *émigration intérieure* begaben. Dem jungen Tocqueville bot seine später berühmt gewordene Reise nach Amerika eine Möglichkeit, sich den Schwierigkeiten zu entziehen, die ihm der Loyalitätseid für das neue Regime bereitete. Er sah jene neue Ausformung von charakterloser Macht entstehen, als er zum erstenmal New York besuchte.

Damals segelte der Fremde, der New York ansteuerte, im allgemeinen von Süden in den Hafen, eine Route, die ihm ganz plötzlich den Anblick des Mastengewirrs an den überfüllten, von Menschen wimmelnden Kais bot, die sich in Straßen fortsetzten, an denen Geschäftshäuser, Wohnhäuser, Kirchen und Schulen lagen. In dieser Ansicht von der Neuen Welt schien sich das aus Europa vertraute, wirre Bild blühender Geschäftstätigkeit zu wiederholen, das aus Antwerpen oder aus dem Londoner Hafengebiet bekannt war. Tocqueville aber kam von Norden nach New York, durch den Long Island Sound. Was er zuerst von Manhattan erblickte, waren die weiter oben gelegenen bukolischen Bezirke, damals, im Jahre 1831, noch reines Farmland, durchsetzt von ein paar winzigen Dörfern. Was ihn zuerst staunen machte, war das plötzliche Auftauchen einer Metropole inmitten einer fast unberührten Naturlandschaft. Ihn packte die Begeisterung des Neuankömmlings aus Europa, der glaubt, er könne in dieser unverdorbenen Landschaft genauso leicht Fuß fassen wie die Stadt selbst, und dem Amerika im Gegensatz zum alten, verbrauchten, komplizierten Europa unverbraucht und unverfälscht erscheint. Aber dann, so schrieb er später an seine Mutter, nachdem die erste jugendliche Begeisterung verebbt war, begann New York ihn zu irritieren. Die Menschen schienen sich um die Häuser, in denen sie wohnten, nicht zu kümmern – die Gebäude, zwischen denen sie umherhasteten, waren ihnen gleichgültig; ihre Bewohner gingen mit der Stadt um, als wäre sie ein kompliziertes, aus lauter Büros, Restaurants und Läden gefügtes Instrument zur Tätigung ihrer Geschäfte. Immer wieder fiel Tocqueville auf seiner Reise durch Amerika die Strukturlosigkeit der amerikanischen Siedlungsformen auf. Die Häuser glichen eher den Requisiten eines Bühnenbildes als Gebäuden, die Bestand haben sollten; es schien in dieser Welt nichts Dauerhaftes zu geben. Der Grund hierfür war, daß diese »neuen Menschen« zu sehr »getrieben« waren, um sich niederzulassen, zu sehr getrieben, um in Stein zu bauen. Sie wollten vor allem eines: daß ihnen nichts im Wege sei.

In diesem Sinne kann das Gitter als eine Waffe begriffen werden, die sich gegen eine durch besondere Merkmale charakterisierte Umwelt anwenden läßt – zunächst einmal gegen die charakteristischen Besonderheiten der Geographie. In Städten wie Chicago wurde das Gitter über ein unregelmäßiges Terrain gelegt; die rechteckigen Blocks löschten die natürliche Umgebung aus und dehnten sich aus, ohne auf Erhebungen, Flüsse, Waldungen, die im Wege waren, Rücksicht zu nehmen. Wo Anhöhen eingeebnet, Gewässer kanalisiert werden konnten, geschah das; die unüberwindlichen Hindernisse, die die Natur dem Gitter entgegenstellte, unregelmäßig verlaufende Flüsse oder Seen, wurden von den Stadtplanern an der »Frontier«, der damaligen »Grenze« nach Westen, einfach ignoriert, so als existierte das, was sich nicht in die mechanische, tyrannische Geometrie zwängen ließ, gar nicht.

Die rücksichtslose Durchsetzung des Gitters machte es nicht selten erforderlich, vernünftige Erwägungen hintanzustellen. In Chicago zum Beispiel schuf das Gitter immense Verkehrsprobleme bei der Überwindung des Flusses, der durch das Stadtzentrum läuft; die Straßen enden plötzlich an dem einen Ufer und gehen auf dem anderen Ufer weiter, als wäre der Fluß von unzähligen unsichtbaren Brücken überspannt. Ein Besucher des neu gegründeten Cincinnati schilderte 1797 die »Unannehmlichkeit«, die die Anwendung des Gitterschemas auf eine ähnliche Flußtopographie hier mit sich brachte: »Hätten sie eine ihrer Straßen am Fluß entlanggeführt und die andere am anderen Ufer [...], so würde die ganze Stadt vom Fluß her einen stattlichen Anblick bieten.«[12] Cincinnati hatte einen antiken Namen, aber es war keine griechische Stadt; die Pläne, die dem Land willkürlich ein Schema überstülpten, erzeugten eine Wechselbeziehung zu diesem Land, die einer Überwältigung gleichkam.

Obwohl New York eine der ältesten Städte Amerikas ist, gingen die Stadtplaner im Zeitalter des Hochkapitalismus mit dieser Stadt so um, als läge sie an der Grenze zur Wildnis, als müßte auch sie der äußeren Welt wie einer feindlichen Macht gegenübertreten. Mit einem Schlag prägten sie der Insel Manhattan im Jahre 1811 ein Gitter auf, das von der Canal Street, wo damals der dichtbesiedelte Teil New Yorks endete, bis hinauf zur Hundertfünfundfünzigsten Straße reichte. In einem zweiten Schritt dehnten sie das Gitter dann 1870 auf die nördliche Spitze der Insel aus. Langsamer und in mehreren Schritten überzogen sie auch Brooklyn, östlich von seinem alten Hafen beginnend, mit einem Gitter. Die Siedler im Westen traten den eingeborenen Amerikanern, sei es aus Angst oder aus Habgier, gegenüber, als seien sie ein Teil der Landschaft; an der »Grenze« war nichts – es herrschte eine Leere, die ausgefüllt werden mußte. Aber auch in New York, nicht anders als in Illinois, konnten die Planer Leben außerhalb des Rasters gar nicht mehr wahrnehmen. Sie erwarteten, daß die Farmen und Dörfer, die noch im 19. Jahrhundert auf der Insel Manhattan verstreut lagen, nicht etwa in das Raster einbezogen, sondern von ihm verschlungen werden würden, sobald es das Papier verließ und gebaute Wirklichkeit wurde; im weiteren Verlauf dieses Prozesses wurden die Pläne kaum noch verändert und angepaßt, auch wenn eine flexiblere Straßenführung eine Erhebung besser genutzt oder den Zufällen der Grundwasserverhältnisse auf der Insel Manhattan besser entsprochen hätte. Unerbittlich zerstörte das Gitter alle bestehenden Ansiedlungen, auf die es stieß. In diesem neoklassischen Zeitalter hätten die Planer wie die Römer bauen können oder, um einen näherliegenden Vergleich zu ziehen, wie William Penn; sie hätten Plätze anlegen und mit Überlegung bestimmen können, wo Kirchen, Schulen und Märkte entstehen sollten. Das Land stand zur Verfügung – allein, es fehlte der Wille. Statt dessen verhielten sich diese Leute zu ihrer Umwelt wie Aggressoren, und ihre Siege bestanden darin, daß sie die Umwelt neutralisierten.

Es existiert ein noch engerer Zusammenhang zwischen der Neutralisierung des Raums und der ökonomischen Entwicklung. Die Mitglieder des New Yorker Planungsausschusses erklärten nämlich auch: »Häuser mit rechteckigen Grundrissen lassen sich am billigsten bauen und sind für die Bewohner am praktischsten«.[13] Unerwähnt bleibt hier, daß sich gleichförmige Bodenparzellen auch am leichtesten verkaufen lassen. Den allgemeinen Zusammenhang zwischen Gitterstadt und kapitalistischer Ökonomie hat Lewis Mumford so beschrieben:

»Der aufsteigende Kapitalismus des 17. Jahrhunderts behandelte das einzelne Grundstück ebenso wie Block, Straße und Avenue als abstrakte Einheiten, die man ohne Rücksicht auf historische Verwendung, landschaftliche Verhältnisse oder soziale Notwendigkeiten kaufte und verkaufte.«[14]

Im New York des 19. Jahrhunderts waren die Dinge in Wirklichkeit komplizierter, weil hier die Ökonomie des Grundstückhandels im Jahre 1870 eine ganz andere war als noch im Jahre 1811. Zu Beginn des Jahrhunderts bildete die Stadt eine dicht gedrängte Anhäufung von Gebäuden inmitten der Wildnis. Bodenverkäufe betrafen den leeren Raum. Nach dem Bürgerkrieg aber war dieser Boden zu einem Gelände geworden, das bald bebaut werden würde. Um ihn gewinnbringend verkaufen zu können, mußte man ein gesellschaftliches Kalkül anstellen: wo würden künftig die Wohngebiete liegen, wie sahen geeignete Verkehrsmittel aus, wo würden die Fabriken errichtet werden? Der Blick auf eine Karte, die lauter gleich große Blöcke zeigt, gibt kaum Antwort auf solche Fragen. Rational war das Gitter als Prinzip der Stadtplanung nur in einem abstrakten, cartesianischen Sinne. Und deshalb weiß die Wirtschaftsgeschichte des Gitters in ihren späteren Phasen ähnlich wie die Geschichte der Investitionen in Eisenbahn und Industrie von katastrophalen Verlusten genauso zu berichten wie von riesigen Profiten. Für diejenigen, die aus der neutralisierten Umwelt Gewinn schlagen wollten, war diese Umwelt ebenso »nichtssagend« wie für Leute vom Schlage eines L'Enfant, denen sie deshalb zuwider war.[15]

Die ökonomische Geschichte des Gitters läuft auf eine einfache, elementare Wahrheit hinaus: Macht besitzen und sie zum eigenen Vorteil verwenden, sind zwei völlig verschiedene Dinge. Das ist wichtig, wenn man verstehen will, wie die Macht funktionierte, die bei der Neutralisierung der Stadt am Werke war. Diejenigen, in deren Macht es stand, die Neutralisierung voranzutreiben, wurden in ihren Bestrebungen durch eine Reihe von Schwierigkeiten irritiert, die sich gerade daraus ergaben, daß sie die Welt neutralisierten. Auf diese Schwierigkeiten ist Max Weber in seiner berühmten Untersuchung *Die protestantische Ethik* eingegangen.

Weber brachte den Selbstzweifel, der den Puritaner quälte, in einen Zusammenhang mit seinem Konkurrenzverhalten gegenüber anderen; ein Mensch, der die Oberhand über andere gewinnt, kann sich auf diese Weise seinen eigenen Wert bestätigen. Dann aber, so meinte Weber, befällt den, der sich in dieser Weise gegenüber anderen durchgesetzt hat, eine Angst, die ihn daran hindert, das, was er gewonnen hat, auch zu genießen: aggressiv strebt er nach Geld und Gewinn, versagt sich jedoch den Komfort, die Pracht, die Vergnügungen, die er sich nun leisten könnte. So schreibt Weber in *Die protestantische Ethik und der Geist des Kapitalismus*:

> »Die christliche Askese, anfangs aus der Welt in die Einsamkeit flüchtend, hatte bereits aus dem Kloster heraus, indem sie der Welt entsagte, die Welt kirchlich beherrscht. Aber dabei hatte sie im ganzen dem weltlichen Alltagsleben seinen natürlich unbefangenen Charakter gelassen. Jetzt trat sie auf den Markt des Lebens, schlug die Tür des Klosters hinter sich zu und unternahm es, gerade das weltliche *Alltags*leben mit ihrer Methodik zu durchtränken, es zu einem rationalen Leben *in* der Welt und doch *nicht von* dieser Welt oder *für* diese Welt umzugestalten.«[16]

Das Christentum begab sich also auf die Straße, um dort seine Wahrheit zu finden. Vielleicht konnten die Menschen im Diesseits etwas gewinnen, das sich auf ihr Leben im Jenseits auswirkte. Kurz bevor Weber *Die protestantische Ethik und der Geist des Kapitalismus* schrieb, reiste er durch die Vereinigten Staaten – zu einer Zeit, als die Vanderbilts Dinners für siebzig Gäste gaben, denen siebzig gepuderte Lakaien aufwarteten. Die luxusliebenden Kapitalisten seiner Zeit hielt Weber für eine Abart ihrer Spezies. Für ihn stand das ökonomische Gewinnstreben in einem engen Zusammenhang mit Fragen der Identität, mit Fragen, die zuerst die Puritaner und andere protestantische Sekten gestellt hatten. Die Geister der Vergangenheit waren noch lebendig: Wer ist würdig? Hinter dieser Frage verbirgt sich die andere: Wer ist der Würdigere? – und auf sie gaben der Gläubige und der energische Geschäftsmann die gleiche Antwort: der Würdigste ist der, der gegen sich selbst am unnachsichtigsten ist.

Die Geschichte, die die protestantische Ethik zu erzählen hat, ist keine glückliche. Sie handelt von knappen Werten: es gibt nicht genug Dinge, die es wert wären, daß man sich um sie bemüht. Außerdem könnte man, wenn man aufhört zu kämpfen, schwach werden und die Kontrolle verlieren, – und um dies zu verhindern, behandelt man die Dinge und die anderen Menschen als Werkzeuge der eigenen Bestrebungen und Bedürfnisse. Für sich genommen sind sie nichts. Aber das Ergebnis dieser instrumentellen Beziehung zur Welt ist eine zunehmende Verdunklung der Ziele des eigenen Handelns und seines Wertes. Nachdem man die Welt neutralisiert hat, gerät man in Verwirrung.

An dieser Stelle kam das Gitter ins Spiel. Es bildete ein Feld für den ökonomischen Konkurrenzkampf, auf dem man spielen konnte wie auf einem Schachbrett. Es bildete einen neutralisierten Raum, und seine Neutralität wurde dadurch begründet, daß der Umwelt jeder Eigenwert abgesprochen wurde. Doch der Sieg über die Umwelt war ein Pyrrhus-Sieg, er erfüllte den, der ihn errungen hatte, mit dem Gefühl, daß noch lange nicht genug erreicht sei; auf diese Weise desorientierte das Gitter diejenigen, die auf ihm spielten; sie konnten nicht bestimmen, was wertvoll war in Räumen ohne Zentrum und Grenzen, in endlosen Räumen, in einer gedankenlosen geometrischen Einteilung, die gerade das Ergebnis der protestantischen Ethik des Raumes war.

Wenn sich Amerikaner in der Epoche des Hochkapitalismus eine Alternative zum Gitter vorstellten, dann dachten sie stets an eine zwanglose Ländlichkeit, an schattige Parks, eine Promenade, aber niemals an die kräftigeren Faszinationen der Straße, des öffentlichen Platzes, des Zentrums, wo man der komplexen Lebendigkeit der Stadt begegnete. Die Anlage des New Yorker Central Park im 19. Jahrhundert veranschaulicht diese gespaltene Perspektive besonders drastisch: da wird für das Stadtzentrum ein kunstvoll angelegter natürlicher Leerraum geplant, weil man annimmt, daß die anmutige Landschaft in seiner Umgebung – eine bukolische Szenerie, wie sie sich ein erholungsbedürftiger Großstädter in einer Entfernung von wenigen Kutschminuten nur immer wünschen kann – unter dem unaufhaltsam vordringenden Gitter schon bald begraben werden wird.

Die Planer des Central Park, Frederick Law Olmsted und Calvert Vaux, wollten alles tilgen, was darauf hinwies, daß dieser Park inmitten einer pulsierenden Metropole lag. Wer beispielsweise den Verkehr, der den Park kreuzte, gesehen oder gehört hätte, wäre eben hieran erinnert worden. Deshalb gingen die beiden Amerikaner ganz anders vor als zum Beispiel die Gestalter des Bois de Boulogne in Paris, die die Durchquerung des Parks zu einem Vergnügen auch für jene machten, die nur geschäftlich unterwegs waren. Olmsted und Vaux ließen die Leute buchstäblich in der Versenkung verschwinden; sie verlegten die Querstraßen in Gräben unter das Geländeniveau des Parks. Die Straßen, so erklärten sie,

> »müssen versenkt werden. [...] Die Böschungen an den Seiten sollen bis zu einer Höhe von etwa zwei Metern aufgemauert werden [...], und eine überlegte Bepflanzung an den Kanten der Böschungen oberhalb der Mauern wird sowohl die Straßen als auch die auf ihnen verkehrenden Fahrzeuge dem Blick derer, die im Park Spaziergänge oder -fahrten unternehmen, entziehen«.[17]

Hier tritt die ganze Gespaltenheit dieser Art von Städtebau zutage: beim Bauen tut man, als lebte man im leeren Raum; um sich dann der gebauten Welt zu erwehren, tut man, als lebte man gar nicht in der Stadt.

Diese Haltung, die der gebauten Umwelt jegliche Bedeutung abspricht, hatte zum Teil spezifisch amerikanische Ursachen. Sie erwuchs aus dem Eindruck, den die Naturlandschaft Amerikas bei allen Reisenden, Amerikanern und Besuchern gleichermaßen, hinterläßt. Diese Naturwelt wirkt riesig, unermeßlich und grenzenlos. Der Eindruck von Grenzenlosigkeit wird offenkundig, wenn man zum Beispiel eine amerikanische Darstellung der Wildnis, Frederick Kensetts *Ansicht des Hudson bei West Point* aus dem Jahre 1863, mit Corots *Erinnerung an Volterra* von 1838 vergleicht. Beide Bilder sind aus einem ähnlichen Blickwinkel gemalt. Auf Kensetts Gemälde sehen wir einen grenzenlosen Raum, eine Aussicht, die den Rahmen sprengt und unseren Blick ungehindert in immer fernere Fernen schweifen läßt. Den Felsen, den Bäumen, den Figuren auf diesem Bild fehlt jede Dinglichkeit, weil sie in der Unermeßlichkeit des Raumes aufgehen. Auf Corots Bild hingegen treten uns ganz bestimmte Gegenstände in einem überschaubaren Rahmen entgegen oder, wie es ein Interpret formuliert, eine »solide Architektur aus Felsen und sogar Laubwerk, an der sich die Tiefe des Raumes ermessen läßt«.[18] Es schien, als ließe sich die Weite Amerikas nur mit einem ganz willkürlichen Zwangsmittel bändigen: mit dem endlosen, grenzenlosen Gitter. Dieser Kraftakt des Willens hatte jedoch ungeahnte Konsequenzen: die Willkür ruinierte das, was sie nur zähmen sollte, das Gitter raubte dem Raum jede Bedeutung und veranlaßte schließlich einen Mann wie Olmsted, nach Mitteln Ausschau zu halten, die Qualität einer zum Schein von der sichtbaren Gegenwart des Menschen befreiten Natur wiederherzustellen.

In dem amerikanischen Roman *The Little House on the Prairie*, einem klassischen Text über die große Wanderung nach Westen, bricht die Familie von dem Ort, an dem sie sich niedergelassen hat, wieder auf, sobald ein anderes Haus am Horizont sichtbar wird, ohne daß irgend jemand in der Familie erklären könnte, warum ein anderes Dach in der Umgebung ein derart unerträglicher Anblick ist. Trotzdem fühlen sich alle bedroht und ziehen weiter. Nur wenn kein Fremder störend dazwischentritt, kann die Seele mit sich selber ringen. Spätere Beobachter haben sich gefragt, woher dieser anhaltende Drang nach Westen bei Leuten rührte, die in größerem Wohlstand und größerer Zufriedenheit hätten leben können, wenn sie das Land bestellt hätten, das sie schon besaßen. Man hat in diesem Zusammenhang darauf hingewiesen, daß die protestantische Ethik in säkularer Gestalt fortlebte in der Unfähigkeit, zu glauben, das Vorhandene, das Erreichte sei auch ausreichend.

Man könnte dies alles für eine Angelegenheit halten, die sich auf den Umgang mit dem Raum und seine Wahrnehmung im Amerika des 19. Jahrhunderts beschränkt und damit abgeschlossen ist. Aber auch das 20. Jahrhundert bedient sich des Gitters: in der Vertikalen. Und dort sehr viel universeller, nämlich im Wolkenkratzer. Die älteren Formen des Umgangs mit dem Raum begegnen uns in dieser Architekturform von neuem. Mehr noch, am Bau der Wolkenkratzer zeigen sich die Risse im Gefüge der neutralisierenden Macht deutlicher denn je.

In Wolkenkratzerstädten wie Hongkong und New York ist eine innere Ordnung, die die verschiedenen Etagenscheiben der aufragenden Vertikalen in ein Verhältnis zueinander setzt, wie es die Kreuzung von *cardo* und *decumanus* tat, ganz und gar unvorstellbar; man wüßte keine Aktivitäten zu nennen, die speziell dem sechsten Stock dieser Gebäude vorbehalten sein sollten. Und es gelingt auch nicht, das sechste Stockwerk eines solchen Gebäudes zum zweiundzwanzigsten Stockwerk in eine visuelle Beziehung zu bringen, die sich von der zum fünfundzwanzigsten Stock unterscheidet. Wolkenkratzer besitzen auch keine notwendige Höhe. Dem vertikalen Gitter fehlt die Gliederung, die sich aus einer sinnvollen Plazierung im Raum und aus einer sinnvollen Umgrenzung ergibt.

Das in Stockwerkscheiben geschnittene Hochhaus hat den Aufzug als internes Transportmittel zur Voraussetzung. Fahrstühle gibt es seit 1846. Ursprünglich bestanden sie aus einer Plattform in einer vertikalen Gerüstkonstruktion. Mit Hilfe von eingebauten Gegengewichten konnte die Plattform von einem Fahrstuhlführer hinauf- und hinunterbewegt werden, und dieses Prinzip hat sich bis heute erhalten. Im Latting Observatory in New York wurden die Gegengewichte seit 1853 mit Dampfkraft bewegt; in den New Yorker Dakota Apartments und im Londoner Connaught Hotel wurde dreißig Jahre später statt der Metallketten ein hydraulisches System verwendet, das mit Wasserdruck arbeitete; die modernsten Aufzüge besitzen heute ein magnetisches Reglersystem, mit dem die auf die Gegengewichte einwirkende Kraft entsprechend der Anzahl der transportierten Personen abgestimmt wird, so daß die Geschwindigkeit immer konstant bleibt. Die wichtigste Neuerung im Fahrstuhlbau war die Sicherung der Aufzüge gegen technisches Versagen; dieses Verdienst erwarb sich Elisha Graves Otis im Jahre 1857. Sein Haughwout Building in New York enthielt einen Aufzug mit automatischen Bremsen; bei einem Energieausfall klammerte sich die Fahrstuhlkabine mit Hilfe dieser Bremsen an den Führungsschienen fest.

Aber die modernen Hochhäuser haben, wie die Architekturtheoretikerin Ada Louise Huxtable bemerkt hat, die Möglichkeiten ihrer eigenen Größe kaum je erkundet: »Die Architekten von heute nehmen einige sehr große Bauten in Aussicht, aber ihre Sicht ist dabei sehr beengt. Je größer das Bauwerk, desto geringer, so scheint es, die Neigung, sich mit den komplexen Verhältnissen in seinem Inneren und dem Dilemma, das es erzeugt, auseinanderzusetzen.«[19] Die Gründe hierfür sind teils wirtschaftlicher, teils gestalterischer Natur. Die Erbauer von Hochhäusern haben ihre expressiven Kräfte auf die äußere Gestalt und auf die Fassade des Hochhauses konzentriert, zu Lasten von Experimenten mit den Volumen im Inneren.

Der Aufzug war eine notwendige, aber keine hinreichende Bedingung für das Hochhaus. Herstellbar wurden diese Gebäude erst bei ausgiebiger Nutzung der Möglichkeiten, die aus der Metallkonstruktion resultierten. Wie rasch man in dieser Technik bauen konnte, wurde zum erstenmal 1851 am Kristallpalast in London demonstriert, als Joseph Paxton ein Gebäude, das dem umbauten Raum nach größer war als die Kathedrale von Chartres, in wenigen Wochen entwarf und binnen weniger Monate errichtete; in genormte gußeiserne Rahmen wurden anstelle von Mauersteinen und Dachziegeln Glasscheiben für Wände und Dächer eingesetzt. Die frühen Hochhausarchitekten nutzten diese Technik auch in der Vertikalen – allerdings mit gewissen Vorbehalten. Das Monadnock-Building in Chicago zum Beispiel bestand aus einer Metallkonstruktion, besaß aber auch tragende Wände aus Mauerwerk. Als der Einsatz von Stahl ökonomisch möglich wurde, wuchs das Vertrauen in diese Bauweise, ähnlich wie nach der Einführung des Stahlbetons in neuerer Zeit, so daß die Wand zu einem Feld für freiere Experimente werden konnte. Diese neue Freiheit absorbierte die schöpferische Aufmerksamkeit der Hochhausbauer im Laufe der Zeit sehr viel mehr als etwa die Möglichkeiten, die der Aufzug für den Umgang mit dem umbauten Raum eröffnete. Unser Jahrhundert ist Zeuge zahlreicher Experimente mit Außenfassaden und zugleich einer zunehmenden Uniformität der bewohnten Räume im Inneren der Gebäude geworden. Dieses Innere besteht im wesentlichen aus einer gleichförmigen Abfolge von Geschossen, die von einem zentralen Trakt aus versorgt werden. Es sind große, aber sehr einfache Bauwerke.

Aus der Sicht nicht-abendländischer Raumkonzepte scheint die leichte, technisch bewerkstelligte Überwindung von Höhenunterschieden aus sich heraus schon die tiefere Bedeutung der Höhe zu zerstören. Der japanische Architekt Arata Isozaki meint einen Gegensatz zwischen der japanischen und der modernen westlichen Auffassung von »hoch« erkennen zu können und vertritt die Ansicht, das abendländische Auge verkenne die ethischen Möglichkeiten dieser Dimension:

> »Der erhöhte Holzboden ist eine saubere, künstlich geschaffene, vom Erdboden getrennte Fläche, auf der man unbekümmert sitzen kann. Anders als der japanische Holzboden gehören die oberen Stockwerke, die das abendländische Haus in alter Zeit nicht besaß, keiner vollkommen anderen Sphäre an. Obwohl die Räume in diesen oberen Stockwerken weit vom Erdboden entfernt sind, trägt man hier Schuhe; Stühle, Tische, Regale, Betten und dergleichen sind unabdingbar, weil der Boden ›unsauber‹ ist.«[20]

Die Ansicht, daß sich die abendländische Vorstellung von Höhe seit alters von der japanischen unterscheide, trifft nicht ganz zu. Der religiöse »Höhepunkt« der mittelalterlichen Stadt war geheiligt, weil er auf das Reich Gottes deutete; er diente sowohl der praktischen wie der spirituellen Orientierung. Würde man einen mittelalterlichen Architekten mit einer Zeitmaschine in einen modernen Wolkenkratzer versetzen, so würde ihm dieser auf beunruhigende Weise profan erscheinen. In seinen Augen wäre die vertikale Dimension ihrer Heiligkeit allein schon dadurch beraubt, daß sie ohne weiteres zugänglich geworden ist. Aber die moderne Idee von »Höhe« zeugt weder von »Unsauberkeit«, wie der japanische Architekt befürchtet, noch von einer Profanierung, die dem Lärm der Straße Zutritt zur Kirche gewährt, wie der mittelalterliche Architekt vermuten würde. »Hoch« bedeutet vielmehr »neutral«. Der Höhe des Wolkenkratzers fehlt der Symbolwert des japanischen Hauses oder der mittelalterlichen Kirche.

Der mit einem Gitternetz überzogene Raum erzeugt nicht nur

eine Leere, die anschließend erschlossen werden kann. Er unterwirft auch diejenigen, die in ihm leben müssen, und desorientiert sie in ihrer Fähigkeit, zu sehen und Verhältnisse zu beurteilen. So betrachtet läuft die Planung neutraler Räume auf die Beherrschung und Unterdrückung anderer hinaus. Aber der Planer agiert hier nicht mit machiavellistischer List, er selbst wird von zwiespältigen Gefühlen geplagt.

Als man zum Beispiel daranging, Wohnraum für Familien in vertikalen Gitterbauten unterzubringen, spürten die Erbauer, daß hier etwas nicht in Ordnung war. Gerade in New York weckte das Apartmenthaus Erinnerungen an eine seltsame Zeit im 19. Jahrhundert, als sich ganze Familien mehr oder minder dauerhaft in Hotels einquartierten. Nur gelegentlich durften die Kinder auf den Fluren herumlaufen. Die Familien speisten in großen Räumen, gemeinsam mit Handelsvertretern, Ausländern und zweifelhaften Damen. Aber auch unabhängig von diesen Parallelen waren die Planer zu der Ansicht gelangt, daß vertikale Gebäude neutral und deshalb »inhuman« seien, daß sie im wahrsten Sinne des Wortes nicht mehr boten als eine »Zuflucht«. Ein Leitartikel des New Yorker *Independent* stellte schon 1902 Thesen auf, die später zu Leitgedanken der Gartenstadt-Bewegung in England und einer den Idealen der »Gemeinschaft« verpflichteten sozialistischen Stadtplanung in Frankreich und Deutschland werden sollten, daß nämlich große Apartmenthäuser »die nachbarschaftlichen Gefühle, die hilfreichen Freundschaften, die Bindungen zur Kirche und jene häuslichen Gemeinsamkeiten zerstören, die die Grundlage von Bürgerstolz und Bürgerpflicht sind«. In New York nahm diese Ansicht dann im »Multiple Dwelling House Act« von 1911 Gesetzesform an. Dieses Gesetz stellte alle Apartmentgebäude in ihrer sozialen Funktion den Hotels gleich; das »Fehlen wesentlicher Grundlagen, auf denen häusliches Leben beruht«, wurde noch 1929, in einem der ersten Bücher über die Architektur von Apartmenthäusern, auf die »Gebäude mit sechs, neun oder fünfzehn Stockwerken zurückgeführt, in denen sämtliche Stockwerke im ganzen Haus genau denselben Grundriß aufweisen; Individualität gibt es hier praktisch nicht«.[21] Der Wolkenkratzer ist kein Nährboden für Ruskins Traum.

Viele sind der Meinung, sobald den Menschen ein Mißstand bewußt geworden sei, gingen sie daran, etwas gegen diesen Mißstand zu unternehmen. Realistischer ist wohl die Annahme, daß die Menschen die Mißstände, die sie entdecken, bis in ihr Extrem durchspielen. Sie wissen: was sie tun, ist falsch, aber sie tun es trotzdem, um zu sehen, ob sie sich nicht doch getäuscht haben. Ganz sicher gilt dies für diejenigen, die vertikale Gitter für Familien gebaut haben. Erfüllt von der Angst, in neutralen, anonymen Räumen könnten die Werte der Familie verlorengehen, haben viele Architekten und Planer in den dreißiger Jahren große Wohnanlagen errichtet, in denen sich ihre Ängste schließlich auch erfüllen sollten. Siedlungsprojekte für Arme, etwa an der Park Avenue im New Yorker Stadtteil Harlem, sind auf dieselben Prinzipien des unbegrenzten, amorphen Gitternetzes gegründet worden. Alles wurde eingeebnet; es gibt kaum Bäume. Winzige Rasenflecken werden von Metallzäunen beschützt. In den Siedlungen an der Park Avenue gibt es zwar verhältnismäßig wenig Kriminalität, aber den Klagen der Bewohner zufolge ist die gesamte Umgebung dem Familienleben eher feindselig. Diese Feindseligkeit beruht gerade auf der Funktionalität dieser Siedlungen; sie leugnen, daß man an einem Ort wohnt, dem irgendein qualitativer Wert zukommt. Bei der Errichtung zahlreicher ausgedehnter Arbeitersiedlungen in Europa hat man dasselbe visuelle Vokabular der Neutralität angewendet. Es gibt, wie gesagt, in dieser Geschichte keine Bösewichter; solche Siedlungsprojekte entspringen dem Traum der Reformer des 19. Jahrhunderts, die in Massen gesunde Wohnstätten für die Arbeiter errichten wollten. Im visuellen Vokabular dieser Bauten wird allerdings ein ganz anderer Wertekanon sichtbar, der die alten Ideen, die sich an die Grenzenlosigkeit des Raums knüpften, in neue Formen der Repression verwandelt.

Diese Spaltung zwischen Absicht und wirklichem Handeln resultiert aus der Neutralisierung selbst. Auch der Puritaner kannte eine Spielart dieser Spaltung: er lebte in der Welt, aber nicht von der Welt. In der säkularen Gesellschaft kann sich die Macht diese Spaltung zunutze machen: »Ich war nicht wirklich innerlich beteiligt, deshalb bin ich für das, was ich getan habe, nicht verantwortlich; ich war es nicht.« Im Falle der Siedlungsplaner führte dies jedenfalls dazu, daß die visuelle Machtausübung Entfremdung auch für die Planer bedeutete, Entfremdung von ihrem eigenen Werk. Max Weber hat festgestellt, daß denjenigen, der die Welt neutralisiert, am Ende selbst ein Gefühl der Leere befällt. Diese Brechung der Macht bekommen die Architekten von heute genauso zu spüren wie einst die Frühkapitalisten, die die Welt zu beherrschen versuchten, indem sie Distanz zu ihr wahrten.

Im Hinblick auf die Neutralisierung des Raums als eines Instruments der gesellschaftlichen Kontrolle unterscheidet sich, wie es scheint, die europäische Stadtplanung des 19. Jahrhunderts ganz deutlich von jenen moderneren Praktiken, die im Amerika des 19. Jahrhunderts zunächst in der Horizontale Gestalt annahmen und heute überall auf der Welt in der Vertikalen Anwendung finden. Um die Zeit, als der Central Park geschaffen wurde, ging Baron Haussmann daran, Paris zu erneuern. Haussmann hatte es mit einer tausend Jahre alten, aus allen Nähten platzenden, völlig verstopften Stadt zu tun, deren verwinkelte Straßen für ihn nichts weiter als Brutstätten der unheiligen Dreifaltigkeit von Krankheit, Verbrechen und Revolution waren. Er verfiel auf ein traditionelles Mittel zur Abwendung dieser Gefahren. Die Straßen, die er wie Schneisen durch das enge Paris legen ließ, sollten den Menschen das Atmen und der Polizei oder, wenn nötig, dem Militär die Fortbewegung erleichtern. An den neuen Straßen im Nordosten von Paris sollten Häuser errichtet werden, in denen über eleganten Geschäften vornehme Wohnungen lagen, die das Bürgertum in die ehemaligen Arbeiterviertel locken sollten; Haussmann schwebte eine Art innerer sozialer Kolonisierung der ganzen Stadt vor. Während er die Voraussetzungen dafür schuf, daß der Verkehr in der Stadt zügiger vonstatten ging, hoffte er darauf, daß die Arbeiterklasse innerhalb der gesellschaftlich gemischten Viertel immer stärker von einer neuen städtischen Oberschicht abhängig werden würde. Der Boulevard Richard Lenoir mit seinen Häusern ist ein Beispiel hierfür. Haussmann versuchte ein Paris zu schaffen, das aus lauter anspruchsvollen Stammkunden, spionierenden Concierges und tausend kleinen Dienstleistungsbetrieben bestand.

Die amerikanische Stadtplanung hat sich während ihrer Blütezeit anderer Machtinstrumente bedient, indem sie verhinderte, daß sinnerfüllte Räume, in denen Herrschaft und Abhängigkeit hätten sichtbar werden können, überhaupt Gestalt annahmen. Ein Appartement-Haus mit einem über die verschiedenen Etagen sich erstreckenden Geflecht von Dienstleistungen, wie es Haussmann entwickelte, hat es in Amerika nie gegeben. Statt dessen vollzog sich die Entwicklung sowohl in der Horizontalen als auch in der Vertikalen hier nach einem moderneren, abstrakteren Expansionsmodell. Bei der Schaffung ihrer Gitterstädte gingen die »neuen« Amerikaner genauso vor wie bei ihrer Begegnung mit den eingeborenen Amerikanern: sie kolonisierten das fremdartige Andere nicht, sie löschten es aus. Statt den Raum mit Sinngehalt auszustatten, wurde Herrschaft durch Neutralisierung des Raums wirksam.

Die spirituelle Suche ist kein heroischer Kampf mehr

Wörter wie »Macht« und »Herrschaft« deuten einen festen Zugriff auf die Welt an. Für die Herrschaft, die durch Neutralisierung zustande kommt, gilt dies nicht. Max Weber hat die Beschaffenheit der Macht, die das Gitter ausübt, mit dem Bild von einem »eisernen Käfig« zu beschreiben versucht, in dem sich das moderne Leben ihm zufolge abspielt. Dieses Bild ergibt aber nur dann einen Sinn, wenn man sich den Dompteur ebenso in diesen Käfig eingeschlossen denkt wie seine Tiere.

Welche Folgen die Ausweitung der Neutralität für die Psyche hat, wird in einer Erzählung von Henry James mit dem Titel »Das Tier im Dschungel« deutlich. Sie handelt von einem Mann mit Namen John Marcher, der scheinbar ein ruhiges, friedliches Leben führt. Aber hinter dieser sozialen Fassade lauert eine aus seinem eigenen Inneren erwachsende furchtbare Katastrophe, die ihn vernichten wird: »Irgend etwas wartete auf ihn inmitten der Windungen und Verschlingungen all der Monate und Jahre wie ein Raubtier im Dschungel.«[22] Zufällig begegnet Marcher in England einer Frau, May Bartram, der er viele Jahre zuvor während einer Italienreise seine Ängste anvertraut hat. Miss Bartram hat sein

Geheimnis in Erinnerung behalten und es ernst genommen. Die beiden freunden sich an; seine Ängste werden zu einem Band zwischen ihnen, verheißen eine tiefere Verbindung, als sie für gewöhnlich zwischen einem alten Fräulein und einem Junggesellen zustande kommt. Aber das Tier im Dschungel hält die beiden auch auseinander; es geht Marcher nicht mehr aus dem Sinn; er glaubt, er müsse sich dem Kampf mit ihm stellen, bevor für ihn das wirkliche Leben beginnen könne. So werden Marcher und die Frau zusammen alt, sie sind einander zugleich nah und fern. Miss Bartram fällt einer Blutkrankheit zum Opfer; unmittelbar bevor sie stirbt, will sie Marcher noch sagen, was es mit dem Tier auf sich hat, da aber versagen ihre Kräfte.

Henry James wollte mit seiner Erzählung »Das Tier im Dschungel« ein Gleichnis geben; sie handelt von dem »Mann seiner Zeit, jenem Mann also, dem nichts auf der Welt widerfahren sollte«.[23] Dieser Mann, der für viele andere steht, hat das Leben versäumt, indem er es ganz den Ängsten in seinem Inneren widmete. »Es wäre kein Versagen gewesen, bankrott, entehrt, angeprangert, aufgehängt zu sein; das Versagen war vielmehr, nichts zu sein.«[24] Während er seine Freundin betrauert, erkennt er, warum das scheinhafte Drama seines Seelenlebens überhaupt kein Leben gewesen ist. Auf dem Friedhof, wo er regelmäßig das Grab von Miss Bartram aufsucht, bemerkt er eines Tages am Grab einer anderen Frau einen Mann, den seine tiefe Trauer völlig gebeugt hat. Zuerst erfaßt ihn Staunen, dann Schrecken. Während Marcher diesen von Kummer erfüllten Mann beobachtet, wird ihm etwas klar: »Er hatte an einem anderen, nicht an sich selbst, erfahren, wie man eine Frau betrauert, die man um ihrer selbst willen geliebt hat.«[25] Er nämlich hatte Miss Bartram nur wegen ihrer Beziehung zu seinem Geheimnis geliebt – und hier auf diesem Friedhof ist das lauernde Tier gesprungen. Er war von den eigenen inneren Ängsten besessen, aber dieser Besessenheit eignete eine furchtbare Banalität. Das Tier hatte sich in seinem Bewußtsein eingenistet, in seinem Wissen, daß er die vertane Zeit nie zurückerlangen kann. Das Tier war Marchers Warten auf das Leben.

Einerseits beschreibt diese Parabel eine moderne Form von Angst: Man muß so lange warten, bis man die richtige Position erreicht hat und bereit ist, bis man weiß, was man tut, bis man stark genug ist, um »wirklich« zu leben. Aber die Parabel von Henry James sagt auch etwas darüber, welche Auswirkungen das Erlangen der Herrschaft durch Neutralisierung hat.

Wenn aus der von Unterschieden geprägten, aber neutralisierten Außenwelt keine Informationen herüberdringen, nimmt das Auge, das nach innen blickt, nicht eine dem »nichts-sagenden« Äußeren entsprechende Leere wahr, sondern ein Geheimnis, ein Geheimnis der Zeit, das keine Uhr verraten kann, das Geheimnis nämlich, was aus dem, der nach innen blickt, werden wird. Im neutralen Raum des Gitters sind Unterschiede nichts weiter als Klassifikationen und Benennungen mit feststehender Bedeutung. Im Inneren hingegen waltet die Zeit als Prozeß der Entfaltung von Werten. Marchers ganzes Leben war ein solcher Prozeß, dessen Resultat er gehortet hat – das Geheimnis, das er mit sich herumschleppte und das nicht sichtbar war, das nicht klassifiziert, geschweige denn verifiziert werden konnte. Wenn in einer von Unterschieden geprägten Gitterwelt Gefühle, Wünsche, Anschauungen »draußen« artikuliert werden, dann droht ihnen die Neutralisierung. Dagegen, daß die Dinge, auf die es einem ankommt, neutralisiert werden, wappnet man sich am besten, indem man sie nicht zu sehr hervorhebt, nicht zu sehr exponiert, dem Außen nicht preisgibt.

So verwickelt sich das Selbst in einen endlosen Prozeß, einen Prozeß, der es von seinen eigenen Bedürfnissen immer mehr entfremdet. Das Nachahmen, Nachdenken, Hoffen und Fühlen wird zur Suche nach einer Katharsis, die nie eintritt, zur Suche nach einer Befriedigung, die immer wieder aufgeschoben wird. Sein Leben lang hat Marcher seinem Tier die Treue gehalten, bis das Übermaß der Verleugnung auf ihn zurückschlug. Und am Ende war er selbst nur noch Leere.

In seinen Reisenotizen beschreibt Tocqueville, wie sehr in Amerika eine Ortschaft der anderen gleicht, wie wenig Abwechslung die lokalen Wirtschafts- und Klimaverhältnisse und selbst die Topographie in die Anlage der Städte brachte. Diese Homogenität im Städtebau hatte Tocqueville zunächst für ein Ergebnis der ungezügelten wirtschaftlichen Ausbeutung gehalten. In späteren Jahren fügte er eine weitere Erklärung hinzu, die an die Erzählung von Henry James erinnert. Das berühmte amerikanische »Individuum« sei kein Abenteurer, sondern in Wirklichkeit ein Mensch, für den der Kreis der Wirklichkeit über die Sphäre der Familie und Freunde kaum hinausreicht. Das Individuum entwickelt wenig Interesse und wenig Energie für Dinge, die außerhalb dieses Kreises liegen. Das amerikanische Individuum ist passiv, und eine Gesellschaft, die aus passiven Individuen besteht, errichtet um sich herum einen monotonen Raum. Eine nichtssagende, gleichgültige Umgebung bestätigt immer aufs neue, daß irgendwelche Störungen oder Ansprüche »von draußen« nicht zu erwarten sind. Die Einführung der Neutralität dient der Rechtfertigung des Rückzugs ins Innere:

> »Nicht das werfe ich der Gleichheit vor, daß sie die Menschen zur Jagd nach verbotenen Genüssen treibt; sondern daß sie sie mit dem Begehren erlaubter Genüsse ganz und gar ausfüllt. Auf diese Weise könnte sich in der Welt sehr wohl eine Art ehrbarer Materialismus einnisten, der die Seelen nicht verdirbt, der sie aber verweichlicht und sie schließlich unmerklich all ihrer Spannkraft beraubt.«[26]

Und dann springt das Tier; in der Leere fallen die Dinge auseinander.

Die »Kontrolle« oder Herrschaft durch Neutralisierung zu übernehmen bedeutet also in Wirklichkeit, die Kontrolle zu verlieren. Dieser Zwiespalt wird heute in den Bars von New York augenfällig. Überall in der Stadt gibt es Bars, solche, in denen heftig getrunken wird, und solche, die ihren Namen kaum verdient haben, wie die Bar im Museum of Modern Art; es gibt Bars in Diskotheken, in Bankgebäuden, Bordellen und improvisierte Bars in Wohnsiedlungen.

Das spirituelle Ringen, wie es in der protestantischen Ethik Gestalt angenommen hat, spricht der Außenwelt eine eigenständige Wirklichkeit ab; es leugnet, daß dem Da-Sein, der Präsenz in der Welt ein Wert zukommt. Deshalb ist es irritierend, wenn man dieser Präsenz, diesem Da-Sein, in den Bars am Rand von Siedlungen wie denen an der oberen Park Avenue begegnet. Es ist irritierend, weil die Sprache der Geselligkeit, die hier gesprochen wird, überaus fragmentiert ist. Zuerst hatte ich das Gefühl, daran sei meine Anwesenheit schuld, aber die Leute in diesen Bars an der Park Avenue vergessen nach einiger Zeit, daß sich ein versprengter Weißer mit beginnender Glatze hierher verirrt hat. Es sind familiäre Bars, hier trinken Putzfrauen und Hausmeister ihr Bier; lebhafter geht es in den benachbarten Lokalen zu, deren Gäste im Zwielicht an der Grenze zur Unterwelt leben. Die familiären Bars neben dieser Siedlung haben selten eine richtige Bartheke; es sind einfach Räume, in denen jemand ein paar Flaschen auf einen Tisch gestellt hat. Hier ist es, als sei die Zeit stehengeblieben; das Tageslicht hängt zwischen dem Staub, den die Pendlerzüge aufwirbeln, wenn sie in den nahe gelegenen Tunnel hinabtauchen oder aus ihm hervordonnern und jedesmal ein kleines Erdbeben verursachen. Abends läuft hier ein Fernseher ohne Ton; man hört das Auf- und Abschwellen der Polizeisirenen und im Sommer das Surren eines Ventilators. Dazwischen schieben sich die Stimmen der Gäste, aber mit der Zeit habe ich verstanden, daß dies genügt: aus den Lauten in diesem Raum erwächst ein Bewußtsein von Präsenz, von Da-Sein, davon, daß man, wenn auch kaum hörbar, lebt, und zwar *hier*.

Dagegen findet man in den Bezirken der Macht Bars von resoluter Neutralität, die von Abwesenheit erfüllt sind – zum Beispiel die Bar des Pierre Hotel an der Fifth Avenue, dort wo der Central Park beginnt. Der Kontrast zwischen dieser Bar und dem Lokal weiter oben in Harlem mit seinem Tisch voller Flaschen ist so extrem, daß er bedeutungslos wird. Die Bar im Pierre mit ihren großen Tischen, den Blumen, dem gedämpften Licht hat schon immer eine Atmosphäre von eigenartiger Diskretion erzeugt; hierher kommen Leute, die ungestört und unbeobachtet geschäftliche Angelegenheiten regeln wollen. Das zeigt sich an kleinen Einzelheiten: wenn sich hier zufällig zwei Bekannte treffen und erkennen, dann wechselt der eine nur selten zum Tisch des anderen hinüber, meistens bleibt es bei einem kurzen Erkennungsnicken. Die Drinks im Pierre sind vor allem Dekoration. Oft halten sich zwei Männer eine ganze Stunde lang an den vor ihnen stehenden Gläsern fest; die Kellner sind angewiesen, sich nicht in der Nähe der Tische aufzuhalten.

Die Atmosphäre der Bar im Pierre, in der so viele Menschen so genau aufeinander achten, wirkt nervös. Diese Bar ist in dem gleichen Sinne neutral wie ein Schachbrett. Und doch scheint die Atmosphäre in diesem Zentrum der Macht, zwischen diesen Männern in ihren gedeckten, teuren Anzügen, die tief eingesunken in ihren Ledersesseln sitzen, mehr von Angst als von geschäftsmännischem Eifer geprägt zu sein. Diese Männer fürchten, sie könnten zuviel weggeben. Weiter oben, in Harlem, sind Herrschaft und Kontrolle bedeutungslose Wörter; hier freilich, in der Nähe des Central Park, sind sie gleichbedeutend mit Angst. Wenn man nicht genau aufpaßt, bricht alles auseinander.

Der Besucher, der in der modernen Großstadt Leute wie Marcher sucht, tut allerdings gut daran, beide Extreme zu meiden, die Bars in der Nähe der Wohnsiedlung in Harlem ebenso wie die Bar im Pierre Hotel. Auf seiner Suche wird er nachmittags wahrscheinlich am ehesten in bestimmten Bars von Greenwich Village fündig, etwa im Lion's Head, oder an den kleinen Bartheken im vorderen Teil der französischen Restaurants in den »Fünfziger«-Straßen, wenn die Leute dort zu Mittag gegessen haben. Hier trifft man die verschiedensten Müßiggänger – Männer, die längst wieder in ihrem Büro sein sollten, statt dessen aber noch etwas trinken, nicht unbedingt etwas Alkoholisches, bloß, um Zeit zu schinden, und Männer (inzwischen auch immer mehr Frauen), die am Nachmittag nichts Besonderes vorhaben, entweder weil sie nicht arbeiten oder weil sie einen der zehntausend Jobs in New York haben – in irgendeinem Agenturbüro oder in der Werbung –, bei denen für die Mitarbeiter, soweit sie nicht zum Führungsstab gehören, keine Anwesenheitspflicht besteht.

Die Bars, in denen die Menschen in New York ihre Nachmittage verbringen, sind anders als die Cafés in Paris, die *cafés des amis*. Die Barkeeper mögen diese nachmittäglichen Gäste nicht; die Schalen mit Durst erzeugenden Salznüssen, die vor dem Lunch auf den Theken stehen, werden weggeräumt, und die Barkeeper reagieren auf Bestellungen langsamer, obwohl sie jetzt weniger zu tun haben; manche dieser Müßiggänger trinken tatsächlich, bis sie umfallen, andere wollen vor allem reden, und sie erwarten von dem Mann hinter der Theke, daß er zuhört. In den alten Arbeiterbars, den irischen in »Hell's Kitchen«, den polnischen an der Lower East Side, mit den verdunkelten Fenstern, wo aus dem Radio und dem Fernseher zwei verschiedene Programme dröhnen, vergehen die Nachmittage ebenso planlos. Klempner und Tischler kommen herein, um »zwischendurch« einen Schluck zu trinken und ein bißchen zu plaudern. Aber die Müßiggänger auf den Hockern in den französischen Restaurants haben keine wirkliche Muße. In der Art, wie sie sprechen, klingt eine untergründige Dringlichkeit an, und vielleicht mögen es die Barkeeper aus diesem Grund nicht, wenn diese Leute vor ihnen sitzen, obwohl sie gut, oft sogar äußerst sorgfältig gekleidet sind, so als hätten sie an diesem Nachmittag tatsächlich eine Verabredung.

Die Dringlichkeit in ihrem Gebaren hängt mit irgendeiner wichtigen Sache zusammen, die bevorsteht, mit einem Geschäft, das Gestalt annimmt, oder einer Liebesaffäre – mit Geschäften, die sich am Ende als Nebenbemerkung irgendeines entfernten Bekannten mit guten Beziehungen entpuppen, mit Affären, die im Kopf gleich nach der ersten Verabredung beginnen. Oder die Leute erzählen, wo sie aufgewachsen sind – Geschichten, die den Erzählern keine Schwierigkeiten bereiten, weil sie durch häufigen Gebrauch längst geglättet sind, und gelegentlich wirft der Zuhörer eine Bemerkung oder einen Zwischenruf ein, um dem anderen zu zeigen, daß er zuhört, bevor er dann den Faden seiner eigenen Geschichte wieder aufnimmt. Das Merkwürdigste ist aber, wie die Erzähler dasitzen, während sie reden: meist direkt der Theke vor ihnen zugewendet, auf diese Theke stützen sie ihre Ellbogen, und hinter ihr beugt sich der Barmann über den Ausguß und spült ein Glas – die Männer reden miteinander und betrachten dabei ihr eigenes Bild im Spiegel hinter der Bar.

Hier sei »Stoff«, dachte ich, als ich zum erstenmal in diese Gegend vorstieß. Aber nach ein paar Jahren wurde mir klar, daß hier »Stoff« für einen Schriftsteller nicht zu finden war, denn diese Geschichten ergaben selten einen Sinn. Irgend etwas fehlte immer in dem Bericht über das große Geschäft, so daß gar nicht klar wurde, warum es überhaupt hätte funktionieren können. Und der Mann, der einem erläutert, weshalb er die meisten Nächte allein verbringt, kommt immer wieder auf irgendwelche »Probleme« einer

Frau zu sprechen, ohne je genauer zu werden. Den Männern in diesen Bars fehlte es an Talent. Ihre Geschichten waren nicht nur ungenau und unlogisch, sondern auch seltsam neutral, und soweit man hören konnte, bewegten sie den, der sie erzählte, nicht. Die Stimmen veränderten sich nie, ob sie nun von Problemen mit Frauen oder von tollen Geschäften sprachen. Vielleicht ergab sich diese Ungerührtheit aus der ständigen Wiederholung einer geglätteten Geschichte, vielleicht stand, wie bei Marcher, der Drang dahinter, die Geschichte noch einmal zu erzählen, in der Hoffnung, daß sich ihre verborgene Bedeutung im Erzählen zufällig mit einem Schlag offenbaren werde. In den Bars ist für jeden Platz, und jeder hat Zeit, die Bruchstücke der eigenen Geschichten immer wieder zu erzählen, als würden sie sich im nächsten Augenblick zu einem Ganzen fügen.

Doch nachdem ich ihnen viele Jahre lang zugehört habe, ist mir klargeworden, daß wir uns hier, im Strom gleichgültiger Stimmen und unscharfer Wörter, während draußen vor den Fenstern die Dämmerung anbricht, mitten im Gitter der Großstadt befinden. Diese New Yorker repräsentieren etwas: es sind Männer und Frauen, deren Leben unendlich reich an Sinn ist und denen dennoch, ähnlich wie Marcher, nie etwas zustößt. Ihr Leben ist gezeichnet von jenem eigentümlichen Mangel an Konkretion, jenem endlosen Werden, das den Raum der Stadt kennzeichnet.

Das Kreuz im Kreis ist nicht nur eine alte, sondern auch eine eigentümlich moderne Hieroglyphe. Es symbolisiert zwei Weisen, wie das menschliche Subjekt ein von der Welt abgeschiedenes Leben führen kann. Der Kreis schließt die Erfahrungen von Anteilnahme und gegenseitiger Rücksichtnahme in die Mauern der Autorität ein; das Gitter ist eine Geometrie der Macht, vor der das innerliche Geschehen formlos bleibt.

Teil II:
Das Auge sucht nach Einheit

3. Kapitel: Das offene Fenster des 18. Jahrhunderts

Das »Haha«

In einem Brief an die Herren Rutledge und Shippen, die sich 1788 auf eine Reise nach Europa begaben, empfiehlt Thomas Jefferson seinen beiden amerikanischen Landsleuten, der europäischen Architektur mehr Beachtung zu schenken als dem Treiben bei Hofe. »Da sich unsere Zahl in jeweils zwanzig Jahren verdoppelt, müssen wir auch die Zahl unserer Häuser verdoppeln. Außerdem bauen wir mit so vergänglichem Material, daß in einem Zeitraum von zwanzig Jahren die Hälfte unserer Häuser neu gebaut werden muß.« Diese Aussicht beunruhigte Jefferson aber nicht im geringsten. Schon der kürzeste Spaziergang in die Wälder mußte jeden davon überzeugen, daß mehr als genug Baumaterial für alle vorhanden war.[1]

Jeffersons Einstellung zum Überfluß unterscheidet sich deutlich von der, die man hundert Jahre zuvor antrifft. In John Bunyans Erbauungsbuch *Pilgrim's Progress* begegnet der Pilger »Christian« auf seinen Wanderungen einer gewissen Madame Bubble, einer vornehmen Dame mit üppigen körperlichen Reizen und angenehmen Umgangsformen, die Geselligkeit und gutes Essen zu genießen weiß. Sie ist eine Hexe, die Christian in arge Versuchung führt. Gefährlich wird sie vor allem durch ihre Sinnlichkeit:

> »Sie sät Zwietracht zwischen Herrschern und Untertanen, zwischen Eltern und Kindern, zwischen Nachbar und Nachbar, zwischen Mann und Frau, zwischen dem Mann und sich selbst, zwischen Fleisch und Herz.«[2]

Die Wanderung des Puritaners in die Wildnis zielte auf Introspektion inmitten einer Welt der Knappheit. Nun aber rät Jefferson: »Vor allem die Gärten verdienen die Aufmerksamkeit des Amerikaners. [...] Wir brauchen nur die übermäßig fruchtbaren Pflanzen auszusondern.«[3] Als er den Gedanken entwickelte, das Land in Abschnitte von sechs mal sechs Meilen einzuteilen und auf diese Weise den Grund und Boden des ganzen Kontinents mit einem Gitternetz zu überziehen, war dies in Jeffersons Augen nichts anderes als die nutzbringende Gliederung einer vor Fruchtbarkeit überquellenden, freundlichen Welt. Der Überfluß der Natur ermuntert den Menschen, sich seiner Fähigkeit zu vernunftgemäßer Gestaltung zu bedienen.

Menschen, die an die Natur und die organische Einheit mit der Natur glauben, geraten oft in Schwierigkeiten, wenn sie es mit Krankheiten zu tun bekommen, die man als »unfair« bezeichnen könnte. Solche »unfairen« Krankheiten weigern sich zu verschwinden, obwohl dem Patienten frische Luft, gesunde Kost und ausgiebige Gymnastik zuteil werden. Wenn allerdings die Aufklärung dem kränkelnden Geist die »Natur« als Heilmittel verschrieb, so hatte sie etwas anderes im Sinn. Sie wollte nichts weiter als die Möglichkeit zu einigen Augenblicken der Erholung schaffen. Der Spaziergänger in den *Träumereien eines einsamen Spaziergängers*, die Rousseau im Herbst 1776 niederschrieb, sprach für seine Zeitgenossen, wenn er erklärte, er wolle den Zustand seiner Seele beschreiben, indem er Rechenschaft gibt von seinen

> »einsamen Spaziergängen und den Träumereien, die sie erfüllen, wenn ich meinen Kopf ganz freigebe und meine Gedanken ungehindert und ohne Zwang sich selbst überlasse. Diese einsamen Stunden der Betrachtung sind die einzige Zeit des Tages, wo ich völlig ich selbst bin und mir ganz ohne Ablenkung, ohne Hindernis gehöre und wo ich in Wahrheit sagen kann, ich sei das, was die Natur aus mir machen wollte«.[4]

Rousseau kommt auf die schicksalhaften Züge dieser frei schweifenden Freiheit in seinen »Träumereien« immer wieder zu sprechen, die insgesamt eine Hymne auf die Ganzheit sind, verfaßt von einem Mann, der sich seiner inneren Zerrissenheit sehr genau bewußt ist. Das Gefühl der Ganzheit, das sich einstellt, wenn alle Teile des eigenen Selbst endlich zusammenwirken, wenn sich der »Sturm und Drang« des Lebens endlich legt, während man ein

Feld durchquert oder unter einem Baum Schutz vor einem Regenschauer sucht – diese Empfindung gibt einem so viel Frieden, daß der Verstand seine Aufgabe erfüllen und im Inneren ein Gleichgewicht herstellen kann. Der Mensch, der in die Fülle der Natur eintritt, spürt, daß er nur ein Geschöpf unter vielen ist; endlich sind seine Hoffnungen, seine Schwierigkeiten, seine Niederlagen ins richtige Verhältnis zu einer Welt gerückt, die blüht und gedeiht, ohne Rücksicht darauf, wie es diesem Menschen ergangen ist, eine Welt, die fruchtbar ist und fortbesteht, ohne Rücksicht darauf, daß jener Mensch, wie es auf Rousseau zutrifft, ein von Leiden und Qual erfülltes Leben gelebt hat.

Das Kreuz im Kreis, so haben wir gesehen, ist ein eigentümlich modernes Zeichen, nicht bloß eine ägyptische Hieroglyphe. Es steht für zwei Formen der Abschottung des Subjekts gegenüber der Welt. Der Kreis beschränkt die Erfahrungen von Anteilnahme und gegenseitiger Rücksichtnahme, die dieses Subjekt macht, und schließt sie in die Mauern der Autorität ein; das Gitter bildet eine Geometrie der Macht, über der das Innenleben gestaltlos bleibt. Das 18. Jahrhundert hat das Verhältnis zwischen Selbst und Umwelt anders gefaßt; für das 18. Jahrhundert war das Innenleben des Menschen gegen die Umwelt nicht abgeschottet, es stand vielmehr offen wie ein Fenster. Und dank der überquellenden Fülle der Natur erblickte man durch dieses Fenster eine einladende Szenerie.

Seit Vergil haben die Dichter in Idyllen und Pastoralen immer wieder den inneren Frieden besungen, den die Natur jenen zu bescheren vermag, die sich voller Abscheu vom Kampf um die Macht und von den Machenschaften des gewöhnlichen gesellschaftlichen Treibens abwenden. Die offene Beziehung zwischen menschlicher Natur und materieller Umwelt, so wie das 18. Jahrhundert sie begriff, zeichnet sich allerdings dadurch aus, daß diese aufgeklärten Seelen nicht glaubten, das Natürliche müsse notwendigerweise in einen Konflikt mit dem Künstlichen geraten. Was die Menschen schufen, war genauso natürlich wie das, was sie vorfanden – jedenfalls beinahe.

In seiner Untersuchung *The Wealth of Nations* vertraut sogar Adam Smith auf dieses offene Fenster zwischen der Innerlichkeit und dem äußeren Raum, wenngleich das, was die Natur von sich aus bereitstellt, in seinen Augen äußerst karg war:

> »[...] so dürftig, daß die Menschen aus schierer Not oft gezwungen sind oder zumindest glauben, sie seien es, ihre Kinder, die Alten und die Kranken entweder direkt zu töten oder aber auszusetzen, so daß sie Hungers sterben oder von wilden Tieren gefressen werden.«[5]

Aber die Menschen können diese schreckliche Knappheit beheben, sofern sie nur ihr natürliches Erfindungsvermögen gebrauchen. Smith glaubte, der Schlüssel zur Besserung der Verhältnisse liege in der Arbeitsteilung; sein berühmtes Beispiel ist der Nadelmacher, der, wenn er allein arbeitet, allenfalls zwanzig Nadeln am Tag herstellen kann, gemeinsam mit anderen aber viertausendachthundert Nadeln herstellen könnte. Die Zeitgenossen von Smith erkannten hierin eine geniale Entdeckung.

Die Hoffnungen auf materielle Fülle, die die Arbeitsteilung geweckt hatte, sollten im Laufe der Industriellen Revolution jedoch enttäuscht werden, während das Prinzip der Arbeitsteilung, auf das häusliche Leben angewandt, eine Welt der emotionalen Isolation begründete. Doch obwohl man dem 18. Jahrhundert nachträglich häufig den Vorwurf macht, es habe allzu große Hoffnungen auf die durch neue Produktionsformen ermöglichte Fülle gesetzt, ist der Erfindungsreichtum dieser Zeit in seiner ganzen Spannweite mit den Ideen von Adam Smith doch keineswegs abgemessen. Vor allem in den Erfindungen, die auf Einheit und Vereinigung zielten, und nicht so sehr in denen, die auf Teilung hinausliefen, offenbarte die Aufklärung ihr wirkliches Genie.

Dieses Genie kennzeichnete die Art und Weise, wie die Aufklärung die natürliche Umwelt gestaltete, und prägte sogar ihre Ansicht der »Außenwelt« überhaupt. So unterstützte der Gärtner im Zeitalter der Aufklärung die Natur und tat das Seinige, um das Gehen zu einem Vergnügen zu machen. *Flâner* bedeutet im Französischen »spazierengehen und sich dabei umsehen«, und ein *flâneur* ist jemand, dem eben dies Genuß bereitet. Aber der Spaziergang, so wie man ihn um 1760 auffaßte, bedeutete nicht, wie es uns auf den ersten Blick vielleicht erscheint, passive Ergebung in die Natur. Diejenigen, die im 18. Jahrhundert Englische Gärten anlegten, bedienten sich einer ganzen Reihe von Kunstgriffen, um die Illusion von einer ungebändigten Natur zu erzeugen.

Das »Haha« war einer dieser Kunstgriffe. An den Rändern eines Feldes wurde ein Graben ausgehoben und auf dessen Sohle ein verdeckter Zaun errichtet. Aus einiger Entfernung hatte man den Eindruck, als könnten die Rinder und Pferde das Land ungehindert durchstreifen; aber wunderbarerweise verirrten sie sich nicht und liefen nie weg. Das »Haha« hat sich aus dem mittelalterlichen Festungsbau entwickelt, aus den gepflasterten Gräben, die man um die *bastides* zog, wobei Mauer und Graben als defensive Einheit gedacht wurden. Im 17. Jahrhundert begannen französische Gärtner, die Ränder von streng geometrisch angelegten Gärten mit gepflasterten oder einfachen Erdgräben ohne Mauern zu umgeben; der Zaun in der Mulde sollte Menschen und Tiere fernhalten. Zu Beginn des 18. Jahrhunderts begannen englische Gartenarchitekten mit diesem Mittel zu spielen, ließen den Graben den Unregelmäßigkeiten des Geländes folgen und machten ihn fast vollkommen unsichtbar. Der Historiker David Watkin weist Vanbrugh mit Recht eine Schlüsselrolle bei der Einführung dieser Neuerung zu (die »Hahas« von Vanbrugh und Bridgeman aus dem Jahre 1709 kann man noch heute auf dem Gelände von Blenheim Palace besichtigen). An dieser Illusion fanden Leute ohne geschultes Sehvermögen ebenso großes Gefallen wie die Angehörigen der neu entstehenden Gruppe professioneller Garten- und Landschaftsarchitekten. Das Vergnügen an der Illusion des *jardin anglais* mit seinen frei umherstreifenden Tieren, die sich zwischen Spaziergängern tummelten, breitete sich bald auch auf das kontinentale Europa und das provinzielle Amerika aus. Ein paar Jahrzehnte später erläuterte Horace Walpole die Ursprünge des Wortes *Haha* und offenbarte zugleich, woher die Begeisterung für diese eine Einheit zwischen Mensch und Natur stiftende Erfindung rührt:

»Aber der wichtigste Schritt, auf den alles andere folgte, war [...] der Abriß der Mauern, die als Grenzen dienten, und die Erfindung von *fosses* [von Gräben] – ein Unterfangen, das man damals für so erstaunlich hielt, daß die einfachen Leute sie Ha!

Ha! nannten, um der Überraschung Ausdruck zu geben, die von ihnen Besitz ergriff, wenn sie plötzlich auf ein zuvor nicht wahrgenommenes Hindernis stießen. [...] Aus diesen Gründen bezeichne ich den versenkten Zaun als den wichtigsten Schritt. [...] Das an den Park grenzende Gelände außerhalb des versenkten Zauns sollte in Einklang gebracht werden mit dem Rasen in seinem Inneren; und dem Garten sollte auf diese Weise seine steife Regelmäßigkeit genommen werden, so daß er sich besser in das urwüchsigere Land draußen fügte.«[6]

Gewiß, die »steife Regelmäßigkeit« sollte ihm genommen werden, damit er »sich besser in das urwüchsigere Land draußen fügte« – aber obwohl die Menschen an diesem Kunstgriff Gefallen fanden, weil er auf einem Landsitz oder einem Hof die Illusion einer ungehinderten Gemeinschaft von Mensch und Tier hervorbrachte, so ließ sich doch niemand, der von einer Terrasse auf eine grasende Schafherde hinunterblickte, wirklich täuschen. Das Vergnügen, welches der Blick durch das offene Fenster gewährte, wurde durch das Bewußtsein, daß man bei der Gestaltung dieses Ausblicks selbst die Hand im Spiel gehabt hatte, sogar noch gesteigert.

So wie man mit künstlichen Mitteln den Eindruck von Schrankenlosigkeit bewirkte, so auch den Eindruck von üppiger Blütenfülle. Überfluß und eine genau kalkulierte Unordnung wurden auf den Beeten des Englischen Gartens durch Mischung verschiedener Blumenarten aus verschiedenen Erdteilen erzeugt, die zu unterschiedlichen Zeiten blühten und deren Blattwerk interessante Kontraste bildete; in dieser Pflanztechnik kam der gleiche Wunsch zum Ausdruck – eine Welt des scheinbar ungezügelten, fruchtbaren, freien Wachstums zu beschwören, in der man aber auch dann noch spazierengehen konnte, wenn man einen Reifrock trug; zufällig hatte die Natur nämlich auch einen kurvenreichen Schotterweg angelegt, auf dem man bequem dahinschreiten konnte. Für die Landschaftsarchitekten der Aufklärung gab es keinen Widerspruch zwischen der Illusion und der Freiheit, Anleihen bei allen Stilen der Gartengestaltung zu machen – angefangen bei den frühen Versuchen von William Kent in den Kensington Gardens, einen Eindruck von Ungezwungenheit in der Natur zu erzeugen (in der Theorie eine wahrhaft seltsame Kombination von Begriffen), über die Vorliebe für Chinoiserien und gotische Ruinen (die Errichtung neuer, nicht einsturzgefährdeter Ruinen stellte eine reizvolle Herausforderung für die Bautechnik dar) bis hin zu Humphrey Reptons »Roten Büchern« mit seinen Anleitungen zur Versetzung großer Mengen von Erde oder schweren Steinen, mit dem Ziel, pittoreske Ansichten einer ungezähmten Natur zu schaffen. Mit Kunstgriffen wie dem »Haha« oder der wohlüberlegten Kombination verschiedener Blumensorten in einem Beet kultivierte dieses Zeitalter geradezu das Gefühl von Freiheit in der Natur.

Für das Haus des 18. Jahrhunderts ließen sich die Gestalter ähnliche Erfindungen einfallen. Betten wurden mit komplizierten Sprungfedermechanismen versehen, so daß man sie in Wandschränken verbergen konnte – mit einem leichten Zug an einer Seidenschnur konnten sie hochgezogen, heruntergelassen, zum Verschwinden oder zum Vorschein gebracht werden. Aufwendige Serviertische wurden mit Kohlenbecken und Eiskübeln ausgestattet. Bücherregale drehten sich auf versteckten Zapfen und offenbarten plötzlich, daß die Bibliothek des Hauses mit einem kleinen Schlafzimmer verbunden war, wo alles für den Moment bereitstand, in dem die Suche nach Erkenntnis in dem Bedürfnis nach einem Nickerchen gipfelte.

Diese Hilfsmittel waren ihrem Prinzip und ihrer Anwendung nach das genaue Gegenteil der »Arbeitsteilung« bzw. der funktionalen Gliederung innerhalb des viktorianischen Hauses späterer Zeiten. Thomas Jefferson etwa erwies sich in seinem Haus »Monticello« als ein Meister im Ersinnen von Apparaten, welche die Grenzen zwischen den einzelnen Räumen des Hauses überwanden; sie wirkten wie Fenster im Inneren. Aus einer ähnlichen Haltung versuchten die Maler dieser Zeit, die Grenze zwischen dem Gemälde und dem Betrachter zu überwinden, indem sie den Eindruck erzeugten, die dargestellten Gestalten würden dem Betrachter direkt in die Augen sehen. Die Präsenz, die sich aus der Überwindung der Distanzen ergab, das Vergnügen an dieser mit künstlichen Mitteln geförderten Präsenz waren das Geschenk, das die Einheit dem Auge machte.

In seiner *Encyclopédie* definierte Diderot die Maschine als »die Erweiterung der Hand«. Mit einer Formulierung, die Jean Starobinski für einen der Konflikte in Rousseaus Leben geprägt hat, könnte man sagen, die Maschine der Aufklärung strebte, auf die Umwelt angewandt, nach »Transparenz« oder »Durchsichtigkeit«: die Illusion war durchschaubar, und die Grenze war nicht mehr undurchsichtig. Das Bewußtsein davon, daß man es mit einer Illusion zu tun hatte, steigerte das individuelle Selbstbewußtsein. Aber dieses gesteigerte Selbstbewußtsein hinderte die Aufklärung nicht daran, den Blick hinaus zu richten. Es mündete nicht in der qualvollen Versenkung ins eigene Selbst, es lockte das Individuum, dem seine Wahrnehmungen Genuß bereiteten, nach draußen zu einem Spaziergang.

Der aus dem Geist Jeffersons wirkende Stadt- oder Landschaftsplaner erblickte im Gitter ein anregendes Mittel, das ihm half, gleichsam mit Siebenmeilenstiefeln durch die Natur zu spazieren. Nach Jeffersons Absicht sollte dieses Gitternetz nicht die Grundlage für die Planung von Landstraßen bilden – deshalb gab er der Kritik von L'Enfant an seinen Plänen für Washington auch bereitwillig nach; der Erbauer von Monticello hatte im Hügelland von Virginia selbst tunlichst das vermieden, was er nun für die Stadt vorschlug. Im Stadtplan der Aufklärung findet oft jene Fähigkeit zum Kunstgriff, zur akzentuierenden Steigerung ihren höchsten Ausdruck, der man auch in den Gärten und Parkanlagen begegnet. Hindernisse in der Topographie werden genau einbezogen, das geistige Auge erblickt Grenzen und stellt Überlegungen an, was jedes Feld in sich schließt: die cartesianische Logik hilft, die Vielfalt und den Überfluß der Materie zu ordnen.

Das Füllhorn reicht als Gleichnis für die Idee der Aufklärung von Fülle, von Reichtum der Natur, allerdings nicht aus. Wenn Rousseau in seiner *Nouvelle Héloïse* die Natur als Lehrmeisterin der Begeisterung bezeichnete, dann meinte er, das Wissen von der Natur werde Héloïse bändigen und ihren spontanen Ausbrüchen einen Rahmen geben. Für die Abfolge der Jahreszeiten ist es gleichgültig, ob Héloïse liebt oder leidet. Aus den Rhythmen der Natur kann man, wie es der alternde Rousseau auch tat, eine Art Seelenfrieden gewinnen: Stürme kommen und gehen, Stürme auf dem Lande und Stürme in der Seele. Auch die jähen Abgründe und brandenden Wasserfälle, die Repton ersann, brachten den *flâneur* niemals in Gefahr; sie sollten anregen, nicht überwältigen.

Darin bestand das Gegengift der Aufklärung gegen die Wendung des Subjekts nach innen, gegen die Leiden der Innerlichkeit. Aus dem offenen Fenster erblickte man eine exemplarische Szenerie, von Leben erfüllt, von einem Leben allerdings, das seinerseits gestaltet war; der Betrachter hatte der Landschaft geholfen, erst recht sie selbst zu sein. Diejenigen, die solche einnehmenden Ausblicke bevorzugten, wurden zu echten Söhnen und Töchtern der Natur: weltzugewandte Geschöpfe, zielstrebige, anmutige, bescheidene Wesen. Unsere Vorfahren fühlten sich im Freien wohler, als wir es tun. Dazu trug ihre Vorstellung von Ganzheit bei. Sie hatten ein sehr genaues Gespür dafür, was es bedeutet, sich einer Welt auszusetzen, die ihren Lauf nimmt, gleichgültig, wie bekümmert, wie zerrissen, wie unerfüllt ihre Bewohner innerlich sind.

Es liegt nahe, ist aber irreführend, die Geschichte als einen Prozeß kontinuierlicher Steigerung und Akkumulation zu deuten. Die Naturgläubigen des 18. Jahrhunderts, die auf die Einheit stiftende Kraft des Auges vertrauten, hatten mit der theologischen Doktrin ihrer Vorfahren radikal gebrochen. Sie suchten nicht nach der vom Christentum immer wieder betonten Zuflucht, sondern strebten nach Vereinigung; während für das Christentum irdische Sinneswahrnehmungen bloße Illusion waren, hielten die Menschen des 18. Jahrhunderts physische Anregung für einen positiven moralischen Wert. Dennoch meine ich, daß dieses bewundernswerte Streben nach organischer Einheit kein Mittel ist, mit dem sich unsere Schwierigkeiten bewältigen ließen: »Ganzheit« ist kein Heilmittel gegen »Innerlichkeit«. Der Grund hierfür ist die Art, wie das »Draußen« der städtischen Kultur als spezifische Sphäre strukturiert ist. Es ist ein Raum, in dem unterschiedliche Altersgruppen, Rassen, Schichten, Lebensstile, Fähigkeiten auf Straßen und in großen Gebäuden zusammenkommen; in der Stadt ist wie nirgendwo sonst der Unterschied zu Hause. Wenn die Menschen der Aufklärung es mit Unterschieden zu tun bekamen, dann fühlten sie sich gedrängt, diese Unterschiede zu überwinden, etwas wie das »Haha« zu erfinden, etwas, das die Gefahr ausräumt, die für Tiere und Menschen bestünde, wenn sie sich tatsächlich vermischten. Ihr Glaube an die Ganzheit ging dem Unterschied als einem Faktum aus dem Wege. Obwohl die vorindustriellen Gestalter keine Propheten sein wollten, sind ihre Schwierigkeiten beim Umgang mit dem Unterschied ziemlich lehrreich für uns. Es sind, wie ich glaube, die gleichen Schwierigkeiten, mit denen es jeder Versuch zu tun bekommt, die Bürde, die das Christentum hinterlassen hat, durch ein Ideal der organischen Einheit oder Ganzheit zu entkräften.

Zivilisation oder Kultur

Die Spannung zwischen Ganzheit und Unterschied kam den Menschen des Aufklärungszeitalters schmerzlich zu Bewußtsein, als in ihrem Sprachgebrauch das Wort *Kultur* in einen Gegensatz zu dem Wort *Zivilisation* geriet. Kultur umfaßte für sie die Kräfte der Ganzheit innerhalb der Gesellschaft, während Zivilisation die Bereitschaft anzeigte, den Unterschied zu akzeptieren.

Das ursprünglich aus der Jurisprudenz stammende Wort *civilisation* wurde erst um die Mitte des 18. Jahrhunderts auf das Alltagsleben angewendet. Früher hatte es sowohl in Frankreich als auch in England die Eröffnung eines Zivilprozesses vor Gericht bezeichnet. Die allgemeine Bedeutung des Wortes *civility* (Höflichkeit, Gesittung) leitet sich von einem Handbuch zur Unterweisung von Kindern des Erasmus von Rotterdam aus dem Jahre 1530 her: *De civilitate morum puerilium*. Dieses Buch, auf das Gebote wie »Sitz gerade!«, »Kau nicht mit offenem Mund!« und allerlei andere Regeln zurückgehen, mit denen die Kinder bis heute traktiert und schikaniert werden, deutet in seinen Einleitungssätzen die Kluft zwischen der Erziehung der Kinder zur *civilitas* und dem ganz anders gearteten Ideal der Zivilisation an, das sich zweihundert Jahre nach Erasmus eine Generation von Erwachsenen zu eigen machen sollte:

> »Wenn sich die natürliche Gutartigkeit eines Kindes überall kundtun soll (und am deutlichsten tritt sie im Gesicht zutage),

dann sollte es freundlich, ehrerbietig und bescheiden dreinblikken. Ein wilder Blick ist ein Zeichen von Gewalttätigkeit; unverwandtes Starren ein Zeichen von Unverschämtheit; umherschweifende, zerstreute Augen sind ein Zeichen von Tollheit. Der Blick sollte nicht von der Seite kommen, denn das ist ein Zeichen von Tücke. [...] Die Augenlider zu senken und mit ihnen zu zwinkern ist ein Zeichen von Leichtfertigkeit. [...] Es kommt darauf an, daß die Augen einen ruhigen, ehrerbietigen, freundlichen Sinn bezeugen.«[7]

Civilitas bezeichnet hier ein körperliches Verhalten, das den inneren Charakter unmittelbar ausdrückt. *Zivilisation* verwies später, im Zeitalter der Perücken, auf die Vorzüge einer gewissen Verstellung.

Diese Haltung gegenüber der Verstellung in der Zeit etwa zwischen 1740 und 1770 war eine Reaktion auf eine andere Art von Schikane. Zivilisiertes Verhalten stand in einem Kontrast zur aufwendigen, steifen Hofetikette, zu den zahllosen Vorschriften, durch die zwei Generationen zuvor, in den letzten Jahren Ludwigs XIV., für jede Minute des Tages geregelt wurde, wem man aufzuwarten hatte, welcher Worte man sich dabei zu bedienen hatte, wie lang man, entsprechend dem eigenen Rang, seine Fingernägel wachsen lassen durfte, wann der richtige Zeitpunkt gekommen war, nach dem Essen die Schnupftabakdose aus der Tasche zu ziehen, wenn man mit einem Marquis speiste, und wann, wenn man einem Fürsten von Geblüt gegenübersaß. (Vor einem Marquis durfte man eine Prise nehmen, vor einem Fürsten nicht.) Für die Enkel der Zeitgenossen des Sonnenkönigs in den Jahren um 1760 kennzeichnete das Wort *zivilisiert* die Art und Weise, wie breite Schichten der Bevölkerung gewisse Vorstellungen von freundlichem Umgang mit Fremden zu praktizieren begannen. Zu diesem Höflichkeitskodex gehörte sowohl, daß man sich im eigenen Haus um das Wohlbefinden anderer, ungeachtet ihres gesellschaftlichen Ranges, zu kümmern hatte, als auch, daß man einem Bekannten bei der Nachricht vom Tod eines geliebten Menschen das Beileid aussprach, ohne es für nötig zu halten, sich zuvor nach dem Familienstand der Liebenden zu erkundigen. Man pflegte einen Umgang ohne Rücksicht auf das, was wir Identität nennen. Von den klassischen Handbüchern über das höfische Benehmen wie Baldassare Castigliones *Buch vom Hofmann* aus der Renaissance hatte sich diese Generation abgewandt und hielt sich an Anleitungen zu einer ungezwungeneren Alltagsetikette, etwa den *Galateo. Zivilisiert* nannte man Verkehrsformen, die überall und gegenüber jedem angewendet werden konnten – wodurch der Umgang zwischen den Menschen insgesamt gelockert wurde. Diejenigen, die sich an diese entspannteren, eher unpersönlichen Formen hielten, lebten eine vergoldete, taubengraue, mit einer guten Dosis Boshaftigkeit versetzte Geselligkeit. Ihre Stadt war ein Ort der Besuche, der Chinoiserien, der Kaffeehausgespräche, und ihre Ländlichkeit war bevölkert von dekorativ wirkenden, eigens zu diesem Zweck angestellten Hirten und kunstvoll errichteten Ruinen.

Die Fähigkeit, Anspielungen zu deuten, war die Kardinaltugend eines zivilisierten Bewußtseins und Gewissens (*conscience*) – des Bewußtseins von der Gegenwart anderer, gepaart mit der Bereitschaft, Anteil an ihnen zu nehmen. Ein Gast blickt aus dem Fenster eines Landhauses und bemerkt, wie schön die Obstgärten in diesem Jahr seien, woraufhin sein Gastgeber ihn hinausführt und ihm den Pfirsich reicht, um den der Gast auf diese Weise gebeten hat. In seinem Artikel über »Freundschaft« für die *Encyclopédie* zählt Jaucourt folgende Kategorien von Freunden auf:

> »1. Der Freund, mit dem man nur durch einfache literarische Vergnügungen verbunden ist.
>
> 2. Der Freund, mit dem man wegen des Vergnügens und des Reizes seiner Konversation Umgang pflegt.
>
> 3. Der Freund, der ein guter Ratgeber ist und ein Anrecht auf das Vertrauen hat, das man jenen Freunden schenkt, die zur Familie und zur Verwandtschaft gehören.«[8]

Wichtig an dieser Aufzählung ist, daß sie keine Hierarchie von minderen zu höheren Formen von Freundschaft entwirft; jede dieser Formen besitzt ihren eigentümlichen Wert. Der Freund, mit dem man eine Unterhaltung pflegt, schenkt einem vielleicht ein erholsames Vergnügen, wie sie der vertraute Freund, der alles weiß und mit dem alles besprochen ist, nicht zu bieten vermöchte. Noch ein Jahr nach dem Ausbruch der Französischen Revolution erklärte Goethe seinem Freund Knebel: »Besser ist es immer, mit den Resultaten unseres Daseins die Freunde ein wenig zu ergötzen, als sie mit Konfessionen, wie es uns zumute ist, wo nicht traurig, so doch nachdenklich zu machen.«[9] Die Höflichkeit verkündet nicht, »was ich will«, sie kann auch gegenüber dem Fremden gewahrt werden; die Gesellschaft hat in ihr ein Mittel gefunden, mit den frühen und den späten Kümmernissen des intim vertrauten Umgangs zurechtzukommen.

In gewissem Sinne resultiert dieses Ethos der Zivilisation aus der Verbreitung der Nonchalance oder der *sprezzatura* in einer stärker vom Bürgertum geprägten Gesellschaft, eines Ideals, dem hundert Jahre zuvor jene Adeligen huldigten, die sich gegen sklavische Unterordnung unter den König verwahrt hatten. In einer Zeit, die der erhabenen Pracht müde war und ein intensives Vergnügen am Dekor zu entwickeln vermochte, war zivilisiertes Verhalten für eine wachsende Zahl von Menschen durch lockere Ungezwungenheit gekennzeichnet, während man an der Kunst vor allem ihre Leichtigkeit schätzte.

»Zivilisation« in diesem Verständnis verbindet sich nicht mit der Idee von organischer Einheit. Sie enthält vielmehr eine Vorstellung davon, wie sich gesellschaftliche und individuelle Unterschiede umgreifen lassen, vor allem, wenn sie zu boshaften Vergleichen einladen. Der zivilisierte Mensch legt Wert auf »Unpersönlichkeit« und gebraucht eine Sprache, die den Rekurs auf die Identität der Sprechenden vermeidet. Die Regeln der Zivilisation waren eine Form, der Außenwelt einen spezifischen Eigenwert zu verleihen, sie befreiten von obsessiver Innerlichkeit.

Die Verfechter der Aufklärung verachteten diese Art von Befreiung im Zeichen der »Zivilisation«. Das Ideal des Organischen sollte eine andere Befreiung, eine bessere Lösung bringen, denn die Zwischentöne der Konversation, welche die ersten modernen Zivilisationskritiker vernahmen, waren in ihren Ohren nichts weiter als ein mißtönendes Geräusch. Es widerspricht auch unserem Empfinden, jene auf Verstellung beruhenden Verkehrsformen und Konventionen, die den Menschen die Last des Daseins erleichterten, für »moralisch« zu erachten, aber genau hierauf liefen die »zivilisierten« Anschauungen im Zeitalter der Perücken hinaus. Auch scheint uns die Anmut als künstlerisches Credo nicht auszureichen für ein ganzes Leben, in der Leichtigkeit indessen glaubten die Maler und Musiker dieser Zeit das Geheimnis der sicheren Hand aufzudecken. Infolgedessen mündete der Angriff auf die Werte des zivilisierten Verhaltens, der um die Mitte des 18. Jahrhunderts einsetzte, in einer Bekräftigung des Gewichts und der Ernsthaftigkeit von »Kultur«.

In seinen *Ideen zu einer allgemeinen Geschichte in weltbürgerlicher Absicht* von 1784 erklärt Kant: »Wir sind in hohem Grade durch Kunst und Wissenschaft kultiviert, wir sind zivilisiert bis zum Überlästigen zu allerlei gesellschaftlicher Artigkeit und Anständigkeit.« Kant versteht unter *Kultiviertheit* den Sinn für die geringfügigste Regung, die kleinste Andeutung von Not oder Bedürftigkeit in der eigenen Umgebung. »Die Idee der Moralität gehört zur Kultur. Der Gebrauch dieser Idee aber, welcher nur auf das Sittenähnliche in der Ehrliebe und die äußere Anständigkeit hinausläuft, macht bloß die Zivilisierung aus.«[10] Und folglich zerstörten jene Ausdrucksformen, welche die Menschen von der Erkenntnis und Bekräftigung des gesellschaftlichen Lebens in seiner wahren Gestalt ablenkten, jegliche Ernsthaftigkeit, auch wenn sie nach den Maßstäben der Zivilisation Tugenden waren. Ähnlich wie Erasmus wollte Kant, daß die Menschen in ihrem äußeren Verhalten darstellen, was sie innerlich sind.

Die »Maske der Tugend« galt den Vertretern der Aufklärung als Symbol für die Falschheit der Zivilisation, und eine der heftigsten Attacken gegen den Gesitteten, den Zuvorkommenden, den Zurückhaltenden formulierte der ältere Mirabeau im ersten Jahrzehnt nach der Mitte des 18. Jahrhunderts:

> »Ich staune, wie unsere gelehrten Ansichten, die in allen Punkten falsch sind, dies auch in bezug auf unsere Ansichten über die Zivilisation sind. Wenn ich fragen würde: worin besteht für Sie die Zivilisation, so würden mir die meisten Leute antworten, die Zivilisation eines Volkes besteht in der Verfeinerung seiner Sitten, in Urbanität, Höflichkeit, in einer Verbreitung des Wis-

sens dergestalt, daß der Anstand Fuß faßt und an die Stelle nebensächlicher Vorschriften tritt: für mich ist das alles nur die Maske der Tugend und nicht ihr Antlitz, und die Zivilisation gibt der Gesellschaft nichts, wenn sie ihr nicht den Grund und die Form zur Tugend verleiht.«[11]

Dem Ideal des zivilisierten Menschen hielten Mirabeau und andere Aufklärer eine alte Idee entgegen, die des *honnête homme*. Lange vor der Aufklärung hatte dieser Begriff für die Spätrenaissance das Ideal des Edelmannes bezeichnet, des Menschen, dessen Vornehmheit sich in maßvollem Reden, Mäßigung bei Trank und Speise und in sauberer Kleidung bekundete: Selbstvertrauen drückte sich aus in Selbstbeherrschung. Diese *honnêteté* hatte durchaus Züge jener Unbeschwertheit und Nonchalance im Verhalten der Angehörigen des Adels, die sich vom Hof fernhielten. Aber im 18. Jahrhundert verband sich mit diesem Begriff die Vorstellung von Aufrichtigkeit, Festigkeit, Freimütigkeit; diese Eigenschaften waren demokratisiert worden. Ihre klarste Formulierung haben sie meiner Ansicht nach nicht in Worten, sondern bei Chardin gefunden, dessen Gemälde die lebendige Dinglichkeit von Flaschen, Krügen und Früchten ganz unmittelbar und direkt heraufbeschwören. Die *honnêteté* bezeugte sich hier in einer malerischen Manier, das Auge auf direktem Wege zur Anschauung der dargestellten Gegenstände zu führen. Die Dichte von Chardins Bildern war jene Wirklichkeit, auf die es die Kritiker der bloßen Höflichkeit abgesehen hatten.

Die Geringschätzung, die man der »Maske der Tugend« entgegenbrachte, wirkte sich freilich auch jenseits des Gesichtskreises der Aufklärer aus. Hier folgt ein Abschnitt aus einem Handbuch der Kindererziehung aus dem Jahr III der Französischen Revolution über jenen Unterschied zwischen dem »zivilisierten« Menschen und dem *honnête homme*, der zuerst im Perückenzeitalter benannt worden war:

»In den Tagen, als die Menschen sich selbst noch nach Geburt, Stellung und Reichtum beurteilten und von anderen so beurteilt wurden, mußte man große Mühe daran wenden, alle Feinheiten der Ehrerbietung und Höflichkeit zu erlernen, die in der Gesellschaft zu beachten waren. Heute gibt es nur eine einzige Regel, die man im Umgang mit Menschen befolgen soll, und sie besagt, daß man jedermann freimütig, bescheiden, offen und aufrichtig begegnen möge.«[12]

Jene, die die »Maske der Tugend« ablegten, sollten im Laufe der Französischen Revolution allerdings feststellen, daß diese Strategie wider die Oberflächlichkeit im wahrsten Sinne des Wortes fatale Folgen haben konnte. Nun erklärten die revolutionären Gefährten dem Kind der Natur plötzlich, es solle sich rechtfertigen und könne sein Leben nur retten, indem es seine wirklichen Anschauungen und seine wirkliche Identität preisgebe. Die Makel zivilisierter Vergangenheit, Spuren von Befangenheit, Höflichkeit, Ironie, konnten zum gesellschaftlichen Todesurteil werden.

Für die älteren Autoren der Aufklärung wie auch für die Bilder Chardins war freilich die Befindlichkeit, die sie dem Maskenwesen der Zivilisation entgegenhielten, nicht durch ungeschützte Nacktheit gekennzeichnet. Der Gegensatz, der den aufgeklärten Köpfen vorschwebte, war nicht der zwischen Gesicht und Maske, zwischen dem aufrichtigen Mann und dem formverliebten Schneckenhausbewohner. Diejenigen, die die Vorzüge der organischen Einheit propagierten, dachten an einen tieferen Gegensatz: an den Gegensatz zwischen »Zivilisation« und »Kultur«.[13]

Der Unterschied zwischen Kultur und Zivilisation kommt für uns ins Spiel, wenn wir einen Menschen »kultiviert« nennen – die Engländer bezeichnen ihn als *cultured*, die Franzosen als *cultivé* und die Spanier als *cultivado*. Kultiviert sein bedeutet viel mehr als angenehme Umgangsformen an den Tag legen (dieser letzte Satz würde einem Angehörigen des Bürgertums heutzutage als eine Selbstverständlichkeit erscheinen; ein Aristokrat des *ancien régime* hätte bei den Worten »viel mehr« vielleicht gelächelt. Angesichts der Finsternis und Verworfenheit des Lebens ist Höflichkeit vielleicht schon eine nicht zu verachtende Leistung). Kultiviert sein bedeutet, etwas von Kunst und Literatur verstehen, einen Sinn haben für Vergangenheit und Gegenwart, etwas von der Welt gesehen haben. Aber der Anklang an die Geschäfte der Landwirtschaft in diesem Wort verweist auf eine tiefere Bedeutung: das stärkere

Selbst, die tiefer wurzelnden Anschauungen sind zustande gekommen durch Bearbeitung des vorhandenen »Rohstoffs«. Wer aufrichtig ist, ist deshalb nicht einfältig. In der Idee der Kultur spiegeln sich die gleichen Anschauungen, die das »Haha« hervorbrachten: in diesem Fall besteht das Ziel darin, die eigene Natur durch Kunstgriffe zu unterstützen.

Im Zeitalter der Aufklärung bestand Zivilisation aus Ritualen, welche die bestehende gesellschaftliche Ordnung bekräftigten. Der ältere Mirabeau attackierte die Kniffe der höflichen Zivilisiertheit nicht wegen ihrer Künstlichkeit, sondern weil die Höflichkeit eine sterile Form ist, in der jede Erfindungsgabe erstirbt. Wer Komplimente macht, der repetiert Formeln; die Mittel der Höflichkeit als einer Rücksichtnahme auf die Empfindungen anderer sind vor allem das absichtsvolle Schweigen, die beschönigende Ausflucht, die Notlüge. Zu wirklicher Anteilnahme kommt es nicht; die Aufrechterhaltung der Barrieren zwischen den Menschen wird sogar zum Selbstzweck. Wer Komplimente macht, der fügt der Welt nichts hinzu und vermehrt auch nicht den Vorrat des menschlichen Wissens.

Die Kultivierung dagegen verhieß eine tiefer greifende Nutzung der auf die ganze Menschheit verteilten natürlichen Grundstoffe. Von Anfang an stellten sich Diderot, Kant und andere Autoren der Aufklärung die Erziehung des kultivierten Menschen als eine Wechselbeziehung zwischen der Herausbildung individueller Urteilskraft und der Anteilnahme an der Gesellschaft vor. Je intensiver der Einzelne die Welt mit offenem, unvoreingenommenem Sinn prüft, desto eher wird er als Kritiker oder Handelnder in ihren Lauf eingreifen. Das Ideal der organischen Ganzheit als Prinzip der Lebensführung beruft sich heute wie in der Vergangenheit nicht nur auf die Einheit, sondern auch auf die Wandlungsfähigkeit des Einzelnen und der Gesellschaft: »Kultivieren« bedeutet auch, etwas heranbilden und züchten, das im vormaligen Zustand der Wildheit nicht vorhanden war. Für die an gesellschaftlichen Fragen interessierten Autoren der Aufklärung war das wichtigste Beispiel hierfür die Arbeit. Sie »entdeckten« die Arbeit als eine Tätigkeit, die ihre eigene Würde besaß; in früheren Zeiten hatte man die Handarbeit in die Nähe der Betätigungen von abgerichteten

Tieren gerückt; und kaum mehr Achtung fand die Funktion der Beamten und Kleriker innerhalb der erstarkenden absolutistischen Monarchien. Hingegen waren die Männer und Frauen, die in der *Encyclopédie* die Artikel über Kochen, Nähen, Brotbacken und Rechnen (Buchhaltung) verfaßten, der Ansicht, daß der arbeitende Mensch auch durch die vernunftgeleitete Kultivierung und Formung dieser dienenden Arbeit zu einem tiefer empfindenden, komplexeren Wesen werden könne. War das Bewußtsein einmal geweckt, so entwickelte der kultivierte Arbeiter vielleicht einen Abscheu gegen die Welt, die er vor sich sah – gegen die Art und Weise, wie seine Herren seine Tätigkeit kontrollierten. Seine Selbst-Kultivierung würde in ein ganz anderes Verhalten münden, als man es ihm mit den auf Ausgleich bedachten Ritualen des Anstands beigebracht hatte, die einen höflichen, willfährigen Untertanen auszeichneten. Eine solche radikale Reaktion würde, wie die Reformer der Aufklärung meinten, auf wirkliches Engagement in der Gesellschaft hinauslaufen. Anteilnahme an der Gesellschaft und individuelle Selbst-Formung waren, so verstanden, untrennbar miteinander verbunden. Das offene Fenster des 18. Jahrhunderts bot hier vielleicht einen Ausblick, der weniger anmutig war als der, den der Grundbesitzer hatte, wenn er den Blick über seine Güter schweifen ließ, aber das gesellschaftliche Prinzip gleicht hier dem visuellen Prinzip: alles Innere tritt in eine Verbindung zu allem Äußeren, und es entsteht ein ausstrahlendes, ausgreifendes Ganzes.

Deutsche Pädagogen, die einen Namen für diese besondere Anteilnahme suchten, prägten den Begriff der »Bildung«. »Bildung« konnte man sich als das Ergebnis eines Prozesses denken, der dem Malen verwandt war, wenngleich dabei eine eigentümliche Art von Bild entsteht. Je gebildeter ein Mensch ist, je gefestigter seine Persönlichkeit ist, desto enger ist er als gesellschaftliches Wesen mit anderen verbunden. Der Prozeß der »Bildung« bringt also ein Gruppenbild hervor; je genauer der Künstler – die Gesellschaft – die einzelnen Gesichter ausführt, desto klarer wird das Bild in seiner ganzen Komposition. So sehr die Erwachsenen die bestehende gesellschaftliche Ordnung nachher herausfordern oder in Frage stellen mögen, sie tun es nicht aus einem Gefühl der Entfremdung oder der Ablehnung, sondern im Namen einer Existenzweise, die von »Sinn erfüllt ist« – einfache Worte, die Großes fordern.

Der Psychoanalytiker Erik Erikson ist heute der entschiedene Verfechter der aufklärerischen Idee einer organischen, ganzheitlichen Verbindung von Individuum und Gemeinschaft. An den Anfang seines Aufsatzes »Das Problem der Ich-Identität« setzt er die folgende Definition von Identität:

> »Diese Identität von etwas im Kern des Individuums Angelegtem und einem wesentlichen Aspekt des inneren Zusammenhalts der Gruppe soll also der Gegenstand unserer Untersuchung sein; denn der junge Mensch muß lernen, dort am meisten er selbst zu sein, wo er auch in den Augen der anderen am meisten bedeutet – jener anderen natürlich, die wiederum für ihn die höchste Bedeutung erlangt haben. Der Begriff ›Identität‹ drückt also insofern eine wechselseitige Beziehung aus, als er sowohl ein dauerndes inneres Sich-selbst-Gleichsein wie ein dauerndes Teilhaben an bestimmten gruppenspezifischen Charakterzügen umfaßt.«[14]

»Dauerndes inneres Sich-selbst-Gleichsein [...] dauerndes Teilhaben an bestimmten gruppenspezifischen Charakterzügen«: heute würde die Psychologie die Idee, die die Aufklärung von Kultur hatte, als Kohärenz zwischen dem Intrasubjektiven und dem Intersubjektiven bezeichnen. Aber wenn man nach dem Modell der Aufklärung ein Bewußtsein davon entwickelt, wo man in der Welt steht, so ist damit das Problem der inkohärenten Zeit, das Rätsel unserer Isoliertheit, unseres dauernden Unbehagens noch nicht gelöst. Das Modell erkennt die Schatten vielleicht, wie jedes erwachsene Verständnis sie erkennen muß, aber es ist angetreten, die Menschen aus einem unentwickelten Dasein zu emanzipieren. Bei uns steht die Jugend als die große Phase der Entwicklung hoch im Kurs. Bei Autoren wie Erikson begegnet uns daneben eine an die Aufklärung anknüpfende Vorstellung von Entfaltung oder Wachstum innerhalb des Erwachsenenalters. Der Erwachsene hat die Kraft, Einheit zu stiften, Erfahrungen in Zusammenhänge zu betten, sein Dasein zu kultivieren. Das Gleichnis des Lichts kann diesen Vorgang verdeutlichen: Licht soll in das Innere fallen, die erleuchtete Seele soll die Augen öffnen, nach draußen sehen; auf diese Weise tritt sie in einen innigen Zusammenhang mit den anderen, mit dem Ganzen.

Man könnte annehmen, daß eine Idee, die sich in dieser Weise dem Ganzen verschreibt, gar nicht umhinkann, auch den Unterschied zu umfassen und zu erfassen: wer das Leben ernst nimmt, der will sich öffnen, sich ausweiten und nicht verharren; um aber zu wachsen, müssen die Menschen experimentieren, sind sie auf Vielfalt angewiesen. Das folgt schon aus dem aufklärerischen Begriff der Kultivierung. Der amerikanische Philosoph John Dewey beispielsweise stellt in seinem Buch *Art as Experience* die These auf, daß der Augenblick der Wahrheit für die Kunst dann eintritt, wenn sie die widerständige Andersartigkeit, den Unterschied in den Dingen ernst nimmt. Der Künstler soll nicht von großen Absichten und tiefen Bedeutungen reden, er soll seine Aufmerksamkeit den Stoffen zuwenden, die seinen Absichten eine konkrete Gestalt verleihen. Dewey war der Ansicht, der Künstler wachse im Zusammenstoß mit den Schwierigkeiten des Materials; hier lerne er, seine Ausdrucksfähigkeit zu kultivieren. So sieht das organische Ideal der Aufklärung aus, wenn es auf den Unterschied angewendet wird. Aber wenn es in der Sphäre der Kunst sinnvoll erscheint, ist es dies dann nicht auch im Leben? Trägt nicht auch die Erfahrung der Vielfalt in der Stadt zur Entwicklung der Person bei?

Es gibt heutzutage bedrückende Anzeichen dafür, daß die auf eine organische Einheit zielenden Einstellungen zur Welt, deren Ursprünge in der Aufklärung wir nachgezeichnet haben, nicht in die Wahrnehmung der Komplexität und in die Auseinandersetzung mit ihr münden. Wir bemerken dies schon daran, daß viele moderne Stadtplaner, die die Idee der organischen Einheit im Bereich der Kultur beherzigen, das visuelle Planen aufgegeben haben. Sie erkennen, daß sich Architekten heute vielfach wie Modeschöpfer verhalten und ganz damit beschäftigt sind, Gebäude zu entwerfen, denen man ihre persönliche Handschrift ansieht; sie verabscheuen die modernen Architekten, denen es vor allem um überwältigende, eindrucksvolle Formen geht und nicht so sehr um flexible, der Nutzung durch Menschen angemessene Formen.

Diese Planer weisen darauf hin, daß bestimmte Teile von New York inzwischen aussehen wie eine Modenschau, bei der man Glaskostüme, Backsteinschuhe und Stahlhüte der verschiedensten Stilrichtungen bewundern kann. Für genauso antisozial halten sie den Entwurf von Mega-Plänen für Mega-Bauten – die Tyrannei der definierenden Gliederung (deren Wurzeln in die Stadt des Mittelalters zurückreichen), die aus dem Planen im großen Maßstab notwendigerweise erwächst. Deshalb konzentrieren sie sich auf die »Kommunikation«.

In der Ersetzung der visuellen Gliederung durch die verbale Kommunikation wirkt die Idee der organischen Einheit des 18. Jahrhunderts nach. Die Planer, die sich darauf konzentrieren, die Menschen über ihre Ziele, ihre Schwierigkeiten im Umgang miteinander, ihre alltäglichen Enttäuschungen reden zu lassen, versuchen, Solidarität innerhalb einer Gemeinschaft zu erzeugen. Sie hoffen, daß sich bei den Leuten ein Bewußtsein von Einheit, von gemeinsamer Entschlossenheit einstellt, wenn sie endlose Diskussionsabende in Räumen voller Plastikmöbel unter dem grellen Licht von Neonröhren zugebracht und viel zuviel wäßrigen Kaffee aus Pappbechern getrunken haben, während sie sich wach zu halten versuchen, weil sie noch auf der Rednerliste stehen. Wenige Planer, die diesen Weg während der letzten beiden Jahrzehnte eingeschlagen haben, würden behaupten, daß »die Menschen« am besten wissen, welches ihre Bedürfnisse sind; aber darum geht es ihnen eigentlich auch gar nicht. Wenn man in einer von Passivität und Teilnahmslosigkeit bedrohten Gesellschaft gewöhnliche Zeitgenossen ermuntert, über ihre gesellschaftliche Wirklichkeit zu sprechen, dann bringt man sie dazu, aneinander Anteil zu nehmen – oder erhofft dies jedenfalls. Die alten Pädagogen hätten in dieser neuen Einstellung zur »Kommunikation« ihre Ideen von Kultivierung und Bildung sofort wiedererkannt. Das Ziel dieser verbal ausgerichteten Planung ist ebenfalls ein organisches: Herstellung von Solidarität durch Reden.

Die organische Einheit oder Ganzheit, nach der der Aufklärer suchte, war eine Sache des Gehörs; er glaubte an die positive Kraft des frei fließenden Diskurses; in seinem Kaffeehaus erwartete er, die Stimme der Einheit zu vernehmen. Es gab einen Grund für das, was dort gesprochen wurde. Hierher kamen die Leute, um zu erfahren, was in der Stadt los war; ein Londoner oder ein Pariser, der Neuigkeiten hören wollte, ging Kaffee trinken. Jeder Fremde hatte das Recht, sich mit an den Tisch zu setzen und am Gespräch teilzunehmen – in einem Raum, der vom Tabakdampf, aber nicht vom Alkoholdunst erfüllt war, denn der »Trunk« stand in dem Ruf, die Zunge nicht zu lösen, sondern zu lähmen. Die Kaffeehäuser des Aufklärungszeitalters waren Treffpunkte der politischen Parteiungen; diese von Stimmengewirr erfüllten Räume waren die ersten Firmensitze von Versicherungsgesellschaften wie Lloyd's in London, deren Mitarbeiter alles wissen mußten, um das Risiko kalkulieren zu können. Planer, die die »Kommunikation« in den Mittelpunkt stellen, sind auf der Suche nach einem modernen Ersatz für das Kaffeehaus.

Aber das Kaffeehaus war kein Ort, an dem unüberbrückbare Klassen- und Meinungsunterschiede zum Ausdruck gebracht wurden. Auch die moderne »Kommunikations-Planung« scheitert am Unterschied. Gern würden wir glauben, daß das kommunikative Geben und Nehmen ein Beziehungsgeflecht zwischen den Menschen knüpft, aber zwischen Reichen und Armen, zwischen Schwarzen und Weißen erzeugt ein solcher Austausch keine Bindungen. Der Grund hierfür ist, wie ich vermute, daß diejenigen, die Einheit erzeugen wollen, das Problem der visuellen Gestaltung außer acht lassen. Der visuelle Gestalter, der sich dem äußeren, materiellen Gefüge der Stadt zuwendet, hat es fortwährend mit Teilen zu tun, die nicht zu einem Ganzen verbunden werden können und sollten. Schematisch könnte man sagen, daß sich in der Welt der Dinge, die zu unterschiedlichen Zeiten von ganz verschiedenen Händen geschaffen wurden, Differenz und Diskontinuität offenbaren, nicht aber heimliche Wahlverwandtschaft, die nur darauf wartet, daß jemand kommt und das Auseinanderklaffende zusammenfügt. Wie soll derjenige, der an die Einheit und Ganzheit glaubt, mit Dingen zurechtkommen, zwischen denen es nur Diskontinuität gibt?

Diese Frage quälte auch den Planer der Aufklärung, der sich mit der Stadt auseinandersetzte. Auch er setzte auf die freie Kommunikation, wie man sie im Kaffehaus pflegte. Aber die Dinge und

Räume in der Stadt erwiesen sich in ihrer Besonderheit als hartnäckig und machten es ihm schwer, sein Talent bei der Gestaltung der städtischen Umwelt zur Geltung zu bringen. An ihnen scheiterte die Kraft des Gestalters, Offenheit zu erfinden. Und doch war und ist dieses Scheitern nicht akzeptabel. Die Stadt ist nicht nur *civitas* – ein Ort der Kommunikation. Sie ist auch *urbs*, wie der hl. Isidor sie beschrieben hat; selbst wenn ihre materiellen Bestandteile nicht zu einem einheitlichen Ganzen verschmolzen werden können, so müssen sie doch zueinander in eine Beziehung gebracht werden. Wie sollten diese Beziehungen gestaltet werden?

Plätze der Natur

Aus dem Fenster, das Licht hereinfluten ließ und den Blick nach draußen lenkte, erblickte man in der Zeit der Aufklärung meist keine städtische Straßenszenerie, und zwar aus zum Teil höchst prosaischen Gründen. Wer in einer Stadt zu Fuß unterwegs war, der mußte oft auf ungepflasterten, holprigen Straßen durch Pferdemist und Rinnsale von Schmutzwasser waten, das aus den Häusern nach draußen sickerte. Die Biologie der Krankheit, ein die Sinne beleidigender Gestank von faulendem Gemüse, verwesendem Fisch und Fleisch – all diese unerfreulichen Emanationen der Natur beherrschten die Szene.

Überdies waren Städte wie Paris zur Zeit Rousseaus oder London zur Zeit Hogarths nach Ansicht der zeitgenössischen Moralisten Orte, an denen den Menschen ihr inneres Leben von Illusionen geraubt werde, die ganz anders geartet und weit weniger gutartig seien als die, die das »Haha« weckte. Der Stadtbewohner, der auf der Straße sein eigenes Dasein immerfort mit dem anderer Menschen vergleiche, gelange schon bald zu der Überzeugung, daß er sehr viel mehr »brauche«, als er besitze; der geringste Arbeiter in London sei viel stärker gefährdet, auf den »Weg der Liederlichkeit« zu geraten, als sein Vetter vom Lande. Auf dem Lande hingegen wirke die Natur in ganz anderer Weise anregend auf die Menschen: »Diese einsamen Stunden der Betrachtung sind die einzige Zeit des Tages, wo ich völlig ich selbst bin und mir ganz ohne

Ablenkung, ohne Hindernis gehöre [...].«[15] Ländlichkeit, Besinnlichkeit, Einsamkeit erzeugten ein Gefühl von Einssein mit der Welt und nicht von Mangel an Unterhaltung.

Adam Smith ist ein interessantes Beispiel für diese Anschauungen. Er sah in der Stadt einen Ort der nervlichen Zerrüttung, aber die Vorurteile seiner Zeit fügten sich nicht recht in die Grundsätze, die er in seinem Werk *Wealth of Nations* verkündete. Denn ähnlich wie in neuerer Zeit die Stadthistorikerin Jane Jacobs war auch Smith der Ansicht, daß die Arbeitsteilung von den Stadtzentren ihren Ausgang nimmt und sich von dort auf das Land ausdehnt. Die Städte bringen den Reichtum der Nationen hervor, und doch, so meinte er, richteten sich die Gelüste der Städter vor allem auf Luxusgüter, auf »Eitelkeiten«, auf Dinge, die im Prisma von Neid und Protzerei mehr zu sein scheinen, als sie sind. Man könnte diese Epoche als urban und zugleich anti-urban bezeichnen. Der Gedanke, wohin es mit der Aufklärung kommen würde, wenn die Städte weiter wuchsen, erfüllte Jefferson mit Sorge; er glaubte nicht, daß die Bürger seines Landes in diesen Städten politische Tugenden entwickeln und praktizieren könnten. Im Grunde genommen sah man in der Stadt einen Ort, an dem die Zivilisation eher heimisch war als die Kultur. Die sozialen Verhältnisse der Städte waren der Entwicklung eines festen, aufrichtigen (*honnête*) Charakters nicht förderlich.

Vor dem Hintergrund dieser Vorurteile gingen die Planer der Aufklärung daran, die Mängel der Stadt zu kurieren, indem sie Einheiten herstellten. Die urbane Form, die sich hierzu besonders anbot, war der Platz, die Stelle, an der die Menschen zu Geschäft und Vergnügen zusammenkommen. In der christlichen Konzeption der Stadt war der profane Platz der Ort, an dem Zufall und Willkür ihr Spiel treiben durften. In der Aufklärung machte der Platz die Konzentration zur gesellschaftlichen Grundlage der visuellen Vereinheitlichung.

Ich möchte hier zwar zeigen, wie schwierig es war, Einheit in Gestalt von Plätzen zu gestalten, doch es wäre irreführend, zu behaupten, daß es der Aufklärung nicht gelungen sei, Plätze von großer Komplexität zu schaffen. Die Reihe der Stadtplätze, die Stanislav Leszczynski, der König von Polen, während seines Exils im französischen Nancy errichtet hat, ist vielleicht die philosophisch anspruchsvollste Stadtanlage aus der Zeit um die Mitte des 18. Jahrhunderts. Diese Plätze setzen sich eindringlich mit dem Problem der gegenseitigen Durchdringung von Natur und strenger, regelmäßiger Bauform auseinander. Die einfachen Gebäude sind überall, am Dach, an den Wänden, an den Portalen, reich mit Schmuckelementen versehen. Der Exil-Pole trieb die ornamentale Verzierung auf die Spitze. Die Plätze, die von diesen Gebäuden gebildet werden, setzen der beharrlichen Kraft des Bauwillens ein Denkmal, aber ihre Monumentalität hat nichts Steifes an sich, sie ist dynamisch, denn inmitten von so viel Gebautem, wo das Auge nach dem erholsamen Anblick von Bäumen Ausschau zu halten beginnt, da gewähren uns die Architekten des Exilkönigs ebendiesen Anblick. Die große Leistung in Nancy gilt dem Menschen, dem Menschen als Gattungswesen, der hier die Einheit zwischen einer Abfolge von Plätzen und einer üppigen Natur erfahren kann, die in Gestalt von Bäumen und Buschwerk die architektonische Szenerie zu überfluten scheint. Die Pflanzen gleichen einer Menschenmenge, die eine Stadt bevölkert. Aber der Entwurf des Königs kümmert sich nicht um die wirklichen Menschen auf den Plätzen und auch nicht um das, was diese Menschen tun.

Die Planer des Aufklärungszeitalters verfolgten bei der Auseinandersetzung mit Komplexität und Diskontinuität zwei Strategien. Die eine begriff die Stadt als eine eigenständige Sphäre, die andere versuchte, den zur gesellschaftlichen Einheit gestalteten Platz innerhalb der Stadt mit größeren Einheiten zu verknüpfen – die Stadt mit dem Land, die Menschheit mit der Natur. Die Geschichte der Stadtplanung ordnet das zuerst genannte Bestreben meist den französischen, das zweite den englischen Stadtarchitekten zu, aber wie alle Konventionen ist auch diese vielleicht praktisch, doch präzise ist sie nicht. Fest steht allerdings, daß der bedeutendste Platzgestalter in Frankreich, Jacques-Ange Gabriel, den Platz als eigenständige, Einheit stiftende Sphäre aufgefaßt hat.

Gabriels wichtigstes Werk in Paris trägt heute den Namen Place de la Concorde, ein riesiges Rechteck im Zentrum, in das einige der wichtigsten Pariser Straßen münden. Da dieser Platz heute nur von erbosten Automobilisten in ihren Fahrzeugen bevölkert wird, bedarf es einiger Anstrengung, ihn sich so vorzustellen, wie ihn die Pariser einst erlebt haben. (Die Place de la Concorde wurde 1755 begonnen und 1792 vollendet; Gabriel arbeitete in der Zeit von 1763 bis 1772 daran.) An der einen Seite des Platzes lag einer der wichtigsten Seine-Quais. Mit steinernen Rampen schuf Gabriel die Möglichkeit, daß Lastkarren zum Entladen der Flußschiffe ans Wasser hinunterfahren konnten. Früher waren die Arbeiter auf Seile und Flaschenzüge angewiesen gewesen, um die Schiffsladungen zu löschen, und häufig waren Teile der Ladung am schlammigen Ufer verlorengegangen. Im übrigen rationalisierte Gabriel auch die Beziehung des Louvre-Palastes zu dieser hektischen Szenerie, indem er an der Ostseite des Platzes ein »Parterre« errichtete; so konnte die königliche Welt in das Alltagsleben hinaustreten und darauf hinabblicken, ohne es vom Palast aus ständig vor Augen zu haben. Vor allem versuchte Gabriel, den Verkehr auf dem Platz zu ordnen, indem er das »Haha« für die Zwecke des Städtebaus einsetzte. Um den Kreisverkehr in der Mitte des Platzes ließ er vier tiefe Gräben ausheben, die mit Erde gefüllt und mit Rasen besät wurden. Gras war damals ein sehr unfranzösisches Material. Es galt als empfindlich und wenig strapazierbar. Diese vier Grasflächen nun dienten dazu, Fußgänger und Fuhrwerke voneinander zu trennen und sie gleichzeitig zusammenzubringen, ähnlich wie Vanburghs »Haha« Tiere und Menschen mischte und zugleich voneinander schied.

Von Piet Mondrian gibt es ein Bild mit dem Titel *Place de la Concorde* (1938–1943), das der Stadthistoriker Paul Zucker, wie mir scheint, auf eine bezeichnende Weise mißverstanden hat. Über Mondrians Bild, das aussieht wie ein abstrakter Stadtplan von Paris – ein weißes Rechteck, von einigen, einander wiederum kreuzenden Randlinien umgrenzt –, schreibt Zucker enttäuscht: »Obwohl sich etwas von der Regelmäßigkeit der Anlage im geometrischen Aufbau des Bildes spiegelt, vermittelt es doch nichts von der Lebhaftigkeit der dreidimensionalen Realität dieses Platzes.«[16] Aber Mondrian hat mit seinem Bild keine Karte geliefert, sondern die Problematik dieses großen Platzes dargestellt. Die Bereiche, in denen die Linien auf den Bildrand stoßen, sind nicht klar umrissen; Mondrian hat sogar kleine unregelmäßige Blöcke an den Rändern verteilt, um anzudeuten, daß jenseits des Bildes, für den Betrachter nicht sichtbar, etwas anderes beginnt, das sich aus der Form des Zentrums nicht erschließen läßt. Er hat auf diese Weise das Problem der Einheit in Gabriels Entwurf sehr genau begriffen: dieses Zentrum machte aus der Stadt in Wirklichkeit keine Einheit. Der Platz war nicht wie ein Schlüssel, der, wenn man ihn im Schloß dreht, die Umgebung aufschließt. Die »Lebhaftigkeit«, die Zucker in der Anlage des Platzes erkennt, blieb in der Art, wie er genutzt wurde, auf der Strecke. Gabriel war bestrebt, dem Stadtganzen eine Ordnung zu geben, indem er ein rationales Zentrum schuf – aber schon bald erstickten die Quais wieder unter Abfall und Schmutz; für einige Zeit ließ der König eine hölzerne Barriere errichten, um den Lärm fernzuhalten. Der Kartograph Patte zeichnete einen Plan der Place de la Concorde, um zu verdeutlichen, wie wohlproportioniert die Beziehung war, in der die neue Anlage zu den Tuilerien-Gärten stand, aber kaum war der Platz fertig, da nahm die Zahl der Huren in den Tuilerien zu, während auf dem Platz selbst die Karossen von Männern, die in den Büschen ein heimliches Treffen vereinbarten, den Verkehr behinderten. Erlaubter und unerlaubter Verkehr, Verkehr von Menschen und Fuhrwerken verstopfte den Platz. Und dieses pulsierende Leben überwand sogar die Abneigung der Pariser gegen das Gras, so daß Gabriels bedeutendste Erfindung, die Verwendung des »Hahas« im Städtebau, buchstäblich zertrampelt wurde. Auch dies macht Mondrians Bild deutlich: es zeigt den Zerfall der Einheit. Es zeigt die Differenz und die eigentümliche Gewalt, mit der die Stadt das Programm der Einheit demontiert, wie es Gabriel für die Mauern, Straßen und »Hahas« der Place de la Concorde entworfen hatte.

Die englische Stadtplanung läßt erkennen, wie die Architekten weiter ausgreifen, wie sie bei der Schaffung städtischer Zentren versuchen, mit künstlichen Mitteln eine deutlichere Kontinuität zwischen Stadt und Land herzustellen. Plätze wie der Bedford Square (1775) und der Russell Square (1801) in London wurden so angelegt, daß inmitten der neu errichteten Stadthäuser eine von Natur erfüllte Insel entstand, wobei den Vorrang die »Gestaltung« dieser Natur hatte. Man entwickelte Hebezeuge mit gußeisernen

Krallen, die große Bäume samt ihrem Wurzelballen ausheben konnten; die Wurzeln wurden in Jutetuch gehüllt und die Bäume vom Land zu ihrem neuen Standort transportiert. Am Ende sah es so aus, als hätten die Bäume schon immer hier gestanden, als würden die Squares eine seit alters vorhandene Natur einrahmen, als seien die Häuserzeilen erst nachträglich hinzugefügt worden. Was in Wirklichkeit ein beträchtlicher städtebaulicher Eingriff war, wirkte so weniger gewaltsam, wie etwas Gewachsenes, und schien eher im Einklang mit der Vergangenheit zu stehen. Ähnlich wie beim »Haha« war auch diese Illusion sowohl für die Anwohner als auch für die Erbauer der Squares durchschaubar und dennoch befriedigend.

Um diese Zeit wurden der »Crescent«, der halbmond- oder halbkreisförmige Straßenzug, und das Reihenhaus zu wichtigen Elementen des englischen Städtebaus, vor allem deshalb, weil sie die verschiedenen Bestandteile der Stadt noch stärker miteinander verknüpfen und vereinheitlichen sollten. Anders als die Inns of Court in London oder die frühen Plätze, etwa der Leicester Square (1635), die in sich geschlossen waren und ganz bestimmten Aktivitäten vorbehalten blieben, dachte man sich den Crescent mit seinen Reihenhäusern wie die Finger einer Hand, die in ein neues Territorium ausgreifen und es mit dem Stadtganzen verbinden.

Wie gut diese Verknüpfung funktionierte, erkennt man am besten an den von der Aufklärung inspirierten Plänen für die Stadt Bath. Der Name Bath geht auf die Quellen zurück, die schon in römischer Zeit genutzt wurden, als die Stadt Aquae Sulis hieß. Im Mittelalter war die Stadt ein Zentrum der Tuchherstellung und des Tuchhandels; dann sank ihr Stern, bis Königin Anne 1702 und 1703 Bath wegen seines Heilwassers besuchte (es schmeckt leicht schweflig, ähnlich wie das von Evian). Ein Jahr später wurde Richard »Beau« Nash der tonangebende Mann der Gesellschaft; seine strikten Modevorschriften hätten zum Hof Ludwigs XIV. besser gepaßt als in die Wirklichkeit einer weniger förmlichen, gesellschaftlich stärker durchmischten Zeit. Gegen Ende des Jahrhunderts schilderte Oliver Goldsmith das heterogene Bevölkerungsgemisch, das in Bath zusammenfand:

»Angestellte und Verwalter von Ostindien, mit der Beute geplünderter Provinzen beladen, Pflanzer, Sklavenhalter von unseren amerikanischen Plantagen, Agenten, die in zwei aufeinanderfolgenden Kriegen fett geworden waren, Makler und Schieber jeder Art, – Leute von niederer Herkunft.«[17]

Wie sollte man eine Stadt für eine so vielgestaltige Population bauen? Zwei Architekten, Vater und Sohn, sollten Antworten auf diese Frage finden – der Vater, indem er nach den Prinzipien der »Zivilisation« baute, der Sohn, indem er nach den Prinzipien der Aufklärung baute. John Wood der Ältere begann 1727 für die Stadt Bath zu arbeiten. Der Queens Square, sein größtes Projekt, ist geradezu der Inbegriff aufgeklärten Bauens. Der Platz ist angelegt wie der Hof vor einer großen Villa, dessen drei übrige Seiten von Anbauten flankiert werden. Die Stelle der Villa nimmt auf dem Queens Square die gesamte Nordseite des Platzes ein, eine Gruppe von Häusern, die ganz unterschiedlichen Zwecken dienten; durch die Gestaltung ihrer Fassaden sind sie zu einem Ganzen zusammengefaßt. Sowohl die großartige Nordseite wie die anderen Seiten des Queens Square geben keinerlei Hinweis auf die Verschiedenheit und Vielfalt, die sich hinter den Fassaden verbirgt.

Dies klingt wie eine negative Feststellung, aber genau hierin bestand der Zwiespalt, den der ältere John Wood zu überwinden hatte. Bath war keine königliche Residenz. Es war eine Stadt für Menschen, die an Gicht litten, und solche, die gern das Tanzbein schwangen – Krankheit und Vergnügen lockten die verschiedensten Leute an. Der Architekt mußte eine für alle befriedigende Lösung finden, sie zusammenzubringen. Bath war ein kommerzieller Kurort; die Existenz dieser Stadt war geradezu abhängig von gebauter Höflichkeit. Deshalb umschloß der ältere John Wood die Menschen auf doppelte Weise: hinter den Fassaden der Häuser und als Masse, indem er Promenaden anlegte, welche die infolge von Krankheit oder infolge von zu vielen Quadrillen humpelnden Menschen als ein bewegliches Ganzes in sich faßten. Der ältere Wood sah im Platz und den von ihm ausgehenden Hauptstraßen eine Art von Behältnis für die Masse. Noch deutlicher tritt seine Lösung am King's Circus zutage, den er 1754 unmittelbar nördlich des Queen Square begann. Der moderne Betrachter muß sich diesen Ring aus in Höhe und Fassadengestaltung vollständig gleichen Häusern ohne die Bäume vorstellen, die seither in der Mitte des Platzes gewachsen sind. Ursprünglich öffneten sich die Fenster der Häuser am King's Circus auf ein Gegenüber von vollkommen gleichem Aussehen; wer hier aus dem Fenster schaute, der konnte den Blick an einem gefällig wirkenden Steinrund entlanggleiten lassen. Auch dies zielte auf eine höfliche Fiktion. Denn hinter den regelmäßigen Fassaden des King's Circus gab es vornehme Wohnungen genauso wie Bordelle, und von einer einheitlichen Nutzung konnte keine Rede sein. Was hinter diesen Fassaden geschah, wurde verdeckt, aber der offene Raum des Circus wimmelte zu jeder Tageszeit von Menschen. So versuchte der ältere Wood den Zwiespalt des zivilisierten Lebens zu lösen. Die Differenz wird hinter einem Ring aus Mauern verschlossen.

Der King's Circus wurde nach dem Tod des Vaters vom jüngeren John Wood vollendet. Dieser begann nun aber nach anderen Prinzipien, nämlich denen der Aufklärung, zu bauen. Seine Plätze erwuchsen nicht aus Formen, welche die Unterschiede zwischen den Menschen verdeckten – seine Architektur war nicht »zivilisiert« in dem Sinne, wie man dieses Wort nun verstand. Der jüngere Wood war ein Kind seiner Zeit und ein Kind der Natur. In Bath baute er eine Verbindungsstraße (die Brock Street), die aus dem von seinem Vater angelegten Circus zu einem ganz anders gearteten städtischen Ensemble führte, zu dem 1769 vollendeten Royal Crescent, dessen dreißig im Halbkreis angeordnete Häuser mit ihren ionischen Säulen so klassisch wirken wie alles, was der ältere Wood jemals gebaut hat – doch öffnet sich der Entwurf des Sohnes plötzlich zur englischen Landschaft hin. Die Lösung, die der jüngere Wood dem Problem der Stadtgestaltung gab, bestand darin, die architektonischen Finger der Stadt in die Natur ausgreifen zu lassen. Die großen Bauprojekte in Bath folgten dann diesem Beispiel, auch sie griffen aus der Stadt hinaus, so etwa der Lansdowne Crescent von 1794, der im Grunde genommen eine Schlangenlinie von Gebäuden ist, die sich den Konturen des Geländes anschmiegt, statt dieses Gelände lediglich zu besetzen, wie es die Bauten des älteren John Wood taten.

Der jüngere John Wood sah in der Straße kein Behältnis; für ihn war sie ein Abfluß, der die Menschen aus der Zusammenballung löste, die sein Vater gerade zu inszenieren gesucht hatte. Die Tendenz, die Menge vom Platz abzuleiten und zu zerstreuen, begegnet uns in städtebaulichen Projekten, die die Einheit zwischen Landschaft und Stadt anstreben, immer wieder. Mit einem ähnlichen Prinzip, nach dem der jüngere Wood seine Bauten ausgreifen ließ, wollte der große Stadtplaner Daniel Burnham anderthalb Jahrhunderte später (1909) die Stadt Chicago wieder zum Seeufer hin orientieren: die Hauptstraßen führen zum Ufer, und dort wird entlang dem Wasser ein Park angelegt. Auch Burnham konzipierte diesen bedeutsamen Randbezirk der Stadt als einen Ort der Zerstreuung. Olmsted hatte die Stadt ausgeschlossen; diese Pläne nun zerstreuen sie – die Menschenmenge erscheint hier als eine Macht, die durch städtebauliche Gestaltung geschwächt werden soll.

Es gehört zu den großen Paradoxien in der Geschichte der Stadtarchitektur, daß die auf die Ordnung großer Menschenmengen zielenden Bauvorhaben in einer Weise voranschritten, daß ihr Randbezirk zum wichtigsten Punkt der Entwicklung wurde, während das Zentrum immer mehr an Bedeutung verlor. In der Zerstreuung in den leeren Randbezirk geht die Stadtplanung der Differenz, die sich im Zentrum konzentriert, aus dem Weg.

An der Place de la Concorde, an den Squares und Crescents des jüngeren Wood treten einige massive Probleme der Stadtarchitektur deutlich hervor: Wie lassen sich Vielfalt und Verschiedenheit in einer Einheit zusammenfassen? Wie soll man die gesellschaftlichen Unterschiede, die zwischen den Einzelnen in der Menge bestehen, in Projekten aufeinander beziehen, die ihrerseits die visuelle Einheit von Mensch und Natur anstreben? Gabriels Entwurf scheiterte an den Unterschieden zwischen den Menschen, die er miteinander verbinden wollte. Woods aufgeklärtes Bemühen um Einheit war noch stärker ausgeprägt, aber es führte ihn aus der Stadt hinaus; er zerstreute die Menge. Statt sich der Vielfalt zu stellen, für die sein Vater eine zivilisierte Maske geschaffen hatte, suchte der jüngere Wood den menschlichen »Rohstoff«, mit dem er es zu tun hatte, zu vereinfachen; seine Häuser waren, anders als die seines Vaters, für jeweils eine (wohlhabende) Familie gedacht. So gewinnt er die Natur, doch der Unterschied geht dabei verloren. Und auch diese Schwierigkeit hat eine tiefere Bedeutung: der Preis, der für die läuternde, beruhigende Weisheit gezahlt werden muß, die aus Vergils *Georgica* oder aus Rousseaus *Träumereien eines einsamen Spaziergängers* zu uns spricht, ist zu hoch; der Einzelne weiß von seiner untergeordneten Stellung in der Natur, aber er weiß immer weniger von seinen Nachbarn.

Durch welche erfindungsreichen Mittel konnte man Fremde miteinander verbinden? Wodurch konnte die gesellschaftliche Vielfalt ebenso reich und lehrreich werden wie die Vielfalt der Natur? Diese Schwierigkeiten stellten sich den Städtebauern, die Ganzheit und Geschlossenheit verfochten, und sie stellen sich ihnen noch heute.

4. Kapitel: Die unerwarteten Folgen der visuellen Einheit

Die christliche Stadt maß dem Inneren einen hohen Wert bei – der Zuflucht im Gehäuse von Bauwerken ebenso wie dem inneren Erleben. Die Stadt der Aufklärung war bestrebt, die Menschen hinauszuführen – hinaus in die Felder und Wälder, allerdings nicht in das Getümmel auf den Straßen. Fiel es dem christlichen Pilger schwer, seinen Gottesglauben in ein Verhältnis zu den vielfältigen Unterschieden zwischen den Menschen auf der Straße zu setzen, so bestand für den Stadtplaner der Aufklärung die Schwierigkeit darin, seinen Glauben an die Natur mit der städtischen Masse in Einklang zu bringen. Für uns sind diese Polaritäten heute immer noch aktuell. Unsere Gesellschaft ist in ihren ökonomischen, politischen und erotischen Beziehungen außerordentlich vielseitigen und komplexen Reizen ausgesetzt. Aber die Codes der Innerlichkeit und der Einheit, die unsere Kultur geprägt haben, machen es schwierig, mit den Tatsachen der Vielfalt zurechtzukommen. Wir haben Mühe, die Erfahrung des Unterschieds als positiven Wert zu begreifen.

Diese Schwierigkeit, vor der unsere Gesellschaft insgesamt steht, gewinnt eine besondere Dringlichkeit für jene, die sich mit Architektur und Stadtplanung befassen. Die Planer, die sich der aufklärerischen »Kommunikationsarbeit« verschrieben haben, sind Fachleute für »Gemeinschaft«. Angesichts der massiven Unterschiede, die ihnen in der Stadt begegnen, neigen sie zum Rückzug in eine lokale, intime, kommunale Sphäre. Jenen Planern, die im visuellen Bereich und in sozialpolitischer Absicht arbeiten, fällt es genauso schwer wie dem jüngeren Wood, unterschiedliche städtische Sphären in ein Verhältnis zueinander zu setzen. Dem modernen Planer fehlen visuelle Kriterien dafür, wie sich beispielsweise die Vermischung verschiedener Rassen an öffentlichen Plätzen bewerkstelligen läßt oder wie sich Straßen so gliedern und gestalten lassen, daß eine ökonomisch gemischte Nutzung wirklich funktioniert. Ebenso unklar ist, wie Siedlungen und Schulen aussehen sollen, in denen sich verschiedene Rassen, verschiedene soziale Klassen oder verschiedene Altersgruppen mischen. Die Verschiedenheit der Menschen scheint ihr Gestaltungsvermögen zu überfordern.

Die Aufklärung hat der Moderne ein eigenartiges, um nicht zu sagen: überraschendes Vermächtnis hinterlassen, das diese Schwierigkeiten noch vermehrt. Die aufklärerische Idee der Ganzheit ist in die moderne Vorstellung von der Integrität des gut gemachten Gegenstandes eingeflossen. Auf diese Weise ist es zu einem Konflikt zwischen den Bauten und den Menschen gekommen: der formale Wert eines Gebäudes gerät in einen Gegensatz zu seinem Nutzungswert. Dieser Konflikt tritt an verschiedenen Punkten zutage. Es erscheint falsch, ein altes Gebäude mit einem neuen Anbau oder neuen Fenstern zu versehen, weil diese Veränderungen die »Integrität« des ursprünglichen Objekts zerstören. Historisch sich wandelnde Bedürfnisse erscheinen als Gefahr für die Integrität der ursprünglichen Gestalt, so als wäre die Zeit eine Quelle der Verunreinigung. Gruppen, die sich dem Denkmalschutz oder der Erhaltung alter Wohnviertel verschrieben haben, sprechen zuweilen so, als sollte die Stadt vor allem ein Architekturmuseum sein und nicht so sehr ein Ort für das notwendigerweise unordentliche Geschäft des Lebens.

Die Art und Weise, wie Häuser heutzutage gebaut werden, verstärkt diesen Konflikt noch. Die Gebäude, die heute in Großstädten errichtet werden, sind in ihrer Form weit weniger flexibel als die Häuserzeilen, Crescents und Blocks der Vergangenheit. Für einen Wolkenkratzer rechnet man gewöhnlich mit einer Lebensdauer von vierzig bis fünfzig Jahren, obwohl die Stahlkonstruktion sehr viel länger stehen könnte; aber die Versorgungstrakte, die elektrischen Anlagen, die sanitären Installationen sind so geplant, daß das Gebäude nur dem einen Zweck dienen kann, zu dem es ursprünglich errichtet wurde. In einem modernen Bürohochhaus nachträglich eine gemischte Nutzung mit Büros und Wohnungen zu etablieren, ist viel schwerer, als eine Fabrik aus dem 19. Jahrhundert oder einen Häuserblock aus dem 18. Jahrhundert in diesem Sinne umzuwandeln. Innerhalb dieser verkürzten Zeitspanne gewinnt die »Integrität der Form« eine besondere Bedeutung: das ursprünglich vorgesehene Programm für ein Gebäude bestimmt dessen gesamte, kurze Nutzungsdauer. Das materielle Gefüge der Stadt ist starrer und spröder geworden. Unsere Vorfahren im 18. Jahrhundert hatten nie eine Welt aus lauter spröden Gebäuden im Sinn, und wenn sie Häuser bauten oder sich Verfassungen gaben, dann betrachteten sie die ursprünglichen Absichten und ersten Formen nicht als geheiligt. Sie wollten vielmehr das Fenster aufstoßen und den Enthusiasmus des Publikums wecken. Aber mit der Zeit legte sich dieser Enthusiasmus, den die Erfahrung der Einheit von Innen und Außen einst entzündet hatte; »Einheit« bezeichnete nun das, was die Gegenstände *an sich* waren. Ein Vermächtnis, das uns die Aufklärung hinterließ, ist das anti-soziale Bauwerk, dessen visueller Wert sich gegen gesellschaftliche Verunreinigung, nicht vorgesehene Nutzungsweisen und sich wandelnde Bedürfnisse gleichsam feindselig verhält.

Die Sympathie und das Erhabene

Dieser anti-soziale Ausgang der Suche nach organischer Einheit ist deshalb so überraschend, weil der jüngere Wood ebenso wie sein Vater und Gabriel sich selbst als Choreographen der Menschenbewegung in der Stadt und das eigene Auge deshalb als geselliges Organ verstanden. Zu dem Verständnis gesellschaftlicher Tätigkeit, das die Autoren der Aufklärung entwickelten, gehörte nämlich auch eine ganz praktische Vorstellung davon, was mit den Menschen geschieht, wenn sie Fremde wahrnehmen. Durch einen Akt der Vorstellungskraft, den die Aufklärer »Sympathie« (im Sinne von »Mitgefühl«) nannten, kann sich der Einzelne, wenn auch nur für einige Augenblicke, in die Gedanken, Bedürfnisse und Wünsche eines anderen versetzen, gleichgültig, wie groß der Unterschied zwischen beiden ist. Sehr klar stellt Adam Smith diese »Sympathie« gleich zu Beginn seiner *Theorie der ethischen Gefühle* dar:

»Da wir keine unmittelbare Erfahrung von den Gefühlen anderer Menschen besitzen, können wir uns nur so ein Bild von der Art und Weise machen, wie eine bestimmte Situation auf sie einwirken mag, daß wir uns vorzustellen versuchen, was wir selbst wohl in der gleichen Lage fühlen würden. Mag auch unser eigener Bruder auf der Folterbank liegen – solange wir selbst uns wohl befinden, werden uns unsere Sinne niemals sagen, was er leidet. [...] und nur in der Phantasie können wir uns einen Begriff von der Art seiner Empfindungen machen. [...] Es sind nur die Eindrücke unserer eigenen Sinne, nicht die der seinigen, welche unsere Phantasie nachbildet. Vermöge der Einbildungskraft versetzen wir uns in seine Lage, mit ihrer Hilfe stellen wir uns vor, daß wir selbst die gleichen Martern erlitten wie er, in unserer Phantasie treten wir gleichsam in seinen Körper ein.«[1]

Wenn ich sage: »Ich versetze mich an seine Stelle«, dann lasse ich den Unterschied zwischen mir und dem anderen außer acht; einen Augenblick lang versuche ich, mir sein Leiden, seine Not auszumalen, indem ich sie in Vorstellungen übersetze, die mir selbst vertraut sind. Adam Smith macht das sehr deutlich: »Es sind nur die Eindrücke unserer eigenen Sinne, nicht die der seinigen, welche unsere Phantasie nachbildet.« »Sympathie« im Sinne von Mitgefühl ist also nichts Ungestümes, keine heftige Regung, hat nichts mit Erkundung von Neuland zu tun, vielmehr ist sie die Eroberung des Andersseins, indem man so tut, *als sei es* einem vertraut. Smith war ein praktischer Mann; er glaubte nicht, daß die Menschen bereit sein würden, emotional noch weiter »aus sich herauszugehen«.

Diese nüchterne Vorstellung von Sympathie könnte uns als bloße Selbstzufriedenheit erscheinen, aber während der Aufklärung war sie das nicht. Für die Autoren, die auf die Sympathie setzten, bestand die Wirkung dieser Kraft darin, daß die Menschen während des imaginären Augenblicks der Sympathie sich selbst entäußern. In seinem *Versuch über den Ursprung der Sprachen* fragt Rousseau, auf welche Weise es den Menschen möglich wird, Mitleid füreinander zu empfinden, und gibt zur Antwort: »indem wir uns aus uns selbst herausbegeben: indem wir uns in den leidenden Menschen hineinversetzen«.[2] Wenn das seelische Werkzeug der Sympathie den anderen ihre Unterschiedenheit nimmt, dann besteht seine moralische Wirkung in einer Verlagerung des eigenen Selbst nach außen. Auch Benjamin Constant würdigte die Tugenden der das Ich transzendierenden sympathetischen Begeisterung (»Die erste Voraussetzung des Enthusiasmus besteht darin, daß man sich selbst nicht scharf beobachtet«), aber bei Constant klingen die gleichen Vorbehalte wie bei Adam Smith an hinsichtlich der Fähigkeit der Menschen, für längere Zeit auf der Grundlage dessen, was man im Augenblick der Gefühlsanwandlung empfindet, zu leben: »Wir Heutigen haben an Vorstellungskraft eingebüßt, was wir an Wissen gewonnen haben; wir sind infolge dieses Wissens unfähig zu dauernder Begeisterung.«[3]

Die plötzliche sympathetische Anmutung war ein Modus, in dem unsere Vorfahren die Einheit mit anderen Menschen erlebten. Es war eine leidenschaftliche Vereinigung, die sich allerdings in den Dimensionen von Erwachsenheit vollzog: intensiv, aber nicht für immer. Außerdem bedeutete Sympathie nicht, daß ich, indem ich Anteil an einem anderen nehme, diesen anderen auch tatsächlich verstehe. Es kommt mir nur einen kurzen Augenblick so vor, als wäre ich er.

Seltsamerweise machten unsere Vorfahren das Ideal der augenblickhaften sympathetischen Gefühlsregung zur Grundlage für das moderne Konzept einer anti-sozialen Architektur. Dazu kam es, als sie versuchten, das Ideal der Sympathie in einer bestimmten Art von Räumen zu verkörpern. Enthusiastische Anwandlungen, so meinten sie, kamen am ehesten an »pittoresken« Orten zustande.

In seinem *Essay on the Picturesque* erklärte William Gilpin, ein Schüler Reptons, »die *Rauheit* bildet den wesentlichsten Unterschied zwischen dem Schönen und dem Pittoresken«. Und ein Schüler von Gilpin wiederum, der Grundbesitzer Uvedale Price aus Herefordshire, entfaltete diesen Gedanken in seinem eigenen *Essay on the Picturesque*: »Die beiden gegensätzlichen Eigenschaften von Rauheit und plötzlicher Abwechslung, verbunden mit Unregelmäßigkeit, sind die wirksamsten Ursachen des Pittoresken.«[4] Diese Formeln brachten ein ganzes Genre von Gemälden hervor, in denen Stürme ein beliebtes Thema waren und sturmgebeugte Bäume zu den wichtigsten natürlichen Requisiten gehörten. Auch in der Literatur nutzten die Schriftsteller, zum Beispiel Emily und Charlotte Brontë, die Bildwelt des Pittoresken. In dem Roman *Sturmhöhe* prägen »Rauheit«, »plötzliche Abwechslung« und »Unregelmäßigkeit« den Schauplatz der Handlung ebenso wie die Handlung selbst.

Hinter solchen Wirkungen des Pittoresken steht eine Theorie, die Edmund Burke in seiner *Philosophischen Untersuchung über den Ursprung unserer Ideen vom Erhabenen und Schönen* (1756) entwickelt hat. Burke bestimmte die Herkunft der Empfindung des Erhabenen bekanntlich aus dem Erlebnis von Schrecken, Dunkelheit und Unendlichkeit; Schönheit hingegen wird erzeugt durch »das Kleine«, durch »Glätte«, durch »allmähliche Änderung« und »Zartheit« der Form.[5] Sympathie im Sinne von Mitgefühl wird durch erhabenen Schrecken erregt, der sich seinerseits gestalten läßt, und zwar mit den Techniken des Pittoresken. Das folgende Zitat zeigt, wie ein unwahrscheinlicher Kandidat für das Pittoreske, die in den Gärten um 1740 als Rückzugsort so beliebte chinesische Pagode, von einem Zeitgenossen als Quelle erhabenen Schreckens gedeutet wurde:

> »Fledermäuse, Eulen, Geier und Raubvögel aller Art flattern im Gehölz; Wölfe, Tiger und Schakale heulen im tiefen Wald; halb verhungerte Tiere durchstreifen die Ebene; Galgen, Räder und Foltergeräte erblickt man von den Wegen, und im düstersten Winkel der Wälder [...] stehen Tempel, die dem Herrn der Rache geweiht sind.«[6]

An diesem Ort des Schreckens, den William Chambers in Worten vor uns erstehen läßt, bewegen uns plötzlich die »mitleiderregenden Darstellungen tragischer Geschehnisse« an den steinernen Säulen der Pagode.[7] Unsere Vorstellungskraft wird in einer Weise beflügelt, wie es »Kleinheit«, »Glätte« und die anderen Attribute des bloß Schönen nicht vermöchten. Sympathie im Sinne von Mitgefühl wurde am ehesten in einer pittoresken Umgebung geweckt. Von Schrecken erfüllt, werden alle unsere Sinne wachsam. Wer im 18. Jahrhundert einen Park gestaltete, der hoffte in ähnlicher

Weise, den Spaziergänger schockartig zu erhöhter Aufmerksamkeit gegenüber der Umgebung zu bringen, indem er im Wald an einer sorgfältig ausgewählten Stelle einen Wasserfall einrichtete. Auch dieser Sturzbach sollte Ehrfurcht und Schrecken einflößen.

Jeder moderne Leser wird darüber lächeln, wie Chambers die erhabenen Kräfte der chinesischen Pagode beschreibt. Aber in gewisser Hinsicht verbirgt sich in der Verbindung, die hier zwischen dem Sympathetischen und dem Erhabenen hergestellt wird, eine einfache, bekannte Wahrheit. Wenn alles glattgeht, schenken die Menschen einander wenig Beachtung. Und den Zeitgenossen war das theatralische Element in der Idee der schreckenerregenden Ruine natürlich genauso bewußt wie beim »Haha«. Unsere aufgeklärten Vorfahren wußten sehr genau, daß sie nur für einen Moment vor Ehrfurcht erröteten. Dann zog der Gefühlssturm vorüber, und die sympathetische Regung verebbte.

Für das 18. Jahrhundert sah das erhabene Bauwerk nicht so aus wie eine Kirche. In der Kirche stellt man eine Beziehung zu Gott her; das Gebäude ist bloßes Medium zwischen dem Einzelnen und dem Göttlichen. Das erhabene Bauwerk hingegen faßte man als Gegenstand eines eigenständigen Erlebnisses auf. Seine Form als solche hatte eine »elektrisierende« Wirkung, erzeugte Schrecken und plötzliche Aufmerksamkeit. Es führte in diesem Sinne ein eigenständiges Leben. Die Idee der Integrität des Objekts leitet sich aus jener magischen Erfahrung her, die sich der aufgeklärte Vernunftmensch gestattete: aus der Erfahrung der magischen Kraft, mit der die Dinge, wenn sie in einer bestimmten Weise gemacht sind, den Menschen über die Normalität erheben. Mozarts Oper *Die Zauberflöte* ist in diesem Sinne ein Werk des Erhabenen. Das emotionale Dekor gleicht der chinesischen Pagode von Chambers. Ihre musikalische Struktur hingegen ist von größerem Wert als ihr theatralisches Libretto. Ursache und Wirkung sind hier von ganz unterschiedlichem Gewicht. Die bewirkte Sympathie war von kurzer Dauer, doch die Form, die sie auslösen konnte, war sehr langlebig. Die moderne Idee der Integrität des Objekts erwuchs also aus der Vorstellung vom Erhabenen. Der moderne Kult des Objekts hat es mit dem zu tun, was übrigbleibt, wenn der Künstler nicht mehr bestrebt ist, diese momentane sympathetische

Verbindung zwischen den Menschen und ihrer Umwelt hervorzubringen. Er strebt nur noch nach den Wirkungen des Erhabenen – nach Ergriffenheit, nach Erschütterung an sich und für sich. In diesem Augenblick wird die anti-soziale Kunst geboren. Und vor allem für den Architekten enthält dieser Prozeß einige unerwartete Wendungen. Denn die Wirkung des Erhabenen rührte ursprünglich aus einem Hunger nach Einheit zwischen Mensch und Gegenstand, zwischen Mensch und Natur, zwischen Mensch und Mensch.

Die Technologie der Einheit

Sigfried Giedions klassisches Manifest *Raum, Zeit, Architektur* ist ein moderner Ausdruck des Objektkults. Für uns ist dieses Buch doppelt interessant, weil es die Verehrung des Gegenstandes rechtfertigt, indem es sich ausdrücklich auf eine Vorstellung von natürlicher Einheit beruft. Giedions Natur ist natürlich nicht die von Thomas Jefferson. Der moderne Architekt ist davon überzeugt, daß wir in der Natur ein Prinzip der Einheit entdeckt haben, von dem die Welt vor Einstein nichts wußte, das Prinzip der Einheit von Raum und Zeit. Giedion fordert von seinen Kollegen, die moderne Architektur müsse sich diese Erkenntnis der modernen Physik zu eigen machen. Die Künstler, so meint er, hätten damit bereits begonnen, während die Erbauer von Straßen und Häusern hinter den Einsichten Einsteins zurückgeblieben seien:

> »Raum wird in der modernen Physik als relativ zu einem in Bewegung befindlichen Punkt angesehen, nicht als die absolute und statische Einheit des barocken Systems von Newton. Und in der modernen Kunst bestimmt zum erstenmal seit der Renaissance eine neue Raumkonzeption eine Erweiterung des Raumbegriffes.«[8]

Mit anderen Worten: was Einstein berechnet hat, das hat Picasso gemalt. Ein kubistisches Porträt kann ein Gesicht gleichzeitig von der Seite und von vorn zeigen. Die Betrachter haben nicht den Eindruck, daß sich dieses Gesicht dreht, sondern daß sie selbst gleichzeitig zwei verschiedene Standpunkte einnehmen. Ob zu Recht oder zu Unrecht – in diesem »Gleichzeitig-an-zwei-verschiedenen-Orten-Sein« erkannte Giedion die entscheidende Offenbarung der modernen Physik in bezug auf die Natur. Auch hielt er die moderne Architektur deshalb für eine besonders bevorzugte Kunstform, weil sie mit Hilfe neuer Baumaterialien und Bautechniken die Gleichzeitigkeit von Raum und Zeit in Häusern und Fabriken greifbar machen kann.

Diese Behauptungen sind nicht so abstrus, wie sie auf den ersten Blick scheinen. Man betrachte zum Beispiel die Fabrikanlage mit Bürohaus, die Walter Gropius und Adolf Meyer 1914 für die Werkbundausstellung in Köln gebaut haben. Gropius hat erklärt: »Der Bau wurde, anstatt ein Träger äußerlicher Schmuckformen zu sein, zu einem lebendigen Organismus. [...] Der neue Baugeist bedeutet: Überwindung der Trägheit, Ausgleich der Gegensätze.«[9] In diesem Bau fallen das Drinnen und das Draußen zusammen. Der Haupteingang des Bürohauses wird von zwei aus der Fassade vorspringenden, glasverkleideten Treppenhäusern flankiert, in denen Wendeltreppen nach oben führen. Von außen kann man sehen, wie sich die Menschen zwischen den Stockwerken auf- und abbewegen. Nach der Rückseite des Gebäudes ist das Hauptgeschoß ganz mit Glas verkleidet, so daß drinnen jeder zu sehen ist. Man kann durch die Wände sehen, kann den Blick von drinnen nach draußen und von draußen nach drinnen wandern lassen. Die Grenzen des Inneren haben ihre Bedeutung verloren. Auf der Vorderseite des Erdgeschosses haben Gropius und Meyer außerdem zu beiden Seiten des Eingangs und in den Eingangstüren selbst Glas verwendet, so daß man buchstäblich durch das Gebäude hindurchsehen und Leute erkennen kann, die es gerade von der anderen Seite her betreten. Wir haben es hier mit Ganzheit zu tun, allerdings mit einer Ganzheit von radikalerer Art, als Jefferson oder der jüngere John Wood sie konzipiert hatten. Das Innen und das Außen werden gleichzeitig sichtbar, so wie die Vorder- und die Seitenansicht eines Kopfes auf einem kubistischen Porträt.

Kein großes Ding gibt sich auf den ersten Blick zu erkennen. Bei diesem Bau jedoch kann man gar kein Gesamtbild gewinnen, in das sich die einzelnen Teile fügen, und dies, obwohl alles offen ist.

Jede räumliche Sphäre in diesem Gebäude hat ihre eigene Logik; um zu begreifen, wie man sich auf den Treppen fühlt, muß man sie benutzen; die Tür, die sich seltsamerweise nicht als Barriere darstellt, lädt ein, das Haus zu betreten. Und die Einladung, sich im Inneren zu bewegen, erzeugt wiederum ein komplizierteres Bild als das offene Fenster in der Vergangenheit. In diesem Bild tritt die Zeit in Erscheinung, die Bewegungs-Zeit. Indem es die Bewegungen des Bewohners lenkt, scheint dieses Bürogebäude eine Geschichte zu erzählen, die so komplex ist wie ein moderner Roman. Gropius, Mies van der Rohe und Marcel Breuer wollten genau dies. Sie wollten Räume schaffen, die aufgrund der Abfolge der Bewegungen eine bestimmte Kohärenz begründen; die Bewegung durch den Raum sollte die Menschen an das Gebäude binden. Die Erfindungen, die im Haus der Aufklärungszeit, etwa in Monticello, das Interieur öffneten, scheinen in modernen Bauten dieser Art zu kulminieren. Innen und Außen, die verschiedenen Räume – alles ist zu einer Einheit gefügt, einer Einheit, die wir in dem Augenblick zu erleben beginnen, in dem unser Körper anfängt, sich zu bewegen.

Die moderne Architektur war bestrebt, eine Sehnsucht der Aufklärung zu erfüllen: die Sehnsucht danach, in einer Welt zu leben, die sich physisch zu einer Einheit machen läßt. Bestimmte Architekturen der Spätrenaissance und des frühen Barock bildeten hierfür die Grundlage. Die vor und zurück schwingenden Wände der Bauten von Francesco Borromini veranlassen den Blick, langsam über die Wandfläche zu wandern; bei einem Bau von Borromini wie der Kirche S. Ivo in Rom (1642–1660) fällt es schwer, eine Wandfläche mit einem Blick zu erfassen. Die verschachtelten Grundrisse des Turiner Architekten Guarino Guarini – etwa in der Kirche S. Lorenzo, 1668–1687 – stiften geheimnisvolle Räume von großer Dramatik und ohne offenkundigen Zweck; sie lassen sich nur erkunden, indem man sich in ihnen bewegt. Diese Bauten stellen die Maxime des modernen Minimalismus radikal in Frage, die der Kunstkritiker Michael Fried auf die Formel gebracht hat: »Das Werk als solches ist in jedem Augenblick vollkommen manifest.«[10]

Geoffrey Scott galt die körperliche Bewegung als der geheime

Schlüssel zur Gestaltung einer menschlich dimensionierten Umwelt. Die Renaissance hatte diesen Schlüssel seiner Meinung nach gekannt, die modernen Planer hingegen nicht. »Wir projizieren uns in die Räume, in denen wir stehen, erfüllen sie in der Vorstellung mit unserer Bewegung.«[11] Wenn sich der Körper überwältigt fühlt, weil die Form der Straße, des Platzes oder des Interieurs in ihrer Größe keine Beziehung zu seinen Bewegungen innerhalb dieser Räume aufweist, dann ist diese Form falsch dimensioniert; wenn ein Bürgersteig so eng ist, daß sich der Körper beim Gehen nicht wohl fühlt, dann ist die Straße genauso falsch bemessen wie eine Decke, die zu niedrig hängt. Der Architekt der Renaissance mußte nach Scotts Auffassung mit schweren Baustoffen und technischen Einschränkungen kämpfen, um jene menschlichen Dimensionen zu erreichen, die der Maler der Renaissance auf seinen Bildern zur Anschauung brachte. Der moderne Architekt brauchte das nicht.

Aber hier, im Bereich der rein visuellen Gestaltung, hat die Vorstellung von der Integrität des Objekts ihren Ursprung. Die Bewegungsfreiheit innerhalb des Gebäudes und in seiner Umgebung und die Freiheit bei seiner Dimensionierung haben die Bauten der modernen Architektur mit einem eigentümlichen Leben erfüllt, das sich von dem älterer Gebäude unterscheidet. Die Kohärenz in der Gestaltung ist heute befreit von den technischen Hindernissen und Schwierigkeiten, denen das Bauen früher unterlag. Die modernen Bautechniken (Glaswände, Stahlgerüst, elektrische Beleuchtung) ermöglichen diese neue freie Beweglichkeit. Sie beseitigen den alten Zwang, Trennungen vorzunehmen, an bestimmten Stellen Fenster und tragende Wände zu installieren, und sie heben die Trennung zwischen dem Innen und dem Außen auf. So wird es endlich möglich, der Idee der offenen Form, wie die Aufklärung sie entwickelte, bauliche Gestalt zu verleihen; im Grunde genommen haben die Barrieren innerhalb von Gebäuden die Bedeutung verloren, die sie besaßen, als die Form durch äußere Zwänge noch sehr viel strenger vorgegeben wurde. Das Gebäude, das ganz im Dienste seiner expressiven Form steht, entspricht der modernen Idee von architektonischer Integrität.

Ein altes Material ist zur Verwirklichung dieses neuen Ideals eingesetzt worden: das Glas. Die Wände großer Gebäude werden heutzutage meist aus großen Spiegelglasscheiben hergestellt, und das in Stahlrahmen gefaßte Spiegelglas eröffnet den hoch oben lebenden oder arbeitenden Menschen den Blick auf die ganze Welt. Im Jahre 1914 verkündete der Ingenieur Paul Scheerbart, mit Glas lasse sich die Grenze zwischen Innen und Außen auflösen – und wahrscheinlich hätte ihn der Pädagoge oder der Gärtner von 1770 sehr gut verstanden:

> »Wir leben zumeist in geschlossenen Räumen. Diese bilden das Milieu, aus dem unsre Kultur herauswächst. [...] Wollen wir unsre Kultur auf ein höheres Niveau bringen, so sind wir wohl oder übel gezwungen, unsre Architektur umzuwandeln. Und dies wird uns nur dann möglich sein, wenn wir den Räumen, in denen wir leben, das Geschlossene nehmen. Das aber können wir nur durch Einführung der Glasarchitektur [...].«[12]

An dieser neuen, auf Einheit zielenden Technik läßt sich ablesen, wie sehr sich die Architektur als Formsprache von der Gesellschaft entfernt hat.

Glas stellen die Menschen seit mindestens viertausend Jahren her, aber erst in christlicher Zeit lernten sie, wie man es durchsichtig machen kann; sie entdeckten dies bei Experimenten, in denen sie die Mischung aus Soda und Kalk, aus der einfaches Glas hergestellt wurde, auf eine bestimmte Weise erhitzten und wieder abkühlen ließen. Erst 1674 wurde entdeckt, wie sich die Eigenschaften des Glases verändern lassen, indem man bei seiner Produktion andere Grundstoffe gebraucht. In diesem Jahr ersetzte der Chemiker George Ravenscroft die herkömmliche Soda-Kalk-Mischung durch ein Gemisch aus Blei und Alkali. Dieses Glas, das wir noch heute für Kristallgegenstände verwenden, war sehr viel transparenter und stabiler als das Glas aus Soda und Kalk, aber es war viel zu teuer, um daraus Fenster herzustellen. Das herkömmliche Glas war in der Produktion billig, brach aber leicht, wenn man größere Scheiben daraus formte. Gegen Ende des 18. Jahrhunderts wurde diese Technik durch den Einsatz von gußeisernen Walzen zum Glätten der Glasmasse vervollkommnet, so daß man nun größere Scheiben in großen Mengen herstellen konnte. Überall konnte man nun größere Fenster vorsehen, doch eine Glasarchitektur, die einen radikalen Bruch mit der Vergangenheit anzeigte, trat erst im 19. Jahrhundert in Erscheinung: in Gestalt des Gewächshauses und der Passage.

Gewächshäuser wie die von Joseph Paxton für den Herzog von Devonshire in Chatsworth, die wir nur von Zeichnungen und Photographien kennen, oder in den Kew Gardens bei London oder im Pariser Jardin des Plantes sind eigenartige Gebilde. Der Wechsel von Licht und Schatten, während die Wolken und die Zeit vorübergleiten, erfüllt den Raum der riesigen Hallen mit Geschehen. Ständig verändern sie ihre Form, ähnlich wie eine Bühne ihre Form verändert, wenn sie anders beleuchtet wird – aber daß irgendwelche künstlichen Mittel im Spiel wären, spürt man nicht; allein das Sonnenlicht bringt diese Wirkung hervor. In Wirklichkeit sind zwar doch künstliche Mittel beteiligt, aber sie fallen uns nicht als Inszenierung auf, weil sämtliche Schauspieler hier Pflanzen sind: das Gewächshaus des 19. Jahrhunderts hat die Trennung zwischen Innen und Außen im Hinblick auf das Licht beseitigt, während es diese Grenze im Hinblick auf die Wärme und das Eindringen von Rauch sehr genau kontrollierte. Deshalb gediehen die Pflanzen, und die Menschen, die sich zwischen ihnen ergingen, hatten das Gefühl, gleichzeitig drinnen und draußen zu sein. Auch für uns hat dieses organische, künstliche Glasgebilde nichts von dem Zauber eingebüßt, den es schon für die Viktorianer besaß.

Im übrigen erzeugte das Glas eine noch stärker ins Auge springende Dramatik: eine Dramatik der Größenverhältnisse. Ein Gebäude, dessen Wände mit Glas verkleidet waren, ließ sich sehr viel billiger und sehr viel schneller errichten als ein herkömmliches. Die Kew Gardens und der Jardin des Plantes wuchsen in einem Bruchteil der Zeit in die Höhe, die für den Bau der St. Paul's Kathedrale oder von Notre-Dame erforderlich war. Das Material Glas nahm den Menschen das Gefühl, es sei schwierig, große Räume zu umbauen. Bis vor gar nicht langer Zeit war die visuelle Erfahrung des Verschmelzens von Innen und Außen nur zu haben, indem man sich entweder dem Draußen am offenen Fenster direkt aussetzte oder indem man durch ein oft von Schlieren durchzogenes, in kleine Stücke geteiltes und mit einem Holz- oder Metallrahmen versehenes Material nach draußen blickte. Die vollständige Wahrnehmung des Außen von innen, ohne dabei Kälte, Wind oder Feuchtigkeit zu verspüren, ist eine moderne Empfindung, eine Empfindung in der beschützten Offenheit sehr hoher Häuser.

Gewiß wurde Glas, wenngleich zögernd, auch im 19. Jahrhundert schon bei Bauten verwendet, die für Menschen bestimmt waren. Die Vorbehalte, die man damals noch hegte, treten in der Anlage der Passagen sehr deutlich hervor. Mit der wichtigen Ausnahme der Galerie d'Orléans im Palais Royal bestanden die meisten Passagen des frühen 19. Jahrhunderts aus gewöhnlichen Stein- oder Ziegelgebäuden, die so nahe aneinander gerückt waren, daß man den Raum zwischen ihnen mit Glas überdachen konnte. Die späteren, vollständig mit Glas verkleideten Ausstellungsgebäude, etwa der Kristallpalast in London oder das Palais de l'Exposition in Paris, waren von vornherein als Provisorien geplant. Ein Leben zu führen, das dem Draußen so sehr preisgegeben war, schien unseren viktorianischen Vorfahren ebenso unvorstellbar wie der Gedanke, nackt herumzulaufen. Deshalb verwendeten sie das Glas – auch an Fabrik- und Bürogebäuden – weniger ausgiebig, als es möglich gewesen wäre. Die Tatsache, daß die Errichtung von Gebäuden aus Glas so lange verzögert wurde, bis der Aufzug, das Stahlgerüst und, in unserem Jahrhundert, die Klimaanlage dafür sorgten, daß man sich dem Draußen nur hoch über dem Erdboden aussetzte, dort, wo man von niemandem gesehen werden konnte, entspricht durchaus dem Geist des viktorianischen Zeitalters.

Das Eigentümliche an der Empfindung, die das Spiegelglas hervorruft, liegt darin, daß man alles sehen kann, während alle anderen Sinne nichts wahrnehmen. Auf dieser körperlichen Empfindung beruht das Gefühl der Isolation in einem modernen Haus. Und in dieser Hinsicht ist die Geschichte des Glases untrennbar mit der Geschichte der Beleuchtung verbunden. Auf die um die Mitte des 19. Jahrhunderts gebräuchliche offene Gaslampe folgten die sogenannten »Ricketschen Kugeln«, die die Flamme einschlossen, so daß die Abdämpfe nicht in die Raumluft gelangen konnten; so wurde es möglich, Fenster auf Dauer zu versiegeln, dergestalt, daß die Glasscheiben nur noch dem Licht offenstanden. In einem 1872 in Liverpool gebauten Musterhaus, das ein frühes System der Kombination von Zentralheizung und Belüftung demonstrieren sollte,

> »ließen sich die Fenster nicht öffnen. Die benötigte Frischluft wurde im Untergeschoß angesaugt, in einer Ofenkammer erwärmt und über ein Rohr in die höher gelegenen Stockwerke geleitet. Auf jeder Etage gab es ein zentral gelegenes Foyer, in das die erwärmte Frischluft zunächst strömte, um dann durch perforierte Karniese in die einzelnen Zimmer zu dringen. Über jeder Gasleuchte befand sich ein vergitterter Auslaß, der zu einem Lüftungskanal führte«.[13]

Dieses Musterhaus bot in primitiver Form schon jene Technologie, die später im Wolkenkratzer die Isolation des inneren vom äußeren Raum bewirkte, und dies, obwohl draußen alles sichtbar war. Die Verbindung von guter Sicht und Isolation wurde mit der Entwicklung der Klimaanlage und der Wärmeisolierung durch Doppelglaswände ein halbes Jahrhundert später noch enger. Die von Le Corbusier 1932 in Paris gebaute »Cité de Refuge« hat sie auf die Spitze getrieben: der Bau verfügt über eine vorgeblendete Wand aus Isolierglas und ein ähnliches Belüftungssystem wie das Liverpooler Musterhaus – es war ein hermetisch abgeschlossenes Gebäude. (Die Cité de Refuge erwies sich wegen der stickigen Hitze, die sich hinter den Glasscheiben sammelte und verdichtete, als technische Katastrophe, und Le Corbusier mußte bald nachträglich einen Sonnenschutz anbringen.) Trotz solcher Wärmeprobleme ist der hermetisch geschlossene Kasten, der volle Sicht gewährt, das Modell, nach dem Glas heutzutage in den meisten Hochhäusern verwendet wird.

Der Glaskasten bringt jedoch nicht nur Temperaturprobleme mit sich, die Schwierigkeiten reichen tiefer. An diesen Bauten sehen wir, wie mit Hilfe moderner Technologien ein in sich kohärentes Gebilde geschaffen wird, das eine innere Geschlossenheit besitzt, wie sie schon die Aufklärung anstrebte. Die Räume gehen ineinander über, das Bauwerk ist mit seiner Umgebung visuell verwoben. Doch treten in diesen Gebäuden auch starke Isolationskräfte zutage; es handelt sich um »integrierte« Gebäude, die sich hermetisch abschließen lassen. Obwohl die Transparenz mit Hilfe des Spiegelglases technisch gesteigert wurde, hat die hinter den Scheiben sichtbare Welt in ihrer Wirklichkeit an Wert verloren. Das gilt zunächst für die Sinneswirklichkeit: aus dem Bürofenster sieht man, wie ein Baum vom Wind gezaust wird, aber man hört nicht das Rauschen dieses Windes. Es gilt aber auch für die soziale Wirklichkeit: im Renaissance Center in Detroit, dem Abklatsch eines Glashochhauses mit wellenförmig geschwungener Fassade, das Mies van der Rohe vor Jahrzehnten einmal für Berlin entworfen hat, werden den ganzen Tag über Geschäfte getätigt, ohne daß das Heulen der Polizeisirenen aus den darunterliegenden Straßen hereindringt. Nur die Blaulichter blitzen an den geschwungenen Glaswänden entlang, wie eine rasche Folge von lauter Sonnenauf- und -untergängen. Die Barriere der Transparenz an einem mit Spiegelglas verkleideten Laden sorgt dafür, daß das zum Verkauf stehende Objekt nicht berührt werden kann. Die Spaltung der sinnlichen Wahrnehmung, die im viktorianischen Gewächshaus begann und dort so anregend wirkte, hat hier etwas Betäubendes angenommen: regelmäßig wird die optische Welt von der Welt der Geräusche, der Berührungen und der Verständigung isoliert.

Diese Verbindung von Sichtbarkeit und Isolation ist kennzeichnend für die Beziehung, die solche Gebäude heute auf der Ebene des Erdgeschosses zur Straße unterhalten. Meist bestehen die Wände des Erdgeschosses aus riesigen Glasscheiben, und es gibt nur wenige, kontrollierte Eingänge. Auf diese Weise ist das Gebäude deutlicher von der Straße getrennt als ältere Gebäude mit Fenstern, die sich öffnen lassen, und dies, obwohl nach Giedions Worten eine optische »Verschränkung« zwischen Innen und Außen zustande kommt. Auf bestimmten Abschnitten der Park Avenue in New York bestehen die der Straße zugekehrten Wände ganzer Blocks aus Spiegelglas, hinter denen die Räume von Banken, Geschäften für Bürobedarf oder für Luxuslimousinen und teure Modegeschäfte liegen, und jeder Laden hat nur einen einzigen, bewachten Eingang. Einen ähnlichen Eindruck von Abkapselung hätte man, wenn sich zu beiden Seiten dieser sorgfältig kontrollierten Eingänge Ziegelmauern erstreckten, und doch wäre es nicht das gleiche: sehen zu können, was man nicht hören, berühren, spüren kann, verstärkt das Gefühl, das, was sich im Inneren befindet, sei unzugänglich.

Die ersten großen Architekten der Moderne hatten natürlich alles andere im Sinn als dies. Sie waren Sozialisten, sie waren Aufklärer, sie erblickten die Aufgabe der Architektur darin, eine kohärentere Welt zu schaffen; Erik Eriksons Bekenntnis zur Identität hätte auch den Erbauern des Bürohauses für die Werkbund-Ausstellung in Köln als Motto dienen können. Die Art, wie sie die ihnen zur Verfügung stehenden modernen Materialien einsetzten, hatte jedoch zur Folge, daß ihre Kunst Isolation statt Zusammenhang begründete.

Die eigenartigen Isolationskräfte, die in der visuell offenen, freien Architektur hervortreten, erklären zum Teil, wie die gebaute Umwelt in einen Gegensatz zur gesellschaftlichen Energie der Großstadt geraten ist. Man könnte die Art des Umgangs mit Glas mit einem Hinweis auf Wirtschafts- oder Machtstrukturen erläutern. Spiegelglas, auf diese Weise eingesetzt, ist ein perfekter Baustoff für eine neutrale Stadt, da es die taktile Realität dessen, was man sieht, entschieden entwertet. Aber die Kultur stellt der Macht das zusätzliche Problem der Legitimation. Und »Integrität« ist eine moralische Kategorie. Die Architektur stellt in bezug auf das Ideal der Integrität einen Sonderfall dar, da sie auf andere Weise zustande kommt als Gemälde, Plastiken und Gedichte. Die Errichtung eines Stücks Stadtarchitektur ist ein unordentlicher Prozeß, bei dem eine Armee von Architekten und Technikern im Streit liegt mit Heerscharen von Verwaltungsbeamten, Bankiers und Auftraggebern. Zu behaupten, daß die auf diese Weise entstehenden Gebäude den Stempel einer persönlichen, unverfälschten Integrität tragen, der ihnen in der Folge das Recht auf Unantastbarkeit sichert, ist daher einigermaßen absurd. Dennoch pochen die modernen Architekten auf ebendieses Recht.

Wie es zu diesem Anspruch kommt, zeigt sich anschaulich am Werk des vielleicht bedeutendsten Architekten der Moderne. Mies van der Rohe hat mehr als alle anderen Architekten dazu beigetragen, das Spiegelglas zu dem Stoff zu machen, durch den unser Jahrhundert die Welt wahrnimmt. Es war Mies van der Rohe, der 1921 für die Friedrichstraße in Berlin ein ganz mit Glas verkleidetes Bürogebäude entwarf und der ein Jahr später das Modell für ein Glashochhaus mit kurvigen, vorhangartig sich wölbenden Wandflächen enthüllte. Es war Mies van der Rohe, der 1937 im Chicagoer Exil begann, seine gläsernen Visionen tatsächlich zu bauen – in einer Stadt, deren ältere Wolkenkratzer mit ihrem gläsernen Atrium schon angedeutet hatten, daß sich die Transparenz eines Fensters zur Transparenz einer ganzen Wand erweitern lasse, von wo aus ein einziger logischer Schritt zum gänzlich transparenten Hochhaus führte. Es war Mies van der Rohe, der von 1956 bis 1958 in New York das größte Glashochhaus der Stadt baute, das Seagram Building an der Park Avenue, ein Gebilde von außerordentlicher Eleganz. Und natürlich ist es auch Mies van der Rohe, der Altmeister der modernen Architektur, dem man heute vorwirft, er sei der Urheber einer seelenlosen Stadtlandschaft aus lauter Glastürmen, welche die Menschen voneinander und von ihrer Umwelt scheiden: Mies van der Rohe als Vater der visuellen Einsamkeit.

Vielleicht konnte sich Mies van der Rohe in seiner Berliner Zeit nicht vorstellen, daß von Maschinen errichtete Hochhäuser, die ganz aus von Menschen hergestellten Baustoffen bestanden, sich in den Städten immer mehr verdichten, vervielfältigen, immer enger zusammenrücken würden – ähnlich wie Raymond Hood, der geniale Architekt, der den Bau des Rockefeller Center leitete, mit seinem Projekt die Entstehung eines Gebirges aus Metall und Glas gerade verhindern wollte. Mies van der Rohe zeichnete seine frühen Hochhäuser meist als alleinstehende Bauten vor den Horizont, so daß man sie von allen Seiten ungehindert betrachten konnte.

Die Glaswelt zwingt ihren Bewohnern Einsamkeit auf. Indem

ich das formuliere, tue ich so, als würde das Material selbst die Bedeutung diktieren. Aber Glas muß in einer ganz bestimmten Weise gebraucht werden, damit der Eindruck von Verlassenheit entsteht. Der Unterschied zeigt sich, wenn man die gläsernen Häuser von Philip Johnson (sein eigenes in New Canaan, Connecticut, oder ein älteres in Cambridge, Massachusetts) mit dem Farnsworth House vergleicht, das Mies van der Rohe nach dem Zweiten Weltkrieg in Plano, Illinois, gebaut hat. Johnsons Glashaus in Cambridge steht auf dem Erdboden, der Fußboden des Hauses und das Gelände ringsum befinden sich praktisch auf demselben Niveau. Dieses Haus bildet eine Seite eines rechteckigen Hofes, während die drei anderen Seiten von einem hohen Zaun umgeben sind. Der Hof ist gepflastert, an den Rändern bepflanzt; zwischen dem Inneren des Hauses und diesem geschützten Außenraum besteht eine wirkliche Einheit. In Johnsons Haus in New Canaan scheinen die Bäume und Sträucher ebenso Teil der Ausstattung zu sein wie die Lampen und die Bilder. In diesen gläsernen Schachteln entsteht ein angenehmer Eindruck von Einheit mit der Natur; die Gentlemen des 18. Jahrhunderts hätten sich in ihnen wohl gefühlt.

Bei Mies van der Rohes Farnsworth House weckt der Raum ganz andere Empfindungen. Das Haus wird von einem Rechteck aus Glaswänden gebildet, die von einem weißgestrichenen Stahlskelett eingefaßt sind; auf acht Stahlstelzen schwebt diese Schachtel etwa 1,30 Meter über dem Erdboden; ein wenig niedriger, aber ebenfalls auf Stelzen, schließt sich an einer Seite eine rechteckige Terrasse an. Es gibt einen funktionalen Grund für die Stelzen: das Grundstück des Hauses liegt im Überflutungsgebiet des nahegelegenen Fox River, aber die Form ist hier dennoch nicht der Funktion gefolgt. Wie der erzürnte erste Besitzer des Hauses später klagte, gab es weitaus wirksamere Möglichkeiten, ein gegen Überschwemmung gesichertes Haus zu bauen. Ein Haus auf Stelzen tut allerdings kund, daß es sich um eine gefährdete Behausung handelt, und wenn man das Farnsworth House betrachtet, vor allem vom Erdboden aus, während man sich auf dem Fußweg nähert, spürt man dies sehr deutlich. Zwar haben die gegenwärtigen Besitzer versucht, rings um das Haus einen englischen Rasen anzulegen, doch ist der Boden, wie ich erfuhr, fast immer so weich und matschig wie an dem Tag, als ich dort war – schönes Land, aber unbequem. Unter anderem gibt es auch Schlangen. Mit seinem Fußboden in Brusthöhe und der Terrasse in Hüfthöhe scheint das Farnsworth House wie ein Raumschiff zu schweben, und man beeilt sich, diese Zuflucht zu erreichen.

Doch das Haus bietet gar keine Zuflucht. Die Bedrohlichkeit der Natur, durch die man sich gedrängt fühlte, das Haus aufzusuchen, wird bekräftigt, sobald man die Terrasse erreicht hat; hier gibt es weder für den Besucher noch für irgendein anderes Lebewesen ein Refugium. Die riesigen, hermetisch verschlossenen Glasflächen, aus denen alle senkrechten Außenwände bestehen, verhindern, daß man dorthin gelangt, wo man Sicherheit vermutet. Auch der Anblick von Menschen im Inneren wirkt nicht beruhigend; es sieht so aus, als gehörten sie nicht dorthin, als gehörte niemand dort hinein. Mies van der Rohe erzielt diese Wirkung teils durch die ungewöhnliche Höhe der Glaswände, teils durch die Massigkeit des hölzernen Quaders in der Mitte der gläsernen Schachtel, der die Küche und die Bäder enthält. Dieser Quader steht in einem vollkommen ausgewogenen Verhältnis zu den Wandflächen, und das Mobiliar ist sehr präzise und elegant in das Wechselspiel zwischen dem massiven Baukörper in der Mitte und den äußeren Grenzen eingefügt. Aber ein Mensch, der hier in einem Sessel döst (obwohl es nicht gerade leicht ist, in einem Barcelona-Sessel von Mies van der Rohe zu dösen) oder der eine Zeitschrift liest und dabei Kartoffelchips kaut oder sonst etwas tut, das zu den ganz normalen Verrichtungen im häuslichen Alltag zählt, würde hier nur deplaziert und störend, wenn nicht anstößig wirken. Wir haben es mit einem Raum zu tun, in dem die Bedrohlichkeit der Natur noch verschärft wird durch ein Gehäuse, das keine Obhut verheißt. Dieses Haus ist ein moderner Ausdruck des Erhabenen.

Eigentlich müßte die Glasscheibe das »freundlichste« Bauelement überhaupt sein. Sie ist besonders flexibel und läßt sich ganz unterschiedlichen Bedürfnissen und gestalterischen Programmen anpassen. Das haben Paxtons Kristallpalast und andere Ausstellungshallen gezeigt. Andererseits kann man sich kaum einen größeren Gegensatz zu den Entwürfen von Mies van der Rohe vorstellen als die geodätischen Kuppeln von Buckminster Fuller, vor allem in ihrer Weiterentwicklung durch François Dallegret, bei dem sie nun das Gebäude selbst und seine unmittelbare Umgebung so überspannen, daß innerer und äußerer Raum eins werden. Dallegret lieferte damit eine realistische Version von Fullers Traumidee, ganz Manhattan mit einer Kuppel zu überwölben. (In Wirklichkeit schafft die Halbkugel ernsthafte praktische Probleme für die Belüftung und Beheizung; außerdem ist es schwierig, die Funktionsweise von Fenstern und Türen mit einer gerundeten Umhüllung in Einklang zu bringen.) Aber Fullers Kuppeln lassen sich nicht ohne weiteres mit Bauten verbinden, die nicht kuppelförmig sind. Geodätische Kuppeln funktionieren nach der gleichen Logik wie die Glashochhäuser von Mies van der Rohe; es sind Bauten, die für sich stehen, die sich selbst genügen. Auch Fuller glaubt, Glas könne ein im Sinne der Aufklärung »Einheit stiftendes« Material sein. In der Praxis bedeutet Einheit für ihn das gleiche wie für Mies van der Rohe: Transparenz verbunden mit Isolation. Die Kuppeln wirken am eindrücklichsten, wenn sie für sich allein im Wald stehen.

Warum mußte das Streben nach einer Einheit von Innen und Außen mittels Glas in dieser Weise enden? Im Falle von Mies van der Rohe, der ein sehr viel größerer Künstler war als andere, die ebenfalls mit Glas experimentiert haben, gibt es eine beunruhigende Erklärung dafür, warum der Einsatz moderner Technologien zur Steigerung der Transparenz in einer Steigerung der Isolation mündete.

Die Kunstreligion

Der christliche Glaube an Klarheit und Präzision als Attribute des Göttlichen taucht in säkularer Version wieder auf – als Kult des vollkommenen Objekts. Der Entwurf des Erhabenen nahm im 18. Jahrhundert die Gestalt einer offenen Natur, einer Ruine, einer »Folly«, einer architektonischen Laune wie der chinesischen Pagode an; dies alles waren Orte eines leidenschaftlichen, begeisterten Einswerdens mit einer Ehrfurcht einflößenden Szenerie. Die

Einheit, die in den Bauten von Mies van der Rohe erzeugt wird – Vereinigung präzise voneinander getrennter Räume durch Glas –, generiert eine Erhabenheit, die diese leidenschaftliche Erregung gerade zurückweist. Es sind distanzierte, kalte Gebäude von einer majestätischen Ruhe. In dieser Einsamkeit steht das Objekt unter dem Bann seiner eigenen Integrität. Nach der Ansicht der mittelalterlichen Baumeister mußte die Kirche durch eine Zone, in der Immunität herrschte, vor dem Chaos der Welt geschützt werden. In der modernen Ausprägung von Erhabenheit muß das schöne Kunstwerk vor den schmutzigen Händen des Benutzers geschützt werden.

Diese Ästhetik haben als erste die Romantiker erkundet. Ein Glashaus auf Stelzen, als Kunstwerk in eine feindselige Natur gestellt, ein Werk der Vollkommenheit, das sich gegen die Menschen ungastlich gibt – einem Schriftsteller wie Senancour, dem Verfasser des philosophischen Romans *Obermann*, wäre so etwas durchaus begreiflich gewesen. Wenn der Mensch sich aus der Gesellschaft zurückzieht und der Einsamkeit überläßt, dann findet er in der Natur keine Zuflucht; die Vorstellung von der Natur als Zuflucht, so erklärt Senancour, entsprang der Empfindsamkeit Rousseaus und des 18. Jahrhunderts. In der Einsamkeit erfahren wir vielmehr, mit welcher außerordentlichen Grausamkeit die physische Welt dem Menschen begegnet. Géricaults Gemälde *Das Floß der Medusa* oder Delacroix' Zeichnungen von Stürmen und Wüstenregionen bekunden eine brutale Natur, die den romantischen Schriftstellern jenes Wort verständlich machte, mit dem heute die moderne Architektur oft bedacht wird, das Wort *kalt*. Diese Schriftsteller suchten dieses Wort als eine Benennung komplexer Prozesse zu verstehen, die im Zuge der Konflikte und Auseinandersetzung mit der Natur in der menschlichen Psyche stattfinden. Warum zum Beispiel errichtete Mies van der Rohe das Farnsworth House auf Stelzen? Senancour hätte für den Architekten mit dem gleichen Argument antworten können, mit dem er seine Prosa verteidigte: Nur wenn der Künstler einen kalten Raum schafft, kann er in reiner, ruhender Form einen Gegensatz zur Verworfenheit der Welt herstellen. Kalter Rückzug zeugt von der Willenskraft des Künstlers, von seiner Weigerung, sich zum Opfer der Natur oder zum Diener mächtiger Interessen der Gesellschaft zu machen. Dieser Verteidigung hätte sich Mies van der Rohe durchaus bedienen können; das Farnsworth House ist ein Objekt, das inmitten einer feindlichen Natur geschaffen wurde und das sich seinerseits gegen menschlichen Gebrauch und menschliche Unordnung sträubt. Die Häuser von Philip Johnson dagegen treten Pflanzen, Tieren und Menschen einladend, freundlich entgegen und weniger herausfordernd.

In der Ganzheit kommt es zur Isolation, in der Kohärenz zum Rückzug. Solche Verkehrungen entdeckten die Romantiker im Einheitskult ihrer Väter. Die Verkehrung wurde auf eine Gleichung gebracht, eine Gleichung für die Kunst, die jenem Individualismus genügte, der das ökonomische Handeln des 19. Jahrhunderts prägte: Autarkie gleich Integrität. Aber während diese Gleichung in der ökonomischen Sphäre einer Aufforderung entsprach, zu handeln, herauszufordern, die Welt auszubeuten, hatte die Gleichung des Individualismus in der Kunst eine ganz andere Wirkung. Etwas zu schaffen, das als Ausdruck vollkommen und autark ist, bedeutet, ein Objekt herzustellen, das die vulgären, irdischen Maßstäbe der bloßen Nutzung oder der einfachen Freude daran, mit ihm umzugehen oder es zu bewohnen, transzendiert. Die Integrität eines solchen Objekts will von seiner »Rezeption« nichts wissen. Diese für die Gegenwart bestimmte Formel speist sich aus den Zurückweisungen in der Vergangenheit. Die geistigen Aristokraten der Romantik, die sich auf die *émigration intérieure* begaben, glaubten, sie müßten sich dem Sumpf des Alltags entziehen. Doch bloße Verachtung reichte als Orientierung für ihre Existenz nicht aus. Die Künstler unter ihnen hatten mehr Glück; die romantischen Künstler vollzogen ihre *émigration intérieure*, indem sie Gedichte, Bauwerke und Bilder schufen, die in ihren Augen eine autarke Integrität besaßen. In diesem Sinne ist Mies van der Rohe ein romantischer Architekt.

Das Erhabene in seiner modernen Gestalt resultiert aus diesem romantischen Unbehagen und seiner Auflösung in der Kunst. Warum Mies van der Rohe im Medium Glas ein Künstler des Erhabenen, Philip Johnson hingegen ein geschickter Handwerker ist, kann man sich vielleicht klarmachen, indem man sich den imaginären Sprung vor Augen führt, den Senancour seinen der Menschen überdrüssigen Helden in dem Roman *Obermann* tun läßt. In diesem gegen die Welt verhärteten Manne hat sich ein Gefühl absoluter Leere festgesetzt. Ganz allein begibt er sich auf eine Alpenwanderung. Hoch oben in den Bergen ist keine Pflanze mehr anzutreffen; für einen Augenblick sieht er einen Raubvogel, aber dann verschwindet dieses letzte Zeichen tierischen Lebens nach unten in ein Tal. Die Luft ist kalt und trocken, bei jedem Atemzug sticht sie Obermann in die Lunge. Im Flachland hat er an nichts geglaubt, doch nun stellt er fest, daß ihn das Nichts der Alpen mit einer eigenartigen, gerade diesem Nichts entspringenden Kraft erfüllt; Ehrfurcht überkommt ihn wie in einer Kirche. In diesem Moment empfindet er das Erhabene – nicht in einem plötzlichen, leidenschaftlichen Aufschwung, sondern als Ehrfurcht vor dem ewigen Eis, vor der andauernden Leere. So hätte der romantische Künstler auch die architektonische Kraft der Bauten von Mies van der Rohe beschreiben können, denn auch in ihnen gewinnt zeitlose Leere einen sakralen Charakter. Ebendies ist mit der Formulierung *Kunstreligion* gemeint.

In der Kunst hat die Schaffung eines autarken, auf Einheit ausgerichteten Objekts zur Folge, daß es unberührbar scheint. Diese romantische Mutation des Erhabenen ist in die moderne Anschauung eingegangen, daß die Werke der Architektur in der Stadt geschützt werden sollen, daß ihre Form »unangetastet« bleiben müsse. Schon das Wort *unantastbar* verweist auf eine magische Kraft, die diesen von Menschen gemachten Werken innewohnt und sie für die Menschen unberührbar macht. Am Ende sieht es so aus, als wäre die Nutzung eines Hauses vergleichbar mit der Darbietung einer Beethoven-Sonate, bei der der Spieler keine einzige Note an Beethovens ursprünglicher Komposition verändern darf. Dies wäre ein Sakrileg. Das Innere der Räume von Mies van der Rohe ist erfüllt von dieser auf sich selbst verweisenden, in sich selbst ruhenden Macht. Anmut und Ebenmaß dieser Räume beruhen auf sehr genau kalkulierten Gleichgewichtsverhältnissen, auf der genauen Plazierung des Mobiliars (das selbstverständlich ebenfalls von ihm entworfen ist), auf der Anwesenheit oder Abwesenheit von Bildern, auf den Mustern und den Farben der Teppiche. Frank Lloyd Wright, der ebenfalls Möbel als integralen Bestandteil seiner Architekturen entworfen hat, war seinem Temperament nach nicht weniger ein Diktator als Mies van der Rohe, und doch waren seine Diktate von anderer Art. In einem von Wright geschaffenen Raum kann man die Möbel umstellen, ohne das Volumen des Raums dadurch massiv zu verändern. In einem Raum von Mies van der Rohe scheint sich die Größe des Raumes schon zu verändern, wenn man lediglich einen Sessel verrückt. In seiner Architektur ist das Ganze abhängig von der Herrschaft eines Einzelnen über sämtliche Teile. Dieses veränderte Bewußtsein versuchten zuerst die Romantiker zu ergründen, wobei sie zu begreifen hofften, unter welchen Umständen ein von Menschenhand gemachtes Ding gleichsam Rechte gegen die Menschen erwirbt. Dem Kunstwerk bringt man Verehrung entgegen. Diese Verehrung bezeugt, daß sich bestimmte Objekte von der Welt der Menschen abgesondert und eine eigentümliche Authentizität erlangt haben. In Räumen, von denen diese Kraft ausgeht, in den Eingängen zu Mies van der Rohes Seagram Building oder zu Breuers Whitney Museum in New York, empfinden wir Ehrfurcht – Ehrfurcht vor einem Raum, der uns fremd ist, der sich in sich selbst zurückzieht. Genauso haben die Romantiker das Erhabene verstanden; die Einsamkeit verwandelt sich in Dinge, die sich der Verschandelung durch die Natur oder die Menschen widersetzen. Eine solche Kunst strebt nach den Qualitäten eines Kultgegenstandes. Sie will eine Kunst sein, die man nicht antasten, nicht gebrauchen soll.

Die Architektur, die Sigfried Giedion gefeiert hat, ist eingebettet in eine tragische Paradoxie. Das Verlangen nach Ganzheit hat die religiöse Kluft zwischen dem Spirituellen und dem Irdischen von neuem aufgerissen. Die Kunst Mies van der Rohes markiert diese Kluft, und sein Schaffen ist große Kunst – gewiß größer als das Werk jener Architekten, die sich darum bemüht haben, die Umgebung in ihre Überlegungen mit einzubeziehen. Sie ist geprägt von dem Vermögen des Architekten, Kohärenz wahrzunehmen, Einheit zu stiften, aber dieses Vermögen steht jenseits der fatalen Spaltung, die unsere Kultur durchzieht und in deren Zeichen das Ganze zum Autarken wird und seine Integrität gewinnt, indem es zu einem Ding für sich wird. Solche Dinge wecken den Eindruck von Abwesenheit, von Unberührbarkeit. Dies ist unsere Art und Weise, das Erhabene zu erleben.

Die Kunstreligion ist ein Glaubenssystem, das für diejenigen, die Lebenswelten entwerfen und gestalten, fatale Folgen hat. Sie hat eine exzessive Gleichgültigkeit gegenüber den Alltagsbedürfnissen der Menschen, die Häuser nutzen, zur Folge – eine Gleichgültigkeit gegenüber dem Gebrauch, die der Achtlosigkeit gleichkommt, mit der die christliche Jenseitsorientierung das Irdische überzogen hat. Die Integrität des architektonischen Objekts gerät in Konflikt mit den Menschen, die von einer Generation zur anderen bewerkstelligen müssen, in ihm und mit ihm zu leben. Die beunruhigendste Botschaft, die das Werk Mies van der Rohes mitzuteilen hat, besagt: die große Kunst und das Gewissen sind auseinandergerückt; »Einheit« als moralische Kategorie hat ihre Bedeutung verloren.

Teil III:
Die humane Stadt

5. Kapitel: Preisgegebensein

Im Angesicht des Unterschieds

Ein Dichter im Paris des 19. Jahrhunderts hat als erster versucht, eine Vorstellung davon zu entwickeln, wie die Großstadt eine neue Form von Subjektivität hervorbringen könnte. In einem 1845 skizzierten Essay über Constantin Guys rühmte Charles Baudelaire diesen Maler, mit dem er befreundet war, als einen Mann, der »keiner Erscheinung des Lebens je abgestumpft gegenübertritt«.[1] Der Text, in dem sich dieses Lob findet, trägt eine Überschrift – *Der Maler des modernen Lebens* –, die in einem gewissen Gegensatz zu dieser Feststellung zu stehen scheint. Denn für Baudelaire war das moderne Leben und vor allem das Leben in Paris in vieler Hinsicht durchaus stumpf geworden. Die Bewohner von Paris, so schien es ihm, langweilten sich mit sich selbst genauso wie mit ihresgleichen; der *ennui*, die innere Gleichgültigkeit, gepaart mit ständiger Unzufriedenheit und Gereiztheit, eine Ruhelosigkeit ohne Ursache und ohne Ziel und die Angst, nur zu existieren, statt wirklich zu leben – dies waren die Leiden, die sie plagten. Ihr Alltag ödete sie an, aber es fehlte ihnen auch die edle Gesinnung, die aus dem Glauben an etwas Großes erwächst. »Gewagt« war ein Wort, das sie fast nur benutzten, wenn es darum ging, Geld anzulegen.

Im Unterschied zu Sören Kierkegaard, der gegen den inneren Überdruß auf eine Erneuerung des Gottesglaubens setzte, erwog Baudelaire noch eine andere Hilfe. In einer bestimmten Art von niederer Kunst erblickte er ein Heilmittel gegen die spirituellen Probleme seiner Zeitgenossen.

Die Skizzen von Constantin Guys, die Baudelaire bewunderte, stellen einfache, muntere Szenen aus dem Alltag des Straßenlebens dar; sie zeigen Menschen, die einen Spaziergang oder einen Ausritt im Bois de Boulogne machen oder lachend in einem Café sitzen. Sie zeigen fröhliche Begegnungen, die von der Dunkelheit der Romantiker oder von der Bedrohtheit in Baudelaires eigener Dichtung weit entfernt sind; die Bewohner von Paris, die der Pinsel von Guys heraufbeschwört, haben sich nach außen gewandt und scheinen Anteil aneinander zu nehmen. Es war vielleicht dies, was Baudelaire an diesen Bildern am meisten gefiel. Guys hatte einen Ausweg aus der Sackgasse gemalt, den die Moderne einschlagen konnte: Befreiung von den Dämonen der Individualität in einer von flüchtigen Begegnungen, bruchstückhaften Gesprächen und großen Menschenmengen erfüllten Großstadt – Erlösung vom Subjektiven im Raum der Stadt. Diese Skizzen zeigten Menschen, die es mit dem Anderssein zu tun hatten, mit all den Unterschieden in Alter, Geschmack, Lebensgeschichte und Glaubensüberzeugung, die sich in der Großstadt konzentrieren, und sie zeigten Menschen, die sich von der sie umgebenden Vielfalt anregen ließen.

Paradoxerweise bedarf es eines zweitklassigen Gesellschaftsmalers wie Guys – hinsichtlich seiner technischen Fertigkeiten und der Kultiviertheit seines Blicks stellte ihn Baudelaire auf eine Stufe mit einem Wilden –, damit wir dies erkennen, denn wir betrachten die äußere Realität als die Sphäre der Oberflächlichkeit. Auf der Straße haben wir es mit einer Masse von fremden Leuten zu tun, die umherlaufen, reden, einkaufen, zur Arbeit gehen oder von der Arbeit heimkehren und dabei allesamt in ein Netz alltäglicher Verrichtungen verwoben scheinen; dieses Leben, das allen gemeinsam ist, erscheint uns weniger bedeutsam als jenes »wirkliche« Leben, das sich im Inneren jedes Einzelnen abspielt. In diesem Gegensatz äußert sich jene die ganze Seele erfassende Langeweile, an die Baudelaire dachte: nichts dort draußen ist meiner würdig.

In gewisser Hinsicht lebte der Dichter den Gegensatz, den er kritisierte, seit Anfang der vierziger Jahre des 19. Jahrhunderts selbst. In seiner Dichtung erscheint die Masse als eine unheilvolle Kraft, die den Poeten erstickt oder verwirrt; bei seinen täglichen Spaziergängen hingegen gefiel es dem Dichter, in der Menge zu schwimmen. Wenn er auf den Straßen umherspazierte, zog der Dandy

Baudelaire Westen an, die für seine Verhältnisse viel zu teuer waren. Als junger Mann quartierte er sich im Hôtel Pimodan auf der Ile Saint-Louis ein, einem Hauptquartier der selbstbewußten Pariser Bohème, das im Laufe der Zeit seine eigene Mythologie von Kunst, Freiheit und Revolte entworfen hat. (Die Stammgäste dieses Etablissements veröffentlichten zahlreiche Berichte über ihr Treiben dort, und oft begannen sie damit, noch bevor sie ihre Habseligkeiten ausgepackt hatten.) Und es war dieser selbe Baudelaire, der spät abends die Tür seines Zimmers im dritten Stock dieser allzu pittoresken Herberge hinter sich schloß und die Kunst schuf, die er tagsüber mit seinem Lebensstil nur repräsentierte.

Die Steine von Paris sind für diesen Dichter, den größten, den diese Stadt jemals hervorgebracht hat, unwesentlich; anders als Ruskin in seinen *Stones of Venice* hätte Baudelaire, wenn er einen Führer durch seine Stadt geschrieben hätte, die Flohmärkte, die Hurenhäuser und Cafés als die wichtigsten Orte, die geistigen Zentren empfohlen – wichtig aus der Sicht eines Menschen, der unter den Zwängen seiner Seele litt. In der Menge verlor er sich – und dieser Selbstverlust erschien ihm kostbar.

Für Baudelaire bot die moderne Großstadt eine Chance, die kulturellen Kräfte, die wir beschrieben haben, zu überwinden. Die moderne Großstadt kann die Menschen veranlassen, sich nach außen statt nach innen zu wenden; statt Ganzheit kann die Großstadt die Erfahrung von Differenz vermitteln. Die Kraft, die die Stadt zu entfalten vermag, wenn sie die Menschen in dieser Weise neu orientiert, erwächst aus ihrer Mannigfaltigkeit; im Angesicht der Unterschiede haben die Menschen jedenfalls die Möglichkeit, aus sich herauszutreten.

Baudelaires Glaube an die Kräfte der Mannigfaltigkeit eröffnet einen Weg, die Erfahrung des Andersseins auf den Straßen der Großstadt von heute genauer zu beobachten.

Seit ich in New York lebe, bin ich immer gern zu Fuß gegangen und habe U-Bahnen und Taxis, soweit wie möglich, gemieden. Heutzutage gehe ich regelmäßig von meiner Wohnung in Greenwich Village in die östliche Midtown hinauf, um dort zu essen – ein Fußweg von etwa fünf Kilometern. Auch im Village gibt es viele Lokale, aber sie sind anders als die Restaurants direkt oberhalb des Sitzes der Vereinten Nationen, in den kleineren »Fünfziger«-Straßen. Diese Restaurants sind französisch, aber sie sind nicht eigentlich schick; hier wird noch mit Butter, Schmalz und Sahne gekocht, die Patrons sind korpulente, gemütliche Leute, und die Speisekarte wechselt selten. Die Restaurants liegen im Erdgeschoß von Reihenhäusern und sind einander in ihrer Einrichtung sehr ähnlich: vorbei an einer Bar im vorderen Teil des Lokals gelangt man in einen langgestreckten Raum, den rote, mit Plüsch oder Leder bezogene Polsterbänke säumen; an den Wänden über den Bänken hängen von Sonntagsmalern gemalte französische Landschaften in Öl; im hinteren Teil des Lokals liegt die enge Küche. Es heißt, New York sei eine unfreundliche Stadt, und ich vermute, man könnte jedes dieser Restaurants zum Beweis dafür anführen. Den Kellnern – Italienern oder Franzosen, die meist ihre mittleren Jahre hinter sich haben – fehlt jene aufmunternde Vertraulichkeit, die der Tourist schätzt. Aber die Restaurants sind voller Leute, die anscheinend ganz zufrieden damit sind, daß man sie in Ruhe läßt – man sieht viele Stammgäste, die allein essen, und Paare, die sich ruhig miteinander unterhalten.

Um von meinem Haus zu den französischen Restaurants zu gelangen, muß ich einen Drogenbezirk östlich des Washington Square durchqueren. Auf diesem Platz und in den Straßen östlich der Third Avenue verkaufte vor zehn Jahren ein Junkie an den anderen. Morgens lagen bedröhnte Männer auf Parkbänken und in Hauseingängen; regungslos schliefen sie unter dem Einfluß der Drogen, und manchmal hatten sie ein paar Zeitungen als Matratze auf dem Straßenpflaster ausgebreitet. Sie boten einen Anblick, der vielleicht auch Baudelaires »spleen« fasziniert hätte. In einem Prosagedicht aus dem Jahre 1851 schrieb der Dichter über die vom Schmutz ihrer Arbeitsstätten vergifteten Arbeiter:

> »Diese Bevölkerung verzehrt sich nach den Wundern, auf die ihr doch die Erde ein Anrecht gibt; sie fühlt purpurnes Blut in ihren Adern wallen, und sie wirft einen langen, von Trauer beschwerten Blick auf das Sonnenlicht und die Schatten in den großen Parks.«[2]

Heute sind die abgestumpften Heroinsüchtigen verschwunden, und an ihre Stelle sind süchtige Kokainhändler getreten. Diese Kokain-Dealer sind niemals ruhig. Mit ihren fahrigen Armbewegungen und ihrer elektrisierten Nervosität strahlen sie mehr Bedrohlichkeit aus als die betäubten Männer von früher.

Zur Zeit Baudelaires waren in Paris Elend und Wohlstand unauflöslich miteinander verwoben; wohin er auch ging, überall stieß er auf aggressive Bettler, geriet in unvorhersehbare Streitereien; Leute, die ihm eine Taschenuhr verkaufen wollten, hängten sich an seine Rockschöße, während andere schon in seine Taschen griffen, um sie wieder zu stehlen. Dieses Durcheinander inspirierte ihn. Der zivilisierte Mann muß die Not, an der er nichts zu ändern vermag, gleichwohl zur Kenntnis nehmen. Aber ebendies geschieht heute nicht mehr. Kein Baudelaire beschwört heute mit flammender Dichterstimme, was der Beobachter vom Unglück der Drogenabhängigen mitbekommt, denn der Anblick dieser Menschen, deren Körper unter einem Kokain-Kurzschluß steht, ist zwar beunruhigend, aber er ist nicht allzu beunruhigend, sofern ich selbst nur ebenfalls in Bewegung bleibe.

An der Third Avenue, gleich oberhalb der Vierzehnten Straße, tauchen auf einer Strecke von sechs oder sieben Blocks Apartmenthäuser aus weißen Backsteinen auf, die in den fünfziger und sechziger Jahren in der Umgebung des Gramercy Park errichtet wurden; die Menschen, die hier wohnen, kaufen in Warenhäusern ein – Frauen, die in New York als Sekretärinnen begonnen haben und heute vielleicht eine bessere Stelle haben oder auch nicht, die aber berufstätig geblieben sind. Bis vor ganz kurzer Zeit hätte man solche Frauen in einer amerikanischen Stadt kaum zu Gesicht bekommen, wie sie da allein in einer Bar in Ruhe einen Drink nehmen oder zu zweit etwas essen – diese Frauen in einem ganz bestimmten Alter, die nicht versuchen, die Fältchen um die Augen zu verbergen; seit Generationen hat dieses Viertel ihnen Zuflucht geboten. Auch alleinstehende Männer mit Halbglatze leben hier; sie arbeiten im Großhandel und in Läden, nicht gerade in Spitzenpositionen, aber die Delikatessengeschäfte und die Zigarettenkioske an der Third Avenue betreten sie voller Selbstvertrauen. Die Nahrungsmittel in den Läden hier werden in kleinen Konserven und einzelnen Portionen verkauft; in den koreanischen Gemüseläden kann man einen halben Salatkopf kaufen.

»Die Modernität«, so schrieb Baudelaire, »ist das Vergängliche, das Flüchtige, das Zufällige, die eine Hälfte der Kunst, deren andere Hälfte das Ewige und Unwandelbare ist.«[3] Gramercy Park ist, wie so viele andere Bezirke von New York, ein Quartier der Flüchtlinge, doch diese Flüchtlinge sind vor der Familie geflohen. Ihr Dasein ist vergänglich, so könnte man sagen, ihr Tageslauf besteht aus Berufstätigkeit, Einkaufen nach der Arbeit und Blumengießen oder Katzenfüttern am Abend. Mit der Vorstellung von sozialer Verwahrlosung, von Isolation und Entfremdung verband sich im 19. Jahrhundert stets die andere Vorstellung, daß die Einsamkeit ein großstädtisches Leiden sei. Und die Vorstellung von einer großen Masse einsamer Menschen mittleren Alters in charakterlosen Apartmenthäusern könnte auch heute noch mitleiderregend wirken. Aber auf diesem Abschnitt der Third Avenue sind zu allen Tageszeiten viele Leute auf den Straßen; die Blocks, die an den Gramercy Park grenzen, sind zwar nicht schick, aber es herrscht hier eine Atmosphäre von Geselligkeit, wie sie uns auch aus den Bildern von Constantin Guys entgegentritt. Diese Art von Einsamkeit hat nichts Erhabenes an sich; sie scheint das Alltagsleben ein wenig zu intensivieren.

Wenn ich weitergehe, verschwindet leider auch diese Szenerie schon nach wenigen Minuten. Das Straßenbild verändert sich plötzlich in ganz unerwarteter Weise. Die mittleren »Zwanziger-Straßen« zwischen Third Avenue und Lexington Avenue sind das New Yorker Zentrum für Reitsportartikel. Es gibt hier mehrere Läden, die Sättel und Western-Artikel anbieten. Die Kundschaft ist gemischt: Polospieler aus den reicheren Vorstädten, Argentinier, Männer, die im Central Park reiten, und außerdem eine ganz andere Gruppe von Connaisseurs, die sich für Ledergeschirr, Reitpeitschen und Sättel interessieren. In den mittleren Zwanziger-Straßen gibt es auch einige Bars, in denen diese Lederfetischisten verkehren, Bars in heruntergekommenen Reihenhäusern, ohne Schilder draußen und mit abgedunkelten Fensterscheiben. Das Eigentümliche dieser Gegend ist, daß in den Ledergeschäften alle Kunden auf die gleiche Art und Weise bedient werden – unfreundlich. Sättel und Peitschen werden von unwirschen Verkäufern feilgeboten und von Angestellten eingepackt, die ihre Widerwilligkeit offen bekunden. Auch den betuchten Damen, die außerhalb der Stadt ein Gestüt besitzen, scheint es gleichgültig, wohin die Männer mit den vorsichtigen Blicken ihre Einkäufe tragen. Sie sind nicht neugierig auf das, was hinter den abgedunkelten Scheiben vor sich geht, durch die der Geruch von Bier, Leder und Urin nach außen sickert. Eine Stadt aus Unterschieden, aus Bruchstücken, die sich nicht zueinander fügen: in einer solchen Stadt finden auch die Besessenen ihre Freiheit.

Mein Spaziergang führt mich durch eine abwechslungsreiche Straße, aber die Unterschiede, denen ich hier begegne, wecken andere Vorstellungen als die lebhaften Szenen, auf die sich Baudelaires *flâneur* immer wieder einläßt.

Die erste Schule der modernen Stadtsoziologie entstand um die Zeit des Ersten Weltkriegs an der Universität Chicago. Die Chicagoer Soziologen, vor allem Robert Park (ursprünglich ein Journalist, der seine Anschauung der Großstadt bei Recherchen über Verbrechen, Unfälle, Brände und politische Demonstrationen ausbildete), versuchten das Verhältnis zwischen der Stadt als einem »Ort auf der Landkarte« und der Stadt als einer »moralischen Ordnung« zu begreifen – so formulierten sie die Dialektik von *urbs* und *civitas*. Auf diese Weise wurden sie zu Experten einer eher »kühlen«, nüchternen Anteilnahme.

Der Lehrer der Chicagoer Stadtsoziologen war der Berliner Soziologe Georg Simmel, der sie vor allem mit seinen Überlegungen zu den Abwehrhaltungen des Städters gegen die Außenwelt in dem berühmten Vortrag »Die Großstädte und das Geistesleben« aus dem Jahre 1909 beeinflußte. Den amerikanischen Soziologen, die mit Berichten über die Kriminalität in den Viehhöfen von Chicago großgeworden waren, war nicht ganz wohl bei dem Gedanken, ihre Beobachtungen unter dem Stichwort »Geistesleben« abzuhandeln, zumindest nicht in der abstrakten Form, in der dies ihr Lehrer getan hatte – der in der Großstadt den Schauplatz eines Kampfes zwischen dem individuellen Geist und dem unpersönlichen Kollektiv erblickte. Sie suchten nach einem Weg, das Geistesleben der Großstadt in konkrete Tatsachen zu übersetzen. Für sie, wie für Baudelaire, bestand die Kultur der Großstadt im Erleben und Erfahren von Unterschieden, von Klassen-, Alters-, Rassen- und Geschmacksunterschieden jenseits der eigenen, vertrauten Sphäre – auf der Straße. Und wie Baudelaire erkannten auch Park und Louis Wirth in den Unterschieden, die die Stadt bereithielt, etwas Überraschendes und Anregendes, Provokationen eines Andersseins. Im übrigen gelangten diese Soziologen auch zu einer großartigen, der unmittelbaren Anschauung widerstreitenden Einsicht: die Provokation kommt gerade durch die Lockerung der Beziehungen zwischen den Menschen zustande, die sich in der Stadt ergibt.

Menschen, die Außenseiter sind, so dachten die Soziologen von Chicago zunächst, werden von der Außenorientierung des großstädtischen Lebens eher begünstigt: »Weder der Kriminelle noch der Kranke, noch das Genie haben in der Kleinstadt die Chance, ihre Veranlagung zu entwickeln, wie sie sich ihnen in der Großstadt unweigerlich bietet.«[4] Devianz ist die Freiheit, die erst in einer Großstadt möglich wird, in der nur beiläufig miteinander verbundene Personen dicht nebeneinander wohnen. Aber auch ein Viertel, das überwiegend von alleinstehenden Frauen mittleren Alters bewohnt wird, stellt eine Abweichung gegenüber dem »normalen« Zusammenhang von Familie und Stadtviertel dar; Einwanderer, die die Sprache der Einheimischen kaum sprechen, sind deviant; politische Radikale, Asiaten und Hispanics ebenso. Zählte man alle devianten Gruppen zusammen, so bildeten sie in vielen Großstädten die Mehrheit. Deshalb rückte Park in seinen späteren Schriften ebenso wie sein jüngerer Kollege Wirth von der anfänglichen Auffassung ab, die Stadt sei ein Ort, der Unterschiede *zulasse*. Vielmehr sei sie ein Ort, der die Konzentration von Mannigfaltigkeit fördere und begünstige. Ihre »moralische Ordnung« besteht geradezu in der Abwesenheit moralischer Ordnung, die eine Hegemonie über die Stadt als ganze ausübt. Und die verschiedenen Bruchstücke, aus denen diese Ordnung sich zusammensetzt, prägen das Leben jedes Städters dergestalt, daß er, wie Wirth schreibt, eine Anzahl »segmentierter Rollen« übernimmt. Der Stadtbewohner wechselt von einem Ort zum anderen, aus einer Aktivität in die andere und nimmt dabei jedesmal leicht wie ein Chamäleon die spezifische Färbung der jeweiligen Umgebung an:

> »Aufgrund seiner verschiedenen Interessen, die sich aus den verschiedenen Aspekten des gesellschaftlichen Lebens ergeben, gehört das Individuum sehr unterschiedlichen Gruppen an, und jede dieser Zugehörigkeiten wirkt sich nur auf ein bestimmtes Segment seiner Persönlichkeit aus.«[5]

Die Chicagoer Soziologen haben als erste die Vorzüge eines fragmentierten Selbst hervorgehoben. Eine Frau, die nur in den Kategorien männlich/weiblich denkt, ein Geschäftsmann, der nur in den Kategorien reich/arm denkt, ein Jamaikaner, der nur in den Kategorien schwarz/weiß denkt – sie alle erlangen, so meinte Wirth, von der Außenwelt wenig Anregung. Ein fragmentiertes Selbst ist empfänglicher. In dieser Auffassung von der Stadt sind also nicht, wie für die Aufklärung, Einheit und Kohärenz die Mittel zur Entwicklung des Selbst – die Entwicklung des Selbst gründet vielmehr in einer immer komplexeren, fragmentierten Erfahrung der Außenwelt.

Für die Chicagoer Soziologen lag der Schlüssel zum Verständnis der Anregungskräfte der großen Stadt in der Dichte. Indem sie die Unterschiede und die Vielfalt auf engem Raum zusammendrängt, hebt die Erlebniswelt »Großstadt« die Grenzen des Selbst schon allein durch den Druck der großen Zahl auf. Deshalb glaubten diese Autoren, daß die Menschen in der Masse nicht imstande sein würden, die von ihnen gelebte Komplexität auch zu ordnen: die Vielfalt der Unterschiede, so meinten sie, erzeuge ungeordnete Reaktionen statt klarer Wahrnehmungen, wie sie in einer einfacher strukturierten Umgebung auftreten, in der die soziale Kontrolle stärker ist. Auch setzten die Stadtsoziologen die Masse nicht mit einer Gemeinschaft gleich: wenn die Anregung dadurch zustande kommt, daß sich die Individuen zwischen verschiedenen Gemeinschaften und »Szenen« hin- und herbewegen, dann verlieren sie nach und nach ihre innere Identität, sie werden zu dem, was auf ihrer Chamäleonhaut sichtbar ist, zum Kreuzungsfeld »segmentierter Rollen«. So kam es, daß die Chicagoer Soziologen dem »Außen«, der gegenseitigen Selbstpreisgabe der Subjekte, einen hohen Wert beimaßen.

Der Uringeruch wird schon bald von angenehmen Düften überlagert, sofern ich nur weitergehe. In den oberen »Zwanzigern« an der Lexington Avenue liegen Tüten voller Gewürze in langen Reihen auf den Tischen der Geschäfte, die hier von Indern und Pakistanis geführt werden; im Frühling und Herbst, wenn die Türen offenstehen, wehen die Düfte auf die Straße hinaus, aber wie in den meisten ethnischen Enklaven in New York ist der Anblick und der Geruch solcher Köstlichkeiten kein Signal, das die Außenwelt anlocken soll. Nur wenige Tüten in den indischen Geschäften sind mit Etiketten versehen. Schon dieses einfache Mittel schreckt die meisten Touristen ab, und denen, die es dennoch wagen, sich nach dem Inhalt der geheimnisvollen Behältnisse zu erkundigen, erklären die Ladeninhaber mit einem Lächeln von vollendeter Höflichkeit, dieses enthalte ein »sehr scharfes Gewürz« und jenes eine »importierte Zutat«. Im Sommer stehen die Geschäftsleute in den Eingängen, reißen Witze und machen allerlei Bemerkungen – womöglich über uns? –, auf die ihre Nachbarn mit einem leichten Öffnen der Lippen reagieren, jener Andeutung eines Lächelns, die tiefer anerkennt und vielleicht auch heftiger verachtet als ein lautes Lachen.

New York könnte die ideale Stadt für die Preisgabe an die Außenwelt sein. New York regt die Einbildungskraft an, weil es die Stadt der Unterschiede par excellence ist, eine Stadt, die ihre Bewohner auf der ganzen Welt gesammelt hat. Gleichwohl scheint hier der Leidenschaft des Pariser Dichters – dem Verlangen nach intensiver Anregung und Befreiung vom eigenen Selbst – irgend etwas im Wege zu stehen. Wenn man durch New York geht, wird man geradezu überschwemmt von der Vielfalt der Unterschiede in dieser vielfältigsten aller Städte, aber weil sich die verschiedenen Szenen gegeneinander abkapseln, scheint es, als würden sie zu bedeutungsvollen Begegnungen nicht taugen, aus denen eine lebhafte Anregung oder der vielsagende Augenblick einer kurzen Unterhaltung, einer Berührung, eines Zusammenspiels entstehen könnte. Der Lederfetischist und der Gewürzhändler sind durch Abkapselung geschützt; auch die wunderbaren Frauen, die sich rings um den Gramercy Park eine Existenz geschaffen haben, kapseln sich ab, nicht hingegen jene Sorte von notleidenden Amerikanern, die meinen, sie müßten jedem, der ihnen über den Weg läuft, in den nächsten fünf Minuten ihr ganzes Leben erzählen; auch die Junkies, die ihre Geschäfte betreiben, sind selten zum Plaudern aufgelegt. Und dies gilt in noch stärkerem Maße – und in viel weiterem Umfang – für die verschiedenen Rassen, die auf engem Raum getrennt voneinander leben, und für die verschiedenen sozialen Schichten, die sich vermischen, aber nicht miteinander verkehren.

Auch von den Tugenden des Chamäleons, die die Chicagoer Stadtsoziologen gepriesen haben, ist nicht viel zu sehen; die Menschen nehmen nicht die Farbe ihrer Umgebung, das Kolorit des Andersseins an. Ein Spaziergang durch New York offenbart vielmehr, daß die Differenz und die Indifferenz gegenüber den anderen Menschen ein eng umschlungenes, unglückliches Paar bilden. Das Auge nimmt Unterschiede wahr, auf die es mit Gleichgültigkeit reagiert. Auch ich bin nicht neugierig, zu erfahren, was am Dasein eines Drogenhändlers besonders fragwürdig ist; ich bin zu höflich, um mich in die Einsamkeit einer Frau mittleren Alters zu drängen oder in die Privatsphäre eines Mannes, der seinen sexuellen Obsessionen folgt. Und wenn ich doch einmal aus mir heraustrete, ganz harmlos, dann schiebt mich der Gewürzhändler mit seiner Ironie fort.

Daß die Menschen auf die Flut der Unterschiede mit Abkapselung antworten, läßt sich auf ebenjene Kräfte zurückführen, die die Trennung zwischen Innerlichkeit und Äußerlichkeit bewirkt haben. Diese Kräfte haben der Komplexität ihren humanen Wert genommen, sogar in der Großstadt, wo die Unterschiede eine unübersehbare soziologische Tatsache sind. Die bloße Selbstpreisgabe an den Unterschied wäre kein Heilmittel gegen die Malaise der christlichen Innerlichkeit. Rückzug und Angst vor der Selbstpreisgabe beherrschen das Bild, so als wäre jeder Unterschied potentiell genauso explosiv wie der zwischen einem Drogenhändler und einem gewöhnlichen Bürger. Es kommt zur Neutralisierung. Wenn mich etwas zu beunruhigen oder zu berühren beginnt, brauche ich, um diesem Gefühl Einhalt zu gebieten, bloß weiterzugehen. Außerdem leide ich unter der Überfülle, jenem Heilmittel, von dem sich die Aufklärung soviel versprach. Meine Sinne werden von Bildern überflutet, aber die Bedeutungsunterschiede zwischen den verschiedenen Bildern werden so fließend wie meine eigene Bewegung; der Unterschied schrumpft zur bloßen Modenschau der Vielfalt. Und diese Zurschaustellung des Unterschieds auf den Straßen gehorcht derselben visuellen Logik, welche die Gliederung der ersten modernen Interieurs bestimmte. Die Unterschiede werden gleichsam linear vorgeführt, in einer Abfolge, die ebenso festgelegt ist wie die Abfolge der Räume im »Eisenbahn-Apartment«. Lineare, sequentielle Abgrenzungen sind in der Außenwelt genausowenig anregend wie drinnen. Eine New Yorker Straße gleicht einem Atelier, in dem der Maler alle Farben, alle Bücher über andere Künstler und alle Skizzen zusammengetragen hat, die er für ein großes Triptychon benötigt, das den krönenden Abschluß seiner Laufbahn bilden soll; aber aus irgendeinem Grund ist der Maler vorher aus der Stadt abgereist.

Womit wir wieder bei der Macht wären. Das letzte Stück meines Weges führt durch Murray Hill. Die Reihenhäuser sind hier aus schmutzigem Kalk- oder Sandstein; die Apartmenthäuser besitzen keine imposante Eingangshalle. Murray Hill wirkt durchweg altmodisch: ältere Damen in schwarzen Seidenkleidern und ältere Herren mit Schnurrbärtchen schmal wie ein Bleistift, mit Malakkastöckchen in der Hand, in Anzügen, die offensichtlich Jahrzehnte alt sind. Murray Hill ist eines der Viertel der alten New Yorker Elite.

Dieses Viertel sagt gern von sich selbst, es liege im Sterben – die Aristokratie wird von den lauten, hemdsärmeligen Männern zu Grabe getragen, die Höflichkeit wird von dem kräftigen Händedruck dieser Leute mit ihrer unverfrorenen Vitalität zermalmt. In gewisser Hinsicht sind die Gepflogenheiten in Murray Hill ein genaues Spiegelbild der Art und Weise, wie sich die Gewürzhändler fünf Blocks weiter südlich verhalten – die gleiche Zurückhaltung, die gleiche absichtsvolle Diskretion; zumindest in ihrer Schweigsamkeit sind der Gelbwurzhändler und der Alterspräsident der Großbank brüderlich vereint. Aber das »Alte Geld« und die »Alte Macht« machen eine zusätzliche Dimension von Indifferenz sichtbar.

Den Mittelpunkt von Murray Hill bildet die Morgan Library an der Ecke Madison Avenue/36. Straße, in der Villa jenes Kapitalisten, dessen Vitalität um die Jahrhundertwende das alte New York in Angst und Schrecken versetzte. Die Unterhaltung bei den Dinners hier, zu denen man im Smoking erscheint, ist langweilig; der Morgan Library fehlt das Glitzern. Die Gäste, die auf dergleichen aus sind, suchen die Century Association in der Nähe oder den weiter entfernt gelegenen Grolier Club auf. In der Century Association gibt es Kammerkonzerte, Kunstausstellungen und Abendvorträge; im Grolier Club plaudern die Bibliophilen; die Dinner in der Morgan Library finden in einer Atmosphäre zivilisierter Konversation statt, die keinen strapaziösen Gedankenaufwand erfordert. An den Tischen, die unter den dunklen Eichenbalken der Bibliothek aufgestellt sind und die angesichts der Ausmaße von J. P. Morgans protziger Architektur fast winzig wirken, unterhalten sich die Leute in aller Gemütlichkeit über ihre Kinder und die Scheidungen ihrer Freunde.

In der Nähe der Morgan Library liegt das kürzlich geschlossene Kaufhaus B. Altman's, das früher regelmäßig abends geöffnet hatte, so daß man nach der Arbeit hier noch einkaufen konnte. Oft war da zu beobachten, wie Frauen, die aus der Gegend am Gramercy Park gekommen sein mochten, Bettücher einkauften; den Zeitungsausschnitt mit der Anzeige für die »Weiße Woche« hatten sie in ihre kalbslederne Einkaufstasche gesteckt; sie arbeiteten hart und waren sparsam. Und oft habe ich gesehen, daß sie nach einem Einkaufsbummel stehenblieben und zusahen, wie jene anderen Frauen in ihren altmodischen Kleidern und mit ihrem alten Schmuck und die Männer in ihren abgetragenen Smokingjakken die Morgan Library betraten, wobei die Flügel des Portals von Lakaien geöffnet und geschlossen wurden, so daß die Gäste sie nicht aufzudrücken brauchten. Auf der Straße herrschte für einen Augenblick etwas wie Feindseligkeit, vielleicht umwölkt von der Überraschung angesichts des schäbigen Eindrucks, den die wirklich Reichen machten, und dann folgte ein Achselzucken – ein knappes Achselzucken.

In gewisser Hinsicht spiegelte sich die Gleichgültigkeit der Dinner-Gäste in der Morgan Library gegenüber ihren materiellen Verhältnissen auch draußen vor dem Eingang, in diesem Achselzukken – so als bestünde zwischen den materiellen Verhältnissen, der

Stellung und der Person nur ein neutraler Zusammenhang. Die Käuferin zuckte mit den Schultern, akzeptierte und ging weiter, genau wie ich; das Leben geht weiter. Dieses Öl im Mechanismus der Indifferenz ist nicht der Kraftgenerator selbst. Demonstrative Gleichgültigkeit ist vielmehr der Modus, wie das Auge das Wirken der Macht im Raum wahrnimmt. Wenn man durch Straßen wandert, auf denen Menschen ihren Geschäften nachgehen, dann wird man immer wieder Zeuge von Szenen der Unterwerfung, in denen die Akteure glauben, sie würden sich selbst behaupten, und dabei nicht erkennen, daß echte Gleichgültigkeit einen privilegierten Platz in der Gesellschaft voraussetzt. Die Unterwerfung wandert durch die Linsen und Filter einer Laterna Magica der Macht, so daß das Bild, das auf der Straße sichtbar wird, das Auge nicht irritiert. Unterwerfung tritt auf der Straße als Distanziertheit in Erscheinung. Und wenn das, was man sieht, schmerzt, dann kann man sich davonstehlen.

Jetzt kommt das Restaurant in Sicht. Die östlichen Vierziger-Straßen zwischen der Lexington und der First Avenue sind der neutralste Bezirk von ganz Manhattan, ein Wald aus lauter riesigen, langweiligen Apartmenthäusern, wo jüngere UNO-Diplomaten mit Kind und Kegel fortwährend ein- und ausziehen, je nachdem, wie sich die Machtverhältnisse in ihren Heimatländern verändern. Von Monat zu Monat dringen die Bürotürme weiter zwischen die Wohntürme vor, im Himmel halten die Hochhäuser Hochzeit, während auf den Straßen das Sonnenlicht ausgeht. An der Peripherie der Stadt hingegen gibt es riesige Bezirke von lauter ausgebrannten, leerstehenden Ruinen. Oft sind die Fenster dieser Häuser vermauert oder mit Blechplatten verrammelt, hinter denen nachts hier und da ein Licht flackert. Daß sich eine so reiche Stadt mit einem Gürtel der Verwüstung umgibt, erweckt den Eindruck, sie wolle sich ihrer Gleichgültigkeit rühmen. Auch die verbliebenen Reihenhäuser in der Nähe meines Restaurants, mitten im Zentrum, wirken vor allem nachts heruntergekommen und verfallen, sie sehen aus wie Provisorien und nicht wie Stätten, an denen seit hundert Jahren Menschen wohnen – so offenkundig ist, daß sie demnächst der Abrißbirne zum Opfer fallen werden.

Entwicklung des Menschen bedeutet vor allem Entwicklung der Fähigkeit, zunehmend komplexere Erfahrungen zu machen. Sofern also die Erfahrung der Komplexität in einer bestimmten Umwelt ihren Wert verliert, sind wir »spirituell« gefährdet – auch wenn sich die Spiritualität des modernen Menschen in einer Richtung entfalten muß, die der genau entgegengesetzt ist, in der der Christ früherer Zeiten danach strebte, »Kind Gottes« zu werden. Da die Bilder, die ich geschildert habe, aus einer Stadt stammen, die mit Geld erbaut wurde und von Politikern verwaltet wird, könnten Überlegungen, wie sich denn die Komplexität dieser Lebenswelt wiederherstellen lasse, auf die Frage hinauslaufen, wie diese materiellen Machtfaktoren zu verändern seien. Man müßte dann fragen, wie sich die politische Ökonomie der Großstadt wandeln muß, damit sich das wandelt, was Park ihre »moralische Ordnung« genannt hat. So vernünftig und realistisch dieser Ansatz ist – ich möchte ihn hier nicht weiterverfolgen.

Bei Debatten, in denen die Kultur in Geld und Macht aufgelöst wird, bleibt meist gerade die kulturelle Dimension der Kultur unbeachtet. Der Anthropologe Clifford Geertz hat sich bemüht, der »Macht der Deutung« einen Platz im Kreis jener Mächte zuzuweisen, die das Dasein der Menschen organisieren. Diese »Macht der Deutung« ist von Geld und politischer Macht gewiß nicht unabhängig, aber sie ist auch nicht bloß deren Spiegelung und Abbild. Vor allem der Macht der Wörter oder des Auges kommt hier eine kritische Funktion zu. In der zweiten Hälfte dieses Buches versuche ich darzulegen, wie die Erfahrung der Komplexität in der städtischen Lebenswelt mit Hilfe der Kraft zur visuellen Deutung, mit der die Menschen ausgestattet sind, gewonnen werden kann. Isidor war mit seinem Stichwort vom »Gewissen des Auges« bestrebt, festgefügte Glaubensüberzeugungen und Moralanschauungen ins Visuelle zu übersetzen. Für ihn bestand das Problem darin, die eigenen Wertvorstellungen darzustellen. Mein Spaziergang förderte ein neueres Problem zutage. Es betrifft nicht die Schwierigkeit, einen Glauben in Steinen Gestalt annehmen zu lassen, sondern die andere, durch visuelle Erfahrung Bewußtsein und Gewissen (*conscience*) zu schärfen.

Die Aufforderung von E. M. Forster »*Only connect*! – Nehmt einfach Verbindung auf!« stellt sich unter einem überraschenden Aspekt dar, wenn wir Verbindung nicht mit denen, die uns nahestehen oder zumindest bekannt sind, sondern mit Fremden aufzunehmen versuchen. Dies zeigt sich schon in einer so alltäglichen Erfahrung wie meinem Spaziergang durch New York. Auf dem Weg zu meinem Restaurant habe ich kleine Photos aufgenommen: der Drogenabhängige, die berufstätige Frau, der Gewürzhändler. Ähnlich wie Kevin Lynch habe ich auf der Straße nach lesbaren Bildern von bestimmten Stellen innerhalb der Großstadt Ausschau gehalten – habe nach einer Klarheit gesucht, die nach und nach zergeht. Hätte mich das, was ich gesehen habe, mehr bewegt, wenn die Bilder der Fremden rätselhafter, weniger leicht erkennbar gewesen wären? Anders ausgedrückt, wenn ich die Menschen, denen ich begegnet bin, erst hätte studieren müssen, statt ihre Identität sofort zu erkennen, hätte diese Ungewißheit dann höhere Anforderungen an meine Aufmerksamkeit gestellt? Was könnte meinen kleinen Schnappschüssen von der Identität dieser Menschen eher das Interesse nehmen, als wenn ich herausfände, was sich hinter der vordergründigen Klarheit verbirgt?

Diese Möglichkeiten haben niemanden so sehr fasziniert wie Hannah Arendt, die politische Philosophin, die aus Nazi-Deutschland ins amerikanische Exil ging. Hannah Arendts Auffassung vom Politischen zielte auf die Verflüssigung partikularer Identitäten und beruhte auf ihren Erfahrungen im New Yorker Exil. Und obwohl sie in ihren Schriften selten direkt auf visuelle Probleme zu sprechen kommt, sind ihre Fragestellungen dennoch direkt aufschlußreich für die kritische Kraft des Auges.

Mit dem amerikanischen Titel eines Buches von Simone Weil aus der Zeit, als die erste Flüchtlingswelle aus Europa nach Amerika kam, *The Need for Roots (Das Bedürfnis nach Verwurzelung)*, könnte man auch die Anschauungen der jungen Hannah Arendt umschreiben. Während der dreißiger Jahre betätigte sie sich als engagierte Zionistin. Aber auch in dieser Zeit glaubte sie nicht, daß Juden in Palästina eine »Heimat« finden könnten, eine

»Heimat« im nationalen Sinne; sie meinte vielmehr, daß sich die Juden in Palästina als eine Gruppe unter Zehntausenden anderer, dort schon seßhafter Menschen einwurzeln würden. An einem Ort, der so geschichtsträchtig sei, daß keine einzelne Gruppe ihn ausschließlich für sich beanspruchen könne, würden sich die Juden einen Raum der Freiheit schaffen, in dem sie nicht länger die Schlemihls, die Parias und die Opfer der Nicht-Zugehörigkeit sein würden; es würde ihnen gelingen, indem sie sich an einem Ort der Unterschiede ansiedelten, in einem Land, das sie mit anderen teilten. Aber für Hannah Arendt verblaßte dieser Traum von einem maßvollen Zionismus schon bald, weil die anderen Zionisten darauf beharrten, eine Nation zu gründen. Sie hielt das für falsch, weil es die Kette der Irrtümer des europäischen Nationalismus nur um eine weitere Episode verlängerte. Der Traum verblaßte auch deshalb, weil Arendt es begrüßt hätte, wenn die europäischen Juden eine Armee zum Kampf gegen Hitler aufgestellt hätten; diese Armee wurde für die junge Philosophin ein drängender Traum, während sie in Paris ausharrte und dann nach Südfrankreich floh. Doch niemand stellte eine Armee auf. Als sie in Amerika ankam, war sie der Meinung, die Geschichte habe ihr eine Lehre erteilt, ausgerechnet ihr, die, wie sie oft gesagt hat, so wenig Gefallen daran fand, zu »politisieren«. Die Entwurzelung bildet den Kern ihrer Anschauungen vom Politischen.

Die Welt der aus Mitteleuropa stammenden jüdischen Exilierten, die sie in New York vorfand, schien dazu verurteilt, in der Erinnerung zu leben. Die Stadt war voll von Menschen aller Generationen, die sich an die Vergangenheit klammerten. Das Gedächtnis von Arendts Zeitgenossen war einerseits geprägt von den Schrecken und Untaten, durch die sie zur Flucht veranlaßt worden waren, andererseits von der Sehnsucht nach der verlorenen Heimat. Auch andere Einwanderer, die niemand aus politischen oder rassischen Gründen verfolgt hatte, lebten ihr Leben mit rückwärtsgewandtem Blick; überall in der Stadt gab es Enklaven, in denen die alten Sprachen gesprochen wurden und selbst die Speisen aus der alten, vergangenen Epoche das Heimweh nährten. Die Exilierten wollten mit ihrer neuen Außenwelt und der Gegenwart nichts zu tun haben. Doch Arendt wußte, daß der Exilierte in der

Fremde, in die er sich begeben hat, über die aus einem von Schrekken und Bedauern erfüllten Gedächtnis heraufbeschworene Vergangenheit hinausgelangen muß; der Exilierte muß in der Zeit fortschreiten, und sei es nur, weil seine Kinder genau dies tun werden und dabei nicht das gleiche Gefühl eines tiefen Verlusts empfinden. Mehr als irgendwo sonst lag hier das Zentrum von Hannah Arendts Politikverständnis: der Exilierte ist genötigt, die Träume von Heimat, Gemeinschaft oder religiöser Bestimmung hinter sich zu lassen. Das Problem der Politik bestand darin, daß Menschen, die auf nichts zählen konnten, die nichts zu *erben* hatten, jeder für sich und als Gruppe die Grundlagen einer neuen Lebensform erfinden mußten. Eine verlorene Identität läßt sich nicht wiedererlangen.

In ihren Schriften bezeichnet Hannah Arendt die Herausbildung einer Alternative zur Identität als den Prozeß der »Natalität«. In ihrem Buch *Vita activa oder Vom tätigen Leben* nennt sie die Natalität ein »für das politische Denken entscheidendes Kategorienbildendes Faktum«.[6] Unter »Natalität« versteht sie nicht, daß man als Jude, als Bauer, als Franzose geboren ist. Diese Ursprünge sind nicht unverrückbare Bestimmung; unter »Natalität« versteht sie vielmehr die Geburt des Willens, sich selbst als Erwachsener neu zu schaffen: »Der Neubeginn, der mit jeder Geburt in die Welt kommt, kann sich in der Welt nur darum zur Geltung bringen, weil dem Neuankömmling die Fähigkeit zukommt, selbst einen neuen Anfang zu machen, d. h. zu handeln.«[7] Politisches Handeln ist für sie das notwendige Experiment in einer Welt, in der man nicht so leben kann, wie man sie geerbt hat.

Ein gemeinsamer Freund von uns hatte sich einmal in eine tiefe Depression verstrickt, war unfähig, etwas zu essen, bewegte sich mit seinen dreißig Jahren im Tempo eines Greises und war jeden Tag aufs neue der Versuchung des Selbstmords ausgesetzt. Von allen Seiten wurde er mit Ratschlägen überhäuft, die alle in der Aufforderung mündeten: »Du mußt einen Psychologen aufsuchen!« Nur Hannah Arendt widersprach diesem Chor; sie meinte, dies würde ihn »für immer in das Gefängnis seines Inneren sperren«. Ich glaube, es war diese Haltung, aus der heraus sie einen Nachhall des Exils auch im Alltag von Menschen vernahm, die nie von irgendeinem Diktator bedroht worden waren. Auch diese Menschen brauchten die Erfahrung des Exils, als Ritus des Übergangs, des Ausgangs aus der Vergangenheit, um sich aus dem Gefängnis der eigenen Subjektivität zu befreien. Für ihre Zeitgenossen Simone Weil und Samuel Beckett war das Exil ein Symbol für das Leiden des modernen Menschen. Für Hannah Arendt war es ein Sinnbild jener Reise, die die Menschen unternehmen müssen, um erwachsen zu werden, um sich aus den Ketten der Erinnerung zu lösen und im Jetzt zu leben.

In diesem Punkt ergibt sich ein Zusammenhang zwischen ihren Schriften und der Problematik der Großstadt. Leo Strauss, Philosoph und Emigrant wie sie, meinte, die Wahrheiten, die dem Philosophen bekannt seien, müßten vor den Massen geheimgehalten werden, denn die Massen seien unfähig, aus der Erkenntnis Nutzen zu ziehen. Dagegen pries Hannah Arendt die griechische Polis als eine Form städtischen Lebens, in der die freie, ungehinderte Rede ihren Platz hatte. Vor allem gefiel ihr ein Gedanke, den Aristoteles einmal formuliert hat: daß der städtische Versammlungsplatz nur so groß sein solle, wie eine laute menschliche Stimme trägt. (Wenn man bedenkt, wie hoch die Gebäude der Griechen waren, dürfte ein solcher Platz zu ebener Erde ziemlich klein gewesen sein; es ist nicht klar, ob sich die Griechen bei der Anlage ihrer *agorai* oder Stadtplätze an diese Regel gehalten haben. Die Form des Amphitheaters entsprach ihr sehr viel eher.) Selbstbestimmung war in ihrem Denken sehr eng mit der Idee der Stadt verbunden. Und dem Akt der Selbstbestimmung maß sie hohen Wert bei: durch Argument und Debatte schaffen die Menschen die Bedingungen ihrer eigenen Freiheit; die Politeia hat das Recht, Vorgegebenes zu verändern, sie hat Rechte gegen die Vergangenheit.

Arendts Perspektive läßt sich nicht nur auf die griechische, sondern auch auf andere Stadtkulturen anwenden. Die mittelalterliche Stadt wurde von ihren Bürgern als ein Ort gesehen, an dem sie sich ihre eigenen säkularen Gesetze geben, an dem sie ihren politischen Willen walten lassen konnten, ohne an erbliche Pflichten gegen einen Gutsherrn oder die Dorfgemeinschaft gebunden zu sein. Diese Gesetze waren so unregelmäßig und vielfältig wie die Straßen der Stadt, oft voller Widersprüche und unklar, ohne

Rücksicht auf ihre Form erlassen, so wie es die Situation gerade gebot. Klarheit war eben ein Attribut der göttlichen Sphäre. Um dieser Freiheit, mit der sie ihr irdisches Dasein selbst bestimmen konnten, Ausdruck zu verleihen, setzten die Bürger einiger Hansestädte über ihre Stadttore den Wahlspruch »Stadtluft macht frei«.

Das Werk Hannah Arendts bietet auch eine Möglichkeit zu begreifen, was es mit der modernen Angst vor dem Preisgegebensein in der Großstadt auf sich hat, mit der Angst vor der Selbstpreisgabe in einer Diskussion oder in der Unterhaltung mit anderen Bürgern. Die Angst davor, Verbindung aufzunehmen, rührt ihrer Meinung nach aus einem Mangel an Willenskraft, an Bereitschaft, sich in und mit der Welt auseinanderzusetzen. Versenkung in die Subjektivität, wie sie die Suche nach Zuflucht begleitet, ist ebenfalls Ausdruck eines Mangels an Willenskraft. Für Arendt ist der Hauptgegner die soziale Depression.

Die Reise des Exilierten aus der eigenen Vergangenheit in das Dasein als Staats- oder Stadtbürger, in die Teilnahme an der Gegenwart, könnte man auch als ein »Verschwinden des Subjekts« bezeichnen. Das einzelne »Ich« soll dabei im Zuge eines schmerzlichen und tatsächlich seinem Willen widerstrebenden Prozesses an Wichtigkeit immer mehr verlieren. Bei ihren Überlegungen zu dieser Reise, die die Vergangenheit so weit hinter sich läßt, daß sie einer Wiedergeburt gleichkommt, mußte sich Arendt auch mit der Lage des Menschen beschäftigen, dem eine solche lange, traumatische Reise abverlangt wurde. Johann Lavater hatte nach Goethes Schilderung die Auffassung vertreten, das menschliche Individuum sei auf äußere Hilfsmittel nicht angewiesen, sondern berge genug Substanz und Kraft in sich, so daß alles einzig von deren angemessener Entfaltung abhänge.[8] Das Innere des Menschen erscheint hier als Fülle. Lavater denkt sich die menschliche Natur als eine Entfaltung dieser Fülle in der Zeit; so wie eine Pflanze ihre Blätter und Blüten entfaltet, so entfaltet auch der Mensch als Naturwesen (*human animal*) seine Möglichkeiten stufenweise.

Für Hannah Arendt hingegen gab es kein Inneres, das sich entfalten konnte; genauer gesagt, dieses Innere gehörte der Sphäre des Naturwesens Mensch an, dem Menschen, der der Sklave seiner Triebe und Gefühlsregungen ist, der abgerichtet werden kann wie eine Taube und sich in Nahrungsaufnahme, Ausscheidung, Zeugung und Sterben nicht wesentlich vom Tier unterscheidet. Arendt stellte diesem Naturwesen den Menschen als tätiges Wesen gegenüber. Einzig als ein tätiges Wesen gelingt es ihm, sich aus der Versklavung an den eigenen Körper zu befreien. In ihren Schriften könnte man eine Grundlage für die feministische These erblicken: »Biologie ist kein Schicksal«. Es gibt kein Schicksal. Es gibt auch keine Natur des Menschen im Sinne Lavaters. Es gibt nur aktive Auseinandersetzung, nur den Kampf um Freiheit in der Gegenwart, einen radikalen Kampf um die Freiheit, draußen.

Für ein Verständnis der Großstadt als Form ist ihr Werk aus zwei Gründen bedeutsam. Zum einen versucht sie, die Struktur des Lebens in der Stadt – die Unpersönlichkeit – als positiven Wert zu begreifen. Der Exilierte ist in gewissem Sinne der Inbegriff des Städters, weil er mit anderen umgehen muß, die niemals verstehen können, wie es an dem Ort war, den er verlassen hat. Der Exilierte muß eine Grundlage für ein gemeinsames Leben mit diesen anderen finden, die nicht verstehen und nicht verstehen können. Eine gemeinsame Geschichte fehlt, und deshalb gilt es, das Leben auf eine weniger persönliche Basis zu stellen. In einer Diskussion etwa über das, was gerecht und ungerecht sei, muß man sich auf die *Prinzipien* der Gerechtigkeit berufen und nicht auf die Traditionen einer bestimmten ethnischen Gruppe. Das Prinzip wird maßgeblich und verdrängt die Gemeinsamkeit von Brauch und Sitte. Die Idee der Unpersönlichkeit wandte Hannah Arendt auch auf allgemeinere Fragen an. In ihren Augen gewinnt der Arme an Stärke, wenn er sich weigert, gegenüber den Behörden die Einzelheiten seines Leidens, seiner Bedürftigkeit zu offenbaren – »ihr habt mir weh getan, jetzt müßt ihr mir helfen« ist kein Rezept, um Macht zu gewinnen. Hannah Arendt war der Ansicht, die Schwarzen könnten ihren Kampf um Gerechtigkeit dann am wirksamsten führen, wenn sie das forderten, was allen Menschen zusteht, und nicht das, was speziell den Schwarzen zusteht: Gerechtigkeit hat keine Farbe.

Das Transzendieren der eigenen Identität sollte uns in die Lage versetzen, andere Menschen auf der Straße mit neuen Augen zu sehen. Einfach ausgedrückt, es kommt weniger darauf an, wer sich auf der Straße aufhält, als darauf, was die Leute dort tun. Hannah Arendt wollte in ihren Schriften die Aufmerksamkeit ihrer Leser auf Möglichkeiten zu gemeinsamem Handeln, auf Aktionen lenken, die man gemeinsam unternehmen oder erörtern kann und die sinnvoll sind, unabhängig davon, wer sie ausführt. Daher rührte ihre Vorliebe für die Unpersönlichkeit des New Yorker Alltags; sie war wirklich farbenblind, so wie sie in einem gewissen Sinne auch gegenüber der Religions- und der Schichtzugehörigkeit blind war.

Aber genau an diesem Punkt ging etwas schief. Es gelang ihr nicht, »Verbindung aufzunehmen«. Ihre Schwierigkeiten waren von ähnlicher Art wie die von Mies van der Rohe; sie schloß das Mitgefühl aus ihrer Sphäre aus. Bei Mies van der Rohe haben wir gesehen, wie diese Ausschließung seine Bauten in Heiligtümer verwandelte, deren Integrität sich gegen die Stadt sperrt. Bei Hannah Arendt führte die Ausschließung des Mitgefühls dazu, daß das Bemühen um wechselseitige Anregung scheiterte.

Sie und Jean-Paul Sartre gehörten zu den ersten, die sich als »Anti-Humanisten« bezeichnet haben. Damit wandten sie sich gegen das fromme Mittelmaß und die kompromißlerische Lauheit bürgerlicher Kultur. Für den Stadtsoziologen erzeugt dieser Anti-Humanismus, zumal wenn er von einer Geringschätzung der weichen Empfindungen des Mitgefühls akzentuiert wird, jedoch eine spezifische Schwierigkeit: Fremde können nicht miteinander kommunizieren.

Ein Anzeichen für die Schwierigkeiten von Hannah Arendt war die Art und Weise, wie ihre Verständnisfähigkeit immer wieder versagte, wenn sie sich auf konkrete Geschehnisse richtete. Gegen Ende ihres Leben äußerte ihre Freundin Mary McCarthy Zweifel daran, ob es richtig sei, die sozialen Sitten und Gebräuche oder die Besonderheiten des gesellschaftlichen Daseins aus der Vision von einer engagierten Gesellschaft zu verbannen: »Ich möchte eine Frage stellen, die mir schon sehr lange durch den Kopf geht. Sie betrifft die scharfe Trennung, die Hannah Arendt zwischen dem Politischen und dem Gesellschaftlichen macht. [...] Ich habe mich immer gefragt: ›Was soll man denn auf der Bühne der Öffentlichkeit, im öffentlichen Raum tun, wenn man sich nicht mit dem Gesellschaftlichen befaßt? Mit anderen Worten: was bleibt dann noch?‹«[9]

Wer das Bedürfnis zu reden verspürt, der weiß noch lange nicht, worüber zu sprechen wichtig ist. Arendt schaffte es, viele Schwarze mit einem berühmten Aufsatz gegen sich aufzubringen, der im Grunde deren Rechte gerade zu bekräftigen suchte. Und mit ihren Artikeln über Adolf Eichmann, den Organisator der Konzentrationslager, verursachte sie bei vielen anderen Juden eine ungeheure Aufregung. Sie hatte einen überzeugenden, einfachen Stil; jeder, der sich ein wenig Mühe gab, konnte sie verstehen, aber es gelang ihr nicht, Verbindung aufzunehmen, sich verständlich zu machen – was sie übrigens sehr irritiert hat. Der Grund hierfür hatte, wie ich glaube, mit ihrem »Anti-Humanismus« zu tun. Dieser »Anti-Humanismus« verhinderte, daß ihre kritischen Fähigkeiten, statt immer nur als abstrakte Thesen in Erscheinung zu treten, wirkliche Ausdrucks- und Provokationskraft entwickelten. Sie schenkte der *Kunst* der Selbstpreisgabe keine Beachtung.

Ihre schwierige Beziehung zu New York als Stadt hat mir das einmal deutlich gemacht. Ich denke an eine kleine Episode, die sich an einem jener stickigen Tage zutrug, an denen die alten Leute an der Upper West Side von der schwülen Hitze aus ihren Apartments auf die Straße getrieben werden. Manche suchen Erfrischung auf den Bänken, die auf den Verkehrsinseln am Broadway stehen, wo die vorüberschießenden Autos, Taxis und Lastwagen zumindest eine kleine Brise erzeugen, andere sitzen zu dritt oder zu viert auf Campingstühlen vor ihren Apartmenthäusern, Frauen in schwarzen Kleidern, Männer in Hemdsärmeln, in knittrigen Hosen mit Hosenträgern – die Hitze zwingt die alten Leute, der Straße einiges von ihrer häuslichen Existenz preiszugeben.

Damals war die Upper West Side vor allem von jungen puertoricanischen Familien, von jungen Musikern, die am Konservatorium studierten, und von den älteren Exilierten aus Mitteleuropa bewohnt, die zum größten Teil auf der Flucht vor Hitler aus Ungarn, Österreich und Deutschland in die USA gekommen waren. Die Exilierten hatten ihre Schwierigkeiten mit den Puertoricanern, nicht so sehr, weil diese Nachbarn arm, sondern vor allem, weil sie Südländer waren: der Lärm und der Überschwang des spätabendlichen Familienlebens auf der Straße schienen ihnen nicht die rechte Art zu sein, Kinder großzuziehen, und schon gar nicht auf diesen von Autoabgasen erfüllten Straßen voller Hundekot. Die Puertoricaner sprachen eine fremde Sprache, nicht Englisch, das schon fremd genug klang. Außerdem waren viele von ihnen fromme Katholiken und bekreuzigten sich häufig, eine Geste, die bei den Juden, die den Gaskammern entgangen waren, so verwikkelte Empfindungen weckte, daß sie kaum in Worte zu fassen waren, jedenfalls nicht in spanische.

Auch mit den jungen Konservatoriumsstudenten, die durchaus ihre Enkelkinder hätten sein können, hatten die Emigranten ihre Schwierigkeiten. Den Alten hätte der Krach, den ihre jugendlichen Nachbarn veranstalteten, vielleicht weniger ausgemacht, wenn sie zu ihrer eigenen Erbauung den jungen Leuten Geschichten aus ihrem Leben erzählt hätten und an die Jungen, die ja über ein gutes Gehör verfügten, etwas weitergegeben hätten, von dem diese dann Zeugnis hätten ablegen können. Aber aus der eigentümlichen Klaustrophobie der Jugend heraus, aus der Angst vor einer Einengung in der Zeit, sagten die Musiker untereinander: »Man kann doch nicht in der Vergangenheit leben!« Im übrigen hatten die Emigranten auch Schwierigkeiten mit ihresgleichen: sie kannten einander zu gut.

Hannah Arendt und ich gingen an diesem heißen Tag vom West End zum Broadway. Auf unserem Weg mußten wir uns durch Grüppchen von Männern und Frauen schieben, die in ihren Campingstühlen auf dem Bürgersteig saßen, aus Plastikbechern Eistee nippten und an kleinen Kuchen knabberten, als Hannah Arendt plötzlich von jemandem erkannt wurde. Seit sie ihr Buch *Eichmann in Jerusalem* veröffentlicht hatte, war ihr Bild häufig in der jüdischen Presse gedruckt worden, und der Mann, der ihr etwas zurief, mußte sie von daher kennen, denn sein »Hannah Arendt?« klang nicht freundlich, auch lächelte er nicht, während er kurz mit ihr sprach und dann wieder zu den Leuten zurückging, mit denen er zusammengesessen hatte. Die anderen, die Hannah Arendt nicht kannten, waren offenbar erstaunt darüber, daß er etwas so Überraschendes, vielleicht auch so Südländisches, getan und auf der Straße eine grauhaarige Frau angefaucht hatte, die, wie es sich gehörte, ein schwarzes Kleid trug. Ich fragte Hannah, was er gesagt habe: »Er hat mich gefragt, ob ich mich dafür schämen würde, jüdisch zu sein.«

Mehrere Monate lang hatte es eine bösartige Kontroverse um ihr Buch gegeben, in dem sie die Bosheit des Nazi-Massenmörders Eichmann als eine Art von Gedankenlosigkeit beschrieben und bestimmte führende Juden mitverantwortlich für die Vernichtung des jüdischen Volkes gemacht hatte. Hannah war keine liebe alte Großmutter, und sie neigte dazu, Kümmernisse, die sie quälten, für sich zu behalten. Trotzdem blieb sie noch einmal stehen, blickte diese Straße voller schwitzender alter Menschen hinunter, betrachtete eine Zeitlang den Rücken jenes Mannes, der sie angesprochen hatte und der jetzt wieder – räumlich und zeitlich weit von ihr entfernt – dasaß und schweigend seinen Tee aus einem Plastikbecher trank. Sie verweilte einen Augenblick unter diesen Menschen, die, wie sie selbst, Exilierte waren, und ging dann mit einem Schulterzucken weiter.

In ihren Schriften setzt Hannah Arendt das Unpersönliche mit dem Zähen, Starken, Entschlossenen gleich und stellt es der Schwäche einer in sich selbst gekehrten, abgekapselten Subjektivität entgegen. Die Macht des Mitgefühls war ihr verdächtig. Weil sie sich zwar am entgegengesetzten Pol, aber auf der gleichen Ebene bewegte wie jene, die glauben, gegenseitige Anteilnahme verlange auch das Teilen und Mitteilen von Identität, lehnte sie alle auf »Gemeinschaft« bezogenen Gefühlsregungen ab: Wärme, vielsagendes Schweigen, Verbindung. Sie weigerte sich, diese »weichen« Empfindungen in Betracht zu ziehen, weil sie ihr wenig von jener Kraft zu vermitteln schienen, die nötig ist, um mit der Vergangenheit zu brechen und die Gegenwart zu gewinnen. Baudelaires Glaube an eine warme Unpersönlichkeit war für sie nichts weiter als eine unsinnige Wortverbindung. Ihr Schweigen gründete in dieser Härte.

Man könnte den Begriff der »Natalität« natürlich als einen Hinweis darauf lesen, daß es eine Analogie gibt zwischen den natürlichen, animalischen Funktionen des menschlichen Körpers und dem politischen Handeln; »Natalität« könnte bedeuten, daß die Liebe in den sozialen Beziehungen eine ebenso wichtige Rolle spielt wie in der Beziehung zu den Nachkommen. Hannah Arendt sah das nicht so. Sie versicherte ohne zu zögern, auf dem Feld des Politischen habe die Freiheit mit der Liebe nichts zu tun. In einem berühmten Abschnitt ihres Buches *Über die Revolution* stellt sie das Mitleid in einen Gegensatz zu einer erwachsenen, durch freien politischen Diskurs errungenen Solidarität:

> »Verglichen mit dem Mitleid wird die Solidarität leicht als kalt und abstrakt erscheinen, denn sie bleibt ›Ideen‹ verpflichtet – der Größe, der Ehre, der Würde des Menschen – und nicht irgendeiner ›Liebe‹ zu den Menschen.«[10]

Warum stehen diese beiden Begriffe in Anführungszeichen? Weil »Ideen« den meisten Menschen verdächtig sind, und weil die »Liebe«, zumindest in der Politik und angefangen bei der »Vaterlandsliebe«, Hannah Arendt verdächtig ist. Mitleid, Mitgefühl, Einfühlung sind die Abzeichen animalischen Leidens und animalischer Bedürftigkeit. So verweist denn der Begriff »Geburt des Politischen« auf die Entstehung eines Über-Erwachsenen, der mit anderen umgeht, ohne ihnen seine Bedürftigkeit, sein individuelles Befinden und seine Innerlichkeit kundzutun.

Wenn manche Autoren vom Verschwinden des Subjekts sprechen, von einem Schreiben am Nullpunkt, am *degré zéro*, dann schwebt ihnen eine Art von Prosa vor, die hart wie Feuerstein ist und sich ihrer Kraft gerade durch ihre Kälte versichert. Diese Prosa zu schreiben ist interessanter, als sie zu lesen. »Degré zéro« kann zu einem Verlust an Anregungskraft in bezug auf das gesellschaftliche Leben und auf die Literatur beitragen. Darüber hinaus hat sich Hannah Arendt auch das Verständnis für diejenigen versperrt, die nicht ihre eigene Entschlossenheit erlangt hatten, die bedürftig, verwirrt, dem Physischen verhaftet geblieben waren. Arendts Schriften stecken die intellektuellen Dimensionen des modernen »Draußen« ab. Aber aus ihrem schweigenden Schulterzukken ergibt sich eine Frage an das kritische Auge: Wie soll dort draußen Mitgefühl zwischen einander Fremden geweckt werden? Die Formeln des 18. Jahrhunderts helfen nicht mehr weiter. Wie müßte eine moderne Kunst der Selbstpreisgabe aussehen?

Das Wissen eines Fremden

Im Jahre 1962, ein Jahr bevor Hannah Arendt ihre Schrift über Eichmann veröffentlichte, mit der sie sich den Zorn vieler anderer Exilierter zuzog, publizierte James Baldwin in der Zeitschrift *The New Yorker* einen Essay mit dem Titel *The Fire Next Time* (deutsch: *Beim nächsten Mal Feuer. Hundert Jahre Freiheit ohne Gleichberechtigung*). Der Text – eine Mischung aus Autobiographie, Reportage über die Black Muslims und Predigt – offenbarte den liberalen, im Wohlstand lebenden Lesern dieses Magazins etwas von der Wut der schwarzen Amerikaner, die während des nächsten Jahrzehnts zum Ausbruch kommen sollte. In Stil und Geisteshaltung könnte nichts weiter von dem Diskurs, in dem Hannah Arendt von der Geburt des »Politischen« handelt, entfernt sein als dieser Essay. Sein Tonfall wechselt rasch von distanzierter Beobachtung zu lautstarker Anklage und kehrt wieder zurück zu objektiver Schilderung – in solchen Wellenbewegungen strömt die Prosa dahin, als würde die Empörung über das, was er mitzuteilen hat, Baldwin immer wieder erschöpfen, aber auch immer wieder befeuern und vorantreiben. Doch aus dem sehr geschickt inszenierten Wechsel der Leidenschaften in *The Fire Next Time* hätte auch Hannah Arendt manche Anregung ziehen können, wie sich Anteilnahme bei Fremden wecken läßt.

The Fire Next Time hat nichts Grauenerregendes an sich, vor allem nicht in den Szenen, die Harlem beschreiben. Der Schock, den die Veröffentlichung auslöste, beruhte vielmehr darauf, daß dieser Essay die liberale Ansicht in Zweifel zog, die Schwarzen seien eine unter vielen anderen ethnischen Gruppen in Amerika, und sobald man ihnen die Bürgerrechte zuerkannt habe, würden auch sie auf der Leiter von Wohlstand und Erfolg nach oben klettern. Tatsächlich glaubten die Liberalen in Amerika Anfang der sechziger Jahre, die Schwarzen würden zufrieden und froh sein, wenn ihnen die bürgerlichen Freiheiten endlich gewährt würden. Aber schon das Vokabular von »zuerkennen« und »gewähren« ist verräterisch – es deutet darauf hin, daß hier jemand einem anderen ein Geschenk macht, so als hätten die Weißen beschlossen, es sei nun an der Zeit, die Schwarzen als Menschen zu akzeptieren, und als müßten die Schwarzen ihnen dafür dankbar sein. Baldwin hingegen machte seinen Lesern deutlich, welchen moralischen Abscheu die Schwarzen denen entgegenbrachten, die sich für ihre Wohltäter hielten.

Man könnte Baldwins Essay als ein Dokument des Zweifels daran lesen, daß der Satz »Ich verstehe, wieviel du gelitten haben mußt« jemals einen Sinn ergeben könnte. In einem Land, das von Rassenkonflikten tief gezeichnet ist, spricht das altmodische Mitgefühl mit brüchiger Stimme. *The Fire Next Time* schlägt vor, das Rassenproblem aus einem ganz anderen Blickwinkel zu betrachten. Schwarze und Weiße, die einander niemals verstehen können, die füreinander immer Fremde bleiben, können dennoch zusammenleben; sie müssen sich nicht in wechselseitiger Indifferenz gegeneinander abschließen. Zu Beginn seines Essays gibt Baldwin jedoch durch nichts zu verstehen, daß sein Text hierauf hinausläuft. Es scheint vielmehr, als fände hier ein Tribunal statt, in dem es um nichts anderes als die Zuweisung von Schuld geht.

An den Anfang von *The Fire Next Time* hat er einen Brief an seinen Neffen gestellt, scheinbar, um diesem jungen Mann ein paar Ratschläge zu geben, wie er mit den Weißen umgehen soll, in Wirklichkeit aber, um denen, die seinem Neffen über die Schulter sehen und mit ihm lesen, ein paar bittere Pillen zu verabreichen. Baldwin ist sich der Tatsache bewußt, daß wir mitlesen:

> »Hier höre ich den Chor der Unschuldigen aufschreien: ›Nein! Das ist nicht wahr! Wie verbittert du bist!‹ – Aber diesen Brief schreibe ich an *Dich*, um zu versuchen, Dir einiges darüber zu sagen, wie man *sie* behandeln muß, denn die meisten von ihnen wissen noch immer nicht, daß es Dich gibt.«[11]

Das bekannte literarische Mittel der indirekten Wendung an einen »Mit-Leser« nutzt Baldwin hier zu einer Umkehrung der rassischen Stereotypen. Die Rassisten seiner Jugend hielten die Schwarzen für naiv und gutmütig, sofern man sie einer bestimmten Disziplin unterwarf, für abgrundtief bösartig aber, wenn man sie sich selbst überließ. Baldwin nun empfiehlt seinem Neffen, genau diese Haltung gegenüber den Weißen einzunehmen: behandele die Weißen als naiv oder, sofern niemand sie in der rechten Weise belehrt, als bösartig. Diese Umkehrung erlaubt es ihm, einen Überraschungsangriff gegen jene Art von Lesern zu beginnen, wie sie ihm auf den Seiten des *New Yorker* folgen. Sie seien nicht etwa aufgeklärte Wohltäter, sondern selbst Kinder, die der Hilfe bedürfen.

Ein Feuerwerk von Anklagen scheint uns bevorzustehen, doch plötzlich wechselt Baldwin das Thema. Er beginnt den Hauptteil seines Essays, indem er schildert, wie er als Jungprediger den Glauben an sich selbst verlor. Baldwin war in seiner Jugend in Harlem offenbar ein inspirierender Prediger, doch im Laufe der Zeit gelangte er zu der Erkenntnis: »Auf der Kanzel stehen heißt auf der Bühne stehen; ich befand mich hinter den Kulissen und wußte, wie die Illusion erzeugt wurde.«[12] Baldwin erzählt, wie ihn die eigenen rhetorischen Talente, seine Fähigkeit, die Gemeinde zum »Rocken« zu bringen, zusehends mit Widerwillen erfüllten. Und wieder bricht seine Erzählung ab; statt zu berichten, wo und wann er seinen Glauben an die Religion verlor, beginnt er, über das Verhältnis von Christentum und Rassenproblematik zu reflektieren. Es sind dies sehr überzeugende Gedanken, wie leicht sich die Liebe der christlichen Lehre in die Liebe allein zu den Menschen der eigenen Art verkehrt, während der junge Baldwin in seiner Naivität hoffte, die christliche Liebe gelte allen Menschen. Daß das Christentum in der Praxis zuweilen eine schwache Sprache spricht, ist ein wichtiger Gedanke – aber er steht hier mitten in einem Text, der Baldwins Erinnerungen gilt, und soll den Ausgang einer fesselnden Geschichte ersetzen.

Baldwins Kritiker haben etwas Sonderbares an dieser Prosa entdeckt, zum Beispiel an der Logik dieser Geschichte vom Jungprediger, die in einem Fragezeichen zu der Person Baldwins endet. Dieses Fragezeichen mißfällt ihnen. »Die läuternde Kraft des Heiligen Geistes«, so schreibt Baldwin,

> »hörte auf, wenn der Gottesdienst aufhörte, und die Erlösung endete an der Kirchentür. Als man uns gesagt hatte, wir sollten jedermann lieben, hatte ich gedacht, damit sei *jedermann* gemeint. Aber nein. Es galt nur für die, die dasselbe glaubten wie wir, und für Weiße galt es überhaupt nicht«.[13]

Der Übergang zu einer unpersönlichen Darstellung mündet in einer Gegenüberstellung der Kritik an der schwarzen Kirche und der genau entgegengesetzten und dennoch gleichermaßen einseitigen Indienstnahme des Christentums durch weiße Missionare für die Zwecke der Weißen. Seine Kritiker wollten von Baldwin, daß er sich als schwarzer Schriftsteller darstellt und definiert, indem er die persönliche Geographie seines Schwarzseins beschreibt – ihnen lag an einem geschlossenen Bild, mit dem man leicht hantieren kann.

Bei einem weniger begabten Autor wie Imamu Amiri Baraka (Le Roi Jones) gipfelt der Zorn gegen die Weißen in einem Tribunal; die Geschichte der Verstümmelungen wird so eindringlich wie möglich geschildert, und den schwarzen Protagonisten wird von ihrem Autor die Aufgabe gestellt, die richtige Moral daraus abzuleiten. Diese Literatur will Zeugnis ablegen. Die Geschichten hingegen, die Baldwin erzählt, wollen nicht im herkömmlichen Sinne Zeugnis ablegen. Der verschwindende Autor verwickelt uns statt dessen in seine politischen Überlegungen und überläßt es uns, die Frage zu beantworten, wo er steht und was ihm widerfahren ist. Das Terrain dieser Unpersönlichkeit liegt an jenem Pol, der der Strenge von Hannah Arendts Temperament genau entgegengesetzt ist, aber angesichts des Verschwindens von Baldwin als Person entwickeln wir Aufmerksamkeit für das, was er sagt, Aufmerksamkeit für die Rassenproblematik – gleichsam im Austausch gegen Baldwins Identität.

Auch in der zweiten Hälfte von *The Fire Next Time* macht Baldwin Gebrauch von dieser Strategie. Es sind zwanzig Jahre vergangen; der Schauplatz verlagert sich von New York nach Chicago, wo die Black Muslims von Elijah Muhammad ihr Hauptquartier haben. Die Black Muslims verkünden ausdrücklich, was Baldwin in den Kirchen von Harlem andeutungsweise schon gehört hatte: »Gott ist schwarz«. Aus dieser theologischen Vorstellung folgt die Vorstellung von einer totalen Trennung der Gesellschaft: die Black Muslims halten die Idee der Integration für einen Sklaventraum, der von denen gestützt wird, die weiterhin Herren sein wollen, Herren ohne schlechtes Gewissen. Baldwin sieht in den Black Muslims eine überzeugende Verkörperung von schwarzer Macht und schwarzer Selbstachtung – und noch mehr. Bis in die kleinsten Einzelheiten regelt diese Bewegung den Alltag ihrer Anhänger nach den Grundsätzen der Black Muslims. In dem strengen, keuschen, distanzierten Raum dieses Alltags definieren die Black Muslims, was Humanität bedeutet; für die Schwarzen sei jede andere Bleibe nur eine Form der Selbsttäuschung oder der Schwäche, und keinem Weißen werde hier Zutritt gewährt. Der Weiße ist der Teufel. Nach einem Fernsehauftritt zusammen mit Malcolm X, dem Stellvertreter von Elijah Muhammad, hat Baldwin eine seltsame Begegnung:

> »Als ich im Gang auf den Fahrstuhl wartete, schüttelte mir jemand die Hand und sagte: ›Auf Wiedersehen, Mister James Baldwin. Bald werden wir Sie Mister James X nennen.‹ Und einen schrecklichen Augenblick lang dachte ich, mein Gott, wenn das noch lange so weitergeht, werdet ihr das vielleicht wirklich.«[14]

Zuletzt würde er womöglich für immer verschwinden.

Baldwin erhält eine Einladung zum Essen mit Elijah Muhammad und nimmt an. Ihn faszinierten die Disziplin und die Freundlichkeit von Elijah Muhammads Gefolgsleuten und die mönchische Lauterkeit ihrer Lebensweise. Der Anführer selbst beeindruckt Baldwin durch seine Milde. Aber es gibt auch Dinge, die ihn erschrecken. »Mir ging auf, daß Elijahs Macht auf seiner Einfalt gründete.«[15] Die beiden beginnen eine Unterhaltung über das Christentum und darüber, daß Allah diese ungläubige Religion nur als Prüfung der Schwarzen und zu ihrer Abhärtung zugelassen habe; das Gespräch wendet sich der Frage des religiösen Engagements zu, und Elijah Muhammad fragt Baldwin schließlich:

»›Und was sind Sie jetzt?‹ [...] ›Ich? Jetzt? Nichts.‹ Das war nicht genug. ›Ich bin Schriftsteller. Ich handle gern selbständig.‹ Das hörte ich mich sagen. Elijah lächelte mir zu. ›Übrigens‹, sagte ich schließlich, ›denke ich darüber nicht viel nach.‹«[16]

Vorsichtig, Zug um Zug, hat uns Baldwin erzählt, was er tun könnte, um dem versklavenden, dem angsteinflößenden, dem blinden Anderen, dem Weißen, zu entkommen. Es fehlt nur ein Wort, und er könnte sich ergeben, könnte Mr. James X werden und das

Rassenproblem als Identitätsproblem radikal lösen. Deutlicher als zwanzig Jahre zuvor in Harlem sind wir hier an einem entscheidenden Punkt der Handlung angelangt. Mit der Einfalt, die Baldwin sofort aufgefallen war, fordert Elijah ihn auf: Darüber sollten Sie aber sehr viel nachdenken! Und was passiert?

Fast nichts. Die Szene zerfasert. Baldwin versucht den Black Muslims zwar noch zu erläutern, wie sie seine Schwäche deuten können, aber das alles bleibt nebensächlich; wichtig ist: das Essen geht in freundlicher Stimmung zu Ende, und ein Fahrer der Black Muslims chauffiert Baldwin in einen anderen Teil von Chicago, wo er sich mit ein paar weißen Freunden verabredet hat. Aber inzwischen haben derartige Brüche in der Erzählung den Leser nur noch aufmerksamer gemacht für die allgemeinen Überlegungen zur Rassenfrage, die nun in immer mächtigeren Wogen in den Text hineinfluten: jetzt ist das Ergebnis dieser dramatischen Konfrontation in ihnen enthalten. Und an diesem Punkt von *The Fire Next Time* geschieht tatsächlich etwas Entscheidendes – nämlich mit der Sprache. An die Stelle des »du«, mit dem Baldwin seinen Leser bisher angesprochen hat, tritt nun immer häufiger das »wir«.

Darin besteht seine Antwort auf Elijah Muhammad. Mehr erfahren Baldwins Leser nicht über die Bedeutung dieses Wendepunktes in seinem Leben; die Geschichte dieses Mannes läßt sich hier schwerer fassen als je zuvor, bis auf den Wechsel des Personalpronomens. Noch immer schwingt in seiner Prosa der Zorn mit, aber dieser Zorn richtet sich von dem Bündnis dieses »wir« nach außen, diesem Bündnis zwischen einem unerkennbaren Autor und seinen Lesern, Lesern, die er nun nicht mehr abweist, wie in dem vorangestellten Brief an seinen Neffen. Die Sprache dieses Schriftstellers schließt allen Schmerz, alle Verwirrung, alle Wut seiner Vergangenheit ein, aber er hat eine Möglichkeit gefunden, in einer Weise über sein Leben zu sprechen, die dieses Leben transzendiert. Statt zu einem Tribunal führt seine Reise den Schriftsteller zur Entfaltung und rhetorischen Erweiterung der eigenen Stimme; und am Ende dieser Reise nimmt er Verbindung zu denen auf, deren Dasein immer und unabänderlich anders sein wird als sein eigenes.

Jacob Burckhardt hat einmal Machiavelli mit den Worten gepriesen: »Machiavelli war wenigstens imstande, seine eigene Person über den Sachen zu vergessen.«[17] Dies ist *eine* Art und Weise, wie das Subjekt verschwinden kann – in der Nüchternheit seines Urteilens über die Welt. Es war auch die Art von Hannah Arendt. Der Wandel, über den Baldwin berichtet, ist von ganz anderer Art, sowohl für ihn selbst wie auch für seinen Leser. Er verschwindet, unsere Erwartungen an die Geschlossenheit seiner Geschichte werden durchkreuzt, und wir werden Zeuge von ausgiebigen Erörterungen zur Rassenfrage, ohne daß uns je Zweifel kämen oder der Gedanke: »Das alles ist bloße Rhetorik«, und dies, obwohl Baldwins Zorn immer höher brandet. Wir schenken dieser zugleich persönlichen und unpersönlichen Stimme jetzt Glauben; auch der Leser ist bereit für den Zorn, wenn schließlich die beiden Schlußsätze dieses Essays fallen:

> »Wenn wir – und ich meine jetzt die Weißen und die Schwarzen, denen einigermaßen bewußt ist, worum es geht, und die, wie Liebende, dieses Bewußtsein im anderen stärken oder wecken müssen – jetzt in der Ausübung unserer Pflicht nicht erlahmen, können wir vielleicht, obwohl wir nur eine Handvoll Menschen sind, den Alptraum der Rassenfrage beenden und unser Land gestalten und den Lauf der Weltgeschichte ändern. Wenn wir jetzt nicht alles wagen, droht uns die Erfüllung jener Prophezeiung, die ein Sklave nach einem Bibelwort im Lied neu verkündete: Gott gab Noah den Regenbogen zum Zeichen, beim nächsten Mal nicht Flut, beim nächsten Mal Feuer!«[18]

In Baldwins Essay deutet sich eine emotionale Erfahrung an, die jenseits der Identität liegt; es ist eine Erfahrung, die nicht auf Bekräftigung und Bestätigung aus ist, sondern Unvollständigkeit und Zweifel in sich aufnimmt. In diesem Essay wird uns die Geschichte von jemandem erzählt, dessen Verwirrungen dazu führen, daß er sich auf der Suche nach einer Lösung, nach einer Antwort, dem Außen zuwendet, statt sich in seinem Inneren zu verschanzen. Seiner Sprache gelingt es, den Gegner einzubeziehen. Stärker als in den Ideengebäuden, die Hannah Arendt errichtet hat, gewinnt die Unpersönlichkeit hier eine bezwingende Kraft – Unpersönlichkeit als Quelle einer Beziehung zu anderen, in der die unbekannten, fremden Menschen Erscheinungen voller Rätsel bleiben können und nicht in die klar bezeichneten Kategorien »schwarz« und »weiß« gezwängt werden.

Was aber bedeutet nun jenes »wir«? Auf meinem Spaziergang zu dem französischen Restaurant sagte der indische Gewürzhändler zu seinem zwölfjährigen Sohn, der mir eine Tüte Gelbwurz abfüllte und dabei etwas verschüttete: »Du mußt vorsichtig sein – wie oft soll ich dir das noch sagen?« Als ich diese Strophe aus der ewigen Litanei der Vaterschaft vernahm, schien es mir plötzlich, als hätte ich es hier ganz einfach mit einem Vater und einem Sohn zu tun; wenn dieser Inder, der auf meine Fragen mit einem Lächeln reagiert und mich mit der Antwort »Importierte Zutaten« beiseite geschoben hatte, in diesem Augenblick registriert hätte, daß ich meinerseits diesen kleinen Auftritt registrierte, dann hätte ihm vielleicht auch mein Dasein so etwas wie einen Anstoß gegeben. Es wäre in dem Moment geschehen, in dem sich unsere Blicke von dem Jungen und seiner Tüte abgewendet hätten und einander begegnet wären. In diesem Augenblick, so könnte man sagen, wäre Baldwins »wir« ausgesprochen gewesen. Hätte ich jedoch dem Inder in diesem Augenblick erklärt: »Wir sind beide Väter«, so wäre mir vielleicht nur ein weiteres verhaltenes Lächeln und seinem Sohn ein zweiter finsterer Blick zuteil geworden; die Familie hätte sich vor einem Fremden blamiert gehabt. Und hätte ich einen der Ledermänner, während seine Peitsche eingepackt wurde, angesprochen und ihm versichert, daß ich seine Vorlieben zwar nicht teile, aber als einen Aspekt menschlicher Existenz akzeptiere, so hätte er seine Augen wohl von den im Seidenpapier raschelnden Schnüren losgerissen und mir einen alarmierten Blick zugeworfen: vielleicht war ich ja nur ein Cop, der ihn mit einer neuartigen Fallenstellerei dingfest machen wollte. Wenn nicht, was gab mir dann das Recht, seine Begierde zu benennen? Unterschiede sind nicht dazu da, daß man sie überwindet. Die Dame mit der Einkaufstasche voller Bettücher könnte dem Blick der Dame begegnen, die die Morgan Library betritt. Es könnte zwischen ihnen zu gegenseitigem Erkennen kommen, aber dieser Augenblick der Wahrheit ist kein Augenblick der Schwesterlichkeit. Auch diese feindlich getönte Begegnung ist in Baldwins »wir« einbeschlossen. Baldwin spricht mit der Stimme eines Menschen, der gelernt hat, wie man zu Fremden sprechen muß – nicht im zuvorkommenden Ton der Höflichkeit des 18. Jahrhunderts, sondern direkter, eindringlicher. Aus dem Anstoß durch den Anderen, aus dem Gefühl für die Gegenwart derer, die anders sind, erwächst eine rauhere Verbindung. Um den Anderen wahrzunehmen, muß man sich dazu durcharbeiten, die eigene Unvollständigkeit zu akzeptieren.

»Sympathie« im Sinne von »Mitgefühl« bedeutet für uns etwas anderes als Freundlichkeit oder Mitleid (*pity*), wie Hannah Arendt es verstand. Sympathie verweist auf eine wechselseitige Anteilnahme, die geweckt wird, wenn man die Kraft zur Selbst-Definition verliert. Umsicht, Kunst und planvolles Vorgehen sind, wie wir noch sehen werden, erforderlich, um diesen Verlust zustande zu bringen.

Der Begriff der Bildung verweist auf ein Ideal des 18. Jahrhunderts, dem zufolge das Individuum zu psychologischer »Vollständigkeit« aufgrund ebenjener Handlungen gelangt, die es auch zu einem Teil des gesellschaftlichen Ganzen werden lassen. *The Fire Next Time* weist einige Merkmale eines »Bildungsromans« auf, wobei seine erzählerischen Mittel jedoch moderner sind. Baldwin erkundet die Welt der Unterdrückung, die seine Geschichte prägt, indem er bestimmte Impulse, die in ihm auf Vervollständigung und Ganzheit zielen, nicht zum Zuge kommen läßt. Auf der einen Seite ein unvollständiges Selbst, das Fehlen einer Katharsis, auf der anderen Seite jenes »wir«.

Georg Simmel, der Lehrer der Stadtsoziologen von Chicago, schrieb einen Aufsatz mit dem Titel »Der Fremde«, in dem er den typischen Städter als ein aus verschiedenen Segmenten bestehendes Selbst bestimmte. *The Fire Next Time* vertieft diese Vorstellung. Ein Mensch kann im Laufe seines Lebens für sich selbst zu einem Fremden werden, indem er Dinge tut oder Gefühlswelten betritt, die sich nicht in den gewohnten Rahmen der Identität, die scheinbar feststehenden sozialen Kategorien von Rasse, Schicht, Alter, Geschlecht oder ethnischer Zugehörigkeit fügen. Er kalkuliert die Veränderungen nicht, die sich in seinem Leben ereignen, und zieht nicht die Summe aus ihnen; Fremdheit kann man an sich selbst und an anderen nicht erfahren, wenn man ein solches Kalkül anstellt. Etwas Unvorhergesehenes bleibt unerklärt und ungelöst; man akzeptiert das permanente Rätsel und wendet sich nach außen. Doch damit dies geschehen kann, muß eine Erfahrung wirksam werden, die nicht linear, sequentiell strukturiert ist. Baldwins Geschichte ist ein Beispiel für eine solche andere, nichtsequentielle, narrative Erfahrung: für die nicht-lineare Erfahrung des Unterschieds.

Man könnte diese nicht-lineare Erfahrung des Unterschieds auch als *émigration extérieure* bezeichnen. Man begibt sich an den Rand des eigenen Selbst. Aber gerade an diesem Rand kann man kein Bild mehr von sich selbst gewinnen. Statt dessen sieht man, was dort draußen ist, jenseits der Grenze, redet darüber, denkt darüber nach – im Falle Baldwins sind es die anderen Menschen, die er in sein zorniges »wir« einbeschlossen hat. Zu dieser Reise aufzubrechen bedeutet, das moderne, säkulare Experiment zu wählen, aus dem Mitgefühl hervorgeht.

Hannah Arendt und James Baldwin verkörpern zwei einander entgegengesetzte Reaktionen auf die Gleichgültigkeit. An dem einen Pol wird die subjektive Welt beiseite geschoben, so daß die Menschen direkt, entschieden, politisch miteinander sprechen können. Am anderen Pol macht die Subjektivität einen Wandel durch, so daß sich der Mensch nach außen wendet, Anstöße erhält durch die Gegenwart von Fremden und diesen seinerseits Anstöße gibt. Dieser Wandel verlangt die Freisetzung bestimmter künstlerischer Energien im Alltag.

6. Kapitel: Straßen voller Leben

Erfindung und Entdeckung

Im Jahre 1661 beschrieb der Geograph Hickeringill die Reise, die Kolumbus hundertfünfzig Jahre zuvor nach Westindien unternommen hatte, mit einer paradoxen Formulierung. Da Kolumbus glaubte, das in Sicht kommende Land sei Indien, erklärt nun der Geograph: »Kolumbus, dessen glücklicher Suche die Westindischen Inseln sich als erstem entdeckten [...].«[1] In dieser Formulierung »macht« der Seefahrer keine Entdeckung, sondern die fremden Landstriche »entdecken sich« ihm. »Erfindung« oder »Erfindungsgabe« (*invention*) ist nach einem englischen Sprichwort die Mutter der »Entdeckung« (*discovery*), und man könnte die Reise des Kolumbus durchaus als eine Er-Findung im großen Maßstab bezeichnen; auch wenn er das falsche Indien fand, kam das überraschende Resultat doch dadurch zustande, daß er die Idee hatte, einen neuen Seeweg zu erkunden. Dieses Klischee stellte Hickeringills Formulierung nun in Frage. Nicht auf die Pläne und Absichten des Reisenden kommt es an, sondern darauf, was ihm die unvorhersehbare Realität enthüllt oder »entdeckt« – die Realität von etwas, das seine Vorstellungskraft übersteigt, in diesem Fall die Realität eines ganzen Kontinents.

Die Modernität einer Gesellschaft scheint sich daran zu bemessen, mit welcher Energie die Menschen in ihr darangehen, die materielle Welt mit Hilfe von Erfindungen unter ihre Kontrolle zu bringen. Francis Bacon, fast ein Zeitgenosse von Hickeringill, war vielleicht der erste Philosoph, der die Manipulation der physischen Welt zum Zweck ihrer Beherrschung ausdrücklich gerechtfertigt hat. Aber auch die Art, wie Hickeringill das Wort »entdecken« verwendet, bezeichnet einen modernen Wert: die Bereitschaft, überkommene Ideen zu revidieren, Tatsachen oder Begriffe, die sich gegen das Geläufige sperren, dennoch genau zu untersuchen und ernst zu nehmen. Diese Haltung tritt mit sinnbildlicher Deutlichkeit in einem ganz bestimmten Augenblick während einer der Reisen des Kolumbus in Erscheinung, einem Augenblick, den man heroisch nennen kann, obwohl er dem Seefahrer in physischer Hinsicht keinen besonderen Mut abverlangte. Ich meine den Augenblick, als Kolumbus zum erstenmal Zweifel daran kamen, ob er wirklich Indien gesichtet hatte. Er akzeptierte, daß die Szenerie, die sich ihm in dem runden Ausschnitt seines Fernrohrs darbot, von unverschleierten Frauen und Männern mit Umhängen bevölkert war, deren Mienen nichts Asiatisches hatten, und daß die Vegetation derjenigen, die man in den Büchern abgebildet fand, ganz und gar nicht entsprach. Stundenlang ließ er sein Fernglas nicht sinken und studierte die fremdartige Ansicht, statt seinen Kurs noch einmal zu überprüfen.

In der modernen Großstadt, so könnte man sagen, entspricht dem Gegensatz von Erfindung und Entdeckung der Kontrast zwischen genau geplanten, sorgfältig entworfenen Straßen und solchen Straßen, die keinen Urheber haben – in Paris beispielsweise der Kontrast zwischen den Boulevards, die der Baron Haussmann im 19. Jahrhundert anlegte, und den sehr viel älteren Straßen, die in diese Boulevards münden. Auf dem Boulevard Richard Lenoir, der zu den bedeutenden Bauvorhaben Haussmanns zählt, war ursprünglich die von Bäumen überschattete mittlere Fahrbahn dem schnellen Verkehr vorbehalten; daneben lagen zu beiden Seiten zwei Nebenfahrbahnen für den langsamen Verkehr, auch sie von Bäumen gesäumt, während die Bürgersteige für die Fußgänger und die Gäste der Cafés reserviert waren. Die ganze Anlage zeigte mit einer Klarheit, die für die Einwohner von Paris damals neu war, wo was zu geschehen hatte; der Boulevard Richard Lenoir wurde als große stadtplanerische Innovation gefeiert. Auf diesen Boulevard münden ältere, damals wie heute weniger auffallende Straßen. Was dort vor sich geht, wer hier lebt und wie man sie benutzen soll, ist durchaus nicht klar – jedenfalls so lange nicht, wie man nicht einige Zeit in diesen Seitenstraßen zugebracht und sich mit ihren Geheimnissen beschäftigt hat. In diesen Straßen kann man prosaische Entdeckungen machen: ein Geschäft, das man hier nicht vermutete, ein seltsames Votivbild in dem Spalt zwischen zwei Häusern oder ein Heim für Taubstumme. Daß sie dem Auge etwas Unerwartetes zu entdecken vermögen, verleiht ihnen ihren Wert.

Von solchen Straßen sagt man meist anerkennend, sie seien voller Leben, in einem Sinne, der für die großen Verkehrsadern trotz des Betriebs, der auf ihnen herrscht, nicht gilt. »Straßenleben« ist ein Synonym für die Provokationen und Anstöße, welche die Stadt bereithält, Provokationen, die überwiegend von Erfahrungen mit dem Unerwarteten herrühren. Aber bei genauerem Hinsehen kann man von der Unübersichtlichkeit und Unklarheit in den Seitenstraßen, die in den Boulevard Richard Lenoir übergehen, nicht behaupten, sie seien stärker von Leben erfüllt als der große Boulevard selbst. Es gibt einen prinzipiellen Grund, weshalb »Leben« nicht gleichgesetzt werden kann mit blindem Geschehen. Eine Intention steht am Ursprung jedes gemachten Dinges; die Schwierigkeit, ein Gedicht, ein Gesetz oder einen Plan zustande zu bringen, kann nur gemeistert werden, wenn der Prozeß in eine Form mündet. Wie eine anschauliche Prosa muß das Straßenleben eine Struktur finden. Es gibt hier allerdings eine Art von Klarheit, die wir vermeiden wollen: Kevin Lynchs »lesbare« Straßenlandschaften, Räume, die im Hinblick auf Rasse, Klasse und Nutzung eine feste Identität besitzen. Doch wenn die Straße überhaupt keine Form aufweist, dann führt uns das ebenfalls in die falsche Richtung, nämlich in den neutralisierten Raum des Gitters. Wie also läßt sich eine Form erfinden, die Anstoß zu Entdeckungen gibt? Wie lassen sich Erfindung und Entdeckung miteinander verknüpfen? James Baldwins Geschichte kann hier als literarisches Modell dienen; ihre nicht-lineare Prosa zeitigt überraschende Resultate.

Die Menschen in der Zeit zwischen Kolumbus und Hickeringill wußten, daß sie einen Weg finden mußten, Dinge zu erfinden, die ihrerseits überraschende Entdeckungen ermöglichten. Und es gelang ihnen, indem sie auch für das Lineare eine neue visuelle Bedeutung erfanden, für die lineare Straße, die sie absichtsvoll mit einem rätselhaften, prekären Leben erfüllten.

Für die Stadtplanung der Spätrenaissance und des Barock war es selbstverständlich, Möglichkeiten zu schaffen, die es den Menschen erlaubten, »aus sich heraus zu sehen«. Das erwies sich in bestimmten Experimenten bei der Anlage von Straßen; sie beruhten auf der Erfindung der Perspektive in Malerei und Zeichenkunst. Der Rückgriff auf die Perspektive als Modell für die Stadtplanung gestattete es den Architekten des späten 16. und des frühen 17. Jahrhunderts, Straßenzügen, die zu einem Zentrum führten, eine neue Bedeutung zu verleihen – eine ganz andere, wenngleich nicht geringere Bedeutung, als die Freistatt des Mittelalters sie besessen hatte. Die Zentren, die mit Hilfe der Perspektive gebildet wurden, dachte man sich als Orte, an denen die Menschen nicht verharrten, wo sie sich vielmehr weiterbewegten und sich suchend umschauten. In diesen Zentren waren Entdeckungen zu machen.

Der berühmteste Stadtplaner, der eine Stadt nach den Prinzipien der Perspektive schuf, war Papst Sixtus V., der Rom gleich nach dem Beginn seines Pontifikats im Jahre 1585 umzugestalten begann. Er war schon in fortgeschrittenem Alter, und seine Amtszeit währte nur fünf Jahre, bis zu seinem Tod im Jahre 1590. Als wüßte er, wie wenig Zeit er für die Erfüllung seiner Aufgabe hatte, machte Sixtus V. den Plan für Rom, den er als Kardinal schon lange erwogen hatte, sofort bekannt und sorgte dafür, daß die Arbeiter unverzüglich ans Werk gingen.

Auf einer berühmten Zeichnung von Pisanello, die eine Reihe von Bögen darstellt, deutet sich an, wie Sixtus V. später bei der Erneuerung von Rom die Perspektive angewendet hat. Auf Pisanellos Zeichnung nehmen die als einfache Ovale wiedergegebenen Bögen in ihrer Größe immer mehr ab, je mehr sie sich dem Fluchtpunkt nähern: auf der Zeichnung sind nur fünf Bögen dargestellt, aber das Auge bewegt sich über sie hinaus, wie auf einer Raumachse, rückwärts zum Horizont. Das entscheidende Wort ist hier »bewegen«. Auf Pisanellos Zeichnung sind an einer Wand mehrere Figuren in verschiedenen Posen hintereinandergereiht, aber gleichgültig, in welche Richtung sie blicken, sie scheinen alle rückwärts zu gehen, dem Fluchtpunkt am Horizont entgegen.

Die Grundidee, die hinter der Erneuerung Roms durch Sixtus V. stand, war eine religiöse. Es ging darum, die sieben Pilgerkirchen der Stadt miteinander zu verknüpfen. Die Mittel hierfür waren weltlicher Art. Sixtus V. wollte diese Stätten durch gerade Straßen miteinander verbinden, die Blickachsen durch die Stadt legten. Der Pilger suchte sich seinen Weg, indem er diesen Blickachsen folgte. Um die Bewegung zum Element der Wahrnehmung einer solchen als Blickachse fungierenden Straße zu machen, mußte ein Fluchtpunkt gesetzt werden. Die großen flachen Fassaden der alten Kirchen waren als Fluchtpunkt nicht geeignet. Deshalb forschte Sixtus in der heidnischen Vergangenheit Roms nach einer Markierung und stieß auf die Obelisken.

Obelisken sind nach oben sich verjüngende Säulen mit drei oder vier Seitenflächen, die auf einem gedrungenen Sockel stehen. Oben läuft der Obelisk spitz zu, oder seine Spitze wird von einer kleinen Kugel gekrönt. Eine solche Nadel aus Stein war, aus der Ferne betrachtet, ein geeignetes Mittel, um perspektivisches Sehen zu erzeugen. Der Grund dafür ist die Spitze des Obelisken: sie markiert einen Punkt im Raum. Das entfernte Auge beendet seine Reise, auf der es der von dem Stein angegebenen Richtung gefolgt ist, indem es entweder den von der Kugel definierten Punkt oder den immateriellen, aber dennoch nicht unsichtbaren Punkt unmittelbar über der Spitze des Obelisken in den Blick nimmt. Die Obelisken schweben in diesem Endraum, sie werden durch die Wahrnehmung akzentuiert, daß über ihnen die Dinge zu verschwinden beginnen.

In einer früheren Phase der Renaissance wurden Skulpturen wie zum Beispiel Verrocchios *Colleoni* in Venedig als feste Bestandteile der Gebäude konzipiert. Michelangelos Plan für den Campidoglio, den Gipfel des Kapitolinischen Hügels in Rom (1538 begonnen, mehr als ein Jahrhundert später, 1664, vollendet), löste die Bronzestatue des Marc Aurel aus einer in dieser Weise abhängigen Plazierung; sie steht in der Mitte dieses erstaunlichen Platzes in einem leicht erhöhten, gepflasterten Oval und wird von drei Gebäuden flankiert, deren Fassaden wegen des ovalen Musters der Pflasterung wie gekrümmt wirken. Diese Geste, mit der einer öffentlichen Skulptur Unabhängigkeit vom Kontext der sie einrahmenden Gebäude verliehen wurde, setzte Sixtus V. später ein, um den Blick des Pilgers, der sich in der Stadt von einer Weihestätte zur anderen bewegte, umzulenken. Das System der freistehenden Skulpturen brachte es mit sich, daß die Augen den Pilger auf seiner Wanderung von einer Markierung zur anderen führten, statt in das Innere einer bestimmten Kirche.

»Wie ein Mann mit einer Wünschelrute errichtete Sixtus seine Obelisken an Punkten, wo sich im Laufe der kommenden Jahrhunderte die wichtigsten Plätze entwickeln sollten.«[2] Der Unterschied zu älteren Formen von Stadtplanung ist leicht zu benennen: die Erbauer des katholischen Lübeck machten erkennbar, wo die Kirchen lagen, indem sie hoch bauten; Sixtus V. machte deutlich, wie man zu ihnen gelangte. Nicht der Anblick der Kirche selbst bot den Menschen Orientierung, vielmehr aktivierten die steinernen Nadeln einen Wahrnehmungsprozeß, eine lineare Orientierung, die sich im Auge vollzog und nicht auf die Anziehungskraft der Weihestätten selbst reagierte – dergestalt, daß sich die Pilger in ähnlicher Weise auf sie zubewegten, wie sich die Figuren auf Pisanellos Zeichnung bewegen –, magnetisch angezogen vom Horizont. Aber in einer so konzipierten Stadt gab es kein Ausruhen; sobald man einen Obelisken erreicht hatte, erblickte man schon den nächsten, und schon entfaltete eine andere Blickachse ihre Anziehungskraft.

Optisch entsteht die Perspektive, indem das Auge Dreiecke bildet; es mißt Nah und Fern, Groß und Klein, indem es sich Dreiecke vorstellt, deren eine Ecke das Auge bildet, während der Gegenstand auf der entgegengesetzten Seite liegt. Im dreidimensionalen Raum bestimmt die Perspektive alle Beziehungen zwischen einem Punkt und einer Fläche. Die »Illusion« setzt ein strenges Kalkül voraus. Die Perspektive ist jedoch kein rationales Verfahren, das stets zum selben Ergebnis führt. Die Größe eines Dings läßt sich optisch manipulieren, so wie es Piero della Francesca, einer der ersten, die mit der Perspektive experimentierten, vorgeführt hat, indem er den Bezugspunkt entlang der Horizontlinie verschob oder die dem Betrachter gegenüberliegende Bildebene neu definierte; auf diese Weise bewirkte er, daß ein Gegenstand vom Blickpunkt des Betrachters aus näher oder ferner, größer oder kleiner erschien. Im perspektivischen Raum kann sich das Aussehen aller Dinge verändern, indem der Zeichner Punkte und Ebenen manipuliert, die diesen Dingen äußerlich sind. Die perspektivische Wahrnehmung verwandelt den Gegenstand in ein Produkt der Art und Weise, wie er gesehen wird.

Das menschliche Auge als Bezugspunkt verleiht der Perspektive ihren Wert; indem das Auge die Perspektive wechselt, kann es das Aussehen der Welt verändern. Leon Battista Alberti, der sich in der Renaissance ausgiebig mit der Theorie der Perspektive beschäftigt hat, definierte den Akt der Projektion selbst kurz und bündig: »Das Auge mißt die Größen [des Raumes] mit Sehstrahlen wie mit einem Paar von Kompassen.«[3] Und in einem kurz nach 1450 geschriebenen Buch über mathematische Spiele stellte Alberti verschiedene Methoden dar, wie der Künstler Fluchtpunkte, die Höhe von Türmen und die Größe anderer Objekte berechnen konnte, wenn er seine Stellung zu diesen Objekten in sein Kalkül mit einbezog, oder wie er das Erscheinungsbild der Dinge verändern konnte, indem er sich entschloß, eine andere Position einzunehmen. Dieses Spielen mit Erfindungen ordnet die sichtbare Welt. Die Welt kann durch die Art, wie man sie betrachtet, zu einem zusammenhängenden Gebilde gemacht werden.

Ein anschauliches Beispiel dafür, wie der Betrachter zum perspektivischen Herrn seiner Welt erhoben werden kann, liefert Brunelleschis Kirche S. Lorenzo in Florenz. Brunelleschi hat in ihr Wände, Boden und Decke so gestaltet, daß man den besten Blick hat, wenn man sich gleich links oder rechts neben den Hauptportalen postiert. Wenn man von dort in den Innenraum schaut, scheint es, als würde er nach vorne kleiner werden, als würden die Säulen kürzer, je weiter sie von der durch die Augen des Betrachters definierten Ebene entfernt liegen, und auch das Gewölbe oben scheint sich zusammenzuziehen. Der Fluchtpunkt ist jedoch nicht der Altar, kein Ort des Ritus oder des Gebets wird durch dieses Zurückweichen hervorgehoben. Der Fluchtpunkt scheint überhaupt nicht innerhalb des Gebäudes zu liegen; allein aufgrund der rhythmischen Regelmäßigkeit der perspektivischen Wirkung scheint er unsichtbar irgendwo außerhalb der Stirnwand von

S. Lorenzo zu liegen. Der unsichtbare Fluchtpunkt verstärkt innerhalb der Kirche allerdings das Bewußtsein des Betrachters dafür, wo er steht. Man wird sich seiner selbst bewußt, indem man perspektivisch sieht.

Diese Kirche steht in einem scharfen Kontrast zum Ethos der Plazierung in älteren, mittelalterlichen Kirchen; in ihnen mußte man sehr genau darauf achten, wo man stand, um zu beten, um zu beichten oder um das Sakrament zu empfangen, denn der Ritus mußte befolgt werden, wenn die Gnade Gottes dem Bittsteller wirklich zuteil werden sollte. In S. Lorenzo hingegen ist der Standort deshalb wichtig, weil hiervon abhängig ist, ob man das Gebäude gut sehen kann oder nicht. Die Perspektive privilegiert den Blick, nicht den Glauben. Wenn man an der richtigen Stelle steht, spürt das Auge seine Herrschaft über den Raum.

So verstanden, hat die Perspektive etwas Besitzergreifendes, etwas von einem Herrschaftsinstrument. Alberti verglich das perspektivische Sehen mit dem Öffnen eines Fensters, das den Blick auf die Welt freigibt, wobei das wahrnehmende Subjekt die Welt mit Hilfe dieses Fensters in eine Ordnung bringt. Ein berühmter Stich von Dürer zeigt einen Künstler, der ein weibliches Modell zeichnet und dabei durch eine Art von Fenster blickt; in das Glas dieses Fensters sind die Linien eines Gitternetzes eingeätzt. Indem er durch diese Gitterscheibe schaut, kann der Künstler auf flachem Papier ein perspektivisches Bild von der Fleischesfülle dieser Frau, von ihren geschwungenen Konturen erzeugen. Dieser Stich ist ein eindrucksvolles Sinnbild dafür, wie der Künstler die Welt unter seine Kontrolle bringt, das Sinnbild einer stolzen Renaissance. Ein treffenderes Gleichnis als das Fenster aber, so schreibt John Berger, wäre hier »der Wandsafe, ein Safe, in dem das Sichtbare deponiert wird«.[4] Der Gegenstand wird mittels der Perspektive in Besitz genommen.

Es war nicht die besitzergreifende Perspektive, mit der Sixtus die Stadt Rom erneuerte. Er benutzte sie vielmehr als eine Form des »Aus-sich-Heraussehens«. In dieser Form kann die Perspektive der Entdeckung statt der Herrschaft dienlich sein.

Die Kunsthistorikerin Svetlana Alpers unterscheidet zwischen Perspektiven, die ein »Ich sehe die Welt« begründen, und solchen, die ein »Die Welt wird gesehen« begründen. Ein berühmtes Beispiel für das »Ich sehe die Welt« ist Tizians *Venus von Urbino*, ein Bild, in dem alles nur in bezug auf den einen Punkt, von dem aus der Maler gesehen hat, richtig dimensioniert ist – ähnlich wie in Brunelleschis Kirche. Ein Beispiel für die Perspektive von der Art »Die Welt wird gesehen« ist Vermeers *Ansicht von Delft*. Diese Stadtansicht koordiniert Entfernungen und gibt Volumen perspektivisch wieder, »ohne«, wie Alpers schreibt, »die Position eines außerhalb stehenden Betrachters zu berücksichtigen«.[5] Vermeer schuf eine gesehene Welt, die nicht den Eindruck erweckt, in ihr nehme der Betrachter eine ganz bestimmte Stellung ein, eine Welt, die geformt ist durch »Licht und Schatten, durch die Oberfläche der Gegenstände, ihre Farben und Texturen«.[6]

Alle, die mit der Perspektive experimentiert haben, gingen von der Voraussetzung aus, daß die Dinge so lange vage, unscharf, zusammenhanglos in einer Art von Niemandsland schweben, bis der Maler sie arrangiert. Sie alle wußten auch, daß sie für die perspektivischen Kunstgriffe mit einem Stück Wahrheit bezahlen mußten, zum Beispiel in der Verkürzung. So unterstreicht Vermeers *Ansicht von Delft* durch die Präzision ihrer Perspektive die Tatsache, daß es sich sich hier um eine hergestellte und nicht um eine vorgefundene Ansicht handelt. Aber die Wahrnehmung der gesehenen Welt begibt sich auf eine Reise, die aus dem besitzergreifenden Selbst hinausführt. Daß er solche Reisewege mit den Mitteln der Perspektive gebahnt hat, darin bestand die Leistung, die Sixtus V. während der fünf Jahre vollbrachte, in denen er Rom erneuerte. Der vielleicht imposanteste dieser Reisewege begann an der Piazza del Popolo.

Die Piazza del Popolo ist der Ausgangspunkt und gleichsam das Scharnier eines Fächers von drei Straßen. Er wurde 1516 unter Papst Leo X. begonnen, gewann seine einzigartige Gestalt jedoch erst unter Sixtus V. Sein Architekt Domenico Fontana stellte hier 1589 einen Obelisken aus rotem Granit auf; im Jahr zuvor hatte er einen anderen weiter oben an der elegantesten Straße im damaligen Rom, der Via del Corso, aufgestellt, die die mittlere Speiche des Straßenfächers bildet. Von der Piazza del Popolo aus gesehen linker Hand hatte Sixtus eine ähnliche Straßenachse vorgesehen, die bis hin zu der Kirche S. Maria Maggiore führen sollte, wo er 1587 einen Obelisken hatte errichten lassen. Die Idee, daß das Auge den Körper auf diese Weise in Bewegung setzen kann, gewann nun bei all diesem Markieren und Straßenanlegen häufig die Oberhand über das religiöse Prinzip; als er die Achse von dem Obelisken auf der Piazza del Popolo bis zu der Baumasse von S. Maria Maggiore konzipiert hatte, erkannte Sixtus, daß er die Kirche mittels einer weiteren Straße in Richtung Westen, der Via Panisperna, mit einem Perspektivpunkt verbinden konnte, der errichtet worden war, lange bevor es in Rom überhaupt Kirchen gab: mit der Trajansäule. Nachdem Sixtus gestorben war, wurde die Piazza nach den gleichen Prinzipien einer auf Bewegung zielenden Wahrnehmung vollendet. Gegenüber dem Obelisken wurden zwischen 1662 und 1669 von Rainaldi, Bernini und Fontana zu beiden Seiten der Via del Corso zwei äußerlich identische Kirchen gebaut. Sie waren als Endpunkte der Straße gestaltet, ihre Fassaden gehen auf die Piazza und rahmen gleichsam den Blick die Straße hinunter. Aus der von Sixtus geplanten Achse nach S. Maria Maggiore wurde dann die Via del Babuino, die die Piazza del Popolo mit dem Fuß der Spanischen Treppe verbindet.

Als die Piazza del Popolo schließlich vollendet war, ermöglichte sie eine perspektivische Raumwahrnehmung, die der in Brunelleschis Florentiner Kirche genau entgegengesetzt war. Hier in der Stadt gibt es keinen besten Aussichtspunkt, keinen Punkt, an dem der Städter sich sagt: »Ich brauche mich nur *dort*hin zu stellen, dann sehe ich alles«. Statt dessen wird der Blick eine tunnelartige Straßenachse entlang mit fortgerissen, wird dann in eine andere umgelenkt, so wie sich der, der diese großartige Raumaufteilung ersonnen hat, durch das plötzliche Auftauchen eines heidnischen Obelisken von seinem Pilgerweg ablenken ließ; in diesem Stadtviertel von Rom regieren die Bewegungsgesetze der Perspektive ohne bestimmten, privilegierten Blickpunkt. Selbst die beiden Kirchen an der Piazza del Popolo bieten dem Auge keinen Ruhepunkt. Der intensive Eindruck, den der Platz hervorruft, rührt von der Art und Weise her, wie die Perspektive in der Stadt Bewegung erzeugt, wie sie den Menschen im Geflecht der Straßen über die

Genügsamkeit seiner Wahrnehmung hinaushebt, indem er Ausschau hält, wohin er sich nunmehr wenden soll, und dabei weiß, daß kein einzelner Blickpunkt dem Pilger die ganze Antwort gibt. Im allgemeinen führt man die Piazza del Popolo als Beispiel für eine »in sich geschlossene« Stadtplanung an, aber diese Geschlossenheit erzeugt rastlose Bewegung.

Nietzsche bezeichnete solche nicht-besitzergreifenden, erkundenden Wahrnehmungen als »Perspektivismus«. Darin schwingt ein Bewußtsein dafür mit, daß der Macht, welche die Menschen über das besitzen, was sie sehen, Grenzen gezogen sind. In diesem Sinne bildeten die Straßen der Spätrenaissance die Grundlage für ein Straßenleben, bei dem die Menschen sich umsehen, bei dem sie auf der Straße nach Entdeckungen Ausschau halten, die man mit dem Auge machen kann. Aber es vollzieht sich auf diesen Straßen mehr als ein bloß individueller Wahrnehmungsakt. Die Renaissancearchitekten, die diese Art von Perspektive im Sinne hatten, erhoben für die von ihnen geschaffenen Räume einen sehr viel höheren Anspruch; diese Erfinder erahnten in und mit ihren Entwürfen, gerade weil sich in ihnen die Grenzen menschlicher Herrschaft offenbarten, tragische Räume.

In einem berühmten Abschnitt seiner Untersuchung *Renaissance und Barock* hat der Kunsthistoriker Heinrich Wölfflin vor vielen Jahren erklärt:

> »Der Barock [...] will packen mit der Gewalt des Affects, unmittelbar, überwältigend. Was er giebt, ist nicht gleichmäßige Belebung, sondern Aufregung, Ekstase, Berauschung. Er geht aus auf einen Eindruck des Augenblicks, während die Renaissance langsamer und leiser, aber desto nachhaltiger wirkt. Man möchte ewig in ihrem Bezirk weilen.«[7]

Und dann bemerkt er: »Vom Barock erfahren wir momentan eine starke Wirkung, werden dann aber bald mit einer gewissen Ödigkeit entlassen.« Ein heutiger Betrachter würde die Renaissance und das Barock als Stile vielleicht nicht so scharf voneinander scheiden. Statt von »Ödigkeit« würde man vielleicht eher von »Verrückung«, »Unvollständigkeit«, »Ruhelosigkeit« sprechen.

Die Entwürfe, die sich an solchen Gesichtspunkten orientieren, verweisen auf sehr moderne Probleme; sie deuten an, wie die Erfahrungen des Andersseins, des unüberbrückbaren Unterschieds für das entwerfende Auge faßbar werden können. Sebastiano Serlio, ein Architekt, der die Renaissance mit dem Barock verknüpfte, berief sich in seinem Werk unverhohlen auf solche Andeutungen. Wie andere Architekten seiner Zeit, aber anders als die meisten heutigen, benutzte Serlio häufig das Theater als Laboratorium für die Anlage von Straßen. Er experimentierte mit Bühnenprospekten, Kulissen und sogar mit der Bühnenmaschinerie; aus dem, was sich auf der Bühne als wirksam erwies, ergaben sich oft Anhaltspunkte dafür, wie man in Bewegung befindliche Körper auf einer Straße organisieren konnte. Entweder im Jahre 1546 oder im Jahre 1551 schuf er eine Reihe von Entwürfen für Bühnenprospekte, darunter zwei Stadtansichten, die eine nannte er *Scena comica*, die andere *Scena tragica*.

Serlios »Komische Bühne« zeigt einen städtischen Platz, an den sich perspektivisch ein Straßenkorridor anschließt. Das Eigentümliche ist nun, daß dieser Korridor den Blick nicht weiter in die Ferne lockt, sondern auf den vorderen Teil des Bühnenbildes verweist: die profane, ganz und gar menschliche Handlung der Komödie spielt sich in der Nähe ab. Der Korridor auf Serlios Zeichnung wird von dem Portal und der Fassade einer Kirche nach hinten abgeschlossen; davor stehen schlichtere Gebäude, an denen verschiedene Dinge auf das häusliche Leben hinweisen. Die Straße mündet auf den Platz. Sie wird an dieser Stelle von zwei Häusern flankiert, die den Abschluß des Platzes bezeichnen; aber anders als die flankierenden Kirchen, die auf der Piazza del Popolo den Abschluß markieren, wirken diese Häuser wie wirkliche Barrieren. Vor ihnen, konzentriert auf dem Platz, wird sich die Handlung abspielen. Durch die Wirkung der Perspektive läßt Serlio das Nahe als das Irdische erscheinen.

Seine »Tragische Bühne« weist das Auge in immer weitere Fernen, so wie es die von Sixtus V. geschaffenen Straßen tun. Nichts indessen spielt in der *Scena tragica* auf das Christentum an. Am Ende der Straße erkennt man ein prächtiges Tor, auf dem eine heroische Skulptur mit einem Speer steht; dahinter führen einige kaum sichtbare Stufen vermutlich zu einer weiteren Straße auf einem anderen Niveau. Hinter und neben die heroische Skulptur hat Serlio einen Obelisken gesetzt, der diese Figur überragt.

Das Geniale an diesem Entwurf bekundet sich darin, wie Serlio den Obelisken plaziert hat. Er ist aus der durch die perspektivische Straßenachse gebildeten Fluchtlinie, die durch den Kopf des Kriegers auf dem Tor führt, nach der Seite verschoben; der Regelmäßigkeit des ganzen Prospekts widerspricht die Kugel des seitlich versetzt hinter dem Krieger stehenden Obelisken, die einen anderen Fluchtpunkt markiert. Das Auge, das den Horizont anschaut, wird hierdurch gestört, und diese Störung wirkt zurück auf die breite, prächtige Straße. Auch ihre Massivität wird durch das Spiel der Perspektive verschoben; der Blick kann die Ordnung der Steine mit der Ordnung des Raums nicht in Einklang bringen und wechselt deshalb zwischen den Dimensionen hin und her – so wie das Auge auch auf der Piazza del Popolo mit ihrem Straßenfächer ruhelos ist –: ein perspektivischer Raum, der den Betrachter erfahren läßt, daß jeder Blickpunkt für sich genommen unzureichend bleibt, ein Raum der Verschiebung.

Serlios Entwurf wurde teilweise realisiert in dem großartigen, von seinem Schöpfer nicht ganz vollendeten Teatro Olimpico, das Andrea Palladio im Jahre 1580 an der Piazza Matteotti in Vicenza begann. Das Teatro Olimpico ist ein Amphitheater mit steil ansteigenden Sitzreihen gegenüber einer Proszeniumsbühne. Palladio gestaltete die Schauwand der Bühne, die *scenae frons*, wie die Wand eines Hauses. Die Fassade ist reich geschmückt mit Statuen, die die Auftraggeber, die Mitglieder der Olympischen Akademie von Vicenza, in römischen Gewändern darstellen. Die Figuren stehen in Nischen, die in zwei Geschossen übereinander angeordnet sind; ein drittes Geschoß über diesen lokalen Würdenträgern enthält eine Folge von Flachreliefs mit Szenen aus dem Leben des Herkules. Eindrucksvoll ist diese Proszeniumswand vor allem durch die Öffnungen, die Palladio vorgesehen hat: ein großes Bogenportal in der Mitte, das von zwei kleineren, nach oben waagerecht abschließenden Portalen flankiert wird. Durch diese Öffnungen erblickt man Straßenszenen von der Art, wie Serlio sie mit seinen Prospekten entworfen hat. Über Palladios Vorstellungen vom Ausbau der rückwärtigen Bühne wissen wir nur von einer Skizze der Bühnenwand aus dem Jahre 1580. Vier Jahre später kaufte die Olympische Akademie das Gebäude hinter dem Theater, und nun konnte der Bereich hinter der Bühne vergrößert werden, wie es Palladios Skizze schon vorsah. Diese Arbeit übernahm 1584 der Architekt Vincenzo Scamozzi. Er baute drei Straßenperspektiven, die scheinbar endlos in die Ferne zurückweichen, in Wirklichkeit aber nur fünfundvierzig Meter lang sind.

Scamozzi hat hier ein Meisterstück in der perspektivischen Beherrschung des Raums durch Verkürzung zuwege gebracht. Doch dieser Meister der perspektivischen Präzision sah mit denselben Augen wie Serlio. Die Dächer der Häuser, die die mittlere Straße säumen, werden von Obelisken überragt, so daß das Auge, das diesen Tunnel entlangblickt, irritiert wird. Es geschieht etwas, das sich der Kontrolle durch die Perspektive entzieht: der Blick schnellt zu den Obelisken über den Häusern hoch, statt in gleichmäßiger Bewegung in den endlos zurückweichenden Raum zwischen ihnen hinauszuwandern. Dieses Bühnenbild war nach Scamozzis Auffassung dem ersten Stück, das die Olympische Akademie aufführte, *Oedipus Rex* von Sophokles, angemessen.

Für seine *Scena tragica* hat Serlio einen passenden Namen gefunden. Die klassischen Tragödien, die auf dieser Bühne gespielt werden sollten, erzählten von Menschen, die erfahren, wo die Grenzen menschlichen Begreifens und menschlichen Strebens liegen. Serlio, Palladio und Scamozzi schufen ein Bühnenbild, das die gleiche Botschaft visuell vermittelte, durch die Wirkung der Perspektive, durch die Kraft, mit der die Perspektive den Menschen auch dort noch fesselt, wo sie über den Herrschaftsbereich seiner Wahrnehmungen hinausreicht. Vielleicht war das, was Wölfflin im Schwung des Barock wahrnahm, weniger »Ödigkeit« als dieser Hinweis auf die Grenzen des Selbstentwurfs des Menschen.

»Anti-Humanismus« im Sinne von Arendt, Sartre und ihren Nachfolgern ist ein Wort, das man sich reiflich überlegen sollte. Denn die Humanisten der Renaissance geben Beispiele für eine Art von visueller Provokation, der man in der modernen Stadtarchitektur kaum jemals begegnet. Sie konnten diese visuelle Provokation zugleich unmittelbar als eine ethische Vision auffassen. Das

Auge, das Grenzen, Unvollkommenheit, Anderssein wahrnahm, hatte sich auf die okulare Erfahrung des Tragischen eingelassen.

Serlios »tragische Szenerie« der Stadt spiegelt sich auch in einer bestimmten modernen Ausformung eines »Die-Welt-wird-gesehen«. Als Marcel Proust im Mai 1921 bei einer Ausstellung im Jeu de Paume in Paris vor Vermeers *Ansicht von Delft* stand, da gab ihm dieses Bild, in dem Distanz und Farbigkeit in vollkommener Weise aufeinander abgestimmt sind, Anregungen für seinen eigenen Roman. Proust läßt eine der Romanfiguren, die sein Selbst verkörpern, den Schriftsteller Bergotte, diese Ausstellung besuchen, die ihn todkrank macht. Er stirbt, so schreibt Proust, wegen einer »kleinen gelben Mauerecke unter einem Dachvorsprung«, und doch sagt er, Bergotte werde nach dem Anblick der tödlichen Ansicht von Delft möglicherweise auferstehen.[8] Die Episode erinnert an die Worte, mit denen Henry James die Vision von John Marcher auf dem Friedhof schilderte: »endlich hatte er aus sich herausgesehen«. Diese Worte haben eine buchstäbliche und eine metaphorische Bedeutung.

Am Schluß von *Die wiedergefundene Zeit* erklärt Prousts Erzähler:

> »Nicht nur ist einem jeden bewußt, daß wir einen Platz in der Zeit einnehmen, sondern auch der schlichteste Geist ermißt annähernd diesen Platz, wie er den, den wir im Raum einnehmen, ebenfalls schätzen würde [...].«[9]

Schmerz, Verfehlungen, Verletzungen zu vergessen ist ganz einfach; am wohlsten fühlen sich die meisten Menschen, wenn sie ihre Erinnerung beiseite schieben. Der Erzähler entschließt sich, von seinem Krankenbett aus eine Geschichte zu erzählen, die sich diesen beiseite geschobenen Erinnerungen stellt. Er erzählt seine Geschichte und bedient sich dabei des Raums, indem er Plätze heraufbeschwört, so daß die Menschen erkennen, was das Gedächtnis beiseite geschoben hat; in dieser Geschichte, so schreibt er,

> »[...] würde ich doch wenigstens darauf bedacht sein, den Menschen darin nicht nach dem Längenausmaß seines Körpers, sondern seiner Jahre zu schildern: als ein Wesen, das – eine Auf-

gabe, die immer lastender wird und der es schließlich erliegt – sie mit sich schleppen muß, wenn es im Raum seine Stellung verändert.«[10]

Am Niedergang einer Straße, daran, wie sich die Schauplätze der Prostitution in der Stadt verlagern, oder in den Wandlungen, die die Häuser seiner Kindheit durchmachen, zeigt Prousts Erzähler die Beschränkungen, denen der Versuch unterliegt, das Leben durch die Erinnerung zu einem zusammenhängenden Ganzen zu formen.

Die städtebaulichen Projekte von Sixtus V. bezeugen, wie mit Hilfe eines konkreten Gegenstandes, des Obelisken, ein ruheloser, problematischer Raum geschaffen werden kann. Es ist dies ein Raum der Entdeckung und Erkundung. Serlios *Scena tragica* ist eine Mahnung, die sich aus diesem Raum ableitet, die Erfindung eines perspektivischen Raumes, in dem die Perspektive über die einfache Ausübung von Herrschaft hinausgeht. Wie artikuliert sich diese humane, tragische Vision der Vergangenheit in unserer Gegenwart?

Die Vierzehnte Straße

Die Vierzehnte Straße verläuft quer durch Manhattan, vom East River zum Hudson River. Sie gehört zum Straßengitter von Manhattan, ist ganz gerade und sehr lang, und ihre Mitte wird von einem großen Park markiert, dem Union Square. Die neuere Geschichte dieses Platzes und seiner Bauten könnte man als einen Versuch bezeichnen, direkt an das visuelle Erbe von Rom in der Zeit Sixtus' V. anzuknüpfen. Die Architekten, die an diesem Platz und seiner Umgebung gearbeitet haben, waren bestrebt, die Menschen von der Straße auf den Platz zu locken, und zwar mit Hilfe des gleichen perspektivischen Magnetismus, den Sixtus gebrauchte. Sie haben den ernsthaften Versuch gemacht, Menschen mit Hilfe von Signalen und Markierungen anzuziehen, dergestalt, daß Arme und Reiche sich mischen. Aber mit diesen visuellen Mitteln haben sie ihre soziale Absicht nicht erreicht.

Der Park auf dem Union Square selbst wurde kürzlich neu gestaltet. Das Innere des Parks wurde geöffnet, die Büsche an den Rändern wurden beseitigt, um den Drogenhandel zu unterbinden, der in ihrem Schutz stattfinden konnte. Man hat versucht, den Platz von der zur Vierzehnten Straße gelegenen Seite her perspektivisch zu gliedern. Wenn man auf der Vierzehnten Straße vor dem früheren Kaufhaus Mays steht und in den Park hineinblickt, dann wird das Auge über eine Rampe aus abschüssigen Stufen auf das etwa ein Meter zwanzig über der Straße liegende Niveau des Parks hinaufgeführt; durch den Park sind Pfade gezogen, so daß man im hinteren Teil eine Kolonnade erblickt, und an diesem isoliert dastehenden Stück Scheinarchitektur hält der Blick inne. Die Geste, das Auge ein wenig aufwärts und dann in einer Perspektive auf ein im Hintergrund gelegenes Monument zu verweisen, das als Horizont dient, läßt sich bis auf die Anlage des Kapitolsplatzes in Rom zurückverfolgen. Doch der förmlichen Einladung an das Auge kann der Körper des New Yorkers nicht Folge leisten. Der Zugang zu dieser Rampe von der gegenüberliegenden Straßenseite ist durch den Verkehr praktisch versperrt. Um auf den Union Square zu gelangen, müssen die meisten Leute ziemlich bescheidene Nebeneingänge benutzen. Außerdem nehmen nur wenige die Einladung an; der Park ist tagsüber wenig bevölkert und nachts leer.

An der Südostseite des erneuerten Parks ist ein riesiger Gebäudekomplex in die Höhe gewachsen, die Zeckendorf Towers, vier Apartmenthochhäuser, die auf einen Block aus Büro- und Ladenräumen gestellt sind, dessen Front auf die Vierzehnte Straße und den Park geht. Die Planungsgruppe der Zeckendorf Towers hat den vier Türmen das Aussehen von riesigen Obelisken verliehen, indem sie die aus Ziegelstein gebauten Häuser in obeliskartigen, spitzen Aufsätzen aus Metall enden läßt (wobei der Büro- und Geschäftskomplex als gemeinsamer Sockel dient). Der Einladung zum Nähertreten, die von diesen Obelisken ausgeht, wird aber sogleich durch die Art und Weise widersprochen, wie die Zeckendorf Towers angelegt sind und wie sie genutzt werden können. Die Apartmenttrakte betritt man durch einen versteckten Eingang an der Fünfzehnten Straße. Auch ein Supermarkt verbirgt sich innerhalb des Gebäudes, wo die Bewohner selbst einkaufen können, ohne daß Käufer von außerhalb angelockt werden. Zum Union Square hin weist der Bürosockel eine riesige, mit Granit verkleidete Atrium-Lobby auf, aus der das Wachpersonal die Leute vertreibt, die dort nichts zu suchen haben.

Die Vierzehnte Straße umfaßt ungewöhnlich viele architektonische Zitate, die an die stadtplanerischen Traditionen der Spätrenaissance und des Frühbarock anknüpfen. In einer Hinsicht bezeugen diese Anspielungen sowohl auf dem Union Square als auch bei den angrenzenden Hochhäusern eine einfache Tatsache: man kann den Geist der Vergangenheit nicht zurückgewinnen, indem man ihre Formen zitiert. Aber den Lehren der Humanisten in bezug auf die Straße begegnet man hier auch in einer anderen, moderneren Version.

Am östlichen Ende der Vierzehnten Straße liegt ein riesiges Elektrizitätswerk, ein trostloser Ort, der seine eigene herbe Schönheit besitzt, wenn die Sonne in völlig unerwarteten Winkeln von den freiliegenden Rohren gespiegelt wird, die sich dort zehn Stockwerke hochwinden. In den Imbißstuben der Umgebung trifft man immer wieder auf eine Gruppe älterer Stammgäste, Männer, die früher in dem Werk gearbeitet haben und in ihren Erinnerungen und ihrem Geplauder noch immer dort tätig sind. Südlich der Vierzehnten Straße beginnt die Lower East Side der Einwanderer. Vor dreißig Jahren säumten diese Straßenseite die Läden von polnischen Metzgern und russischen Bäckern. Gegenüber auf der Nordseite liegt die Stuyvesant Town, eine Ansammlung von künstlichen Hügeln, Tälern und Wohnhäusern, die der Stadt in den späten vierziger Jahren beschert wurde, eine Mustersiedlung, die denen, die sich aus den Slums befreien konnten, zeigen sollte, wie ein gutes Leben aussieht. Zur Vierzehnten Straße hin wurde sie durch eine vier Meter hohe Mauer von der Lower East Side getrennt, und die wenigen Gebäude der »Town«, die an die Straße grenzten, boten keinen einladenden Eingang. Die Trennung wird noch verstärkt durch etwas, das in Manhattan Seltenheitswert hat – durch einen Streifen mit Parkplätzen; die Reihen geparkter Autos auf beiden Seiten fungierten als zusätzliche Barriere zwischen dem alten und dem neuen Leben.

Im Laufe der Zeit ist diese Schranke zerbröckelt. An die Stelle der polnischen Metzger und russischen Bäcker sind Bodegas und Filialen von Ladenketten getreten, deren Kundschaft vornehmlich aus spanischsprachigen Leuten besteht, die in die Siedlung gezogen sind. Die Mauern der Stuyvesant Town sind buchstäblich untergraben worden; unter dem Grashügel, den die Bewohner aus ihren Fenstern sehen, liegt ein Klinikzentrum. An schönen Abenden drängen sich auf dem Parkstreifen Familien, die ihn als Spazierweg nutzen, Familien aus den Mietshäusern unterhalb der Vierzehnten Straße und Familien aller ethnischen und rassischen Gruppen aus der Siedlung. Nicht aufgrund von Protesten der armen Slum-Bevölkerung gegen die vergleichsweise privilegierten Kleinbürger wurde diese Schranke niedergelegt. Im einen Jahr spielten die mutigsten Kinder zwischen den parkenden Autos, im nächsten lehnten hier an schwülwarmen Sommerabenden schon kleine Gruppen von Leuten an den Wagen, tranken ihr Bier und plauderten. Die Vergangenheit zerfiel zu kleinen Bruchstücken von Geselligkeit in der Gegenwart. Niemand hat diese Vermischung beabsichtigt, und niemand spricht darüber; sie ist kein politisches Ereignis, wie Hannah Arendt es sich vielleicht vorgestellt hätte, und es hatte auch kein Stadtplaner die Hand im Spiel.

Die Vermischung wird noch deutlicher, wenn man auf der Vierzehnten Straße in Richtung des Zentrums geht. Die noch vorhandenen osteuropäischen Läden verkaufen ihre Ware an alte Leute, die noch in den nahe gelegenen Slums wohnen, aber die spanischsprachigen Menschen in den Läden, in denen Stoff für Kleider und Röcke vom Ballen, Billighemden und gebrauchte Nähmaschinen verkauft werden, sind aus der ganzen Stadt hierhergekommen; die Vierzehnte Straße ist für alle U-Bahnlinien eine wichtige Station. Jugendliche aus Puerto Rico, Kolumbien und Haiti und zwischen ihnen alte Polen. Und über diesen Läden befinden sich in provisorischen zellenartigen Räumen die Büros der Ärzte und Anwälte, die den »Hispanics« und den betagten Europäern ihre Dienste anbieten.

Dort, wo die Vierzehnte Straße die Third Avenue kreuzt, erkennt man sehr deutlich, worin sich diese Straße von der unterscheidet, die zu den französischen Restaurants in Midtown führt.

Wenn man in Richtung des Kraftwerks zurückblickt, sieht man weniger dramatische Unterschiede, als wenn man die Third Avenue hinaufblickt. Man sieht nur verschiedene Arten von armen Leuten. Aber die Unterschiede entlang der Third Avenue sind linear angesiedelt, sie betreffen das Nacheinander der verschiedenen Abschnitte dieser Straße; hier hingegen überlagern sich die Unterschiede an einem Ort. Zwar holen sich die alten Russen kaum Rat bei den spanischen Rechtsanwälten in den schmuddeligen Obergeschossen der Gebäude an der Vierzehnten Straße, aber auf den gleichen staubigen Korridoren haben auch ihre eigenen Anwälte und Ärzte ihre Praxen. Die Spanier und Russen, die sich hier mischen, sind nur durch dünne Trennwände voneinander geschieden. Hier entfaltet die Wahrnehmung des Gleichzeitigen ihre volle Kraft, ganz anderes als bei den linearen Wahrnehmungen während meines Spaziergangs zum Restaurant. Diese Straße ist durch Überlagerung geprägt.

Diese Überlagerung von Unterschieden schafft das eigentliche humane Zentrum der Vierzehnten Straße auf der Strecke zwischen der Fourth Avenue und der Sixth Avenue. Hier werden Elektronikartikel, Reisetaschen und Koffer, Schmuck und Kleider als Billigangebot oder vom »grauen Markt« hauptsächlich an Schwarze, Latinos und arme Weiße verkauft. Auf diesem Abschnitt der Straße begegnet man einem merkwürdigen Phänomen. In New York ist es einem Ladenbesitzer gestattet, seine Schaufenstervitrine oder seine Auslagen vierzig Zentimeter über die Front seines Ladens auf den Bürgersteig hinausragen zu lassen. Einige Kaufleute vermieten diese Vierzig-Zentimeter-Streifen an Straßenhändler, deren Angebote vom grauen oder vom schwarzen Markt stammen. Und auch auf der gegenüberliegenden Seite des Bürgersteigs, direkt am Straßenrand, zahlen die Händler dafür, daß sie dort Decken ausbreiten dürfen, auf denen sie »fast neue« Waren feilbieten, also zum Beispiel ein Radio, auf dem noch die Fingerabdrücke eines Kindes sind, das dieses Radio vor kurzem irgendwo geklaut hat.

Die Fragwürdigkeiten der Vierzehnten Straße erwecken im Beobachter zwiespältige Gefühle: die Klienten der Anwälte und Ärzte in den hochgelegenen Praxen sterben aus, oder sie werden von der Immobilienökonomie der Stadt verdrängt. Die Geschäfte selbst können sich nur in einem mörderischen Konkurrenzkampf halten, aber auch so gleicht der Handel einem Flickenteppich, der ständig neu zusammengesetzt wird: die Schaufensterfronten ähneln einem ruinierten Gebiß – zwischen hellem Spiegelglas klaffen die Löcher geschwärzter Scheiben. Die meisten Versuche, für diese Straße ein soziales Umfeld zu schaffen, sind, soweit sie nicht mit dem Konsum zu tun haben, gescheitert; den Kirchen an beiden Enden der Vierzehnten Straße ist es nicht gelungen, größere Gemeinden an sich zu binden. Es gibt ein Rekrutierungsbüro der Army, das Jugendliche von der Straße holen soll, doch nur wenige nehmen das Angebot wahr. Weil die Straße eine Drehscheibe für gestohlene Waren oder Waren vom »grauen Markt« ist (die Händler erwerben sie legal von auf Schmuggelware spezialisierten Grossisten, die weiter »uptown« logieren und stille Teilhaber der Straßenhändler sind), wimmelt sie von Teilzeit-Strolchen, die nicht zäh genug wirken, um im Drogenhandel zu bestehen.

Die Schwierigkeit, hier zu überleben, hat die Bewohner dazu veranlaßt, bestimmte Grenzen zu vereinbaren, Grenzen, durch die sie eine enge Bindung an die Straße bewahren, auch wenn irgendwelche Propheten des Profits, meist Brüder oder Neffen, die in die Außenbezirke gezogen sind, den Zurückgebliebenen immer wieder geduldig erklären, daß sie in einer weniger anstrengenden Umgebung mehr verdienen könnten. In mancher Hinsicht schützen sich die Konkurrenten auf der Straße gegenseitig; der Widerstand gegen Schutzgeldforderungen der Mafia oder der Polizei ist inzwischen ziemlich gut organisiert. Ein Ladendieb, der aus einem der Geschäfte flieht, läuft Gefahr, daß er auch von anderen Ladeninhabern verfolgt wird. Nach einiger Zeit sieht man auch, wie viele Kinder es hier gibt – dem flüchtigen Blick bleiben sie verborgen. Es sind die Kinder der Ladenbesitzer und der Käufer, die hier alle möglichen Nischen und Schlupfwinkel gefunden haben. Sie spielen zwischen den parkenden Autos und Lieferwagen; eine Straße voller Kinder, die ständig in Bewegung sind. Diese Kinder passen sich ihrer Umgebung an, indem sie lernen, mit den Augen zu signalisieren, daß sie es freundlich meinen, und mit dem Körper denen aus dem Weg zu gehen, die aussehen, als suchten sie Streit.

Dabei können sie nicht wirklich weggehen, denn sie müssen ja in der Nähe ihrer Eltern bleiben; sie können dies nur durch die Art und Weise bewerkstelligen, wie sie an ganz bestimmten Stellen umhergehen und wie sie mit ihren Armen schlenkern. Es ist eine Straße, auf der die Menschen die Grenzen, an denen sie aufeinanderstoßen, ständig verändern und anpassen – mit ihren Augen und ihren Körpern. Dieses Leben ist in vieler Hinsicht nur deshalb möglich, weil nicht darüber gesprochen wird – auch dies eine Überlagerung: das Gesagte und das Ungesagte sind übereinandergeschichtet. Das Leben auf der Vierzehnten Straße beruht nicht auf einem einmal hergestellten Gleichgewicht. Es befindet sich in ständigem Fluß, zum Beispiel im Hinblick darauf, wer sich um wen kümmert und wer wen ausnutzt, etwa wenn der Preis für den illegal an einen Straßenhändler vermieteten Vierzig-Zentimeter-Streifen plötzlich verdreifacht wird, weil der Straßenhändler einen guten Tag hat. Dies sind die irdischen, allzu irdischen Elemente jener Komplexität, die mit dem Begriff »Anderssein« gemeint sind. Wenn man an die Straßen zurückdenkt, die der jüngere John Wood geplant hat, dann zeigt sich sofort, worin die Eigenart des Andersseins auf der Vierzehnten Straße besteht. Statt mit einer Menschenmenge, die sich zerstreut, haben wir es hier mit einer Menge zu tun, die interagiert.

Das Anderssein auf der Vierzehnten Straße bringt wieder das hervor, wonach Serlio in seiner *Scena tragica* strebte. Die Erfahrung der Straße zieht Grenzen zwischen den Menschen. Aber der Humanismus eines Sixtus V., eines Serlio, eines Palladio, eines Scamozzi wurde durch Plan und Entwurf inszeniert. Die Überlagerung auf der Vierzehnten Straße hat keinen Architekten. Mehr noch, diese Straße ist unzweifelhaft voller Leben, aber dieses Leben ist aufs Überleben ausgerichtet; der Austausch, der Handel, das Geschäft vollziehen sich unreflektiert.

Trotzdem ist auf der Vierzehnten Straße ein gestalterisches Prinzip am Werke: die Zerbrechung der linearen Abfolge. Insofern gleicht sie der Geschichte, die uns James Baldwin erzählt hat. Die Planungsirrtümer, die auf dem Union Square und in seiner Umgebung in Erscheinung treten, wecken in vielen Beobachtern die entgegengesetzte Ansicht, daß nämlich »Leben« gleichbedeutend sei mit Spontaneität, daß sich Straßenleben nicht planen lasse. Die Tatsache, daß die Umgangsformen auf einer Straße in einem Arbeiterbezirk keinen Architekten haben, scheint diese Ansicht zu bestätigen. An dieser Stelle aber kann man die in Baldwins Essay geschilderte ethische Reise vielleicht tatsächlich in die Dimension des Raumes übertragen. Auf dieser Reise wurde der Drang des Protagonisten zur Selbstbehauptung und Selbstvergewisserung gezügelt, und dabei entstand ein neues Bewußtsein vom Anderen, ein ähnlicher Prozeß, wie er sich auch in Serlios *Scena tragica* vollzieht. Aber diese Darstellung ist ihrer Form nach mehr als ein neutraler Bericht; sie ist ein von großer Geschicklichkeit zeugendes Kunstwerk, und durch den Aufschub der Katharsis macht die Kunst aus dieser Reise ein Geschehen, das der Leser miterleben kann.

Das Prinzip der Zerbrechung der Linearität, das Prinzip der Überlagerung von Unterschieden auf einer Straße, ist im heutigen Städtebau schwer faßbar. Als flüchtig hat es sich aufgrund eines zweiten gestalterischen Prinzips erwiesen, das ebenfalls in Baldwins Geschichte zum Vorschein kommt. Das, wonach die Architekten suchen, wenn sie die Entdeckung der Anderen auf der Straße befördern wollen, hat etwas mit der *Zeit* zu tun. Sigfried Giedion hat behauptet, Zeiterfahrung lasse sich architektonisch und städtebaulich gestalten – und für ihn betraf diese Erfahrung die freie, kohärente Bewegung. Die Wirkung von Baldwins Essay beruht darauf, daß er die narrative Kohärenz aufbricht. Wenn die Überlagerung der Unterschiede eine notwendige Bedingung für die Inszenierung eines Bewußtseins von Zusammenhang zwischen den Menschen auf der Straße darstellt, ist dann vielleicht das Zerbrechen der kohärenten Zeit eine komplementäre, hinreichende Bedingung? Und kann der Architekt vielleicht gerade dieses Zerbrechen der kohärenten Zeit planen? Diese Fragen wirken abstrakt, aber aus der Vergangenheit läßt sich wiederum manches über ihre gegenwärtige Aktualität ermitteln.

7. Kapitel: Plätze voller Zeit

Le Corbusier und Léger in New York

In seinem Buch *Quand les cathédrales étaient blanches*, einem Bericht über eine Reise, die ihn 1935 nach New York führte, bemerkt Le Corbusier, die Amerikaner im allgemeinen und besonders die New Yorker liebten die Maschinen mehr als ihre Mitmenschen, und er findet das gut so. Amerikanische Städte seien Maschinen, Straßengitter-Maschinen und Wolkenkratzer-Maschinen; in ihnen fühlten wir uns rein, leer und frei. »Die Straßen verlaufen im rechten Winkel zueinander, und der Geist ist befreit.«[1] Die U-Bahnen, die Neonreklamen und die Brooklyn Bridge offenbarten nicht viel von der Lebensart und dem Lebenswandel der Einwohner von New York, die schließlich auch nur Amerikaner seien. Aber der Preßlufthammer sei ein Wunder.

Der Titel, den Le Corbusier für seinen Bericht wählte, war nicht bloß ein wunderlicher Einfall: in der Liebe zum Preßlufthammer, auch wenn er von einem Amerikaner geführt wird, kommt ein Glaube zum Ausdruck, der hinter dem des nach Vollkommenheit strebenden mittelalterlichen Kirchenbaumeisters nicht zurücksteht. Aber Le Corbusier hat dem Akt des Glaubens einen neuen Inhalt gegeben: die Menschen können die Natur durch Erfindung praktisch auslöschen. Zu diesem Zeitpunkt liebte Le Corbusier schnelle, chromverzierte Autos, Sessel aus Leder und verchromtem Stahl, an denen keine Naht und kein Stich sichtbar waren, und Aufzüge, die so ruhig liefen, daß man die Bewegung nicht bemerkte. Diese Objekte transzendieren die Fehlbarkeit des menschlichen Körpers, oder sie löschen den Widerstand von Wind, Haut und Schwerkraft aus.

Wäre Le Corbusier während seines Aufenthalts in New York im Jahre 1935 ins Kino gegangen, so hätte er dort ein populäres, eigenartiges Spiegelbild seines glatten Urbanismus sehen können. In vielen Filmen, die damals in New York gezeigt wurden und die für ein Publikum bestimmt waren, das den durch die Weltwirtschaftskrise hervorgerufenen Nöten zu entkommen wünschte, konnte man immer wieder verchromte Cocktail-Shaker und verchromte Autos sehen. In diesen Filmen versammeln sich immer wieder geistreiche Leute in jenem eigenartigen New Yorker Palast, dem Penthouse hoch über der Stadt, dessen Glaswände sich auf eine Dachterrasse voller Pflanzen öffnen, während der von unten heraufdringende Straßenlärm von dem Pianisten am weißen Flügel übertönt wird. Mit Bühnenmaschinerie und Kulissen wurde ein großer Aufwand getrieben, und oft, zum Beispiel in den Shows von Busby Berkeley, ging es vor allem um das Vorzeigen, die Zurschaustellung; die Möbel, das Service, der weiße Flügel und die Penthouse-Terrasse waren wichtiger als Dialog und Handlung: modische, auf »modern« getrimmte Gegenstände wurden sehr bewußt eingesetzt. Diese Filme sollten ablenken von den Schlangen der Bedürftigen vor den öffentlichen Lebensmittelausgabestellen auf der Straße. Die Wirtschaftskatastrophe mobilisierte die Sehnsucht nach Erholung bei glatten, vollkommenen Dingen. Der Architekt und der Arbeitslose – beide, wenn auch aus unterschiedlichen Gründen, von dem Wunsch getrieben, das Bestehende zu transzendieren – träumten den gleichen Traum von einer Stadt aus Chrom.

Sigfried Giedion galt die moderne Architektur, für die er sich engagierte, als eine Offenbarung der Einheit von Raum und Zeit. Wir haben die unbeabsichtigte Folge dieses Strebens nach Einheit gesehen: ein Objekt, dem innere Kohärenz verliehen wird, wirkt wie herausgelöst aus der notwendigerweise unvollständigen, unordentlichen, unaufgeräumten Welt, die es umgibt. Der Kontrast zwischen der Ästhetik der Einheit und dem Charakter der Gesellschaft wird von Bauten, wie Mies van der Rohe sie schuf, deutlich markiert: das Erhabene ist vom Gesellschaftlichen durch eine tiefe Kluft getrennt.

Die Maschine aus Le Corbusiers Traum vertieft diese Kluft noch weiter. Le Corbusier widersetzte sich mit seiner Arbeit der Art und Weise, wie Zeit im städtischen Raum im allgemeinen wahrgenommen wird. Die Fassaden alter Häuser, das abgetretene

Straßenpflaster bezeugen, daß unser Dasein nicht mehr und nicht weniger ist als etwas, das der Vergangenheit hinzugefügt wird. Le Corbusier lehnte dieses Zeugnis ab; nach seiner Vorstellung sollte die moderne Architektur, die nach Bewegungsfreiheit in der vollkommen koordinierten Form strebte, die historische Zeit in der Stadt tilgen.

Le Corbusiers wahrscheinlich bekanntester Vorschlag, Geschichte durch Neutralisierung zu entkräften, ist der Plan Voisin, den er 1925 für Paris entwickelte. Dieser Plan hätte das mittelalterliche Stadtviertel Marais dem Erdboden gleichgemacht. Anstelle des tausend Jahre alten Häuserwirrwarrs wollte Le Corbusier riesige Hochhäuser mit kreuzförmigem Grundriß auf einem Gitternetz errichten. Dabei war es ihm ziemlich gleichgültig, daß sein Plan Voisin immense Zerstörungen einschloß: »das wichtigste Ziel ist das Manifest«.[2] Die Hochhäuser mit dem kreuzförmigen Grundriß sind als architektonischer Ausdruck der Maschinenproduktion gedacht; sie sind beliebig wiederholbar. Insofern bilden sie ein unabgeschlossenes Gitter vom modernen Typus; dem Plan Voisin sind keine Schranken gesetzt, er könnte sich auf das Marais ebenso wie auf ganz Paris erstrecken. Der planerische Akt wendet sich dagegen, wie menschliches Wohnen und Leben sich in alternden Steinen und Häusern niederschlägt und in ihnen festgehalten wird.

Die Maschine wurde in diesem Plan noch auf eine andere Weise wirksam. Le Corbusier verwendet, um ein anschauliches Bild von seinen Hochhäusern zu geben, eine extreme Perspektive, er zeichnet seine Stadt aus der Sicht eines Menschen, der sie im Flugzeug überfliegt. Der Blick von oben auf ein Gebäude ist in der Architekturzeichnung durchaus gebräuchlich, wenn es darum geht, eine Gesamtansicht zu gewinnen, aber Le Corbusier hat diese Konvention überzogen, indem er den Betrachter so hoch in den Himmel hebt, daß es unmöglich wird, Einzelheiten an den Bauten zu erkennen; man sieht vor allem, wie die kreuzförmigen Grundrisse in der Wiederholung wirken. So gehen in Le Corbusiers Manifest historische Beziehungen und konkrete Details verloren; sein Plan ist der Inbegriff einer gleichsam körperlosen, neutralen Stadt.

Der Plan Voisin wurde zum Prototyp eines Städtebaus mit der

Planierraupe, der das Aussehen vieler Städte auf der ganzen Welt entstellt hat. Die Destruktivität Le Corbusiers, die in diesem Plan zum Ausdruck kommt, hat, wie man einräumen muß, eine verständliche und vielleicht sogar sympathische Wurzel. Die Architekten seiner Generation waren es leid, die Vergangenheit zu zitieren, modernen Gebäuden den Anschein von gotischen Burgen oder Renaissancepalästen zu verleihen. Und das Beharren des 19. Jahrhunderts auf Gemütlichkeit und Überschaubarkeit wirkte in der Architektur genauso lähmend wie in der Literatur. Die englischen Gartenstädte und Grüngürtel-Siedlungen von Ebenezer Howard und seinen Nachfolgern lieferten ein deutliches Beispiel für diese tote Last; sie waren ehrenwerte, gesunde, langweilige Vorortsiedlungen, die vor allem eines bekräftigen wollten: daß das Leben aus Behaglichkeit besteht. Der Preßlufthammer und das »cartesianische Auge« wirkten wie eine Befreiuung von diesem gutgemeinten Provinzialismus.

Der »Anti-Humanismus«, den Le Corbusier nach eigenem Bekenntnis an diesem Punkt seines Lebens empfand, richtete sich gegen ein ganz bestimmtes Übel in der Stadt: gegen die Straße. Im Plan Voisin ist die Straße ein Ort für Lieferwagen und Taxis, nicht für Menschen. 1929 erklärte Le Corbusier: »Die Straße ermüdet uns, und im Grunde erfüllt sie uns mit Abscheu.« Ein paar Jahre später sollte Sigfried Giedion verkünden: »Als erstes muß der Straßenkorridor mit seinen starren Gebäudefronten und seiner Vermischung von Verkehr, Fußgängern und Häusern abgeschafft werden.«[3] Als Le Corbusier nach New York kam, suchte er natürlich nach Bestätigung für sein Manifest. Einem jungen Freund gegenüber meinte er bei seiner Ankunft: »Sie haben hier die erste wirklich abstrakte Stadt.« In New York, das nach seiner Ansicht ohne dauerhafte architektonische Vergangenheit war, in dieser Stadt mit ihren aus dem Boden gestampften Hochhäusern, dem Gitternetz der immergleichen Häuserblocks, den Straßen voller Busse, Hochbahnen, Lastwagen und Autos war zum erstenmal eine *urbs* entstanden, die mit den Ansprüchen der toten europäischen *civitas* gebrochen hatte. Man sollte allerdings hinzufügen, daß Le Corbusier nach dem Zweiten Weltkrieg und, wie ich vermute, wegen dieses Krieges seine Anschauungen änderte: der Erbauer der sanften

Stadt Tschandigarh in Indien war nicht mehr der Erfinder des Plans Voisin, und der Erbauer der Kirche von Ronchamp war nicht mehr der Verfasser von *Quand les cathédrales étaient blanches*. Wenn wir jedoch vom Architekten als einem unerbittlichen Modernisten sprechen, dann denken wir an Visionen, wie sie Le Corbusier in seinen früheren Jahren hegte, an Visionen, die der Vergangenheit ihre Legitimität streitig machen, jenem Impasto unterschiedlicher Formen, das die verschiedenen Besiedelungswellen im Laufe der Zeit in einer Stadt ablagern.

Bei der Erörterung des modernen Stadtgitters und der neutralen Stadt habe ich von »zwanghafter Neutralisierung« gesprochen, eine Formulierung, die den Impuls zur Neutralisierung psychologisch zu fassen scheint. In Wirklichkeit spiegelt sich in dem Impuls, abzuräumen, um dann in die Leere hinein neu zu bauen, eine Anschauung, die der moderne Künstler von seinem eigenen gesellschaftlichen Status als Erfinder hegt. Der künstlerische Erfinder unterhält zur bestehenden Gesellschaft ein Verhältnis der Gegnerschaft. Wenn wir eine moderne künstlerische Erfindung als »provokativ« oder »anregend« bezeichnen, dann verweisen wir auf eine Infragestellung oder gar Negation dessen, was schon existiert. Man könnte sagen, daß Le Corbusier diese unterschwellige Bedeutung in seinem Plan Voisin sichtbar gemacht hat. Auf dem Wunsch, etwas hervorzubringen, lastet der Glaube, man müsse im Zuge dieses Prozesses negieren; und der schöpferische Akt bringt tatsächlich ein Bild dieser Negation hervor, ein Bild von der Möglichkeit, eine leere Leinwand zu schaffen, eine makellose Leere – Räume der Negation, die Freiheit zu verheißen scheinen.

Eine solche Verheißung enthält der Plan Voisin, und wie mir scheint, haben die meisten seiner Kritiker sie nicht bemerkt. »Seine Stadt war ein wundervolles mechanisches Spielzeug«, meint Jane Jacobs.[4] »Sein Städtebau [...] wird bestimmt von einer konzeptionellen Armut, die nicht umhin kommt, die komplexen Probleme, die sich heutzutage aus der Beziehung von Stadt und Land ergeben, zu reduzieren«, so schreibt Manfredo Tafuri.[5] Andererseits hat man Le Corbusiers revolutionäres Projekt auch als Modell für ein neues, auf die Bedürfnisse der internationalen Geschäftswelt zugeschnittenes Stadtzentrum gedeutet:

»Eine Innenstadt aus lauter glitzernden Bürotürmen, die die Macht multinationaler Konzerne spiegeln, [...] beruht gerade auf den Kräften, auf die Le Corbusier für die Verwirklichung seines Plans Voisin gehofft hatte.«[6]

Der Rhythmus von Schaffen und Negieren im Werk Le Corbusiers ist vor allem wegen des Ziels interessant, das ihm vorschwebte, eines Ziels, das auch anderen vorschwebte, die von einer ähnlichen Sehnsucht nach Freiheit getrieben wurden. Le Corbusier wollte ein neues Zeitbewußtsein erzeugen, ein Bewußtsein des »Jetzt«. Man muß die Bürde der Vergangenheit abschütteln, so wie sich der Heranwachsende gegen die Übermacht seiner Eltern durchsetzen muß. Das Destruktive an diesem Vorgang wird wettgemacht durch die Qualität, um nicht zu sagen: die Vollkommenheit der Form, die man hervorbringen kann, sobald man sich befreit hat. Der Literaturkritiker Harold Bloom hat dieses Zeitgefühl als Resultat der »Angst vor dem Einfluß« bezeichnet. Im Städtebau führt die Angst vor der Spannung zwischen Vergangenheit und Gegenwart, wie sie sich im Frühwerk Le Corbusiers ausdrückt, zur Zerstörung all der Unterschiede, die sich im Raum versammelt haben und dort die Differenz zwischen dem Jetzt und dem Einst bekräftigen.

Hier vor allem muß man, wie ich glaube, eine Antwort auf Le Corbusier und seine notwendigerweise destruktive Sicht der Zeit im Raum finden. Durch welche anderen städtebaulichen Mittel könnte man Menschen provozieren? Die Negation ist eine Falle: so wie der junge Le Corbusier kann auch der Künstler zuletzt nur den eigenen Akt der Verneinung darstellen. Wie aber soll die visuelle Gestaltung – über die Schranken dieser Konfrontation hinaus – *anregend* werden?

Einige Hinweise, wie man andere Menschen auf eine gleichsam erwachsene Weise anregen könnte, gingen von Fernand Léger aus, der damals zusammen mit Le Corbusier nach New York kam. Beide hatten 1935 eine gemeinsame Ausstellung im Museum of Modern Art, aber Léger war schon 1931 in New York gewesen und sollte später, während des Krieges, hier im Exil leben. Léger nutzte die Möglichkeiten seines Aufenthalts vielleicht ausgiebiger als Le Corbusier: er ging ins Kino, fuhr mit der U-Bahn, tauchte nach Mitternacht in Reparaturwerkstätten für Autobusse auf, übte sein Englisch in Bars. Kurzum, er versuchte in New York heimisch zu werden.

Das Gefühl für die lebendige Zeit erscheint in Légers Maschinenphantasien. Auf diesen Bildern fühlen sich die männlichen und weiblichen Gestalten zwischen den Maschinen durchaus wohl – Menschenarme werden hier mitunter zu technischen Armaturen; ein gefällig wirkender, obschon klobiger Körper kann ebensogut aus Metall und Glas wie aus Knochen und Muskeln bestehen. Die freundliche Haltung gegenüber der Maschine auf Légers Bildern steht in einer Verbindung mit den Brücken und Fabrikgebäuden in den Vororten von Paris, die schon Pissarro und andere Impressionisten gemalt haben. Während seines ganzen Lebens hatte Léger ein sehr viel innigeres Verhältnis zu Maschinen als Le Corbusier. Mit Maschinenteilen beschäftigte er sich bereits in den Zeichnungen, die er als Soldat während des Ersten Weltkriegs an der Front machte; die eigentümliche Art, wie er technische und menschliche Formen miteinander verschweißt, trat zuerst in Werken wie *Pont du remorqueur* (1920) und *Les disques dans la ville* (1920–1921) zutage. Als er dann seine *Composition aux perroquets* begann, etwa um die Zeit seines langen Besuchs in New York 1935, gerieten die Figuren auf seinen Bildern in seltsam unausgewogene, der Schwerkraft widerstrebende Beziehungen zueinander; die collageartigen Räume, die er schafft, bestehen nicht aus flachen Bildelementen, die auf einer Fläche zusammenmontiert sind, sondern aus Körpervolumen, zwischen denen das Willkürliche plausibel wird, weil wir vermuten, daß irgendeine technische Stütze es ermöglicht hat – das technisch-menschliche Ganze, das die Menschen im Raum stützt, ist eher schmuddelig als glänzend, und es hat nichts Abweisendes an sich. Menschliche Beziehungen sind in die rasselnden, sperrigen Objekte einbezogen, die sich als höchst reale Maschinen darstellen.

Légers Maschinenbilder sind gerade deshalb so eindrucksvoll, weil sie sich mit dem Problem der Unmittelbarkeit auseinandersetzen. Die Unmittelbarkeit rührt daher, daß man hier sieht, wie etwas *benutzt* wird. Von dieser Benutzung zeugt die Bruchstückhaftigkeit des Gegenstandes; ein zerbrochenes Rohr oder ein ausgeleiertes Ventil werden zu Teilen der menschlichen Welt, entstellt und ausgelaugt wie der menschliche Körper. Als Léger verkündete: »Das Objekt ist an die Stelle des Subjekts getreten, und die abstrakte Kunst kommt einer vollkommenen Befreiung gleich«, oder ausführlicher: »Jedes Objekt, ob Gemälde, Architektur oder ornamentales System, besitzt einen Wert an sich, der völlig losgelöst und unabhängig von dem ist, was es darstellt«[7], da erblickte er in seinen technisch-menschlichen Objekten keineswegs Symbole von Macht und Herrschaft.

Das moderne Temperament, wie Baudelaire es im 19. Jahrhundert verstanden hatte, akzeptierte die Bruchstückhaftigkeit des Alltags. Die Erfahrung der Unmittelbarkeit verwob sich mit Erlebnissen auf der Straße, die den Blick gleichsam zerstückelten, ihn auf die Einzelheit, das Teil richteten. Diese in ständigem Wandel befindliche Szenerie zu akzeptieren, statt nach etwas Festem, einem Halt, einem Ganzen Ausschau zu halten, bedeutete dann auch Teilnahme am Leben der Großstadt. Léger hat diese Teilnahme gemalt, und er hat seine Liebe zum Fragmentarischen in seinem letzten amerikanischen Bild, *Adieu New York*, zum Ausdruck gebracht. Er beschreibt es so:

> »Wissen Sie, die Vereinigten Staaten sind ein Land, in dem unzählige Dinge auf den Abfall wandern. Man wirft eher etwas weg, als daß man es repariert. Auf diesem Bild nun sehen Sie Metallteile, Maschinenarme, sogar Krawatten. In Amerika habe ich sehr gern aus alledem Bilder gemacht.«[8]

Gerade diese Kunst der im Gebrauch zerfallenden Dinge rückt die Bilder in die Unmittelbarkeit der Gegenwart.

Der moderne Städtebau hat es nicht gelernt, dem Bauen ein solches malerisches Zeitgefühl einzuverleiben. Wenn wir überlegen, wie sich die Formen der Nutzung von Gebäuden darstellen lassen – also die Tatsache, daß Gebäude ein historisches Leben haben –, dann verfallen wir leicht in Nostalgie und beginnen, Formen der Vergangenheit zu zitieren. Aber die Nostalgie ist nur das Spiegelbild von Le Corbusiers »Jetzt«. Dieser Nostalgie hat im späten

19. Jahrhundert zum Beispiel der Stadtplaner Camillo Sitte Ausdruck verliehen, der sich die wimmelnde Gasse des Mittelalters, den mit Obst-, Gewürz- und Fleischerständen gefüllten Markt zurückwünschte. Carl Schorske beschreibt Sittes Hoffnung auf eine Erneuerung des Straßenlebens so:

> »In der kalten, vom Verkehr durchjagten modernen Stadt des Zollstocks und der Slums kann der malerische, psychologisch angenehme Platz Erinnerungen an die verschwundene bürgerliche Vergangenheit erwecken. Diese räumlich inszenierte Erinnerung will uns anregen, eine bessere Zukunft zu schaffen, die frei von Philistertum und Nützlichkeitsdenken ist.«[9]

Légers Malerei enthält eine tiefere Botschaft über Räume voller Zeit. In diesen Räumen herrscht kein Nebeneinander, sondern das Übereinander. Die Architekten Colin Rowe und Frederick Koetter haben eine ganze Stadt entworfen, die in diesem Sinne als »Collage-Stadt« zu bezeichnen wäre. Eine Collage besteht aber nicht aus willkürlich zusammengeklebten Bestandteilen, und ein Raum voller Zeit kommt nicht schon dadurch zustande, daß man die Anmutung des Fließens erzeugt. Ein solches Vorhaben erschöpft sich nicht darin, die erscheinenden, zerbrechenden, sich in der Benutzung verändernden und durcheinander geratenden Dinge einfach aufzuzeichnen. Léger stellte seine Maschinenteile in eine aussagekräftige Beziehung zueinander, so wie Baldwin in seiner Erzählung der bruchstückhaften Zeit eine Form verlieh. Und auch auf der Straße ist es nötig, den materiellen Elementen, die sich dort häufen, eine Form zu geben. Indem wir die Form wahrnehmen, welche die Zeit im Raum annimmt, wird die Straße für uns zu einem Erfahrungsraum, der anregender ist, als es die bloße Aufzeichnung dessen, was auf der Straße und mit ihr geschieht, je sein könnte.

Indem wir noch einmal auf die Renaissance zurückgreifen, gelingt es uns vielleicht zu begreifen, wie dieses erwachsene Zeitbewußtsein im Raum Gestalt annehmen kann. Die Architekten der Renaissance haben tatsächlich städtische Formen für das »Präsens«, die Gegenwart, gefunden. Aber auch hier gilt: statt die Formen der Vergangenheit zu kopieren, sollten wir versuchen, die Prinzipien zu ermessen, nach denen sie erfunden worden sind.

Die Maschinen der Fortuna

Die Renaissance erfand erstmals Maschinen, die in der Stadt ein Bewußtsein von Gegenwart, von Präsens, und von fragmentierter Zeit hervorriefen. Diese Maschinen machten die Gegenwart jedoch zu etwas Furchteinflößendem. Zwei Maschinen, die in der Renaissance wenn auch nicht erfunden, so doch wesentlich verbessert wurden, verliehen den Menschen die Macht, die Zeit in den Städten zu fragmentieren: die Uhr und die Kanone. Jene zerschnitt die Zeit in bedeutungslose Bruchstücke eines langweiligen Einerlei; diese erzeugte fragmentarische Augenblicke blinder Gewalt.

Als man im 19. Jahrhundert begann, die Städte nach den Prinzipien eines unaufhaltsam um sich greifenden Raumgitters zu strukturieren, war die Zeit schon längst einem ähnlichen Prozeß unterworfen; die Uhr hatte ein Gitter über die Zeit gelegt. Die moderne mechanische Uhr, wie wir sie kennen, geht auf eine Entdekkung des späten 13. Jahrhunderts zurück. Die Handwerker der Renaissance fanden eine Möglichkeit, die Kraft, die von einem durch Gewichte getriebenen Rad ausging, gleichmäßig zu regulieren, und wendeten diese Entdeckung auf die Zeit an. Die Hemmung der ersten mechanischen Uhren bestand aus einem sogenannten Foliot oder Waag, einem horizontal pendelnden Balken, und einer vertikal sich drehenden Spindel. Das Auf und Ab des Foliot regulierte die Drehbewegung der Spindel. Die ersten Uhren, die in der Renaissance mit dieser Hemmung gebaut wurden, sind nach modernen Maßstäben sehr schwerfällig. Sie mußten jeden Tag neu gestellt werden. Im Jahre 1656 oder 1657 fand der Physiker Christiaan Huygens eine bessere Lösung für das Problem der Hemmung, indem er das Foliot durch ein Pendel ersetzte und damit Uhren baute, die eine ganze Woche hindurch gleich lange Minuten maßen.

Schon im Mittelalter hatten die Menschen die Einteilung der Zeit in gleiche Abschnitte, durch das Stundenglas oder die Wasseruhr, gekannt, aber die mechanische, vom natürlichen Wechsel zwischen Tag und Nacht oder vom Wechsel der Jahreszeiten losgelöste Zeit bedeutete wenig. Marc Bloch zufolge pflegte die Feudalgesellschaft

»eine weitreichende Gleichgültigkeit gegenüber der Zeit«.[10] Die Mönche des Benediktinerordens begannen, der präzisen Zeit eine Bedeutung einzuprägen, indem sie jeder Stunde des Tages ganz bestimmte Andachtsaufgaben zuordneten. Sie waren vielleicht die ersten, die »dem menschlichen Handeln den regelmäßigen kollektiven Takt und Rhythmus der Maschine verliehen«, aber sie taten dies, um das Klosterleben zu stärken.[11]

Die öffentliche, an einem hohen Gebäude mitten in der Stadt angebrachte Uhr erzeugte eine andere Art von Disziplin. Die Uhren dienten erstmals der Regulierung nicht von spirituellen Rhythmen, sondern von Körperfunktionen, sie sagten den Menschen, wann sie aufstehen und wann sie schlafen sollten, wann sie essen und wann sie ausruhen sollten. Die Unterwerfung des Körpers unter ein Gitter physischer Disziplin wurde schließlich auch ökonomisch genutzt, indem die Arbeit nach Stunden bezahlt wurde. An diesem Punkt wurde die Uhrzeit in der Stadt zu einer Machtzeit, zu einem »ökonomischen, gesellschaftlichen und politischen Herrschaftsinstrument in der Hand der Kaufleute, die die Stadt regierten«.[12]

Die technische Vollendung der Uhrzeit verdankt sich einer weiteren Erfindung von Huygens. Im Winter 1674–75 stieß er auf eine Alternative zum Pendel: die Spiralfeder mit Unruhe; mit ihrer Hilfe konnte man nun sehr kleine Uhren bauen. Dies war die Geburtsstunde der Taschenuhr. Die Zeit, welche die Taschenuhr maß, war eine Luxuszeit, denn solche Geräte waren zunächst sehr teuer; doch auch als die Taschenuhren billiger und handlicher wurden, erweiterte sich ihr Gebrauch nicht über das Bürgertum hinaus. Für die Bürger wurde die Taschenuhr-Zeit zu einem Instrument der Selbstregulierung, sie war individuelle Zeit. In der Phase zwischen dem Aufkommen von Foliot und Spindel und der Erfindung der Taschenuhr gehörte die mechanische Uhrzeit notwendigerweise eher dem Bereich öffentlicher, räumlicher Erfahrung an.

Das Kloster war eine abgeschlossene Sphäre, in der die Stunden und ihre Unterteilungen am Klang der Glocken mit dem Gehör wahrgenommen wurden, und die Markierung der Zeit durch das Läuten der Kirchenglocken blieb natürlich auch in der Stadt der

Renaissance erhalten. Die Glocken bezeichneten die rituellen Momente während des Tages, sie bezeichneten die Zeitmenge, die von einer religiösen Pflicht zur nächsten verstrich. Die Maschinerien, die in Venedig und anderswo zur vollen Stunde kleine mechanische Schauspiele aufführten – zum Beispiel ein Trommler, der aus einer verdeckten Kammer hervortritt und die Trommel rührt, während vom Kirchturm die Glocke schlägt –, verstärkten den rituellen Charakter des Augenblicks. Die praktische Zeit erforderte hingegen die Berechnung der Zeit, die zwischen diesen kleinen Schauspielen verging. Die Quantifizierung der Zwischenzeit, der in Einheiten verstreichenden Zeit, leisteten die Zifferblätter der Uhren; sie zeigten die säkulare Zeit an, die Zeit ohne Ritual, und diese Zeit war *sichtbare* Zeit.

Die säkulare Zeit erforderte ein Zifferblatt, das die Menschen, die sich seiner bedienten, klar erkennen konnten. Deshalb wurde der Entwurf von Zifferblättern und Uhrzeigern zu einer speziellen handwerklichen Aufgabe. Damit zahlreiche Menschen die Uhrzeit nutzen konnten, mußte sie auch aus der Entfernung sichtbar sein. So kam es, daß die Uhren der Renaissance immer größere Ausmaße annahmen. Ein bedeutender Uhrmacher wie Isaak Haprecht konstruierte für das Straßburger Münster und das Rathaus in Ulm Uhren, die außerordentlich genau gingen. Die meisten Uhrmacher jedoch bauten, um die quantifizierte Zeit weithin sichtbar zu machen, Uhren, die für eine wirklich effektive Nutzung von Spindel und Foliot eigentlich zu groß waren. Aber aus ihrer schieren Größe erwuchs die Wirkung, die diese Uhren auf den städtischen Raum ausübten.

Eine der größten Uhren von Haprecht findet man am Rathaus von Heilbronn. Er plazierte sie oberhalb der Fassade in das steil ansteigende Dach, so daß die Zeit von jedem Zugang zum Platz aus ablesbar war. Der Präzision ihres Antriebs entspricht die Präzision, mit der diese Uhr so installiert wurde, daß sie nicht nur von den Einmündungen der Straßen auf den Platz, sondern sogar von noch weiter entfernt liegenden Punkten gesehen werden konnte. Als auf dem Marktplatz von Weinsberg eine Uhr aufgestellt wurde, baute man die Fassaden der Häuser an diesem Platz so um, daß die Uhr auch von den Seitenstraßen, die auf den Platz mündeten, wahrgenommen werden konnte. Die Sichtbarkeit der Zeit war in der nachmittelalterlichen Periode ein wichtiges Kriterium bei der wirkungsvollen Gestaltung von Marktplätzen.

Die Aufstellung dieser Uhren weckte im übrigen den Wunsch (der natürlich von Ort zu Ort in unterschiedlicher Weise realisiert wurde), die provisorischen Speicher und Lagerschuppen abzureißen, die oft zwei oder drei Stockwerke hoch auf den Plätzen und Märkten der mittelalterlichen Städte errichtet waren; diese hohen Schuppen beeinträchtigten die leichte Erkennbarkeit der Zeit. Als in Paris die alte Place Royale, die heutige Place des Vosges, vollendet wurde, war aus dem Zusammenhang zwischen ungehinderten Menschen und sichtbarer Zeit, die die Köche, die Zimmerleute und die Lakaien für ihre Erledigungen und Geschäfte in der Stadt erkennen können mußten, eine Raum-Zeit für Könige geworden; an der Ostseite der Place Royale wurde eine aufwendige Uhr angebracht. Der Platz selbst wurde so angelegt, daß er gewöhnlich leer war: die Menschen, die ihn benutzten, blieben unter den Arkaden, die ihn umgaben, verborgen.

Die Geschichte der städtischen Uhr läßt erkennen, welche Diktate Exaktheit und Präzision unserer Kultur auferlegten; sie diktierten die Beseitigung von Hindernissen, damit eine bestimmte Wahrnehmungsoperation ungeschmälert vonstatten gehen konnte, in diesem Fall das Ablesen der Uhrzeit. Um der zeitlichen Genauigkeit willen wurde der städtische Raum teilweise entleert.

In den geschmackvollen Hochhaustürmen aus Stahl und Glas mit ihrem sorgfältig plazierten, einfachen Mobiliar erleben wir eine Leere, in der sich die Erfahrung der Renaissancearchitekten nicht wiederholt. Das »Abräumen« war für sie ein positives »Platz-Schaffen« inmitten des Lärms und des Durcheinanders auf diesen Plätzen und Märkten. Indem sie leeren Raum schufen, verbreiteten sie das Wissen von der Zeit. Trotzdem kam es zu einer Überschneidung des leeren Raums, den die Uhrmacher der Renaissance aus der mechanischen Zeit ableiteten, und der späteren Gitterform, die ihre eigene ökonomische und psychologische Logik der Leere besitzt. Die Uhrzeit wurde durch den Gitterraum ergänzt. Dieses Raum/Zeit-Verhältnis ist allerdings von ganz anderer Art als die ersprießliche Verbindung, an die Sigfried Giedion dachte. Statt überraschender Entdeckungen schien die Uhr für ihre Benutzer nur Monotonie bereitzuhalten.

In der Renaissance trat im Zuge der Entwicklung von Waffentechnik und Kriegführung ein Faktor in Erscheinung, der in einem krassen Gegensatz zur Uhrzeit-Routine stand. Um die Auswirkungen der Kriegstechnik auf die Zeiterfahrung der Städtebewohner in der frühen Neuzeit zu begreifen, muß man sich klarmachen, wie es um die Stärke der mittelalterlichen Stadtmauern bestellt war.

Die Stadtmauern bildeten den materiellen Rückhalt für die Inschrift über dem mittelalterlichen Tor: »Stadtluft macht frei«. Die Praxis der mittelalterlichen Kriegführung hatte die Form der Stadtmauern und vor allem ihre Höhe bestimmt. Pfeile, auch wenn sie von einer Armbrust abgeschossen wurden, waren für jene, die sich hinter Gräben und Mauern verschanzt hatten, relativ harmlos; auch Steinschleudern vermochten einer großen Zahl von Menschen hinter einer Mauer wenig anzuhaben. Deshalb war in der mittelalterlichen Kriegführung die Mauer selbst das Schlachtfeld, nämlich dann, wenn eine Stadt belagert wurde.

Im Prinzip ist die Belagerung ein Kampf zwischen zwei Willen, der sich in der Zeit vollzieht. Das feindliche Heer schließt die Stadt ein; die Bevölkerung und die Bewohner der Umgebung ziehen sich ins Innere der Stadt zurück. Aufgrund der geringen Wirksamkeit von Pfeilen und Sturmleitern drehte sich die eigentliche Auseinandersetzung bei einer Belagerung im Mittelalter um die Frage, wer es am längsten aushielt – es ging weniger um das Töten von Soldaten als vielmehr um kollektive Standhaftigkeit. Für die Städte selbst hatte diese Form der Kriegführung die Folge, daß die Bevölkerungsdichte zunahm. Die Märkte schwemmten große Massen für kurze Zeit in die Stadt und wieder hinaus. Aber die Angst, feindlichen Angriffen schutzlos ausgesetzt zu sein, veranlaßte viele Menschen, sich auf Dauer in der Stadt anzusiedeln, und Belagerungen zwangen sie dazu. Wenn der Bevölkerungsdruck im Inneren zu groß wurde, baute man konzentrisch um die alte Mauer eine neue. Bevölkerungsdichte und Zentralisation der mittelalterlichen Stadt waren zum Teil also ein Resultat ihrer Notzeit, der Zeit der Standhaftigkeit.

Dies änderte sich mit dem Aufkommen der Kanone. Zunächst einmal machte die Kanone die alten Mauern als Schutzwall nutzlos. Der Kampf in der Vertikalen an der Stadtmauer hörte auf. Statt dessen machte die Kanone Verteidigungsanlagen nötig, die »immer größere *horizontale* Entfernungen zwischen die Peripherie der Stadt und den äußeren Rand der Befestigungsanlagen legten«.[13] Die Kanone war ohne das Schießpulver undenkbar, das im 12. Jahrhundert erfunden wurde (oder, was wahrscheinlicher ist, auf den Fernhandelsstraßen nach Europa gelangte, denn die Chinesen kannten es schon einige Zeit früher), aber die militärische Verwendung des Schießpulvers war wiederum von der Vervollkommnung der Geschützrohre abhängig. Unregelmäßigkeiten bei der Fertigung dieser Bombarden konnten zur Folge haben, daß sie nicht den Feind trafen, sondern den Bombardier selbst. Die Brauchbarkeit der frühen Kanonen wie auch der Handfeuerwaffen litt sehr darunter, daß ihre Säuberung und das Laden viel Zeit in Anspruch nahmen, und weil die eingeschraubten Verschlüsse der Rohre stundenlang auskühlen mußten, konnten die Geschütze nur wenige Male am Tag abgefeuert werden. Erst beim Angriff der osmanischen Türken auf Konstantinopel im Jahre 1453, bei dem Kanonen zum Einsatz kamen, die jederzeit zweihundert Pfund schwere Kugeln abfeuern konnten, war diese Waffe so weit entwickelt, daß sie zur Belagerung von Städten taugte.

Bis in die Mitte des 15. Jahrhunderts wurden die Kanonen auf die Mauer selbst als das eigentliche Schlachtfeld gerichtet. Die wirkungsvolleren Kanonen schlugen zunächst eine Bresche in die Mauer, durch die dann die Truppen in die Stadt eindrangen, statt die Bevölkerung langsam auszuhungern. Die Kugeln, die man verwendete, bestanden überwiegend aus Stein, und sie zerbarsten, wenn sie auf die Mauer trafen. Im Laufe der Zeit kamen zunehmend Metallkugeln in Gebrauch, und diese vergleichsweise leichteren Kugeln veränderten nun die Kampfbedingungen von Grund auf. Man konnte sie mit großer Triebkraft über die Mauer schießen; die Bevölkerung drinnen konnte nicht erkennen, aus welcher Richtung die Gefahr kam; Zerstörung wurde nun mehr als vorher zu einer Sache des Augenblicks. Und auch die Art und Weise, wie man der Gefahr ausgesetzt war, veränderte sich: die Bedrohung wurde unsichtbar, materielle Barrieren gegen sie gab es nicht mehr.

Der Schrecken, den dieser Wandel in der Kriegführung auslöste, zeigte sich in Europa erstmals bei der Invasion der französischen Armee unter Karl VIII. in Italien. Mit politischen und religiösen Intrigen läßt sich nur zur Hälfte erklären, warum Karl VIII. imstande war, Florenz, Rom und Neapel ohne eine einzige größere offene Feldschlacht zu erobern. Sein achtzehntausend Mann starkes Heer operierte mit Geschützbatterien, die noch wirkungsvoller waren als die der Türken. In Städten wie Rapallo oder in den befestigten Vorposten des Herzogtums Mailand konnte diese Kanonenarmee binnen ein oder zwei Stunden Mauern zerstören, von denen sich die Bewohner Schutz und Zuflucht für Monate versprochen hatten. Und auch dort, wo es nicht gelang, eine Bresche in die Mauern zu schlagen, konnte man mit den Kanonenkugeln aus Metall einen wirkungsvollen Angriff gegen die Menschen in den Städten führen; schon aufgrund der Anzahl der Kanonen wurden diese Angriffe zu einem Krieg gegen die Bevölkerung, und die Mauern wurden zum Pferch, der die Menschen an der Flucht hinderte. Die Stadt hörte auf, Zufluchtsort zu sein – eine Kunde, die dem Heer Karls VIII. überall in Italien vorauseilte.

Die Kanone löschte die Idee der Freistatt aus – und zwar auf eine Weise, die mit ihren anfänglichen Mängeln ebensoviel zu tun hatte wie mit ihrer Stärke. Die Wissenschaft der Ballistik wurde damals nach den Grundsätzen der Geometrie betrieben, und es war theoretisch durchaus möglich, nach einigen Versuchen und Fehlschüssen mit den Kanonen genau zu zielen. Im Prinzip bedeutete Zielgenauigkeit auch, daß der Kanonier beim Bombardieren einer Stadt die Kirchen und Klöster unversehrt lassen konnte. In Wirklichkeit aber brachen die Kanonen aufgrund der Unregelmäßigkeit ihrer Lafetten im Augenblick des Abfeuerns häufig nach der Seite aus. Und so wie bei der modernen Militärtechnologie richtete sich auch bei diesen Kanonen die Angst der Menschen vor allem darauf, daß diejenigen, die sie bedienten, nicht imstande waren, sie wirklich zu beherrschen. In Rapallo wurde eine Kirche, in die sich zahlreiche Menschen geflüchtet hatten, irrtümlich getroffen; im Augenblick des Zündens war von einer Kanone ein Rad abgesprungen, die Bahn des Geschosses drehte sich um vierzig Grad, und die Kugel flog durch ein Fenster in die Kirche. In der Praxis waren solche Fehlschüsse häufig, und dies bedeutete, daß es in der ganzen Stadt keinen sicheren Ort mehr gab.

Die Invasion von 1494 war kulturell eine der folgenschwersten in der neueren Geschichte; zum erstenmal war es hier die Maschine selbst, die Schrecken verbreitete; sie unterminierte die Wirklichkeit der Freistatt – nicht durch die Bosheit von Menschen, die die Kirchen absichtlich bombardiert hätten, sondern infolge von Maschinen, mit denen diese Menschen nicht richtig umgehen konnten. Die Kanonen veränderten die Bedeutung, die der Bevölkerungsdichte und dem »Zusammenrücken« zukam – die sprichwörtliche Sicherheit in der Menge, die es in der mittelalterlichen Stadt gegeben hatte, wurde nun widerlegt durch das Blutbad an den Eingepferchten.

Aber von allen Auswirkungen, welche die Kanone auf die Kultur hatte, war die auf die Zeit vielleicht die einschneidendste. Der Augenblick des mechanisierten Schreckens wurde zum extremen Gegenpol der von der Uhr geregelten Arbeit; er war die Zeit der Explosion. Es ist zwar immer illusorisch, umfassende Wandlungsprozesse in den Wertnormen genau datieren zu wollen, aber diese Invasion, mit der die Geschichte der Kanone ihren ersten Wendepunkt erreicht, ließe sich am ehesten als das historische Datum für die Entstehung der modernen Vorstellung von *Spontaneität* bestimmen. Das Spontane ist das Gefährliche; im Augenblick der Spontaneität kommt es zur Explosion. Und dieser Spontaneität kann man nicht entkommen, es gibt für die hinter den Mauern eingeschlossene Menge kein Entrinnen. Seit dem Aufkommen der Uhrzeit mündete das Streben nach Glück in Plackerei in einem Laden, einem Kontor, einer Steinmetzwerkstatt. Seit dem Aufkommen der Kanonenzeit vollzog sich das Streben nach Glück nicht mehr unter gesicherten Bedingungen.

Die Entstehung einer mechanischen, spontanen Gewalttätigkeit ist der Kontext, in dem die Probleme der Stadtplanung in der Renaissance neue Dringlichkeit gewannen. In der mittelalterlichen Stadt konzentrierte der Baumeister seine Fähigkeit zur Präzision auf den Bau von Kirchen. Schon vor der Vervollkommnung der

Kanone förderten Langbogen und andere neue Waffen die Vorstellung von ganz nach geometrischen Gesichtspunkten strukturierten Städten. Die »Idealstadt« war eine sternförmige, vollkommen geometrische Anlage, und ihre Form geht der Kanone sogar voraus. Um das Jahr 1460 schuf Antonio Filarete den Entwurf für eine solche vollkommene Stadt in Gestalt eines achteckigen Sterns. Er nannte sie Sforzinda, zu Ehren des Fürsten Francesco Sforza, der sie, so hoffte er, finanzieren würde. In seinem *Trattato d'architettura* schrieb Filarete:

> »Die äußere Stadtmauer soll achteckig werden, viermal so hoch, als sie dick ist. Von den Toren gehen die Straßen aus und führen alle zum Mittelpunkt. Daselbst werde ich den Hauptplatz anlegen. [...] In der Mitte des Platzes wird sich ein Turm nach meiner Erfindung erheben, so hoch, daß man die ganze Gegend übersehen kann [...].«[14]

Filarete dachte sich die *città ideale* wegen ihrer vollkommenen Form als Festung. Als die nächste Generation von Architekten mit sternförmigen Stadtanlagen experimentierte, hatten sie vor allem die Kanone im Sinn: wie sollte die alte Stadtgeometrie in eine Beziehung zur neuen Geometrie der Schießpulver-Ballistik gesetzt werden? In ihrer Form war die sternförmige Stadt durch mechanisierte, rasch zuschlagende Gewalt ebenso verletzbar wie die mittelalterliche Stadt. Auch die Größe der Stadt mußte stark erweitert werden, damit sie sich verteidigen ließ und damit die Menschen im Inneren der Gewalt der Granaten entgingen. Vincenzo Scamozzi sah in dem durch die Luft schwirrenden Geschoß das entscheidende Kriterium für die neue Stadtplanung, denn dieses Geschoß bewirkte ein spontanes, gewalttätiges Geschehen, und es entstammte einer Quelle, die für die Menschen hinter den Mauern oder auf den spitz zulaufenden Wallanlagen unsichtbar war. Angefangen bei Scamozzi über Vauban bis hin zu Haussmann bestimmte die explodierende Kugel und nicht mehr das Gebet die Phantasie zur Präzision in der Stadtplanung.

Mit der Entwicklung der Armbanduhr waren die Extreme der vom Menschen gemachten Zeit markiert: eine Zeit der Arbeit und eine Zeit des Krieges, eine Zeit der Routine und eine Zeit der

Spontaneität. Diese Zeiten waren zugleich Räume: ein Raum, der von aller Verwirrung befreit war, ein Raum, der durch Verwirrung zertrümmert wurde – aus dem ersteren war das Leben gewichen, der letztere war mit Tod gefüllt; die Raum-Zeit der Uhren unterdrückte das Abenteuer, und die Raum-Zeit der Kanonen zerstörte die Freistatt. Für die Stadtplanung hatte dies zur Folge, daß man sich auf die Suche nach Formen begab, welche die Menschen vor ihrer eigenen Erfindungskraft schützen sollten.

Die Ansicht, man müsse das eigene Leben erfinden, statt es wie etwas Ererbtes lediglich anzunehmen, ist, wie Lionel Trilling einmal gesagt hat, nicht bloß ein Credo der Künstler. Der Glaube daran, daß man sich selbst erschafft, ist vielmehr gerade das Kennzeichen einer Modernität, die im Gegensatz zum Nachvollzug und Nachleben festgefügter Rollen in der traditionalen Gesellschaft steht. In diesem Sinne verkörpert sich unser Zeitalter in Le Corbusier; mit der Vergangenheit zu brechen bedeutet, Selbstbestimmung zu gewinnen. Daran, wie die Renaissance mit ihren Raum- und Zeit-Erfindungen umging, zeigt sich, wie Stephen Greenblatt es formuliert hat, die Anschauung, daß der Mensch »selbstgestalterisch« sein müsse.

Jacob Burckhardt hat in seinem Buch *Die Kultur der Renaissance in Italien* das Gegenwartsbewußtsein der Renaissance geschildert, ein Bewußtsein, das er mit dem Erwachen aus einem Traum verglich:

> »Im Mittelalter lagen die beiden Seiten des Bewußtseins – nach der Welt hin und nach dem Inneren des Menschen selbst – wie unter einem gemeinsamen Schleier träumend oder halbwach. Der Schleier war gewoben aus Glauben, Kindesbefangenheit und Wahn; durch ihn hindurchgesehen erschienen Welt und Geschichte wundersam gefärbt, der Mensch aber erkannte sich nur als Rasse, Volk, Partei, Korporation, Familie oder sonst in irgend einer Form des Allgemeinen. In Italien zuerst verwehte dieser Schleier in die Lüfte; es erwachte eine *objektive* Betrachtung und Behandlung des Staates und der sämtlichen Dinge dieser Welt überhaupt; daneben aber erhebt sich mit voller Macht

das *Subjektive*; der Mensch wird geistiges *Individuum* und erkennt sich als solches.«[15]

Für Burckhardt brachte dieses »Erwachen« aus den kollektiven Glaubensillusionen die neuzeitliche Gesellschaft auf ihren Weg. Der Zeitpunkt, den Burckhardt hierfür angibt, erscheint aus heutiger Sicht weniger als Bruch denn als Schwelle. Die mittelalterliche Welt bildete schwerlich ein so kohärentes Ganzes, wie er es sich vorstellte, und die Renaissance war gewiß frömmer und mehr auf Gegenseitigkeit bedacht, als er glaubte. Aber Burckhardt hat eine, wie es scheint, unzweifelhafte Tatsache erfaßt: die Renaissance besaß ein neues Zeitbewußtsein. Jeder ist in der Gegenwart für sich selbst verantwortlich; es kommt auf die eigene *virtù* an, auf die Kraft, in der unmittelbaren Umgebung etwas zu vollbringen, etwas zu verändern. Gott greift zwar zuweilen ein, aber die Menschen handeln. Die Autoren der späteren Renaissance suchten nach einem Bild für diese Einbettung in die Gegenwart. Und vor allem suchten sie nach einem Bild, das andeutete, in welchem Grade man die Menschen für ihr Handeln in dieser neuen, dieser Präsens-Zeit verantwortlich machen konnte. Wie so oft in der Renaissance griffen sie auf die vorchristliche Vergangenheit zurück, um Orientierung zu finden, zum Beispiel auf Ovid:

> »Selber die Zeit auch gleitet dahin in beständigem Gange,
> Anders nicht als ein Strom; denn Strom und flüchtige Stunde
> Stehen im Lauf nie still. Wie Woge und Woge gedrängt wird,
> Immer die kommende schiebt auf die vordere, selber geschoben,
> Also fliehen zugleich und folgen sich immer die Zeiten,
> Unablässig erneut [...]«[16]

So wie die Antike Gleichnisse für die endlose, sinnlose Zeit lieferte – entgegen der christlichen Vorstellung von einem Stillstand der Zeit im Augenblick des Gerichts, der Verdammnis und der Erlösung –, so lieferte die klassische Welt ebenfalls ein Symbol für die Zeit, das dem Dasein der Menschen in der Renaissance angemessen zu sein schien, nämlich die römische Göttin Fortuna.

In der Antike war sie die Göttin, die über die Gerechtigkeit wachte; Vergil dachte sich Fortuna mit einer Binde über den Augen; so ausstaffiert, verteilt sie unparteiisch Glück und Unglück. In der Renaissance wird ihr die Binde genommen, denn sie waltet nun nicht mehr über dem Schicksal. »Schicksal« tritt hinter den offeneren Möglichkeiten von »Geschichte« zurück; das englische Wort *fortune* wurde gleichgesetzt mit *chance*: Glück / Zufall. Die doppelte Bedeutung des Wortes *chance* geht auf das 16. Jahrhundert zurück: günstige Gelegenheit, die man wahrnimmt und nutzt, und die Gegenkräfte widriger, zufälliger Umstände oder Geschehnisse, die diese Gelegenheit vereiteln. In einer Untersuchung über Machiavelli und seine Epoche schreibt der Historiker Felix Gilbert:

> »Diese Auffassung der *Fortuna* ergab sich aus der Erfahrung, daß kein Geschehen einen klar umrissenen Anfang hat, und die Untersuchung der ursächlichen Beziehungen fördert nur unendlich viele weitere Beziehungen und wechselseitige Abhängigkeiten zutage.«[17]

Gott war also nicht im Gewand einer römischen Göttin in die Geschichte zurückgekehrt, denn der Zufall ist für uns nicht Schicksal, sondern Rätsel, die unbeantwortete Frage danach, wie unser Leben eigentlich verläuft – so wie es in Shakespeares Stück *Cymbeline* heißt: »Ich finde goldnes Glück und weiß nicht wie«[18] –, und auch Chaucers Gleichsetzung von »Zufall und Bestimmung« taugte jetzt nicht mehr. Hierzu noch einmal Gilbert:

> »Aber diese Vorstellung von *Fortuna* führte nicht zurück zum mittelalterlichen Konzept einer nach göttlichem Plan gelenkten Welt. Die Italiener des 16. Jahrhunderts sahen im Lauf der Geschichte keine Geradlinigkeit und keinen vernunftgemäßen Zweck; der Mensch wurde von Kräften getrieben, die er nicht zu ergründen vermochte.«[19]

Die Menschen waren also den chaotischen Kräften der Zeit ausgesetzt – nicht nur dem Chaos der Unwetter oder Dürreperioden. Das neue Zeitgefühl erstreckte sich auch auf das vom Menschen erzeugte Chaos. Die Autoren der Renaissance kamen zu der Auffassung, daß es in der Geschichte keine Katharsis gibt, keinen Endpunkt, an dem sich alles löst. Ihnen wäre es als Flucht vor der

Wahrheit erschienen, von einer vollkommenen, endgültigen Form zu träumen, wie es später Le Corbusier tat. Die Kräfte des Zufalls verunstalten das Vollkommene notwendigerweise. Spensers *Two Cantos of Mutability (Zwei Gesänge auf die Wechselhaftigkeit)* veranschaulichen diese zerstörerische Macht der Zeit besonders eindrucksvoll:

»So sehr hat sie das Antlitz der irdischen Dinge verändert,
Daß sie all das, was die Natur zunächst
In gute Fassung, in wohlgeformte Ordnung brachte,
Nunmehr entstellte und ihre Gebote sämtlich brach:
Und den schönen Rahmen dieser Welt (den keiner,
Weder Gott noch Mensch, bisher zu ändern, zu entstellen wagte),
Den änderte sie ganz und machte zum Fluch,
Was Gott gesegnet und bereitet hatte
In jenem Dasein, dessen Glück uns stets erhalten bleibe.«[20]

Obwohl dem modernen Blick die Kanone das Sinnbild der Chaos-Zeit zu sein scheint, symbolisierte für den Blick der Renaissance die Uhr noch eindringlicher die Gewalt Fortunas. Die Schläge, aus denen sich die neunte Stunde am Morgen zusammensetzt, sind ebensowenig bedeutungsträchtig wie die Schläge, die die neunte Stunde am Abend markieren; der mechanischen Zeit fehlt alles, was die Perspektive kennzeichnet, jene Fähigkeit, die aufeinander bezogenen Abstände und Zwischenräume kraft menschlicher Wahrnehmung in eine Ordnung zu bringen, wodurch die Renaissance materielle Bedeutung zuwies und bestimmte. Gleichgültig, von wo aus man es betrachtet: das Pendel schwingt hin und her, her und hin. Deshalb war die Gestalt der Fortuna für die Menschen der Renaissance nicht mehr blind, deshalb ähnelte sie nun dem Zifferblatt einer Uhr. Auch die Mechanik des Glücksrades, des *Rads der Fortuna*, glich dem Uhrwerk; das Rad dreht sich ohne Ziel, mechanisch perfekt, aber gleichgültig gegen die Menschen. Ein anonymer Druck aus der Zeit um 1580 zeigt das Rad der Fortuna als Zifferblatt, und der Zeiger der Fortuna gleicht einem Uhrzeiger; die Figur aber, die den Zeiger in Drehung versetzt, ist weder eine Göttin noch der Teufel. Es ist ein Narr.

Die Ängste der Renaissance mögen von den Problemen des modernen Städteplaners weit entfernt sein. Doch auch sie gelten der Frage, was es bedeutet, zu planen. Wenn der Zufall herrscht, muß jeder gestalterische Akt als ein provisorischer Akt gedacht werden, auch wenn die Entwürfe einem so massiven Projekt wie dem Rokkefeller Center gelten. Das Provisorische an dem, was man macht, zu akzeptieren bedeutet, wirklich in der Gegenwart zu leben. Von der Renaissance können wir lernen, was kulturell auf dem Spiele steht, wenn wir mit der Gewohnheit brechen, autarke, sich selbst genügende, neutralisierende Dinge zu entwerfen. Wenn ein Gestalter mit einem Sinn für dieses Provisorische arbeitet, wenn er berücksichtigt, daß man gegen die Kräfte der Selbstzerstörung kämpfen muß, die in jedem von uns stecken, wenn er berücksichtigt, daß Fortuna und Zufall die einzigen »höheren« Mächte sind, die sich dieser Selbstzerstörung widersetzen – was für Dinge wird er dann hervorbringen?

Die Antwort der Vergangenheit auf diese Frage lautet: Fortuna ist die Feindin des Erhabenen; ihre Macht begreifen heißt, Bauwerke als provisorische Formen ansehen. Die Idee einer provisorischen Form klingt für unsere Ohren vielleicht angenehm, doch für unsere humanistischen Vorfahren verband sich mit dem »Provisorischen« eine abschreckende Vorstellung. Aus der Erscheinung der Fortuna vermochten die Autoren der Renaissance keinen Trost zu ziehen. Sie erlebten statt dessen, wie die Macht der Fortuna ihnen das Leben zusehends erschwerte. Machiavellis Schriften rükken die Macht, mit der Fortuna den Menschen die Herrschaft über ihr Leben aus der Hand reißt, immer wieder ins Licht. Den Gegensatz zwischen *fortuna* und *virtù* hat er in seinem Buch *Der Fürst* wie ein Drama entfaltet: der Wille kommt als *virtù* zum Ausdruck, worunter er den Ausgleich der Kräfte im Individuum versteht, so daß dieses Individuum versuchen kann, der Welt eine Ordnung zu geben, die sie von sich aus nicht besitzt. Machiavelli dachte sich den Kampf zwischen *fortuna* und *virtù* als einen Kampf zwischen Leben und Tod, der niemals endet; allenfalls können die Menschen das Rad des Schicksals durch ihr Handeln eine Zeitlang zum Stillstand bringen; doch die Kraft, die das Rad in Drehung versetzt, können sie nicht brechen. Die Denker, die auf Machiavelli folgten, glaubten immer weniger daran, daß der Wille allein gegen die Macht des Zufalls etwas auszurichten vermöge. Ein moderner Historiker beschreibt das Ergebnis, zu dem Vettori in seiner wenige Jahrzehnte nach Machiavellis Traktat verfaßten Geschichte gelangt: »Das Schicksal ist der Herr der Welt und der Mensch sein Opfer.«[21] In seinem Drama *Heinrich der Vierte. Zweiter Teil* erhob Shakespeare die Gestalt des Prinzen Hal (Heinz) zum Politiker-Typus seiner Zeit, und vielleicht hätte er den Ausführungen in Machiavellis *Fürst* aufmerksamer zugehört als die Medici, die im 16. Jahrhundert zu Marionetten ausländischer Regenten wurden. Am Ende des Stücks weiß ein geläuterter Prinz, worin die Tugend seines Bemühens besteht: nicht im Ergebnis zu leben, sondern in der bloßen Willensanstrengung. Aber diese Feuerprobe hat ihm keinen Triumph gebracht; die Mühe, die es kostet, zu leben, hat ihn erschöpft und geläutert. Die Mühsal, durch bloße Willensanstrengung in der Gegenwart zu leben, hat sich als erschöpfende Bürde erwiesen.

Mauern und Grenzen der Zeit

Die Zeitgenossen der Renaissance konnten buchstäblich zusehen, wie die Zeit im Leben der Stadt bestimmte Formen annahm; diese Formen zerstückelten das tätige Streben der Menschen, wie es die Uhr und die von der Uhrzeit geregelte Arbeit taten, oder sie bedrohten die Stadt, wie es die Kanone im Hinblick auf die Sicherheit der Stadtmauer tat. Die Menschen, die das Aufkommen dieser Erfindungen miterlebten, leiteten daraus eine Macht ab, die sich ihrer Kontrolle entzog: Fortuna. Ihr Leben wurde zu einem Kampf gegen die Maschinen-Göttin »Zeit«. Mehr als die Sternform der Stadt oder die Leere des Platzes, auf dem eine öffentliche Uhr aufgestellt wurde, ist die Art und Weise ihres Kampfes für die Gegenwart aktuell. Wenn Le Corbusiers Loblied auf die schimmernden Maschinen vorschnell war, dann muß eine humanere Formgebung, etwa wie Léger sie praktizierte, berücksichtigen, daß der Gestalter, indem er Formen verwendet, zerlegt und zusammensetzt, sich auf eine spirituelle Auseinandersetzung mit sich selbst einläßt. Diese Auseinandersetzung richtet sich zweifellos gegen die Macht des Menschen, durch regulierende Ordnungen zu vernichten; aber wenn der Gestalter diesen Kampf gewinnt, dann schafft er Dinge, die keinen dauerhaften, letzten Wert, sondern nur eine Bedeutung in der Gegenwart besitzen. Dieser humane, begrenzte Wert nimmt gleichsam nur einen Winkel unserer Phantasiekräfte und unserer intellektuellen Vermögen ein – die humane Konstruktion ist ein kleiner Bau in einer größeren Stadt, die aus zahlreichen Anschauungen, Wahrheiten, Regelmäßigkeiten, Klarheiten und Garantien besteht. Das Humane ist sehr viel *weniger* als das, wozu die Menschen imstande wären. Der Kampf zielt also nicht auf Erfüllung und Vollständigkeit, sondern darauf, weniger zu sein, als wir sein könnten.

Gegen die Regulierung der Zeit im Raum möchte ich daher eine andere Form für die Zeit im Raum setzen, und ich möchte sie als narrativen Raum bezeichnen. Es geht mir dabei um eine Beziehung von Zeit und Raum, die begrenzter ist als die große Einheit, nach der Sigfried Giedion suchte, an der sich aber ein humaner Städtebau orientieren kann. Räume können sich mit Zeit füllen, wenn sie zulassen, daß bestimmte Eigenschaften von Erzählungen im Alltag wirksam werden. Ich möchte nun zeigen, wie die narrativen Eigenschaften des Raumes zwei Elementen der Stadt, den Mauern und Grenzen, einen bestimmten Wert verleihen. Diese Elemente als narrative Szenen zu erleben ist nicht sehr befriedigend, nicht sehr erfüllend, aber in dieser Erfahrung nehmen zentrale Wertvorstellungen einer humanen Kultur Gestalt an.

Die Idee des narrativen Raums ist weit weniger abstrakt, als es zunächst den Anschein haben mag. Im Zeitalter des raschen Städtewachstums während des 19. Jahrhunderts griffen die Menschen oft auf literarische Beschreibungen von Orten zurück, um die Orte, an denen sie selbst lebten, mit Sinn zu erfüllen. Man hat Dostojewskis leidenschaftliche Bindung an St. Petersburg mit der Überzeugung des Romanciers erklärt, diese Stadt sei »die ideale Umgebung zum Ausleben und Austragen persönlicher und gesellschaftlicher Konflikte«.[22] Dostojewskis Leser ihrerseits versuchten, diese persönlichen und gesellschaftlichen Konflikte durch seine Schilderungen der Stadt zu verstehen.

Es ging hier nicht nur darum, daß der Roman dem Leben einen Spiegel vorhielt. Der Romanschriftsteller hielt einen Zauberspiegel in der Hand, und dieser Spiegel zeigte Bilder von der Stadt, die für den Bewohner der Stadt besser lesbar waren als die »unbeholfenen« Eindrücke, die er selbst auf der Straße gewann. Der Romanschriftsteller hob die relevanten Details hervor, die einer Szene das Charakteristische verliehen, er ließ Menschen in einer Weise sprechen, die dieser Umgebung angemessen war, und wechselte den Schauplatz, wenn irgend etwas Bedeutsames geschehen sollte. So scharf umrissen stellt sich die Alltagserfahrung zu keiner Zeit dar, aber im 19. Jahrhundert war das Erscheinungsbild der Städte besonders unscharf. Sehr rasch hatten sie riesige, unübersichtliche Ausmaße angenommen; die Vergangenheit hielt kaum Modelle bereit, mit denen sie sich erklären oder begreifen ließ.

Ein Verfahren, der gesellschaftlichen Realität diesen Zauberspiegel vorzuhalten, bestand darin, Orte gleichsam in handelnde Personen zu verwandeln. Bei Balzac lesen wir von einem Gerichtsgebäude, das »mit trauriger Stimme spricht«. Ein Zimmer tut oder spürt etwas, und auf Gestalten wie Vautrin, die sich in einem solchen Zimmer bewegen, übertragen sich die Veränderungen in der emotionalen Färbung ihrer Umgebung – ähnlich wie Sarah Bernhardts Boudoir eine persönlichere Sprache zu sprechen scheint als die Bewohnerin selbst. Auch die Zeit wurde in diesem Zauberspiegel sichtbar.

Die »Vermenschlichung« bestimmter Orte half den Schriftstellern des 19. Jahrhunderts bei der Lösung einer Aufgabe, die sich jedem Romanautor stellt, der Aufgabe nämlich, zeitlich weit auseinanderliegende Ereignisse miteinander zu verknüpfen. Die Schwierigkeit beim Schreiben umfangreicher literarischer Werke besteht nicht zuletzt darin, plausibel zu machen, wohin ein häuslicher Krach oder der Blick eines Jungen aus dem Fenster oder ein Brief, der verkündet: »Sie sind ruiniert!« später, viel später, einmal führen wird. Umfangreiche literarische Werke müssen mit Verzögerungen arbeiten, weil sie durch Verzögerung dem Leser versichern, daß die Zeit eine Form hat, obschon diese Form nicht unmittelbar sichtbar ist. Zuletzt hängt alles zusammen, wenn ein neues Ereignis aus der scheinbar toten Vergangenheit auftaucht und wirksam werden kann. Indem der Romancier den Charakter eines bestimmten Schauplatzes sich radikal wandeln ließ, konnte er diese Verzögerung auch inszenieren. Zweitklassige Schriftsteller, von Elizabeth Gaskell im 19. Jahrhundert bis hin zum Heer ihrer sentimentalen Nachfahren, messen dem vermenschlichten Ort oft eine besondere Funktion bei dieser Verzögerungstaktik bei. Ein erfolgreicher Mann kehrt in das Haus seiner Kindheit zurück, betrachtet das staubige Kinderzimmer, in dem er als kleiner Junge gespielt hat, sieht, daß seinem Lieblingsbären die Knopfaugen fehlen, und plötzlich wird dieser Mann, der es zu etwas gebracht hat, von dem Gedanken überwältigt, daß er sein Leben mit Äußerlichkeiten vertan hat. Hätte er doch nur ... Bedauern läßt sich leicht fabrizieren. Dagegen findet sich in Balzacs *Verlorenen Illusionen* die berühmte Szene, in der die Galerie des Bois, das alte Zentrum der Prostitution, der Finanzschieber und Straßenmusikanten (der Times Square im Paris des 19. Jahrhunderts), von den Behörden abgerissen und zerstört wird; Balzacs Genie erweist sich darin, daß er uns Ausschau halten läßt, an welchen anderen Stellen der Stadt sich die »Häuser der Sünde und des Lachens« nun wohl festsetzen werden – so, als wären sie Mieter, die man aus ihren Wohnungen vertrieben hat, die aber hartnäckig an ihren Gewohnheiten festhalten. In dem Leben, das Balzacs vermenschlichte Orte führen, spiegelt sich das Verlangen nach mehr Leben, nach einer sinnfälligen Möglichkeit, weiterzuleben.

Seit Kant ist es ein philosophischer Gemeinplatz, daß die Wahrnehmung von Raum und Zeit untrennbar miteinander verbunden sind, und dies gilt auch für die Literatur. So hat der russische Literaturtheoretiker Michail Bachtin den Gedanken verfolgt, daß alle Formen von Geschriebenem Punkte enthalten, an denen sich Raum und Zeit kreuzen. Er nennt diese Kreuzungspunkte »Chronotopoi«.[23] Ein Chronotopos ist zum Beispiel die Beziehung, die ein Romancier, meist ohne darüber nachzudenken, zwischen der Dauer eines Kusses und der Größe des Raumes herstellt, in dem sich zwei Menschen küssen. Für Bachtin ist diese Koordination von Raum und Zeit allerdings nur eine Konvention der Phantasietätigkeit. Der gestohlene Kuß in einem Ballsaal voller Tanzender mag kürzer wirken als der Kuß in einer einsamen Garderobe, obwohl die Dauer der Küsse in beiden Räumen durchaus die gleiche ist.

Aus der Vermenschlichung von Orten und Schauplätzen im Roman scheint sich kaum eine Orientierung für das Leben der Orte und Plätze in der Wirklichkeit zu ergeben. Den Orten, an denen diese Romane spielten, fehlte in der Wirklichkeit oft jene Fülle des Charakteristischen, nach der die Leser in der Literatur gerade suchten. So formuliert der Historiker Hayden White eine Frage, die sich von selbst zu beantworten scheint: »Stellt sich die Welt der Wahrnehmung wirklich in Gestalt wohlgeformter Geschichten dar, in denen es Hauptfiguren, richtige Anfänge, Mittelteile und Enden gibt und vor allem einen Zusammenhang, der es gestattet, das ›Ende‹ schon im Anfang zu erkennen?«[24] Natürlich ist dies die Beschreibung eines mittelmäßigen Werkes. In der schlechten Kunst ist jede Szene aus sich heraus verständlich. Aber Hayden Whites Zweifel könnte man auch anders formulieren. Im wirklichen Leben wissen wir, wozu die Vermenschlichung eines Ortes führt: zu einem lesbaren Bild der Stadt. Den Wunsch der modernen Stadtplaner nach Orten mit fest umrissenem Charakter könnte man als einen nach schlechter Kunst beschreiben.

Balzac hingegen erzeugt in seinen *Verlorenen Illusionen* zunächst zwar ein klares Bild von der Großstadt, indem er die Orte von Paris personifiziert, aber was anschließend mit der Börse, mit dem Bordell, mit dem Polizeirevier geschieht, fügt sich ganz und gar nicht den Maßstäben von White. Diese scharf umrissenen Kollektivgestalten machen unerklärliche Wandlungen und unvorhergesehene Wendungen in ihrem Schicksal durch, die sich in Veränderungen ihres Äußeren offenbaren, und diese Offenbarung wiederum zeichnet der Romancier deutlich nach. Beides kommt ins Spiel: künstliche Klarheit ebenso wie künstliche Unklarheit. Gute Literatur hat es immer auch mit Inkohärenz zu tun, läßt sie zu und macht sie sich zunutze. Baldwins autobiographischer Versuch zeigt das unverkennbar. Aber ein narrativer Raum kann noch deutlicher umrissen werden. Das Geheimnis des Romanschriftstellers besteht darin, einen Raum zu schaffen, in dem sich die Zeit voranbewegt. Diese Bewegung in der Zeit hat auch nicht-lineare Merkmale.

Battery Park City ist ein schmaler Streifen neu gewonnenen Landes am Ufer des Hudson River. Dieses Viertel liegt an der Südspitze von Manhattan, und das Straßensystem ist ganz bewußt als Gitter angelegt, so daß dieser neue Stadtteil dem übrigen Manhattan gleicht. Man trifft hier auf eine Mischung von Wohnhäusern, Läden, Gartenanlagen zwischen riesigen Konzernzentralen; die meisten Bewohner gehören der oberen Mittelschicht an, entstammen aber den verschiedensten Rassen- und Sprachgruppen. Diese neue Stadt ist nach den neuesten Erkenntnissen über die Vorzüge der gemischten Nutzung und der urbanen Vielfalt geplant. Innerhalb dieses Musterviertels kommt es einem jedoch so vor, als hätte man es, wie es James Salter formuliert hat, »mit einer Illustration des Lebens« zu tun, statt mit dem Leben selbst.[25] Die Häuserfronten mit ihren sauberen Fenstern voller Zimmerpflanzen sehen aus wie Filmkulissen, und die Parkbänke am Ufer sind leer. Zum Teil liegt es daran, daß auf der Grenze zwischen diesem Neuland und der Felseninsel Manhattan ein riesiger Highway verläuft, den die Menschen nur auf überdachten Fußgängerbrücken überwinden können. Leute, die hier nichts Bestimmtes zu tun haben, kommen selten in die Battery Park City, so schön die Uferpromenade ist, die dieser Stadtteil der verstopften Metropole zu bieten hat.

Deshalb wirken die Spielplätze dort sehr eigenartig. Es ist zuviel Platz zum Spielen da. Die wenigen Kleinkinder, die dort tollen, machen einen glücklichen Eindruck, aber die älteren Kinder scheinen nicht zu wissen, was sie hier tun sollen. Genauso verhält es sich in einem anderen isolierten Viertel, auf der anderen Seite von Manhattan. Es liegt tatsächlich auf einer Insel, mitten im East River, und ist mit einer über das Wasser führenden Drahtseilbahn zu erreichen. Auch dieses Viertel ist mit sozialen Einrichtungen gut versorgt und wird gemischt genutzt. Aber auch auf Roosevelt Island, deren Siedlungen eigens für Familien angelegt sind, trifft man Kinder, die nicht wissen, was sie tun sollen. Wenn sie die Bahn nach Manhattan hinüber nehmen, sind sie die aufgeregtesten Fahrgäste in den scheußlichen Kabinen, obwohl die Fahrt über das Wasser für sie längst ihren Reiz verloren hat. Für sie besteht der Reiz darin, daß sie nach draußen kommen.

Über den neuen Kunstgalerien, den schicken Boutiquen und Restaurants von Soho in Downtown Manhattan, in Gebäuden, die ursprünglich für die Leichtindustrie vorgesehen waren, befinden sich jetzt die Lofts der Künstler und des künstlerischen New York. In diesem Viertel gibt es überraschend viele Kinder, die die pralle, gesunde Energie von Straßenkindern an den Tag legen. Sie haben die Hafendocks, die leerstehenden Lofts und die Dächer für sich erobert, eine halbwüchsige Truppe, die sich an den unpassendsten Orten zu Hause fühlt. Sobald sie allein losziehen können, meiden diese Kinder auch den mit viel Aufwand gestalteten Spielplatz in diesem Viertel, der ihnen Schutz vor dem Straßenverkehr bieten soll; aber bei den Schaukeln, auf dem Basketballplatz, in den Grünanlagen und auf den Bänken herrscht eine geisterhafte Leere. Auch diese Kinder sind lieber dort, wo etwas los ist.

Die Spielplätze in der Stadt, die immer voll sind, sehen so aus wie der an der Ecke Sixth Avenue/Dritte Straße – Plätze, zu denen die Kinder mit der U-Bahn oder zu Fuß kommen, von Maschendraht umgebene Basketballplätze mit ein paar vereinzelten Bäumen. Die Lastwagen und die hupenden Taxis auf der Sixth Avenue erzeugen einen ohrenbetäubenden Lärm, in den sich die lateinamerikanischen Rhythmen und der Rock aus den Kofferradios mischt. Der ganze überfüllte Spielplatz ist eine einzige harte Wüstenei. Und doch ist es ein Raum, in dem Zeit anfangen kann. Als linear könnte man Räume bestimmen, in denen das Prinzip *form follows function* gilt, in denen sich die Form nach der Funktion richtet. Narrativ hingegen sind Räume wie dieser Spielplatz, Räume der Verschiebung.

Aristoteles hat die Erzählung als »Anordnung von Vorfällen« definiert. Der Literaturwissenschaftler Edward Said unterscheidet zwischen »Ursprüngen« und »Anfängen«, zwei ganz verschiedenen Modellen für die Anordnung von Geschehnissen zu Beginn von Geschichten. Der Ursprung eines Krieges oder einer Ehe läßt sich in einzelnen Schritten unendlich weit in die Vergangenheit zurückverfolgen; die Suche nach Ursprüngen ist der Versuch, etwas wiederzugewinnen und die Ereignisse in eine klare Abfolge zu bringen. Ein Anfang dagegen resultiert aus einer »bewußten, intentionalen, produktiven Setzung [...], zu der auch das Bewußtsein gehört, daß dabei etwas verloren geht«.[26] In der praktischen literarischen Arbeit bedeutet dies, daß man eine Szene erfindet, die sich nicht von selbst erklärt, in der notwendige Informationen fehlen.

Eine ganz einfache Geste kann diese Wirkung haben: zu Beginn von Thackerays *Jahrmarkt der Eitelkeit* schleudert ein junges Mädchen, die arme Becky Sharp, plötzlich ein Buch, das ihr ihre Lehrerin geschenkt hat, aus dem Fenster der Kutsche, mit der sie die Schule für immer verläßt. Daraus können wir ersehen, daß zuvor mehr geschehen ist, als hier erkennbar wird; es veranlaßt uns auch, für Becky und ihre Begleiterin Amelia Sedley zu hoffen, wenn Thackeray erklärt: »Die Kutsche rollte davon, das große Tor wurde geschlossen, es läutete zur Tanzstunde. Vor den beiden jungen Damen liegt die Welt.«[27]

Wir haben keine Ahnung, warum Becky Sharp das Buch fortgeschleudert hat; wir können ihre Handlung nicht in einer logischen Kette von lauter »Weil«-Sätzen zu ihrem Ursprung zurückverfolgen. Die Erklärung kann sich nur durch mehr Handlung ergeben, indem wir voranschreiten, weiterlesen. Hätte Thackeray die Gründe für Becky Sharps Handlung auch nur in einem einzigen erklärenden Satz angedeutet, so wäre es mit seinem Roman schon aus gewesen; es bestünde keine Notwendigkeit für mehr Handlung, mehr Geschichte.

Ein Spielplatz in einer Stadt ist ein Ort für einen Anfang durch Flucht, so wie auch der *Jahrmarkt der Eitelkeit* mit einer Art Flucht anfängt. Und es zeigt sich auf diesem Platz auch das Bewußtsein, von dem Edward Said spricht, das Wissen davon, daß hier etwas verlorengeht. Bei einem literarischen Anfang verständigen sich der Autor und sein Leser auf eine Konvention: der Autor hält Informationen zurück, die das Geschehen unmittelbar erklären würden, und der Leser akzeptiert diesen Mangel. Zuviel Wissen würde das Verlangen, weiterzulesen, schwächen. Mit anderen Worten, die Zeit wird mit den Möglichkeiten des Unerwarteten, mit den Möglichkeiten der Veränderung ausgestattet; auf diese Weise bildet der Anfang die Grundlage für eine Bewegung. An einem Ort des Anfangs wird das Interesse an dem, was noch geschehen wird, auf eine ähnliche Weise erzeugt. Ein Basketballspiel zwischen den Docks ist nicht dasselbe wie ein Basketballspiel in der Einfahrt zum Eigenheim. Die Kinder auf dem Spielplatz lösen sich im Spiel aus den Bindungen an ihr Zuhause und ihre Familie; sie meiden die hübschen Plätze, die die Erwachsenen für sie zurechtgemacht haben. Auch dabei ist eine bewußte Fiktion am Werk. Die Kinder auf den »heißen« Spielplätzen tun so, als hätten sie keine Eltern, als wären sie völlig frei. In einem gewissen Grade verhalten sich alle Kinder so, die miteinander spielen, aber Stadtkinder finden Plätze, an denen sie sich ganz von selbst so verhalten, als wäre die Fiktion Faktum, als hätte es vor diesem Hier und Jetzt nie eine andere Wirklichkeit gegeben.

Ein Anfang ist eine Verschiebung in die Gegenwart; ein Ort des Anfangs tut sich dort auf, wo man diese Verschiebung bewerkstelligen kann. Der Zeitpfeil beginnt nach vorne zu zeigen. Das erklärt auch, warum die Battery Park City und Roosevelt Island Orte sind, denen die Kinder entfliehen möchten. Diese Viertel schließen den Unterschied auf logische, planvolle Weise, durch Mischung unterschiedlicher Nutzungsformen in sich ein. Die Wohnungen liegen in der Nähe der Geschäfte, die Geschäfte in der Nähe der Schulen, die Schulen in der Nähe der Bibliotheken, die Bibliotheken in der Nähe der Bürohochhäuser; solche Additionen sollen jene Mannigfaltigkeit und Synergie des Lebens hervorbringen, die aus dem Ganzen etwas macht, das mehr ist als die Summe seiner Teile. Die guten Absichten jedoch machen den Planer blind gegen eine Wahrheit, die der Romanautor kennt: etwas Bedeutungsvolles kann man nicht damit beginnen, daß man unmittelbar Vollständigkeit herstellt.

Wie also soll, um auf unsere Ausgangsfrage von Erfindung und Entdeckung zurückzukommen, ein Planer Mehrdeutigkeit und die Möglichkeit von Überraschung erfinden? Er muß sich überlegen, was im Bereich der visuellen Gestaltung einem narrativen Anfang entspricht. Um ein Gefühl von Anfang zu erzeugen, muß die Stadtgestaltung bis in ihre Grundlagen hinein einen radikalen Wandel vollziehen. Dieser Wandel muß zweierlei umfassen: eine andere Art des Umgangs mit dem offenen Raum innerhalb der Stadt und eine andere Art, Häuser zu bauen. Das Problem des offenen

Raumes betrifft die Grenzen. Eine Grenze darf nicht als Mauer fungieren, weil diese Art von Einschließung im wahrsten Sinne des Wortes tödlich ist: das Leben des eingeschlossenen Bezirks ist in dem Augenblick zu Ende, in dem der Planer seinen Stift beiseite legt. Die Zeit fängt an, Orten und Räumen Charakter zu geben, sobald diese in einer Weise genutzt werden, für die sie nicht vorgesehen waren. Das gilt für die Hafendocks, die von den Kindern als Spielplatz benutzt werden, genauso wie für die Parkstreifen an der Vierzehnten Straße, die sich die Erwachsenen für ihre Geselligkeit angeeignet haben. Für den, der sich auf diese unvorhergesehene Nutzung einläßt, fängt hier in einem narrativen Sinne etwas an. Wenn der Planer zulassen will, daß sich der Raum auf diese Weise mit Zeit verschlüsselt, muß er schwache Grenzen und nicht starke Mauern einkalkulieren. Ein Planer, der zur narrativen Nutzung von Räumen oder Orten ermuntern will, müßte sich bemühen, die starre funktionale Gebietseinteilung, die auf der Stadt lastet, die Einteilung in Arbeits- und Wohnbezirke, in Industriegebiete und Bürostädte, so weit wie möglich aufzuheben.[28] Ein Architekt, der ein Gebäude errichten will, dem eine narrative Kraft zukommt, müßte Formen wählen, die für mehrere Nutzungsprogramme offen sind. Er müßte Räume schaffen, deren Konstruktion so einfach ist, daß sie immer wieder verändert werden können; Ziegelmauern sind solche schwachen Grenzen, Wände aus Spiegelglas sind es nicht. In einem Roman löscht der Anfang etwas aus, verwischt etwas; auch der Raum wird im Jetzt des Präsens dadurch lebendig, daß man ihn nutzt, um etwas auszulöschen und zu verwischen – durch Verschiebung.

Betrachtet man die ökologische Struktur von Tümpeln oder von unberührtem Land, so zeigt sich, daß die heftigste Aktivität an den umstrittenen Grenzen stattfindet – auf unberührtem Land zum Beispiel dort, wo Feldtiere mit Waldtieren in Berührung kommen, in Tümpeln dort, wo Organismen, die in Bereichen von unterschiedlicher Wassertiefe leben, aufeinanderstoßen. Weniger konfliktreiche Bezirke hinter den Grenzen sind auch weniger aktiv. Der soziale Mittelpunkt liegt hier am physischen Rand.

An den Grenzen zwischen den verschiedenen Sphären oder Abschnitten an der Third Avenue, die ich auf meinem Weg zu den

Restaurants durchquere, gibt es sehr wenig Konflikt. Solche Grenzen nennt man im Jargon der Stadtplaner »Übergangszonen«, und das flache Wort »Zone« sagt schon, daß an diesen Rändern kein Leben herrscht. Daß es zwischen den unterschiedlichen Zonen nicht zu einer Wechselwirkung kommt, ist ein Anzeichen für die neutralisierende Wirkung des Gitters. Aber es gibt andere Grenzen in der Stadt, an denen die spannungsgeladene, intensive Lebendigkeit einer ökologischen Grenze in der Wildnis zutage tritt.

In Baldwins Jugend stießen die Schwarzen auf eine solche Grenze, sobald sie die Sechsundneunzigste Straße Ost überquerten. Davor lagen die von Familien überquellenden Mietshäuser, die Straßen waren mit Scherben von zerbrochenen Flaschen und eingeschlagenen Autoscheiben bedeckt, und dazwischen spielten Kinder, die der Enge der Wohnungen zu entrinnen suchten. Diese monotonen Siedlungen, die man dreißig Jahre zuvor gebaut hatte, um den äußeren Verfall von Harlem aufzuhalten, waren schon in einer Weise verkommen, die über den äußeren Verfall weit hinausging. Der Bevölkerungsdruck nahm in Baldwins Generation dramatisch zu. Nach dem Zweiten Weltkrieg drängten Puertoricaner in die Wohngebiete der amerikanischen Schwarzen, die seit dem Ersten Weltkrieg in immer größerer Zahl nach New York strömten. Wenn man von Norden auf die Sechsundneunzigste Straße zuging, schien es, als würde dieses reduzierte Leben niemals enden, aber plötzlich hörte es auf. Südlich der Sechsundneunzigsten Straße wuchsen vor den Häusern plötzlich Portiers mit weißen Handschuhen aus dem Boden.

Wegen dieser Portiers war es für ein schwarzes Kind schwer, die Grenze nach Süden zu überschreiten. Häufig jagten sie die Kinder aus Harlem mit Polizeiknüppeln zurück, das gehörte damals genauso zu ihrer Routine wie die Pflege ihrer weißen Handschuhe. Überall in der Stadt wuchs an den Rassengrenzen die Spannung. An der Westseite des Central Park war die Grenze genau ein Gebäude tief, sie verlief zwischen den palastartigen Apartmenthäusern am Central Park West und den Seitenstraßen, die von Puertoricanern bewohnt wurden; auch hier waren die Portiers mit Knüppeln bewaffnet, und die Weißen getrauten sich kaum, einen Fuß in die nähere Umgebung ihrer Wohnungen zu setzen. Am unteren Ende von Manhattan hatte ein neuer Zustrom von Asiaten eingesetzt. Nördlich der Canal Street siedelten Italiener, gegenüber auf der Südseite Asiaten; häufig war die Straße Schauplatz von Schlägereien zwischen Kinderbanden.

In seinem Aufsatz »Urbanism as a Way of Life« hat Louis Wirth erklärt, »das Nebeneinander von divergierenden Persönlichkeiten und Lebensweisen fördert eine relativistische Perspektive und die Toleranz gegenüber Unterschieden«.[29] Die Realität an den Grenzen innerhalb von New York entspricht dem ganz und gar nicht. In ihrem Glauben an die Vielfalt haben die Chicagoer Soziologen die Konfliktträchtigkeit von Unterschieden außer acht gelassen. Im Alltag der modernen Gesellschaft geht man davon aus, daß, wenn es zu einem verbalen Konflikt kommt, irgend etwas schiefgelaufen ist. Oder man verdrängt Konflikte durch demonstrative Gleichgültigkeit, wie es bei meinem Spaziergang durch Murray Hill zu beobachten war. Bedrohlich scheinen verbale Konflikte, insbesondere zwischen verschiedenen Rassen oder Klassen, aber vor allem deshalb, weil sie ein Vorspiel zu physischer Gewaltanwendung zu sein scheinen.

In Wirklichkeit jedoch haben verbale Konflikte, wie der Soziologe Lewis Coser schon vor langer Zeit bemerkte, viel häufiger eine wertvolle Ventilfunktion, sie zerstreuen Energien, die anderenfalls in Gestalt von Gewalttätigkeit hervorbrechen könnten. In Studien über Familien und Kleingruppen haben sich Cosers Erkenntnisse inzwischen bestätigt. Sie gelten jedoch auch für die Beziehungen zwischen Fremden; zwischen einander fremden Menschen wirkt der verbale Kontakt nicht nur als Ventil, er hat hier noch eine andere, positivere Funktion. Fremde fangen an, einander zu *sehen*, wenn sie miteinander in Worten streiten.

In der Literatur begegnet uns dieses plötzliche Bewußtsein des Anderen im Augenblick des Konflikts häufig in Wiedererkennungsszenen; sie bieten dem Romancier eine Möglichkeit, dem Fließen der Ereignisse innerhalb der Erzählung etwas entgegenzusetzen. Eine Wiedererkennungsszene ist, konkreter gesprochen, ein Ausdruck der Verzögerung von Folgewirkungen in der Zeit – etwas, das in der Vergangenheit angelegt war, tritt plötzlich zutage. Eine Wiedererkennungsszene gleicht insofern einer Grenze, als sie die Konfrontation zwischen vorher getrennten Elementen organisiert. Der Schriftsteller, der sein Handwerk versteht, kann diese Konfrontation in der Zeit zu einer intensiven visuellen Erfahrung gestalten, so daß seine Figuren nachher buchstäblich anders sehen als vorher.

In der großartigen Wiedererkennungsszene in Charles Dickens' Roman *Große Erwartungen* versteht Pip ganz plötzlich seine wirkliche Beziehung zu dem Sträfling Magwitch; er sieht den anderen plötzlich mit anderen Augen, und dies beschwört die Erinnerung herauf:

> »Noch immer konnte ich mich keines einzigen Zuges in seinem Gesicht entsinnen, aber ich wußte, wer er war! Hätten Wind und Regen die dazwischenliegenden Jahre fortgetrieben, hätten sie alle Dinge, die uns von der Vergangenheit trennten, zerstreut und uns wieder in den Kirchhof zurückgeweht, wo wir einander so ungleich gegenübergestanden hatten, ich hätte meinen Strafgefangenen nicht deutlicher erkennen können als jetzt, da er vor mir auf dem Stuhl beim Feuer saß. Er brauchte keine Feile aus der Tasche zu ziehen und sie mir zu zeigen, er brauchte sein Halstuch nicht abzunehmen und sich um den Kopf zu binden, er brauchte die Arme nicht schaudernd um den Leib zu pressen, durch das Zimmer zu gehen und auf mich zurückzuschauen, ob ich ihn wiedererkenne. Ich erkannte ihn, noch ehe er mir eine dieser Gedächtnisstützen gab, mochte ich auch einen Augenblick vorher noch keine Ahnung gehabt haben, wer er war.«[30]

Pip begreift in diesem Augenblick sowohl die Wahrheit in bezug auf den anderen als auch die Falschheit seines eigenen, auf Täuschung beruhenden Handelns; Pip begreift plötzlich, daß er, wie es ein moderner Beobachter ausgedrückt hat, »den Handlungsknoten in seinem Leben falsch gedeutet hat«.[31] Vergangenheit und Gegenwart treten nun in eine Verbindung.

Eine Wiedererkennungsszene kann im Gegensatz hierzu aber auch in einem Augenblick des Konflikts die Begrenztheit der Bindungen und der Kohärenz zwischen verschiedenen Gestalten deutlich machen, so etwa in Flauberts Roman *Die Erziehung des Gefühls*. Die Handlung ist bis zur Revolution von 1848 vorangeschritten, die die drei Freunde Frédéric, Dussardier und Sénécal ganz unterschiedlich berührt hat, auf eine Weise, die bis zu diesem Augenblick noch unklar geblieben ist:

> »Es war fünf Uhr, ein feiner Regen fiel. Bürgersleute nahmen das Trottoir auf der Seite der Oper ein. Die Häuser gegenüber waren geschlossen; an den Fenstern kein Mensch. In der ganzen Breite des Boulevards galoppierten Dragoner gestreckten Laufes, über ihre Pferde niedergebeugt, mit blankem Säbel dahin, und die Roßschweife auf ihren Helmen, die großen weißen, hinter ihnen aufliegenden Mäntel fegten an den Gasflammen vorbei, die unter dem Luftzug im Nebel flackerten. Die Menge schaute stumm und erschrocken.
>
> In den Pausen zwischen den Kavallerieangriffen tauchten Trupps von Polizisten auf, um die Leute in die Nebenstraßen zurückzudrängen.
>
> Doch auf den Stufen des Cafés Tortoni blieb ein Mann – Dussardier –, schon von weitem auffällig durch seine hohe Gestalt, regungslos gleich einer Säule stehen.
>
> Einer der Polizisten, der, den Dreispitz tief in die Stirn gedrückt, den andern voranmarschierte, hob drohend den Säbel gegen ihn.
>
> Da rief er, einen Schritt vortretend:
>
> ›Es lebe die Republik!‹
>
> Er fiel auf den Rücken, die Arme ausgebreitet wie am Kreuze.
>
> Ein Aufheulen des Entsetzens stieg aus der Menge. Der Polizist ließ seinen Blick in die Runde gehen, und schreckensstarr erkannte Frédéric Sénécal.«[32]

Während sich in dem Augenblick, da Pip plötzlich in dem Sträfling Magwitch seinen Vater erkennt, offenbart, wie wichtig die Vergangenheit als bindendes Element ist, erweist sich die Vergangenheit bei Flaubert im Augenblick des Wiedererkennens als ein Geflecht illusionärer Verbindungen. Als Frédéric erkennt, daß Sénécal Dussardier getötet hat, nimmt seine »Erziehung« eine entscheidende Wendung, und wie sie zuvor gelebt hatten, war hierfür im Grunde genommen gleichgültig.

Auf gegensätzliche Weise schildern beide Romane Charaktere,

die an Tiefe gewinnen, indem ihnen in einem Augenblick des Wiedererkennens bewußt wird, wie weit sie gekommen sind, seit sie begonnen haben. Diese gleiche Entwicklung vollzieht sich auch in James Baldwins *The Fire Next Time*. Die Wiedererkennungsszenen, die ein Romancier inszeniert, verweisen auf jene Art von Selbst-Verständnis, das entsteht, wenn jemandem plötzlich bewußt wird, daß er Grenzen überschreitet. Baldwin gelangte zu diesem Bewußtsein, als ihm plötzlich klar wurde, daß er nicht mehr so dachte, wie Schwarze denken »sollen«. An der Grenze schreitet man über die eigene Identität, so wie man sie in der Vergangenheit gekannt hat, hinaus: vielleicht offenbart sich ein Geheimnis, wodurch die alten Sehweisen verändert werden, oder die Verbindungen, die man für selbstverständlich hielt, brechen auseinander. In der Literatur entwickeln wir an solchen Stellen durch die Berufung auf die Vergangenheit ein erhöhtes Bewußtsein für die Gegenwart. Darin besteht der künstlerische Wert der Erfahrungen von Anstoß, Verschiebung und Widerstand.

Angesichts der Feindseligkeit zwischen verschiedenen gesellschaftlichen Gruppen in der Stadt geht der erste Impuls des Planers dahin, die miteinander im Konflikt liegenden, dissonanten Kräfte gegeneinander abzuschotten und im Inneren Wände statt durchlässiger Grenzen zu errichten. So dienen beispielsweise Schnellstraßen und Autoverkehr dazu, verschiedene soziale Territorien innerhalb der Stadt voneinander abzugrenzen; der Fluß der rasenden Maschinen schießt rasch und breit dahin, so daß der Übergang von einem Territorium ins andere praktisch unterbunden wird. Auch die funktionale Entflechtung ist zu einem Mittel geworden, Grenzen abzudichten; das Einkaufszentrum, das von den Wohnsiedlungen weit entfernt ist, die Schule mit ihrem eigenen »Campus«, die Fabrik in einem Industriegebiet. Diese Strategien, die auf die Gartenstadt-Bewegung und deren Absicht, eine friedliche, geordnete Vorstadt zu schaffen, zurückgehen, werden heute zunehmend in der Großstadt angewendet, um die Gefahr einer Berührung zwischen verschiedenen Klassen oder Rassen zu bannen und eine Stadt aus lauter festen inneren Mauern zu bauen.

Die Grenzen in der Literatur zeigen, was verlorengeht, wenn

die Stadtplanung Grenzen als Mauern mißversteht. Den Menschen, die in abgeschlossenen Siedlungen leben, werden Entwicklungsmöglichkeiten genommen. Sie haben nichts, was sie den Narben vergangener Erfahrungen, den Stereotypen, die sich im Gedächtnis eingegraben haben, gegenüberstellen könnten. Wiedererkennungsszenen, wie sie sich an Grenzen abspielen könnten, bieten die einzige Chance, daß Menschen stereotype Bilder, die sich im Laufe der Zeit verfestigt haben, auflösen können. Nur wenn sie eine Grenze überschreiten, vermögen sie andere so zu sehen, als sähen sie sie zum erstenmal. Diese Erfahrung von Anstoß, Verschiebung und Widerstand machen wir in der Kunst – in der Struktur unserer Städte hat sie keinen Anhaltspunkt.

Das Vermächtnis, das uns die Renaissance mit ihrer Deutung von Zeit und Raum hinterläßt, ist ein überraschendes: der Humanismus der Renaissance verweist darauf, daß die »Natalität«, von der Hannah Arendt spricht, daß der Wunsch nach einem Leben in der Gegenwart, der in den Entwürfen von Le Corbusier und Léger hervortritt, zur Voraussetzung hat, daß man die Beziehung zwischen Orten und Ereignissen analog zu einer Erzählung begreift, einer Erzählung, in der es um das Überschreiten von Grenzen und das Wiedererkennen geht, einer Erzählung, die vorankommt, indem Personen Grenzen überqueren. Der Planer einer modernen, humanen Stadt müßte die Unterschiede übereinanderschichten statt sie zu segmentieren, und zwar aus dem gleichen Grund. Aus der Überlagerung ergeben sich komplexe, offene Grenzen. Das humane Rezept lautet: Verschiebung statt Linearität.

Diese Verknüpfung des Visuellen mit dem Sozialen konzentriert sich auf die Erfahrung von Grenzen; sie erwächst jedoch nicht aus einem Ethos der Schwäche. Hannah Arendts Hervorhebung der Vorzüge von Unpersönlichkeit, das Nichtzustandekommen von Katharsis und Identität in Baldwins Essay, Serlios Erfindung einer Bühne der tragischen Grenzen, Légers Bilder, die die Grenzen der Dauerhaftigkeit der Dinge zeigen, das ruhelose Vorwärts auf den von Sixtus V. geplanten Pilgerstraßen in Rom – alle diese höchst verschiedenen Momente deuten eine bestimmte Form an, die das Leben in der Dimension des Außen annehmen kann: ein Sich-Einlassen auf den Unterschied, eine Bereitschaft, das Unfeste, das Nicht-Dauerhafte, den Zufall zu akzeptieren. Die christlichen Vorstellungen müssen heute einer Umwertung der Werte unterworfen werden. Das Innere ist zu einer destruktiven Dimension geworden; auf der Suche nach Dauerhaftigkeit, Präzision und Sicherheit ins Innere zu fliehen ist destruktiv. Das Außen könnte zu einer konstruktiven Dimension werden, wie dies schon Baudelaire erhofft hat. Die humanistische Tradition zeigt, daß eine Art von tragischem Raum dem Außen eine konstruktive Dimension verleihen kann. Gleiches gilt nicht von den erholsamen urbanen Vergnügungen, die Constantin Guys skizziert hat, und auch nicht von dem begrünten Ganzen, von dem sich das Zeitalter Thomas Jeffersons beseelen ließ.

Gegen die Ausdrucksformen von Dauer und Präzision setzen wir Unmittelbarkeit und Unvollkommenheit – und dies ist zugleich der Kontrast zwischen einer sakralen und einer säkularen Vision. Zu dieser säkularen Vision gehört nicht zuletzt eine bestimmte Weise, Dinge anzufertigen, die sich preisgeben.

Teil IV:
Eine Kunst der Selbstpreisgabe

8. Kapitel: Dinge machen, die sich preisgeben

Ich und Es

In einer Stadt, die niemandem gehört, versuchen die Menschen immerfort, Spuren von sich, Zeugnisse ihrer Geschichte zu hinterlassen. In den siebziger Jahren war New York von solchen Spuren buchstäblich übersät. Riesige Zahlen, Namensinitialen und Spitznamen, die den Schreiber identifizierten, tauchten an den Innen- und Außenwänden der U-Bahn-Wagen auf – Inschriften, hergestellt mit Sprühdosen und Filzstiften. Sie waren weder obszön noch politisch wie die Plakate in dem Jahrzehnt davor, einfach nur Namen und Kürzel wie »L. A. II«, auf die man überall stieß, das Werk von Jugendlichen aus den Slums.

Es war die Masse dieser Graffiti, die zunächst beeindruckte; sie waren sehr zahlreich und viele von ihnen sehr groß, sie breiteten sich über die Türen und Fenster, die Bänke und Metallwände der U-Bahn-Wagen aus und ignorierten die funktionalen Teile dieser Wände – alles war eine einzige große Schreibfläche. Von den Wänden der U-Bahn griffen sie auf die Wände der Häuser außerhalb der Slums über, und diese immobilen Wände wurden auf dieselbe Weise okkupiert. Man könnte diese riesigen Inschriften als Theaterkulisse bezeichnen, die U-Bahn-Wagen wurden zum Bühnenhintergrund erklärt, der durch dramatische Farbgesten mit Leben erfüllt werden mußte. Den Jugendlichen war die Allgemeinheit als Publikum jedoch völlig gleichgültig, sie spielten für sich und achteten nicht auf die Anwesenheit anderer Leute, die die von ihnen okkupierten Räume ebenfalls nutzten oder in ihnen eingeschlossen waren.

Übertretung und Indifferenz schienen sich in diesen plakativen Selbstbekundungen zu verbinden – mit einem einfachen Ergebnis. Die Graffiti wurden von Anfang an als kriminell eingestuft. Ein

Markierstift mit einer vier Zentimeter breiten Spitze war das Instrument, mit dem die Kids ihre Straßennamen oder irgendwelche Kennziffern auf die beweglichen oder stationären Mauern schrieben; aber dieser Stift wurde sehr rasch wieder aus dem Handel gezogen, ebenso wie sein Nachfolger, ein Stift mit einer nur ein Zentimeter breiten Filzspitze.

Ebenso wie die Farben und Stifte wurde auch das unbefugte Betreten der Bahnhöfe kriminalisiert, auf denen die U-Bahn-Züge abgestellt waren. Vor der Zeit der Graffiti waren diese Abstelldepots Einöden wie die New Yorker Hafendocks, übersät mit Glasscherben und Bierdosen. Sie dienten den Stadtstreichern, die die Wagentüren aufhebelten, als Schlafstätte, und jungen Leuten, die keinen anderen Platz fanden, als Zuflucht für die Liebe. Einige dieser Depots lagen im Freien, weit außerhalb der Stadt, andere waren unterirdisch und lagen direkt im Stadtzentrum, etwa das unter der Brooklyn Bridge, wo man um drei Uhr morgens den Duft von Würstchen riechen konnte, die sich die Stadtstreicher über kleinen Feuern neben den Gleisen brieten. Durch das Prasseln und Knistern hindurch hörte man aus anderen Wagen das Stöhnen der Liebenden, aber von oben drangen kaum Geräusche herunter – die hastigen Männer der Wall Street schliefen noch weit weg in ihren Betten. Als die Graffiti-Maler kamen, wurden die Depots eines nach dem anderen mit Drahtverhauen abgesperrt; eine Zeitlang setzte die Polizei speziell ausgebildete Wachhunde ein, die zwischen Doppelzäunen hin- und herstreiften; diese teuren, weil stets hungrigen Hunde sind inzwischen verschwunden, genauso wie die Stadtstreicher und die Liebenden ohne Bett: die Züge sind jetzt von Zäunen mit rasiermesserscharfem Stacheldraht umgeben. Dünner und zugleich stärker als eine mittelalterliche Mauer, schützen sie die Tempomaschinen der Stadt vor der Schrift.

In dem folgenden Ausschnitt aus einem Interview schildert ein U-Bahn-Fahrgast, wie die Provokation der Graffitis aus der Angst vor den Armen erwächst:

»Ich fahre regelmäßig mit der U-Bahn, und es ist so, daß ich zwar nicht bewußt eine Verbindung zwischen den Graffiti-

Malern und den Kriminellen herstelle, die gelegentlich die Fahrgäste ausrauben, vergewaltigen und überfallen, aber der Eindruck, daß sie alle zu einer einzigen Welt von unkontrollierbaren Gewalttätern gehören, drängt sich trotzdem auf. Auch wenn die Graffiti-Maler die ungefährlichsten von allen sind, vermitteln ihre allgegenwärtigen Inschriften dem Fahrgast doch das Gefühl, daß es in der U-Bahn gefährlich ist. [...] Bei der Eindämmung der Graffiti-Flut geht es darum [...], das allgegenwärtige Gefühl von Angst zu vermindern.«[1]

Demnach haben manche Menschen Angst vor den Graffiti, weil sie, eine schriftliche Äußerung der Unterklasse, offen deren Anwesenheit bezeugen: Wir sind da, und wir sind überall. Mehr noch: Ihr anderen seid nichts – wir schreiben über euch hinweg. Doch die Zeichen der Graffiti selbst vermitteln nichts von dieser Botschaft. Die New Yorker Graffiti dieser Zeit waren frei von obszönen oder politischen Botschaften, sie vermittelten keinerlei Nachricht außer dieser einen: *feci*, »Ich habe das gemacht«, diese Spur ist meine: I–158, Cam-Cam II sind da. Es waren Ich-Bekundungen.

Ich mußte später oft an diese Graffiti denken, wenn ich zuhörte, wie mein Sohn Geige spielte. Mit der Violin-Methode von Suzuki kann ein Kind spielen lernen, bevor es die Namen der Noten kennt; diese Methode betont von der ersten Übungsstunde an die Schönheit von Klang und Ausdruck. Wenn ein Kind den Violinunterricht nach der Suzuki-Methode beginnt, tut sein Lehrer zunächst etwas sehr Freundliches. Auf den Hals der Violine klebt er zwei kleine blaue Plastikstreifen, die dem Schüler anzeigen, wo er den ersten, den zweiten und den dritten Finger hinsetzen muß – den ersten auf den oberen Streifen, den zweiten und den dritten auf die Ober- bzw. Unterkante des zweiten Streifens. So bleibt dem Anfänger die quälende Erfahrung der falschen, schrillen Töne erspart. Indem der Lehrer die Violine in eine Art Gitarre verwandelt, schenkt er dem Schüler die richtige Tonhöhe.

Zunächst akzeptiert der Schüler dieses Geschenk ohne Vorbehalt. Er setzt die Finger genau auf die Klebestreifen, und damit hat es sich – das Problem der Tonhöhe ist gelöst. Während dieser frühen Phase löste sich einmal zufällig einer der Streifen von der Violine meines Sohnes; er bat mich, ihn wieder richtig anzukleben, damit er weiterspielen könne. Mit der listigen Hilfsbereitschaft des pädagogisch denkenden Vaters schlug ich ihm vor, er solle selbst herausfinden, wohin er den Finger setzen müsse, indem er darauf achtete, welche Töne er hervorbrachte. Das freilich hätte meinem Sohn die Sicherheit genommen, mit der er den Unterricht begonnen hatte.

Im Laufe der Zeit lernte er nun, selbst immer besser zu hören, wie sein eigenes Spiel klang, und im Laufe dieses Prozesses wurden auch ihm die kleinen Plastikstreifen allmählich lästig. Es kam der Tag, an dem er erkannte, daß die Violine, die aus natürlichen Materialien gebaut ist, mit wechselnder Temperatur und Luftfeuchtigkeit auch ihren Klang ändert; an manchen Tagen zeigten die blauen Plastikstreifen die richtigen Töne an, an anderen nicht. Dann lernte er, daß ein und dieselbe Note verschiedene Tönungen besitzt, je nachdem, in welcher Tonart sie erscheint. Das vielleicht entscheidende Erlebnis im Zusammenhang mit den Plastikstreifen fiel in den Monat, in dem er herausfand, wie man auf einer Saite ein Vibrato erzeugt. Die Schaukelbewegung der Hand verleiht den Tönen Wärme, indem sie ihre Schwingungsbreite erweitert, ähnlich wie Aquarellfarbe auf nassem Papier verläuft. Je weiter er vorankam und je besser er hören lernte, desto willkürlicher erschien ihm die Lösung, die die Plastikstreifen boten. Sie hinderten das Ohr daran, neue Entdeckungen zu machen, und ungefähr ein Jahr, nachdem er mit dem Unterricht begonnen hatte, entfernte er eigenhändig die Streifen.

Angesichts solcher Fortschritte auf der Violine sprechen Musiker davon, daß der Schüler lernt, mit dem »dritten Ohr« zu hören. Dies läßt sich auch philosophisch darstellen: der Schüler lernt, daß es eine Korrelation zwischen Konkretion und Ungewißheit gibt. Konkretion bedeutet in der Musik, daß der Schüler sich spielen hört, als würde er einen anderen spielen hören; das eigene Spiel wird so zu einer greifbaren Sache, an der man arbeiten kann. Ungewißheit bedeutet in der Musik: je besser der Schüler es lernt, sich in dieser Weise zuzuhören, desto unbefriedigender im musikalischen Sinne erscheinen ihm nun jene Griffe, die der Hand zunächst besonders leichtfallen. Sobald mein Sohn begonnen hatte, mit dem dritten Ohr zu hören, begann er auch, mit ungewöhnlichen Haltungen der linken Hand zu experimentieren, bei denen unter bestimmten Bedingungen schrille, unter anderen aber sehr zarte Töne entstehen; und während er diese Experimente mit seiner linken Hand unternahm, ging es ihm weniger um das Lösen von Problemen als vielmehr um das Problematisieren.

Als ich dann während der Kratzereien, die die Darbietung von »Twinkle, Twinkle Little Star« unweigerlich begleiten, über die Beziehung zwischen dem Konkreten und dem Ungewissen nachdachte, kamen mir wieder die Graffiti in den U-Bahnen in den Sinn. Die Metallwände der U-Bahnen und die Ziegelmauern der Gebäude besaßen für die, die sich mit Spraydosen über sie hermachten, keinen eigenständigen Charakter; es waren Flächen, über die man hinwegschreiben konnte, während mein Sohn hier lernte, die Dinge mit einem Gespür für die ihnen innewohnenden Eigenschaften zu erkunden. Aber die Erkundung seiner Materialien führte zu einem irritierenden Ergebnis. Was ihn dazu veranlaßte, sich noch konkreter auf sie einzulassen, war die Ungewißheit, wie man einem mit Saiten bespannten Holzkasten Töne entlocken kann. Dieser Unterricht brachte ihn dazu, sich nach außen zu wenden, die eigenen musikalischen Äußerungen zu beurteilen, seine Sinne auf die Ergebnisse zu richten und nicht auf die Absichten. Es war eine Erziehung zum »Es«, während die jugendlichen Graffiti-Maler nur »Ich«-Bekundungen kannten. Wenn ich am Ende des vorigen Kapitels von der Anfertigung von Dingen gesprochen habe, die sich preisgeben, dann meine ich einen Vorgang, bei dem man in den Dingen Ungewißheit und Möglichkeit erzeugt. Eine Violine ohne Plastikstreifen »entdeckt« sich dem, der sie spielt – im Sinne von Hickeringill. Und es liegt ein Vorzug darin, wenn man etwas als ein sich preisgebendes, ungewisses »Es« und nicht als ein deklaratives »Ich« schafft: der Violinist entwickelt ein besseres kritisches Gespür für die Qualität seines Ausdrucks als der Graffiti-Maler, denn er kann die Töne als Dinge an sich beurteilen.

Unsere Kultur mißt der Konkretion einen hohen Wert bei, zu Lasten der Abstraktion. »Mach es wirklich, indem du es konkret machst!« ist nicht nur ein Gebot für den Künstler, sondern auch ein Gebot für den Alltag. In der Betonung der Konkretion spiegelt sich die Bedeutung, welche die moderne Kultur den Objekten zuschreibt – Objekten, die mit Festigkeit und Integrität ausgestattet sind. Für gewöhnlich erscheint das Konkrete als solide, als *terra firma*, als eine Welt aus Marmor. Das Ungewisse hingegen scheint der Sphäre ungreifbarer Unschlüssigkeit und zartfühlender, nach innen gerichteter Subjektivität anzugehören. Aber die Bereitschaft, Ungewißheit zu dulden, ist Teil ebenso der wissenschaftlichen Forschung wie der künstlerischen Kreativität. Ein Wissenschaftler, der methodisch von einem selbstverständlichen Faktum zum nächsten voranschreitet, entdeckt nichts. Er entwickelt kein Gespür für die Phänomene, keinen Argwohn, keine Neugier. Ein guter Krebsforscher dagegen will eine Zelle finden, die nicht dort sein sollte, wo sie ist, so wie das dritte Ohr dem seltsamen, durch keinen Plastikstreifen normierten Ton lauscht. Natürlich will der Violinist ebensowenig wie der Krebsforscher geistig in einem »schwarzen Loch« versinken. Das Ziel ist, Möglichkeiten zu finden, die Violine zum Klingen zu bringen. Aber je mehr der Spieler sein kritisches Gehör schult, desto provisorischer erscheinen ihm die Lösungen, die er findet; in dem Maße, wie er sein Gehör verbessert, werden sie immer wieder revidiert oder verworfen. Die Konzentration aufs Konkrete wird belohnt durch Entdeckungen, die das Unerwartete und das Problematische offenbaren. In ebendiesem Sinne besteht eine Korrelation zwischen Konkretion und Ungewißheit.

In diese Korrelation schiebt sich der Faktor Macht. Die unausgesprochene Botschaft eines erhabenen Objekts im Sinne Mies van der Rohes handelt von der Herrschaft, die der Macher über die Augen derer ausübt, die seine Hervorbringungen passiv aufnehmen, wohingegen ein mit Ungewißheit ausgestattetes Objekt zu wechselseitiger Intervention einladen sollte. In den Graffiti auf einer New Yorker Straße spiegelt sich diese Machtbeziehung: die Wände des »Ich« üben eine Herrschaft über die anderen aus, die an ihrer Herstellung nicht mitgewirkt haben, die an ihrer Form nicht teilhaben, die sich ihnen nur unterwerfen können – ohne Ehrfurcht. Der Graffiti-Maler wiederholt sein »Ich«, sein Cam-Cam; er bekräftigt sein Zeichen. Dieses »Ich« begründet ein aggressives, kein exploratives Verhältnis zur Umwelt.

Das Genie von Sixtus V., von Serlio und Scamozzi bewies sich darin, daß sie Straßen und Plätze schufen, die von einem Perspektiven-»Ich« zu einem rätselhafteren »Es« führen. Wie dieser Übergang zustande kommen kann, darüber vermögen die Graffiti ebenfalls etwas mitzuteilen.

Vor zehn Jahren wurden die Graffiti in Paris hauptsächlich mit Schablonen hergestellt. Aus einem Stück Pappe wurde ein Bild oder ein Spruch ausgeschnitten, diese Schablone wurde gegen die Wand gepreßt und das Bild mit der Spraydose gemalt. Hierbei wurden nur ganz gewöhnliche Hilfsmittel verwendet, die man nicht »kriminalisieren« konnte. Trotzdem entstand in der Pariser Öffentlichkeit oder bei den Behörden nach dem Auftauchen dieser Graffiti keine besondere Aufregung, obwohl die Sprüche häufig politisch und die Bilder häufig sexuell sehr deutlich waren.

Diese Reaktion erklärt sich teilweise aus dem Medium. Die mit Schablonen erzeugten Bilder sind klein und in ihrer Zeichnung klar. Die Graffiti auf den Straßen in der Umgebung der Place de la Bastille waren auf den Wänden mit Überlegung plaziert, und die verschiedenen Graffiti-Maler vermieden es, in das Gebiet eines anderen Graffiti-Malers zu geraten. In diesem Teil von Paris sind politische Plakate noch immer weit verbreitet, aber die Gruppen, die sich ihrer bedienen, vor allem Afrikaner und Iraner, haben darauf geachtet, sie so zu kleben, daß die Graffiti nicht verdeckt und in ihrer Wirkung nicht beeinträchtigt werden. In New York hingegen lautet die Spielregel, daß, sobald irgendwo eine Kritzelei auftaucht, andere Graffiti-Maler sie mit ihren eigenen Zeichen »überschreiben« können, was auch tatsächlich überall geschieht und also das dicke Impasto von Namenskürzeln und Erkennungszeichen auf den Mauern von New York erklärt. Die Graffiti von Paris beziehen die Wand als Teil dessen, was deutlich werden soll, als eine Art von Rahmen mit ein; die Graffiti von New York tilgen die Wand, machen sie unkenntlich.

Die Schablonenbilder zeigen Dinge: ein Insekt, das immer wieder erscheint, manchmal auf ein und derselben Wand, so daß man es mit einem ganzen Schwarm zu tun hat; eine Banane, die zu einem länglichen Gesicht mit einer Sonnenbrille verzeichnet ist, daneben die Inschrift »Speedy Banana«. An den Wänden des neuen

Opernhauses an der Place de la Bastille sind schon Schablonenbilder von Rasierklingen aufgetaucht, die die Passanten an die Guillotine und die revolutionäre Vergangenheit dieses Ortes erinnern. Der französische Graffiti-Maler bekundet seine Anwesenheit durch ein Bild, das den, der es gemacht hat, nicht beim Namen nennt.

Die Pariser Graffiti experimentieren mit ihrer Umgebung. Dies geschieht in dem Wechselspiel zwischen den deutlichen Bildern und den Gebäudeflächen, auf denen sie plaziert sind. Einige Graffiti-Maler dort haben sich einen Spaß daraus gemacht, die Bilder künstlerisch in verblüffenden Schräglagen anzubringen; andere haben an den Schablonenbildern weitergemalt, um eine gewisse Abwechslung zu erzeugen. Der Betrachter reagiert mit Interesse auf das, was sich an der Mauer abspielt; er geht auf die Zeichen dieser Leute ein, sieht hin und fragt sich, worum es geht. Natürlich studieren die Bewohner von Paris diese Graffiti nicht so wie die Chinesen ihre Wandzeitungen; es handelt sich hier ja nur um Zeichen und Symbole, die die Aufmerksamkeit des Fußgängers wekken und ihn veranlassen, ein wenig langsamer zu gehen. Das gleiche gilt für die sorgfältig gestalteten *affiches*, die überall in Paris an den Mauern kleben; auch sie tragen dazu bei, Mauern zu schaffen, die die Leute anschauen, Mauern, auf denen Dinge nebeneinandergestellt werden, statt daß verschiedene »Ichs« auf ihnen miteinander konkurrieren.

Wer lange genug in New York gelebt hat, entwickelt leicht einen großen Zorn über die Verschwendung von menschlichem Leben, die hier stattfindet. Vielleicht ist dies der Grund, warum die Pariser Graffiti in einem Betrachter aus New York eine gewisse Hoffnung schüren, die Hoffnung, daß vielleicht auch die Klecksereien in seiner eigenen Stadt irgendwann einmal eine Form finden werden. Bei einigen der Jugendlichen, die in den siebziger Jahren Graffiti hergestellt haben, hat sich dieser Wandel tatsächlich vollzogen. Melvin Samuels Jr. zum Beispiel gehörte der »Death Squad writing group« in der South Bronx an, und das Kürzel, mit dem er unterzeichnete, war »NOC 167«. Er wurde im Jahre 1961 geboren und begann mit neunzehn Jahren, Bilder auf Leinwand zu malen. Werke wie *The Letter NOC 167* bedienen sich der Kalligraphie, die man aus der New Yorker U-Bahn kennt, aber eigentlich handelt es sich bei diesen Bildern um »Post-Graffiti«. In *The Letter NOC 167* schaffen die in Gelb und Pink gesprayten Ränder eine Wand von lebhafter Farbigkeit; die mit dem Magic-Marker gezeichneten Linien sowie die mit der Spraydose erzeugten Braun- und Grünflächen auf dieser Wand bilden bewußte Farbkontraste, und die mit einem schwarzen Marker gezeichnete Schrift ist sorgfältig in eine Gelbfläche plaziert. Diese Schrift besteht aus zwei Bruchstücken, die beide in Anführungszeichen gesetzt sind: das eine, »the letter«, nennt den Titel des Bildes, das andere, »dreams of holocast« [sic], wirkt vor seinem gefälligen Ockerhintergrund so unerwartet, daß man das Bild nach einer Erklärung absucht, bis man schließlich, halb verdeckt von einem vorspringenden Strahl Grün und Braun, ein braunes Hakenkreuz entdeckt. In Wirklichkeit gibt es auch nicht zwei, sondern drei Schriftzüge auf dem Bild von NOC 167. Der dritte ist die Signatur, sie aber ist leicht zu übersehen, sehr behutsam unten rechts angebracht. Das ist es, was man sich von den Graffiti in der Stadt wünschen würde: daß sie eine Geschichte erzählen, die davon handelt, wie ein Gekritzel, das zunächst nur streitbare Selbstbekundung war, zu einem Zeichen wird, das man um seiner selbst willen entziffert.

Wie läßt sich eine solche künstlerische Entwicklung mit der Umwelt in Verbindung bringen? In seinem Buch *Art as Experience* hat John Dewey diese Frage zu beantworten versucht, indem er die Bedingungen innerhalb der Umwelt umreißt, die den Künstler dazu veranlassen, dem Material, mit dem er umgeht, wirkliche Beachtung zu schenken. Der Kampf mit der Umgebung kann das Tier nach Deweys Auffassung dazu bringen, seine Umwelt aufmerksam zu beobachten. Dewey dachte dabei nicht an einen endlosen Krieg aller gegen alle, wie Hobbes ihn für den Naturzustand annahm. Dewey war der Meinung, daß »sich ein Organismus die für das Leben notwendige Stabilität nur sichern kann, wenn er an den geordneten Beziehungen seiner Umgebung teilhat«.[2] Aber der Widerstand gegen den unmittelbaren Impuls oder der Konflikt mit den Impulsen anderer ist ein wesentliches Moment; der Organismus muß diesen Widerstand und diesen Konflikt erleben und aushalten, wenn er Stabilität finden soll. Wäre ein Bär imstande, seine

Feinde zu besiegen, indem er sie einfach mit seinen Tatzen zerreißt, dann wären, nach Deweys Meinung, die Nägel der Tatzen für den Bären nichts weiter als ein Mittel zum Zweck, eine Waffe. Würden sich die Nägel als völlig nutzlos erweisen, so gäbe es keine Bären mehr. Gelingt es einem Tier jedoch, zu überleben, ohne die absolute Vorherrschaft zu erringen, so kann es zu einer Reflexion über die ihm zur Verfügung stehenden Mittel gelangen. Natürlich wissen wir nicht, wie Bären über ihre Tatzen denken – aber Dewey geht es vor allem darum, die Bedeutung der hemmenden Behinderung oder Enttäuschung (*frustration*) der künstlerischen Arbeit hervorzuheben. Die Hemmung nimmt die Mitte zwischen dem leicht errungenen Sieg des Künstlers und dem Scheitern ein. Leichte Siege führen, wie Dewey meint, zu schlechter Kunst, weil der Künstler, der eine rasche Lösung findet, ähnlich wie der Bär nie über die materiellen Mittel, die ihm zur Verfügung stehen, nachzudenken braucht. Erst infolge der Hemmung oder Enttäuschung beginnt der Künstler an seinem Material »teilzunehmen«: »wenn diese Teilnahme nach einer Phase der Zerrissenheit und des Konflikts eintritt, dann trägt sie in sich den Keim zu einer Vollendung, die dem Ästhetischen ähnlich ist«.[3] Hegel entwickelte hundert Jahre früher eine ganz ähnliche Vorstellung davon, wie es zu einem Sich-Einlassen auf die Dinge um ihrer selbst willen kommen kann. Gegen Ende der *Phänomenologie des Geistes* spricht er von der Notwendigkeit der »Versöhnung« zwischen den einander widerstreitenden Ichs, von dem »Ja«, mit dem beide Ichs von ihrem Beharren in der Gegensätzlichkeit ablassen.[4] Erst nach diesem hemmenden Kampf wenden sie sich der Erkundung der materiellen Bedingungen zu, unter denen sie leben.

So hätten Dewey und Hegel den Verlauf der Experimente von NOC 167 mit seinen Spraydosen vielleicht erklärt. Ob sie nun auf den Fall von Melvin Samuels Jr. zutrifft oder nicht – diese Erklärung verdeutlicht jedenfalls, auf welche Weise sich der Künstler in der schöpferischen Arbeit preisgibt. Menschen, die auf Hindernisse und Hemmnisse stoßen, fühlen sich preisgegeben, sie gelangen nicht zum Erfolg, und sie scheitern nicht, sie stecken irgendwo dazwischen fest. In diesem Zustand fühlen sie sich ihren Materialien preisgegeben.

Es ist ein Gemeinplatz, daß Künstler in großen Städten mehr Anregung finden als anderswo; damit ist jedoch etwas gemeint, das für die künstlerische Kreativität sehr viel entscheidender ist als ein bohèmehaftes Ambiente oder der Kontakt zu Gönnern. Die Hemmungen und Enttäuschungen, welche die Stadt bewirkt, können den Künstler zur Erforschung seines Materials anregen. Da diese Wirkung aber nicht auf Berufskünstler beschränkt ist, sollten wir vielleicht besser und allgemeiner sagen, daß die Korrelation zwischen Ungewißheit und Konkretion, die wir untersucht haben, eine soziale Dimension besitzt: es geht um die Preisgabe an den Unterschied, an das Anderssein, an die Hemmung. Die Pläne von Sixtus V. waren, wie man in der Rückschau erkennen kann, erfüllt von dieser Kraft zur Preisgabe. Sie zogen der perspektivischen Herrschaft über die Straße Grenzen. Bewußtsein von Grenzen auszubilden bedeutet, daß man im gesellschaftlichen Leben weder die Vorherrschaft gewinnt noch unterliegt, sondern daß man den Raum dazwischen einnimmt; einen solchen Zwischen-Raum haben auch die Armen eingenommen, als sie die Parkplätze an der Vierzehnten Straße okkupierten. Le Corbusier hat diesen Raum gewiß nie eingenommen, und die leicht errungenen Siege und die totale Herrschaft von Projekten wie dem Plan Voisin zeigen, wozu das führt: es fehlt ihnen jegliches Gespür für das Material, für Textur und Oberflächenbeschaffenheit. Der Plan Voisin handelt einzig und allein von Herrschaft und nicht von Sinnlichkeit. Das Gefühl des Preisgegebenseins an die Materialien stellt sich beim Künstler in Augenblicken des Unbehagens, der Unzufriedenheit, des Zweifelns ein.

Es gibt ein Gespür für materielle Objekte, ein Bewußtsein von ihnen, in dem das Gespür und das Bewußtsein, das die Menschen in der Großstadt füreinander haben, mitschwingen. Im vorigen Kapitel haben wir diesen Raum der Preisgabe in einer bestimmten Art von Zeit aufgesucht, die wir als narrativen Raum bezeichneten, um anzudeuten, daß die produktive Erfahrung von Komplexität in einer Stadt nicht von selbst zustande kommt, daß sie vielmehr als eine sich entfaltende Erfahrung organisiert werden muß, so wie sich das komplexe Geschehen in einem Roman nach und nach entfaltet. Es muß zu einer Verschiebung oder Verlagerung über eine Grenze hinweg kommen, damit die Preisgabe an den Unterschied beginnen kann, ähnlich wie in einer fesselnden Erzählung, und dann muß es zu einer Hemmung kommen, um der Bewegung eine Bedeutung zu verleihen, wie in den Wiedererkennungsszenen. Die Lösung, in der dieser Prozeß der Preisgabe kulminiert, ist, um noch einmal auf die Analogie zur narrativen Geschichte zurückzukommen, keine befriedigende Katharsis, sondern das Interesse für die Materialien. Baldwins schwer faßliche Geschichte hat angedeutet, wie es enden könnte – daß die Geschichte der Preisgabe in der Liebe zu den Dingen endet.

Die Kunst der Mutation

Ich möchte zeigen, wie dieses Bewußtsein von den Dingen auch das verwandeln kann, was uns heute als das unmenschlichste Element des Städtebaus erscheint: das Gitter. Das moderne Gitter ist eine Anordnung wiederkehrender Elemente, bei der sich nichts verändert. Das moderne Stadtgitter hat keine Mitte und keinen Rand, es ist eine Form der reinen Wiederholung, die ganz ähnlich funktioniert wie eine industrielle Maschine. Über die strengsten Gitter in der Malerei, über Bilder wie *Untitled* von Agnes Martin aus dem Jahre 1965, hat Rosalind Krauss gesagt:

> »Sie verdrängen die Dimensionen des Realen und ersetzen sie durch eine einzige, nach den Seiten ausgreifende Fläche. Insofern die Ordnung des Gitters reine Beziehung ist, leugnet es den Anspruch natürlicher Objekte auf eine eigene, besondere Ordnung; es zeigt, daß die Beziehungen auf ästhetischem Gebiet in einer Welt für sich angesiedelt sind.«[5]

Obwohl Krauss künstlerische Gitter als »antimimetisch« und »antireal« bezeichnet, wirken Bilder wie das von Agnes Martin wie ein unheimliches Echo auf die Entwürfe für Manhattan aus dem Jahre 1811. Als Modell für die Aufteilung des zum Verkauf stehenden Bodens im Zeitalter des Hochkapitalismus würde ihr Bild ohne weiteres taugen.[6] Krauss geht es jedoch darum, wie die Malerin dieses scheinbar einfache, direkte Zeichen verwandelt hat.

Häufig hat sich die moderne Kunst damit beschäftigt, Gittern auf eine bestimmte Weise Ausdruckskraft zu verleihen. Die Logik des Gitters läuft auf die Wiederholung eines Bildes hinaus. Viele Künstler haben diese Logik attackiert, indem sie versucht haben, durch den Prozeß der Wiederholung Veränderung und Abwandlung in die Form zu bringen. Dieser Kunst geht es um Mutation – sie ist gleichsam eine moderne Spielart von Spensers »Wechselhaftigkeit«. Picasso, Mondrian, Jasper Johns und viele andere Maler haben sich für das Verhältnis von Wiederholung und Wandel interessiert und haben Gitterformen geschaffen, die damit experimentieren, ein Bild durch Wiederholung zu verändern.

Wie kann es zu Mutationen kommen, wenn sich ein Bild wiederholt? Die Siebdruckbilder von Andy Warhol wiederholen Bilder von Filmstars oder von Revolutionären auf der Leinwand – als Echo auf ihre endlose Reproduktion in der Presse. Diese Wiederholung scheint alle Übel dieser Form zu enthalten: leere Klischees werden mechanisch reproduziert. Warhols »Multiples« zeigen, wie die Stars einer Stadt in der Reklame verblassen. Doch was dem Auge widerfährt, je länger es hinsieht, hat mit dieser ideologischen Botschaft nichts zu tun. In einem Supermarkt ist noch niemand über einem Stapel Campbell-Dosen ins Grübeln geraten; damit man die Suppendose mit Bedacht betrachten kann, bedarf es des Bildes, eines Mediums, in dem es um Anschauung geht. Wenn man sechzehn Campbell-Konserven oder sechzehn Mao Tse-tungs gleichzeitig sieht, so zwingt einen die Wiederholung, über den Charakter dieses wiederholbaren Dinges nachzudenken; die Entwertung des Dinges und die Art, wie es die Aufmerksamkeit auf sich konzentriert, sind untrennbar miteinander verbunden.

Warhols Verfahren ist das einfachste, mit dem Wiederholung in der Kunst die Arbeit der Mutation zu leisten vermag. Was vorher unbemerkt blieb, wird nun betrachtenswert; das Bild scheint seinen Wert zu verändern, sobald es sich vervielfältigt. In den Porträts, die Warhol während der siebziger Jahre schuf, brauchte das Bild nur noch dreimal oder zweimal wiederholt zu werden, und schließlich trat es wieder als einmaliges Bild auf, aber in ihm schwang das Wissen mit, daß es anderswo unendlich oft technisch reproduziert worden war oder reproduziert werden würde. Und auch diese Wiederholung zog visuelles Interesse auf sich; die Bedeutung des Bildes wurde ungewisser.

Das Wort *technisch* in seiner gewöhnlichen negativen Bedeutung leugnet, daß dies überhaupt geschehen kann. Die Kompliziertheit der frühen industriellen Maschinen faszinierte die Viktorianer; bei der Ausstellung im Londoner Kristallpalast 1851 oder bei der Pariser Weltausstellung 1887 versammelten sich große Menschenmengen, um mitzuerleben, wie Maschinen menschliche oder sogar übermenschliche Aufgaben erfüllten. Der Roboter des Grafen Dunin, der sogenannte »Stählerne Mann«, stieß auf ehrfürchtiges Staunen, und selbst etwas so Prosaisches wie ein industriell gefertigtes Klosettspülbecken aus Porzellan weckte Begeisterung. Allerdings fürchteten die Viktorianer die Fähigkeit der Maschinen, sich zu wiederholen, etwa wenn der Roboter des Grafen Dunin wieder und wieder dieselben Verrichtungen ausführte, ohne zu ermüden. Auch von den Ergebnissen der Maschinenarbeit fühlten sie sich angewidert, wenn sie sich vor ihnen auftürmten. Tausend Wasserklosetts wirkten anstößig, während ein einziges die frohe Botschaft des Fortschritts verkündete.

Hätte Walter Benjamin die Bilder von Andy Warhol noch sehen können, so hätte er in ihnen vielleicht eine düstere Bestätigung für die Ängste der Viktorianer erblickt. Er war der Auffassung, daß der industrielle Prozeß bereits in die Mentalität des Künstlers selbst eingedrungen ist: »Das reproduzierte Kunstwerk wird in immer steigendem Maße die Reproduktion eines auf Reproduzierbarkeit angelegten Kunstwerks.«[7] Wiederholung kann jedoch zu einem radikalen Verfahren in der visuellen Gestaltung werden, wenn sie anfängt, mit der Gleichzeitigkeit zu spielen. Eben dies geschieht auf den Siebdruckbildern von Warhol. Der Maler faßt Bilder, die normalerweise zu unterschiedlichen Zeiten wahrgenommen werden, in einen einzigen Rahmen: Marilyn Monroe hat man schon tausendmal gesehen, aber noch nie sechzehn Marilyn Monroes auf einmal. Die Klischees verlieren in der Anhäufung ihre Vertrautheit; eine andere, irritierende Bedeutung tritt hervor.

Einer noch tieferen Anregung durch ganz anders geartete repetitive Mittel begegnet man in den Porträtaufnahmen des New Yorker Photographen Richard Avedon. Die Szenerie für diese Porträts ist immer die gleiche, ein leerer weißer Hintergrund, vor dem die porträtierten Gestalten stehen, der Kamera zugewendet, den Blick auf das Objektiv gerichtet. Und bei Ausstellungen werden diese Porträts stets auf die gleiche Weise präsentiert, die Abzüge werden auf ungerahmte Tafeln von 1,20 m mal 1,80 m montiert, so daß sich infolge des leeren Umfeldes und der fast lebensgroßen Photoabzüge die Aufmerksamkeit des Betrachters auf die porträtierten Gestalten selbst konzentriert – diese ganze Leere inszeniert gleichsam die Preisgabe des Charakters.

Für eine extreme Geste ist nichts so fatal wie die Rückkehr zur Normalität oder das Ausschauhalten nach irgendeinem anderen, noch ferneren Ufer; die Kühnheit des Künstlers wirkt dann eher wie die Glanzleistung eines Virtuosen und nicht wie ein Ausdruck des Willens, einen ganz bestimmten Akt zu vollziehen. Avedon indessen ist in seiner dreißigjährigen Tätigkeit als Porträtphotograph nie von seiner Linie abgewichen. Immer hat ihn die Preisgabe des menschlichen Charakters durch den leeren Raum fasziniert, und diese obsessive Wiederholung ist zu einer Art von Garantie für seine Integrität geworden.

Das eigentümliche amerikanische Raumgefühl, das darin besteht, daß man nirgendwo ist, wenn man mit sich allein ist, tritt in diesen Aufnahmen zutage. Die leere Umgebung ist puritanisch; das rahmenlose Weiß unterdrückt jedes Interesse an der Beziehung der porträtierten Gestalt zur Außenwelt. Und doch gelingt es den Photographien von Avedon, gerade durch ihre visuelle Strenge diese menschliche Verbindung herzustellen.

In jüngerer Zeit hat Avedon beispielsweise eine Folge von Porträts unter dem Titel *In the American West* fertiggestellt. Als sie erschienen, wurden die Aufnahmen sowohl in der Ausstellung als auch im Katalog kritisiert: sie zeigten nichts weiter als das stereotype Bild eines New Yorkers vom Westen. Die Kritiker wußten zwar selbst nicht recht, was diese Behauptung bedeuten sollte, aber sie lag nahe. Da die formale Strenge des Photographen in dem ausgedehnten Weiß zu voller Wirkung kam, konnte man nur an den Kleidern der Porträtierten ablesen, daß man sich »im« amerikanischen Westen befand – an den Cowboyhemden der Frauen und den Cowboyhüten der Männer. Aber auf vielen Bildern fehlten sogar diese Requisiten. Die Männer sind bis zum Gürtel ausgezogen, die Frauen tragen Konfektionskleider, wie man sie in jedem Einkaufszentrum irgendwo in Amerika erwerben kann.

Durch die Wiederholung beginnt sich jedoch der Betrachter für diese ortlosen Menschen zu interessieren, gerade weil die anthropologischen Indizien fehlen. Avedons Photographien mit ihrem strengen Kontext regen den Betrachter an, Bedeutung in sie hineinzuprojizieren und hineinzulesen. Und sie spielen mit dem Prinzip der Abfolge, so wie Warhols Bilder mit der Gleichzeitigkeit spielen. In einem Strom, in dem sich sonst nichts verändert, wird jedes Bild aussagekräftiger als das voraufgegangene; der Betrachter fängt an, sich auf die Unterschiede, die er wahrnimmt, einzulassen. Avedon erzeugt auf diese Weise eine intensive Anteilnahme für die von ihm Porträtierten.

Dies sind Verfahren, durch visuelle Gestaltung das Prinzip der Maschine, die Wiederholung, zu nutzen, um Ausdrucksformen hervorzubringen, die nicht mechanisch sind. Die visuelle Nutzung des Maschinen-Prinzips hat eine direkte Auswirkung auf die Stadtplanung. Der Stadtplaner Antoine Quatremère de Quincy war einer der ersten und bis heute einer der bedeutendsten Autoren, die sich zur Frage der Mutation geäußert haben. Er wandte sich gegen die Vorstellung, daß in der Architektur die traditionellen Säulenordnungen oder die palladianischen Fenster und Portale als feste Formenkomplexe der Gegenwart übergestülpt werden sollten und daß jeder Formenkomplex genauso wiederholt werden müsse, wie er aus der Antike oder von Palladio auf uns gekommen ist – in der Weise, wie die Gestalter des Union Square die Formen der Barockstadt auf ein Arbeiterviertel von New York übertrugen. Um solche Banalisierungen zu vermeiden, unterschied Quatremère de Quincy zwischen »Ausdruckstypen« und »Ausdrucksmodellen«:

> »Das Wort ›Typus‹ bezeichnet nicht so sehr das Bild eines Dinges, das kopiert oder vollkommen nachgeahmt werden soll, als vielmehr die Idee von einem Element, das seinerseits als Richtschnur für das Modell dienen muß. [...] In der praktischen künstlerischen Arbeit ist das Modell ein Gegenstand, der so,

wie er ist, wiederholt werden muß; der Typus dagegen ist ein Gegenstand, an Hand dessen man Werke ersinnen kann, die einander ganz und gar nicht ähnlich sind.«[8]

Ein Modell ist wie eine Gestaltungsmaschine, die sich ständig wiederholt. Dagegen maß Quatremère de Quincy dem Typus die Fähigkeit zu, sich im Zuge eines der biologischen Mutation oder der musikalischen Variation ähnlichen Prozesses selbst zu verändern: der Typus »gleicht einem Kern, um den sich jene Formentwicklungen und Formvariationen versammeln und miteinander verweben, für die der Gegenstand zugänglich ist«.[9]

Mit dieser Unterscheidung suchte Quatremère de Quincy die Ansprüche von Entdeckung und Erfindung auszugleichen. Auf jeden Fall wollte er den Architekten, der mit traditionellen Formen arbeitet, von der Vorstellung befreien, er müsse die klassischen Motive unverändert wiederholen. Wenn diese Formen tatsächlich lebendig und wichtig sind, dann verwandeln sie sich im Gebrauch; wenn sie nicht wichtig sind, dann werden sich aus ihnen auch keine Variationen ergeben. Quatremère de Quincy hätte sich gewiß für die Suche von Louis Sullivan nach neuen, aus der Vergangenheit erwachsenden ornamentalen Formen eingesetzt. Aber die kürzlich von Carlo Aymonino verkündete Doktrin hätte ihn entsetzt, der zufolge der Städtebau »eine einheitliche Thematik [...], Gleichgültigkeit gegenüber dem Kontext [...], Überwindung lokaler Baugrundsätze« zugunsten der Form bekunden müsse.[10] Er hätte die mechanischen Zitate am Union Square ebenso verworfen wie die zahlreichen postmodernen Fassaden, mit denen neuerdings Einkaufszentren, Autowaschanlagen und Gefängnisse verkleidet werden.

Für Quatremère de Quincy war die Mutation vielmehr ein »Variieren«, das um einen »Kern« kreist. Praktisch bedeutet das, daß man auf einer Straße den Charakter des Ortes durch eine »Kernform« bestimmt; man könnte zum Beispiel einen bestimmten Haustypus oder einen bestimmten Typus von Straßenfassade oder eine Baumsorte, mit der man die Straße säumen will, zugrunde legen. Die Kernform ist das, was mutiert, wenn man es wiederholt, aber man wird immer bestimmen können, daß die Häuser etwa georgianisch waren oder daß die Bäume säulenförmig waren und daß es sich um Laubbäume handelte. Weil man die Form, von der die Variation ihren Ausgang nahm, stets erkennen kann, ergibt sich ein Eindruck von Kontinuität.

In radikaleren Praktiken von Wiederholung jedoch kann man, sobald der Prozeß des Wandels einmal in Gang gekommen ist, nicht mehr so leicht zum Ausgangspunkt zurückfinden. In dieser Hinsicht ist der Wandel, den Warhol ins Werk setzt, drastischer, als Quatremère de Quincy sich das vorgestellt hat. Am Bild selbst ändert sich nichts, aber seine Wahrnehmung ändert sich, und zwar sehr schnell. Maos fester Blick wird rätselhaft, fesselnd, problematisch – aber als Sinnbild revolutionärer Aufrichtigkeit taugt er nicht mehr. Aufgrund anderer Mittel vollzieht sich diese Erosion des Subjekts auch in den Porträtaufnahmen von Avedon. Wenn man sie zusammen betrachtet, werfen sie Fragen auf, die die Gattung der Porträtphotographie selbst betreffen. *In the American West* wird zu einem gleichzeitig willkürlichen und faszinierenden Etikett; je länger man diese jungen Paare betrachtet, die beharrlich ins Objektiv blicken, diese Männer und Frauen, die der Kamera nichts vorenthalten, die in ihrer Pose ein Sinnbild von Aufrichtigkeit verkörpern, desto unbehaglicher wird einem bei dem Versuch, zu begreifen, wer diese Menschen sind – die Art, wie die junge Frau den Betrachter direkt anblickt, wirkt plötzlich wie eine Maske, die sie aufgesetzt hat. Weder der Maler noch der Photograph stellen die von ihnen Porträtierten in einen Kontext; beide haben Formen gefunden, mittels deren solche Plazierungen und Definitionen zerrüttet werden. Sie sind Künstler des menschlichen Gesichts, der Physiognomie, des Charakters, und sie stellen eine Verbindung zwischen dem Betrachter und diesen Gesichtern her, indem sie Gitterformen erfinden, die mutieren.

In diesem Sinne ist die radikalere Mutationsform auch die humanere; das Auge erkundet das Vieldeutige und begegnet dem Unerwarteten. Wir leben in einem Zeitalter der Maschinen, aber die radikalen Formen von Wiederholung sind nicht »mechanisch«. Keine von ihnen erinnert an Le Corbusiers Plan Voisin. Das Prinzip der Mutation verdeutlicht, warum Darstellungen von einem Ort – also das, was Kevin Lynch mit seiner Idee der »Bildhaftigkeit« oder »Einprägsamkeit« der Stadt anstrebte – kein expressives Prinzip mehr enthalten. Ein fixiertes, vertrautes Bild hat keinen größeren Wert als ein Reklamephoto – bis etwas mit ihm geschieht.

Bilder mutieren zu lassen bedeutet, ihre Darstellungskraft in Zweifel zu ziehen. Man sucht nach anderen Möglichkeiten, einem Bild gesellschaftliche Bedeutung zu verleihen. Die beiden folgenden Gedichte zum Beispiel schildern Fremde – die erste Schilderung stammt aus dem in den zwanziger Jahren geschriebenen Gedicht »To Brooklyn Bridge« von Hart Crane:

»I think of cinemas, panoramic sleights
With multitudes bent toward some flashing scene
Never disclosed, but hastened to again,
Foretold to other eyes on the same screen.«[11]

[»Ich denke an Kinos, an panoramatische Kunstgriffe,
In denen sich Menschenmengen, einer flammenden Szene
entgegenbeugen,
Die sich nie enthüllt, und zu der sie doch aufs neue hasten,
Anderen Augen vorhergesagt, auf derselben Leinwand.«]

Die andere Schilderung, ein halbes Jahrhundert später verfaßt, stammt aus dem Gedicht »As We Know« von John Ashbery:

»The light that was shadowed then
Was seen to be our lives,
Everything about us that love might wish to examine,
Then put away for a certain length of time, until
The whole is to be reviewed, and we turned
Toward each other, to each other.«[12]

[»Das Licht, das damals dunkelte,
erschien wie unser Leben,
Alles an uns, was die Liebe untersuchen wollen könnte,
Wurde damals für eine bestimmte Zeit beiseitegelegt, bis
Das Ganze erneut geprüft werden soll, und wir wendeten
Uns zueinander, einander zu.«]

Hart Crane deutet mit dem Bild einer Menschenmenge im Kino an, was es bedeutet, in einer Stadt ein Fremder unter Fremden zu sein. Die Menschen, die »sich einer flammenden Szene entgegenbeugen, die sich nie enthüllt, und zu der sie doch aufs neue hasten«, versuchen etwas zu begreifen, eine Bedeutung zu entziffern, die sich ihnen entzieht. Die nächste Zeile besagt, daß die Bedeutung vorher schon für andere sichtbar war, daß es sich um eine Bedeutung handelt, die von irgendwoher rührt. Die Vielzahl der Fremden wird hier wie auch an anderen Stellen von Cranes Gedicht zu einer Masse, in der jeder Fremde nach dem Ursprung des Daseins der anderen fahndet, woher sie kamen und was sie bedeuteten, bevor auch sie in den abgedunkelten Saal traten. Sie halten Ausschau nach einem erklärenden Bild; diese Fremden wollen ihr Füreinander-Fremdsein abstreifen. Sie wollen so aussehen, wie sie wirklich sind.

Dagegen deutet Ashbery an, worin das Gewahrwerden eines anderen Fremden besteht. Wenn die Menschen aneinander nicht mehr suchen, »was die Liebe untersuchen wollen könnte«, dann werden sie einander gewahr: »wir wendeten / Uns zueinander, einander zu«. Hier tut sich ganz plötzlich die Vision einer Gemeinschaft von Fremden auf, von Menschen, die die Zwanghaftigkeit der Liebe und das Drängen der Intimität gezügelt haben und deshalb sehen können. In diesem Moment stellen sie »das Ganze« zurück, um es später noch einmal zu betrachten. Und in diesem Augenblick der Verbindung gibt es keine Darstellung des einen für den anderen.

In der Vorbemerkung zu einem anderen Gedicht von Ashbery mit dem Titel »Litany« (Litanei), das aus zwei nebeneinander gedruckten Spalten mit unterschiedlichem Text besteht, schreibt der Autor, daß »die beiden Spalten von ›Litanei‹ als gleichzeitige, aber unabhängige Monologe« gelesen werden sollen. Das Gedicht beginnt so:

»Für jemanden wie mich	Das also muß ein Loch sein
Sind die einfachen Dinge	In den Wolken
Wie Toast essen oder	Auftrag oder Falle
Zur Kirche gehen	Jedenfalls Dunst, der
an einem Platz aufgehoben.	Die Milch der Verzauberung ausschüttet

Wie Wein und Käse essen
Die Eltern der Stadt
Elegant pissend entziehen sich
Ein für allemal dem Wissen.
Die
Löwenmäulchen verzehrt im
Wind
Aus Feuer und Wut hoch über
Den verendenden Straßen.

Über der ganzen Stadt,
Ihrer Landschaft, was immer
Geschehen könnte
Hinter hohen Hecken
Dunklen, flinken Wissens.
Die braunen Linien bleiben
Im ausdrücklichen Sex.«[13]

»Litany« beginnt mit einem profanen Monolog in der linken Spalte und einem eher »poetischen« in der rechten. Aber dabei bleibt es nicht. Plötzlich vertauschen die Stimmen die Seiten, der letzte Satz der linken Spalte weitet sich zu einer großen Vision von Verödung und Verfall, während in der rechten Spalte die letzte Zeile der ersten Strophe: »Milch der Verzauberung« der letzten Zeile der zweiten Strophe Platz macht: »Im ausdrücklichen Sex«. Von diesem Anfang an ahmen die beiden Spalten über Seiten hinweg einander nach, streiten miteinander, ignorieren einander, bis sich der Leser fragt, warum sie nebeneinander stehen – und plötzlich stellt sich zwischen ihnen eine neue Verbindung her. Es wird klar, was das Wörtchen »unabhängig« bedeutet, das der Dichter anfangs benutzt hat. Eine unabhängige Stimme existiert nur in bezug auf eine andere Stimme. Diese vielfach miteinander verwobenen, aber nicht ineinander aufgehenden Stimmen geben dem Gedicht seinen Umriß – so wie sie auch der Straße ihren Umriß geben.

Solche künstlerisch erzeugte Ambiguität erschüttert eine scheinbar humane Vorstellung von Beziehungshaftigkeit innerhalb der Stadtplanung, die Idee der kontextbezogenen Gestaltung. Eine Gestaltung, die sich auf den Kontext anderer Gestaltungen bezieht, scheint ein umgängliches Produkt zu sein. Ganz bescheidene gestalterische Akte können diese freundliche Geste hervorbringen: indem man etwa bei der Renovierung eines Komplexes von Reihenhäusern die ursprünglichen Türen beläßt, während man die Fenster, die auf die Straßen hinausgehen, verändert, da die Erdgeschosse heutzutage anders genutzt werden als vor hundert Jahren. Wenn man neue Gebäude hinzufügt, können diese die Höhe der alten bekommen, auch wenn die Höhe der einzelnen Etagen und der Fenster nicht mit den Dimensionen der älteren Häuser übereinstimmt. Ein solches kontextbezogenes Gestalten gleicht der Arbeit in einer lebhaften Straße, es geht dabei um Aushandeln und Ausgleich. Sein Grundprinzip ist das Verändern durch Mutation. In dem Bewußtsein von Unterschieden zwischen verschiedenen Zeiten, die im Raum zum Ausdruck kommen, und aus der Rücksicht auf das, was andere getan haben, scheint »Kontext« das Schlüsselwort für Überlegungen zur Gestaltung einer »Stadt der Unterschiede« zu sein. Aber Räume, die nach diesen sanften Prinzipien geordnet sind, wirken nicht in der Weise anregend, wie es bei einem Photo von Avedon oder einem Gedicht von Ashbery der Fall ist. Das Leben auf der modernen Straße umfaßt sowohl die Fähigkeit, Ungewißheit hervorzurufen, als auch die sanfte Anerkennung der Anwesenheit anderer Menschen. In einer leicht umständlichen, aber aussagekräftigen Formulierung spricht der Literaturkritiker Frederick Jameson angesichts dieser Erfahrung von »unserem Eintritt als individuellen Subjekten in einen multidimensionalen Komplex von radikal diskontinuierlichen Realitäten«.[14] Darin besteht die Kunst der Selbstpreisgabe.

New York bietet ein wunderbares Beispiel für ein radikal aus dem Kontext ausbrechendes Gebäude, das zu jenem Gewahrwerden anregt, das auch in Ashberys Gedicht zum Vorschein kommt. In diesem Gebäude wird der Aufzug in einer Weise genutzt, die Serlio und Sixtus V. durchaus verstanden hätten. Die Maschine, die das vertikale Gitter erst ermöglicht hat, mutiert zu einem Instrument, das erhebliche Unsicherheit erzeugt. Das Gebäude, in dem diese Maschine zu diesem Zweck verwendet wird, ist das Guggenheim Museum von Frank Lloyd Wright. Wrights Freund und Biograph Brendan Gill hat beschrieben, wie sehr dieser Bau aus dem Kontext der Nachbarbauten an der New Yorker Fifth Avenue ausbricht:

»Was könnte seltsamer und unerwarteter wirken als das erste Auftauchen des Guggenheim-Museums, das gleichsam aufgespult wie eine Feder daliegt, um im nächsten Augenblick aus der Blockfront an der oberen Fifth Avenue in den Himmel zu springen? [...] Die Fifth Avenue mit ihrem Mischmasch aus renaissancehaften und neugotischen Straßenfassaden ist gewiß der unpassendste Ort für ein solches gigantisches Aufziehspielzeug. Und man hätte recht, wenn man meint: das Guggenheim Museum steht nur deshalb hier, weil kein anderer Platz dafür gefunden werden konnte.«[15]

Aber daß ein äußerer Kontext fehlt, ist auf das engste mit dem verbunden, was im Inneren vor sich geht: man gerät in einen sehr seltsamen Raum, in ein gewaltiges Atrium, das von einer spiralförmigen Rampe eingekreist ist. Um zu den ausgestellten Werken zu gelangen, muß man einen versteckten Aufzug nach oben benutzen und von dort eine merkwürdige Reise die Spirale abwärts unternehmen, wobei die ausgestellten Bilder in Nischen und Winkeln hängen, und zwar entschieden lotrecht in dieser gründlich gekippten Welt.

In einem früher entstandenen, verwandten Gebäude, dem Johnson-Verwaltungszentrum in Racine, Wisconsin, hat Wright mit dem Verhältnis von Licht und Höhe experimentiert. Das Innere dieses großen Gebäudes hat er ebenfalls zu einem Atrium ausgehöhlt, in das er durch ein Glasdach Licht von oben hereinführt. Dieses Licht wird durch eine innere Schicht von Pyrex-Röhren gefiltert, außerdem wird es von oben mit dem Licht kombiniert, das durch Seitenfenster einfällt, die an ganz bestimmten strategischen Stellen oben und unten in den Mauern des Turms ausgespart sind. Die Wirkung all dessen besteht darin, daß die Richtung, aus der die »natürliche« Beleuchtung kommt, unklar ist; man weiß, daß das Licht, in dem man arbeitet, gerichtet ist, aber man weiß nicht, aus welcher Richtung es kommt. Und je höher man in diesem Gebäude steigt, dem verglasten Himmel entgegen, desto verwirrender werden die Lichtverhältnisse. Durch dieses vertikale Ungewißheitserlebnis wird man von der Form des Objekts ergriffen.

Der Kunstkritiker Leo Steinberg hat bemerkt, daß sich in der Malerei der fünfziger Jahre dieses Jahrhunderts, angefangen bei

Robert Rauschenberg und Jean Dubuffet, ein radikaler Umbruch vollzogen hat: die Bilder waren nicht mehr dafür gedacht, sich dem Betrachter vertikal zu präsentieren; wohl sollte die Bildfläche dem Auge entgegentreten, aber eher horizontal oder in einem schrägen Winkel zum aufrecht stehenden Betrachter. Steinberg spricht von »Flachdruck-Bildern«. »Sie sind genausowenig wie eine Zeitung auf eine Kopf-bis-Fuß-Korrespondenz mit der Haltung des Betrachters angewiesen«, und er erkennt »im Kippen der Bildebene aus der Vertikalen nach der Horizontalen hin den Ausdruck eines radikalen Wandels in der Thematik der Kunst«.[16]

Die Architektur von Wright gelangt mit entgegengesetzten Mitteln zum selben Ziel. Die Vertikale wird zur Dimension radikaler Verwirrung und Anregung. Auch in diesem Sinne bricht Wrights Bau aus dem Kontext aus, denn New York ist die Stadt par excellence, in der der Wolkenkratzer wie ein Gitter aus dem 19. Jahrhundert funktioniert: er steigt weiter und weiter in immer höhere Höhen. Wrights Großbauten nötigen die Menschen, die von ihrer vertikalen Umgebung betäubt sind, zur Aufmerksamkeit und dazu, über die Höhe nachzudenken. Das Guggenheim-Museum bildet einen auffälligen Kontrast zum Rockefeller Center. Beim Rockefeller Center dreht sich alles um Fluß und Beziehung, während sich dieser Komplex sozial aus allen Beziehungen zu seinem Umfeld herauslöst. Aber der Vergleich mit Baldwins Essay ist noch aussagekräftiger: auf der Buchseite und im Museum erlebt man perzeptive Diskontinuitäten und entdeckt ein neues Gefühl von Beziehungshaftigkeit. Die phantasievolle Nutzung der Maschine befreit sich zuletzt aus dem Mechanischen. Die Künstler, die mit den Wirkungen der Wiederholung experimentiert haben, haben gleichzeitig versucht, die Logik des Gitters von bloß mechanischen Resultaten zu befreien.

Sympathie und Empathie

Aus den von mir dargelegten Prinzipien ergibt sich das Bild einer bestimmten Art von Stadt. Man könnte diese Stadt modisch als Stadt der Dekonstruktion bezeichnen. Die Schule, die sich der

»Dekonstruktion« verschrieben hat, mißt dem Unterschied und der Diskontinuität einen hohen Wert bei. Sie glaubt, daß der Eindruck von Konkretion angesichts materieller Dinge mit Empfindungen der Unsicherheit verknüpft ist. Letztlich sucht der Dekonstruktivismus Erfahrungen radikaler Desorientierung von der Art zu erzeugen, wie sie auch das Guggenheim-Museum erzeugt. In seiner *Grammatologie*, der Bibel des Dekonstruktivismus, unterwirft Jacques Derrida Texte von Rousseau und anderen Autoren der Aufklärung einem Prozeß der Mutation durch Wiederholung bestimmter Ideen; diese Ideen gewinnen mit jeder Rückkehr eine zunehmend radikalere Gestalt.

Unterschied, Diskontinuität und Desorientierung sind auch die Grundsätze einer bestimmten Art von Architektur, die sich als dekonstruktiv bezeichnet. Konstruktionen dieser Art, etwa das Wexner Center for the Arts in Columbus, Ohio, von Peter Eisenmann, setzen diese Prinzipien in ein Gebäude um, das bestimmte Grundannahmen der Vergangenheit in Frage stellt, etwa die Ansicht, daß sich Wände und Decken in einem Winkel von neunzig Grad treffen sollen. Das Wexner Center hat die gekippte Welt von Wrights Guggenheim-Museum ins Extrem getrieben. In einer dekonstruktiven Stadt würden die gleichen Prinzipien nach außen gewendet; eine solche Stadt könnte zum Beispiel Hauptverkehrsadern aufweisen, die als Sackgasse enden.

Aber die Verfechter des Dekonstruktivismus würden gewiß über den Rahmen spotten, in dem ich Unterschied, Diskontinuität und Desorientierung untersucht habe. Das Wort »human« erregt bei diesen Leuten Unmut; für sie, wie vor ihnen schon für Sartre und Arendt, ist der »Humanismus« Bestandteil eines bequemen, bürgerlichen Normensystems. Das Programmatische, das Manifest, von dem sich Le Corbusier in seinem Plan Voisin oder in seinen Schriften über New York anregen ließ, entspricht sehr viel eher dem Geist des Dekonstruktivismus, obwohl die Mittel, deren er sich bedient, der Perfektion und Regelmäßigkeit von Le Corbusiers Arbeiten entgegengesetzt sind. Besonders ablehnend steht der dekonstruktive Impuls der Vorstellung gegenüber, daß aus der Erfahrung von Diskontinuität oder der Hervorbringung desorientierender Dinge ein ethisches Bewußtsein der Selbstbegrenzung erwachsen kann. Diskontinuität und Desorientierung erscheinen ihm vielmehr als Schleuse zu einer enragierteren Beziehung zur Welt. Die These, daß der Humanismus der Renaissance durch solche modernen Mittel wiederbelebt werden könne, verkennt nach den Ansichten, die Derrida in seiner *Grammatologie* vertritt, welche Macht die Erfahrung der Dekonstruktion gewonnen hat: sie ist zu mächtig, um eine bloß liberale Ungewißheit zuzulassen. Eine Stadt der Dekonstruktionen wäre angefüllt mit aggressiven Objekten.

Vielleicht ist diese Sichtweise inzwischen auf eine seltsame Weise selbst allzu bequem geworden. Der Künstler oder Theoretiker kennt die Gesten, die ihm als Zeichen seines Zorns oder seiner Abneigung dienen, so gut, als handelte es sich um ein wohleinstudiertes Ballett aus lauter subversiven Gesten. Vielleicht ist in Wahrheit der Gedanke viel unbequemer, daß Unterschied, Diskontinuität und Desorientierung von einer ethischen Kraft erfüllt sein sollten, welche die Menschen in eine Beziehung zueinander setzt. So betrachtet, erinnern die Ethik des Unterschieds, der moralische Wert der Selbstpreisgabe, der kreative Akt der Desorientierung an die Erfahrung der Sympathie, die von der Aufklärung hochgehalten wurde.

Die aufgeklärten Verfechter der Sympathie glaubten, die Anregung anderer und die Anteilnahme an ihnen komme durch Identifikation mit einer anderen Person zustande, dadurch, so formulierte es Adam Smith, daß man tut, als wäre man der andere. Smith hätte den Gedanken gewiß unsinnig gefunden, daß man an anderen Anteil auch deshalb nehmen kann, weil sie anders sind. Dieser Gedanke wird auch von der bedeutendsten Verfechterin der Sympathie in der Tradition der Aufklärung verworfen. Ich meine Simone Weil, die ehemals kommunistische, später dem Katholizismus nahestehende französische Schriftstellerin, die ihr ganzes Leben als Person und als Autorin dem Wert der Sympathie als einem Geflecht von Verbindungen zwischen den Menschen gewidmet hat. Ich möchte mich für einen Augenblick auf ihre Seite stellen, denn sie wäre wohl der Ansicht gewesen, daß die Argumentation, die ich vorgetragen habe, sozusagen der Dekonstruktion verfallen ist. Sie bestritt, daß Beziehungen zwischen

Fremden ein Wert zukomme, sie bestritt, daß die Straße ein bedeutungsträchtiger Ort des Lebens sei, sie bestritt den Wert der Gegenwarts-Zeit und die Beziehung zwischen Objektivität und Ungewißheit.

An ihrer Einstellung zur Kunst lassen sich diese Einwände gut verständlich machen. Sie verabscheute die Kunst ihrer Zeit, vor allem den Dadaismus und den Surrealismus. Brüche, Paradoxien, Widersprüche – die schärfsten Werkzeuge des modernen Künstlers – waren in ihren Augen nur Symptome der »Schwächung des Wertgefühls«. Diesen Vorwurf erhob sie 1941 in einem Brief, in dem sie Überlegungen zu der Frage anstellte, warum die Katastrophe des Nazismus von so vielen ihrer Zeitgenossen passiv hingenommen worden sei. Es lohnt, diesen Brief ausführlich zu zitieren:

»Das wesentliche Kennzeichen der ersten Hälfte des 20. Jahrhunderts ist die zunehmende Schwächung und beinahe das Verschwinden der Vorstellung von Werten. [...] Der Dadaismus und der Surrealismus sind extreme Beispiele; sie verkörperten die Vergiftung durch totale Freizügigkeit. [...] Die Surrealisten haben das nicht-orientierte Denken zum Modell erhoben; sie haben für sich das völlige Fehlen von Wertvorstellungen zum obersten Wert erkoren. [...] Die anderen Schriftsteller dieser und der vorangegangenen Periode sind weniger weit gegangen, aber fast alle sind sie [...] mehr oder minder stark von der gleichen Krankheit befallen, der Schwächung des Wertgefühls. Wörter wie Spontaneität, Aufrichtigkeit, Freiwilligkeit, Reichhaltigkeit, Bereicherung – Wörter, in denen eine fast völlige Gleichgültigkeit gegenüber Wertgegensätzen mitschwingt – sind öfter aus ihren Federn geflossen als Wörter, die eine Beziehung auf Gut und Böse enthalten. [...] Im allgemeinen ist die Literatur des 20. Jahrhunderts psychologisch, und die Psychologie beschreibt Zustände der Seele, die sie alle auf derselben Ebene ohne werthafte Unterscheidungen darstellt, so als wären ihnen Gut und Böse äußerlich, so als könnte im menschlichen Denken das Streben nach dem Guten jemals fehlen.«[17]

Für Weil war der Bezirk der unüberbrückten Unterschiede, der Mutation, der Dunkelheit ein Reich der Schimären, in das entwich, wer auf der Flucht vor dem Verständnis der anderen war; die abstrakte Sprache in diesem Reich erschien ihr als eine eigentümliche Art der Fort-Bewegung, mit der man andere Menschen vertreibt. Für sie bestand die Konsequenz der Moderne darin, daß man selbst blind wird, nicht mehr erkennt, wer die anderen sind, die Wirklichkeit nicht mehr einschätzen kann. Dekonstruktion wäre für sie nichts anderes als Selbstverstümmelung des Geistes gewesen.

Sie verabscheute die moderne Stadt der Fremden und der Unterschiede und erblickte in ihr den eigentlichen Feind der Sympathie. Simone Weil hielt sich während des Zweiten Weltkriegs, gegen Ende ihres kurzen Lebens, eine Weile in New York auf. Die Härte und Konkurrenzorientierung dieser Stadt sagten ihr nicht zu. Und vor allem gewann sie den Eindruck, ihre Bewohner seien moralisch, national und ökonomisch entwurzelt. Um aber sympathetisch miteinander kommunizieren zu können, bedarf es der Erfahrung dessen, was sie »Verwurzelung« nennt. In ihrem Buch *Die Einwurzelung* bestimmt sie dies so:

> »Die Verwurzelung ist vielleicht das wichtigste und meistverkannte Bedürfnis der menschlichen Seele. [...] Ein menschliches Wesen hat eine Wurzel durch seine wirkliche, aktive und natürliche Teilhabe an einer Gemeinschaft. [...] Jedes menschliche Wesen bedarf einer Vielzahl solcher Wurzeln. Es hat das Bedürfnis, sein sittliches, geistiges und geistliches Leben nahezu völlig durch die Vermittlung verschiedener Umwelten zu empfangen, an denen es von Natur aus teilhat.«[18]

Mit diesen Gedankengängen scheint Simone Weil, wenn auch am entgegengesetzten Pol, in den gleichen Fehler zu verfallen wie ihre Gegner. An die Stelle einer amoralischen Kunst setzt sie eine romantisch-reaktionäre Sentimentalität, gleichfalls unter Berufung auf Ganzheit und Einheit. Und schon in ihrem Begriff »Verwurzelung« kommt die Sehnsucht nach dem Organischen zum Ausdruck. Ähnlich wie vor ihr Ferdinand Tönnies und andere verkörpert sie für unser Jahrhundert den Wunsch nach einem einfacheren Leben. Wäre nur jeder an dem Platz geblieben, an den er gehört, im Dorf oder in der Kleinstadt, in jener nie wiederkehrenden Zeit, als das Leben so festgefügt war, daß die Wurzeln in die Tiefe wachsen konnten. Die menschliche Sehnsucht nach einer von Einheit und Geschlossenheit geprägten Vergangenheit wird hier gleichgesetzt mit dem Wachstum der Pflanzen, deren empfindliche Wurzeln Schaden nehmen, wenn sie den Schock der historischen Verpflanzung erleiden. »Von Heimweh nach der Vergangenheit erfüllt, niemanden wahrnehmend, ausgenommen die eigenen Stammesgenossen auf den benachbarten Gütern und die Bauern, die für sie arbeiteten, lebten sie in einem rückwärtsgewandten, genealogischen, fast konfuzianischen Traum«, so beschreibt Patrick Leigh Fermor eine Gruppe rumänischer Aristokraten während des Zweiten Weltkriegs, bevor sie getötet oder ins Exil getrieben wurden.[19]

Aber die Perspektive von Simone Weil ist eine andere. Sie bestritt den Wert des Unterschieds aus ihrer eigenen leidenschaftlichen Kraft zur Sympathie, der der Überschwang und das Dekor des 18. Jahrhunderts fehlten. Wenn man ein Datum für ihre »Aufklärung« angeben sollte, dann könnte man den August 1935 nennen. Damals hörte die junge Philosophieprofessorin auf, in den Renault-Werken von St. Denis zu arbeiten. Über das Jahr, das sie soeben in der Fabrik zugebracht hatte, schrieb sie: »Das entscheidende Faktum ist nicht das Leiden, sondern die Demütigung [...], das Gefühl, daß die persönliche Würde, wie die Gesellschaft sie geformt hat, *zerschmettert* wird. Man muß eine andere Art [...] von Verbindung zwischen den Menschen schmieden.«[20] In dieser Überzeugung begab sie sich auf die Suche nach einer Möglichkeit, wie die Menschen sich in der Welt einwurzeln können. Kommunikation und Sympathie konnten nicht auf die Voraussetzung gegründet werden, daß alle das gleiche Leben teilten. Aber sie entwickelte dennoch kein Verständnis für die Vorzüge dieser Unterschiede. Ihre Sichtweise wurde nicht pluralistischer. Sie glaubte vielmehr, das Bewußtsein von der Würde anderer Menschen müsse aus dem Bewußtsein des eigenen Ungenügens erwachsen. Statt sich nach außen zu wenden, gelte es, tiefer nach innen vorzudringen, nicht um dort Zuflucht zu finden, sondern um dort die eigenen Unzulänglichkeiten wahrzunehmen.

Daß man Simone Weil als die erste Existentialistin bezeichnet hat, hängt mit ihrem Begriff von Gewissen zusammen, den sie um die Mitte und gegen Ende der dreißiger Jahre bestimmt hat: in uns selbst haben wir nicht die Kraft, die zum Leben notwendig ist, wir alle sind Bruchstücke in einem Muster, zu schlecht ausgestattet und gerüstet, um unser Leben allein zu bestreiten. Die Erkenntnis der eigenen Schwäche ist die Grundlage für die Hinwendung zu anderen und für die Notwendigkeit, ihren Reaktionen zu vertrauen. Vielleicht verraten sie das Vertrauen, das wir ihnen schenken, vielleicht auch nicht: darin besteht die existentielle Unsicherheit, mit der wir uns abfinden müssen.

Die Anziehungskraft, welche die katholische Kirche für die geborene Jüdin Simone Weil besaß, rührte daher, daß der Katholizismus die Anschauung vertritt, Leben müsse auf Demut und Vertrauen gegründet werden. Simone Weil konvertierte jedoch nicht deshalb, weil sie auf die dazugehörige Unterwerfungslehre erpicht gewesen wäre. In einem ihrer bewegendsten Essays, »Glaubensbekenntnis«, spricht sie zu Arbeitern in der französischen Résistance über den Glauben, der ihnen auch unter der Folter Kraft geben wird:

> »Es gibt eine Wirklichkeit außerhalb der Welt, das heißt, außerhalb von Raum und Zeit, außerhalb der geistigen Welt des Menschen, außerhalb jener Sphäre, die der Mensch mit seinen Fähigkeiten erreichen kann. Dieser Wirklichkeit entspricht tief im Inneren des menschlichen Herzens eine Sehnsucht nach einem absoluten Guten, eine Sehnsucht, die stets vorhanden ist und durch kein Ding in dieser Welt je ganz befriedigt werden kann.«[21]

Aber dieses »Glaubensbekenntnis« ist keine Aufforderung, zu »glauben«; Simone Weil sagt, sie habe kein Recht, andere zu ermahnen. Aus dem gleichen Grund lehnte sie, wie es in dem Brief von 1941 zum Ausdruck kommt, die Wertvorstellungen der modernen Künstler ab. In ihrer Sicht ist »Provokation« ein Zeichen der Unbescheidenheit. Niemand hat das Recht, sich anderen gegenüber mit provozierendem Bewußtsein aufzuspielen. Ihre inneren Konflikte lehrten sie eine ganze Reihe einfacher menschlicher Wahrheiten: wenn Menschen zu erkennen geben, daß sie ihre eigenen inneren Grenzen kennen, dann traut man ihnen; wenn man Menschen traut, dann beginnen sie Anteil an denen zu nehmen, die ihnen Vertrauen schenken. Die Anzeichen gegenseitigen Vertrauens findet man nur in den Momenten der Gemeinsamkeit; es wäre unbescheiden, von anderen länger währende Garantien zu verlangen. Hierin besteht Simone Weils Vorstellung von Sympathie. Ihr Vermächtnis der Sympathie bestreitet dem Unterschied, der Diskontinuität, der Desorientierung ihren moralischen Wert – nicht weil sie unmoralisch wären, sondern deshalb, weil sie nichts mit dem zu tun haben, was sich in dem seltenen Vorgang, den wir Sympathie nennen, abspielt.

Wir haben hier also zwei verschiedene Erfahrungen von Konkretion und Ungewißheit vor uns. Die eine beruht auf der Herstellung einer bestimmten Art von Kunst, einer Kunst, die durch Verschiebung besser gekennzeichnet wird als durch Dekonstruktion. Die andere Erfahrung von Konkretion und Ungewißheit beruht auf der Hingabe an andere, wie sie Simone Weil praktizierte, darauf, daß man lernt, zu schweigen, statt sich zu behaupten.

Jeder dieser Erfahrungsformen von Konkretion und Ungewißheit entspricht eine bestimmte Sehweise, so wie auch die Glaubensüberzeugungen des Augustinus seinen visuellen Wahrnehmungen einen bestimmten Charakter gaben. Wenn ich über das Gewissen des Auges nachdenke, wie es Simone Weil im Alltag vielleicht erlebt hat, fällt mir folgendes ein: Vor dreißig Jahren schien es, als wäre die Lower East Side unterhalb der Vierzehnten Straße zum Untergang verurteilt. Die Synagogen und Kirchen waren mit Brettern vernagelt, die Cafés, in denen alte Männer miteinander debattierten, und die Läden, die auch für eine Schachtel Tee Kredit gewährten, machten zu. Aber junge Leute, die eine Stadt brauchten, zogen weiterhin in diesen Slum, in dem die Mieten immer weiter sanken, und ein bestimmter Treffpunkt blühte und gedieh auch weiterhin als Zentrum für jung und alt. Alte Männer aus der Lower East Side – meist Russen, Ukrainer und Letten – benutzten für ihre Körperhygiene noch immer die Türkischen Bäder, wenn sie einmal fünfzig Cent übrig hatten; diese Bäder waren sauberer als die wenigen noch vorhandenen öffentlichen Badeanstalten, und in den Türkischen Bädern bekamen die alten Männer jene Art von Massage, die ihnen zusagte. Sie wurde ihnen in Gestalt leichter Schläge mit Birkenzweigen auf den Rücken von alten, aber überraschend kräftigen Frauen verabreicht, die in ihrer knittrigen weißen Tracht wie Krankenhausschwestern aussahen. In diesem Badehaus mischten sich alte Einwanderer und junge Amerikaner. Man konnte hier zwei Sorten von jungen Amerikanern begegnen.

Die eine Sorte lebte in der Umgebung und kam aus den gleichen Gründen zum Baden wie ihre älteren Nachbarn – auf der Suche nach den Freuden der Sauberkeit. Diese jungen Leute waren in die *cold-water flats*, die »Kalt-Wasser-Wohnungen« in den Altbauten der Lower East Side gezogen, wo sie feststellten, daß dieser Ausdruck nicht bloß eine poetische Umschreibung war. Die meisten von ihnen stammten aus Familien, in denen die Eltern ihre Kinder mit Spielzeug, Kleidern und Chancen überhäuft und geradezu erdrückt hatten. Diese Wohlstandskinder wollten Atem schöpfen und fingen hier ein neues Leben an; indem sie am ökonomischen Nullpunkt begannen, wollten sie einen End- und einen Anfangspunkt markieren. Natürlich lebten sie hier in primitiven Verhältnissen, aber wenn man jung ist, besteht der Reiz des Handelns darin, daß man verschiedene Leben ausprobiert, um herauszufinden, welches zu einem paßt.

Die meisten dieser jungen Leute waren erwerbstätig, obschon sie sich als Bohème fühlten. Sie hielten die abgeschabten Tische und das angebrochene Porzellan in Ehren, das sie in den Trödelläden an der Second Avenue gekauft hatten, und damals galten abgeschabte Tische und angebrochenes Porzellan noch nicht als Antiquitäten. Und wenn sie ihre Körperpflege daheim nicht richtig bewerkstelligen konnten, weil die Badewanne, falls es eine gab, direkt neben dem Spülbecken in der Küche stand oder mit diesem identisch war, dann machten sie es eben wie ihre Nachbarn und gingen auswärts baden, so wie die Leute aus den reicheren Vierteln *uptown* auswärts essen gingen.

Dies waren die alten und die jungen Männer, die sich hier wuschen; es gab aber auch andere junge Männer, die auf der Suche nach Liebe hierherkamen. Gegen Ende der Beat-Ära und zu Beginn der Hippie-Ära waren ihre illegalen Gelüste noch mit einem Bann belegt. Obwohl Allen Ginsberg, der Dichter der Lower East Side, in *Howl (Das Geheul)* erklärt hatte, die sexuelle Revolution sei eine politische Revolution, zeichnete sich ein Wandel in der Einstellung zur Sexualität erst ab, nachdem die Beatniks verschwunden und die Hippies auf ihre Schulen zurückgekehrt waren und der politische Radikalismus abflaute. Deshalb hüllte sich das Verlangen in jener Zeit oft noch in den schützenden Mantel des Wasserdampfs.

Das Türkische Bad war vollgestopft mit nackten Männerleibern und bekleideten Frauen (das Personal wurde ständig erweitert, obwohl anscheinend nie jemand den Dienst quittierte und schon gar nicht aus Altersgründen). Flehende Augen tauchten in den Dampfschwaden auf und verschwanden wieder, und wenn man auf dem glatten, schleimigen Kachelfußboden vorsichtig vom Heißwasserbecken zum Kaltwasserbecken wanderte, konnte es geschehen, daß man am Rücken plötzlich eine Berührung spürte: vielleicht ein zufälliger Stoß von einem der alten Männer, vielleicht auch die Liebkosung eines Fingernagels oder die Spitze eines schlaffen Birkenzweiges, der seine Dienste getan hatte.

Schließlich gelangte man zu einer Uhr in der Nähe des Ausgangs. Gleichgültig, ob man sie um der Gesundheit oder des Verlangens willen nimmt – Dampfbäder sind immer erschöpfend. Die Leute, die dieses Türkische Bad verließen, hatten daher oft das Bedürfnis, auszuruhen, und deshalb hatte das Management in Anlehnung an die eleganten Freiräume in den vornehmen Hotels der Stadt, in deren Mitte ebenfalls oft eine Uhr stand, ein paar Sessel und sogar ein klammes Sofa unter eine gewaltige Uhr gerückt. Wieder in ihren Kleidern und erschöpft, blickten die Männer, die in die Sessel mit den Sitzflächen aus kaputtem Korbgeflecht und auf das feuchte Sofa gesunken waren, müßig um sich und beobachteten die Gesichter, das einzige, was von den zuvor im Bad offenbarten Muskeln, Fettpolstern und Staturen nun noch sichtbar war. Die alten Slawen betrachteten all diese jungen Männer, auch die, die ihnen bekannt waren, und von denen sie wußten, daß sie eine Freundin hatten, mit einer Art von Bestürzung.

Auf der Straße konnte man auf einen Blick ohne weiteres erkennen, welche von den jungen Leuten, die auf der Suche nach Seife hierherkamen, aus den reichen Vorstädten stammten. Es waren die, die oft und absichtsvoll lächelten. Freundlichkeit war ihre Art, Respekt zu bezeugen: wir sind keine feindseligen Eindringlinge. Aber jetzt, da sie sich anschickten, zu ihren »Heimstätten« zurückzukehren, wirkten die jungen »Siedler« der Großstadt verwirrt. Auch für die homosexuellen Männer bildeten diese Augenblicke der Erschöpfung eine Schwierigkeit, die sich in ihren Blicken zeigte, die Schwierigkeit, zurückzukehren, wieder Kleidung anzulegen, das Verlangen unter der Maske zu ersticken. Jeden Tag konnte man beim Betreten des Türkischen Bades, das später abgerissen wurde und einem Parkplatz weichen mußte, die eigenartige Reglosigkeit derer erleben, die im Begriff waren wegzugehen. Es war ein Augenblick der gegenseitigen Betrachtung, ein Augenblick, in dem man an den Grenzen des Selbst entlangwandelt.

In seinem Buch *Muße und Kult* schreibt Josef Pieper: »Muße ist eine Gestalt jenes Schweigens, das eine Voraussetzung ist für das Vernehmen von Wirklichkeit. [...] Muße ist die Haltung des empfangenden Vernehmens, der anschauenden kontemplativen Versenkung in das Seiende.«[22] Muße ist das Gegenteil des Willens, wie Hannah Arendt ihn auffaßte. Im Ausruhen arbeitet der Körper an seinem Sinn für Grenzen. Und von dieser Erfahrung des Ausruhens ist auch die Haltung der Menschen geprägt, die, so wie es Simone Weil verstand, um sich blicken. Der alte Mann betrachtet die Gesichter der jungen Leute, die mit ihm das Bad geteilt haben, und erkennt immer deutlicher den Sohn, der nicht das Haus mit ihm teilt. Wenn sie sich zwischen den anderen in die Polster sinken ließen, war es vielleicht nicht die Erschöpfung, die das Lächeln dieser Großstadtsiedler erlöschen ließ, sondern die gelassene Feststellung: »Ich gehöre nicht hierher.« Auch der Homosexuelle hat vielleicht das Gefühl, daß dies nicht sein Ort ist; sein Begehren, das nicht warten kann, das sich nicht verstecken sollte, gebietet ihm, zu gehen.

Alle zwei Stunden erklang im Türkischen Bad zur vollen Stunde ein Gong, woraufhin das Personal die Räume durchkämmte, die Anwesenden aufforderte, den Dampfraum, die Kaltwasserbecken oder die Toiletten zu verlassen und die Ankleidekabinen aufzusuchen, so daß zur halben Stunde eine neue Gruppe eingelassen werden konnte; es blieben also nur wenige Minuten für Betrachtungen. Vielleicht war es gut so; man ging nicht, wann man wollte, sondern wenn die Zeit abgelaufen war.

Dies ist das Auge der Sympathie, das, so stelle ich mir vor, Simone Weil in einer späteren, weniger schreckensvollen Zeit gesehen hätte. Das andere Auge des Gewissens, das in Avedons Photographien oder in den Gedichten von Ashbery erscheint, ist ein Auge der Empathie. Das Wort *Empathie* ist zwar ein modernes, aber der zugehörige Sehakt wird bestimmt durch die eigentümlichen Bedingungen des städtischen Lebens, und diese lassen sich zurückverfolgen bis zum Ursprung der europäischen Stadt in der griechischen Polis.

Aristoteles bezeichnete die griechische Polis als das Ergebnis eines *synoikismos*, eines Zusammenschlusses von mehreren, vormals autarken Haushalten – *oikoi* – zum Zweck des Handels und der gemeinsamen Verteidigung. Von dieser Verbindung hat der erste große Stadthistoriker der Moderne, Fustel de Coulanges, gesagt, jeder *oikos* habe auf seine besondere Weise Götter verehrt, deren Charakter von Haus zu Haus durchaus unterschiedlich gefärbt sein konnte. In den häuslichen Ritualen der chinesischen Familien im 19. Jahrhundert erkannte Fustel de Coulanges Praktiken, welche die Griechen schon lange vorher – etwa in den unterschiedlichen Formen des Apollokults in verschiedenen Gegenden des Mittelmeergebiets – geübt hatten. Die Riten des Apollokults in Kleinasien waren andere als in Nordafrika, und der Gott selbst hatte in Asien ein anderes Gesicht als in Afrika. Wie sollten Menschen, die zu einem Gott von wechselnder Gestalt oder zu unterschiedlichen Göttern beteten, gemeinsam in einer Stadt leben? Die Menschen waren auf andere Menschen angewiesen, deren Glaubensüberzeugungen sie nicht teilten. Das Problem des *synoikismos*, das die Griechen hinterließen, ist eines von denen, die sich zu allen Zeiten immer wieder stellen.

Die Athener in der Epoche des Solon lösten dieses Problem

nicht, indem sie ihre Divergenzen unterdrückten. Vielmehr begannen die Unterschiede ihre alltäglichen Unterhaltungen mit Schweigen und Mißverständnis zu durchsetzen. Aristoteles bezeichnete diese stark belastete Sprache als »Diskurs« und deutete ihre Herausbildung als das große säkulare Ereignis in der Geschichte der Stadt. »Dies ist nämlich im Gegensatz zu den anderen Lebewesen dem Menschen eigentümlich, daß er allein die Wahrnehmung des Guten und Schlechten, des Gerechten und Ungerechten und so weiter besitzt. Die Gemeinschaft in diesen Dingen schafft das Haus und den Staat.«[23] Das scheint gegen das Auseinanderklaffen der Unterschiede zu sprechen. Aber gleich im Anschluß daran weist Aristoteles darauf hin, daß die Menschen zwar oft die gleichen Worte verwenden, mit ihnen aber nicht das gleiche sagen. Ein Stadtmensch weiß, daß beide Erklärungen wahr sind und daß sie einander nicht ausschließen.

Und so erzeugt das Auge der Empathie aus den Lebensverhältnissen der Großstadt selbst eine Kunst der Selbstpreisgabe: In einem Filmstudio in der Nähe von Orso's Italian Restaurant an der Sechsundvierzigsten Straße hat sich eine kleine Gruppe von Leuten versammelt, um einen Film über die »Notblitze« anzusehen. Der Ausdruck *white lightning* spielt auf den Ausdruck für »Notlüge« – *white lie* – an und bezeichnet ein Verfahren, mit dem Immobilienbesitzer in New York arme Mieter aus ihren Häusern vertreiben, um diese dann abzureißen und die Grundstücke zu verkaufen, oder mit dem sie ihr Einkommen durch die Zahlungen der Feuerversicherung aufstocken. Diese Immobilienbesitzer engagieren professionelle Brandstifter, die sich auf schnelle, verheerende Brände spezialisiert haben. In New York gehen die »Notblitze« meist über den ärmsten Stadtteilen von Brooklyn und in der Bronx nieder; in jüngerer Zeit sind freilich auch Hausbesitzer im mittleren Manhattan, in Straßen, die einst das Reich der Prostituierten waren, zu der Auffassung gekommen, daß abgeräumte Grundstücke profitabler sind als das Laster, und seither schlagen die »Notblitze« immer häufiger auch im Stadtzentrum ein. Der Dokumentarfilm handelt von dieser neuen Phase.

Angeblich wird bei dieser Art von Brandstiftung ein bestimmter

Ehrenkodex eingehalten: die Mieter oder die Stadtstreicher, die in dem Gebäude wohnen, bekommen ein paar Tage vorher einen eindeutigen Hinweis, aber manchmal funktioniert der Straßentelegraph nicht oder irgendein Nachbar will eine alte Rechnung begleichen, und die Folge ist, daß die Bewohner vom Feuer überrascht werden. Bei einem Brand, der sich vor kurzem ereignete, hatte ein wütender Zuhälter einigen Prostituierten in einem ansonsten leerstehenden Haus in Manhattan die Nachricht von der bevorstehenden Brandstiftung vorenthalten, sie waren in den Flammen umgekommen und hatten sich nach Ansicht der Polizei wohl deshalb nicht retten können, weil sie sich gerade im Heroinrausch befanden. Diese grauenhafte Geschichte hatte die Aufmerksamkeit des Regisseurs geweckt. Er hatte sich entschlossen, einen Film über die »Notblitze« zu drehen, und mich gebeten, ihm beim Schreiben des Skripts zu helfen.

Wir fuhren nach Queens hinaus, um von einem Experten, der viele Opfer von »Notblitzen« behandelt hatte, mehr über Verbrennungen zu erfahren. Dieser Experte war, wie sich herausstellte, ein jüngerer vietnamesischer Arzt, der in seiner alten Heimat Napalm-Opfer versorgt hatte und nun in der neuen Wahlheimat seine Erfahrungen den Opfern der Brandstiftungen zugute kommen ließ. Als der Regisseur den vietnamesischen Arzt sah, brummte er zufrieden: die Story nahm Gestalt an. Sorgfältig beschrieb der Doktor die einzelnen Phasen des Todes durch Verbrennen, seine Stimme blieb ruhig und gelassen, seine Miene verriet nichts. Es war eine Maske, die uns vom Grauen berichtete; der Regisseur senkte den Blick.

Um den Ablauf der Empfindungen bei den Opfern von Verbrennungen zu erläutern, beschrieb der Arzt die schrittweise Betäubung der Nervenzentren in der Haut, während die Verbrennung vom ersten in den zweiten und dann in den dritten Grad übergeht. Bei einem anhaltenden Kontakt mit dem Feuer erlebt das Nervensystem einen Schock, genau wie nach der ersten Verbrennungsempfindung, die durch Napalm verursacht wird; das Schmerzsystem des Körpers unterliegt einem Kurzschluß, während sich das Napalm durch die Epidermis in die Fett- und Muskelschichten unter der Haut frißt. Obwohl das unter Schock stehende Opfer den

Schmerz nicht so empfindet wie jemand, der zufällig mit der Hand in eine brennende Kerze greift, reagiert der traumatisierte Körper dennoch auf den Reiz. Das Opfer versucht, dort, wo es das Napalm zuerst getroffen hat, auf den Gelklecks zu schlagen und dann seine Handfläche zu säubern, indem es sie an anderen Stellen des Körpers abreibt; durch diese unwillkürlichen Bewegungen verbreitet es das Napalm auf seinem ganzen Körper. Das Opfer beim Brand eines Hauses fühlt sich mit zunehmender Hitze und wenn die Verbrennung in die subkutanen Schichten der Haut vordringt, zunehmend ausgedörrt und beginnt nach Luft zu schnappen. In einem geschlossenen Gebäude hat dies meist ebenso verheerende Folgen, wie wenn das Napalm-Opfer das brennende Gel am eigenen Körper verteilt, denn das Haus ist voller Rauch. »So kommt es, daß sie häufig ersticken, bevor sie im eigentlichen Sinne an ihren Verbrennungen gestorben sind.«

Hier nun, in diesem Vorführraum hundert Meter von dem munteren Treiben in Orso's Restaurant und ebenfalls hundert Meter von dem Haus entfernt, das als vorerst letztes in Flammen aufging, sollten wir die Resultate der Arbeit des Regisseurs zu sehen bekommen. Anwesend waren ungefähr vierzig Leute, viele von ihnen Dokumentarfilmer, die sich in New York vor allem mit Fernsehproduzenten auseinandersetzen müssen, die einen Dokumentarstreifen dann für »ideal gelungen« halten, wenn er zwar der Grausamkeit des Wirklichen entsprungen ist, aber niemandem weh tut. Auch der Arzt aus Queens war eingeladen worden.

Der Film begann mit einem Rundgang durch das Gebiet nördlich des Times Square: Interviews mit Kassierern von Pornoläden, mit »Igitt-wie-scheußlich«-Touristen, mit ermüdeten Sozialarbeitern; dann wurde das Thema der Brandstiftungen durch Interviews mit Beamten ins Spiel gebracht, mit einem Mitarbeiter des Bürgermeisters, der den Gerichten vorwarf, zu nachsichtig zu sein, mit einem Richter, der der Polizei Vorwürfe machte. Es war alles genauso, wie man es erwarten konnte, außer daß der Regisseur am Ende seines Rundgangs nördlich des Times Square den Einfall hatte, ein japanisches Film-Team ins Bild zu bringen, das ebenfalls einen Dokumentarfilm drehte. Danach richtete er seine Aufmerksamkeit auf ein bestimmtes Haus, ein Haus, in dem Prostituierte und Drogenhändler eindeutigen Geschäften nachgingen. Die Kamera hatte er in einem gegenüberliegenden Gebäude aufgestellt. Man hörte jetzt wenig, nur den Lärm der Straße und die Mitteilung, der Straßentelegraph habe angekündigt, dieses Haus werde an diesem Abend »hochgehen«. Von ihrem festen Standort aus registrierte die Kamera, was während des Tages dort vor sich ging.

Als die Dämmerung eintrat, ertönte die Stimme des vietnamesischen Arztes, der den Vorgang des Verbrennens in dem gleichen nüchternen Ton schilderte, in dem er mit uns darüber gesprochen hatte. Jetzt, am Abend, wurde das Haus gegenüber von Straßenlaternen beleuchtet. In einem höher gelegenen Stockwerk ging ein Licht aus; vielleicht hielt sich dort jemand auf, der nichts gehört hatte oder der nicht gewarnt worden war. Im Film wich der nächtliche Straßenlärm immer weiter zurück, die Kamera blieb auf das Haus gerichtet. Minute um Minute lief der Film weiter, so wie auf der Straße Stunde um Stunde verstrich. Autos hupten, eine Sirene heulte, und es schien, als wäre der Brand nun endlich ausgebrochen, aber Sirenen heulen in jeder Nacht am Times Square. Und schließlich, als das Publikum schon ganz unruhig vor Begierde wurde, endlich den Brand zu sehen, wurde das Licht auf der Vorderseite des Hauses heller; die Straßenlaternen verlöschten; der Morgen kam, und es war nichts geschehen. Damit endete der Film.

In keinem Augenblick erlebte man den Times Square in seiner ganzen Schrecklichkeit und seiner furchtbaren Bedrohtheit intensiver als während dieser letzten Momente, in denen der Film offenbarte, daß nichts zu fürchten gewesen war. Das phantasievolle Spiel der Kamera mit Wandel und Beständigkeit machte die erschreckende Stadt als Ganzes in einem einzelnen Ding spürbar. Die Kraft des Films war nicht dekonstruktiv; gerade aus der Kraft, zu desorientieren und uns die Katharsis zu versagen, erzeugte er eine empathische Anteilnahme. So funktioniert das urbane Gewissen des Auges.

Nachbetrachtungen: Zentrierung

In seiner berühmten Schrift *Die Geburt der Tragödie* entfaltete der junge Friedrich Nietzsche den Unterschied zwischen Apollo und Dionysos als einen Unterschied zwischen zwei Göttern, die über gegensätzliche Formen von Kultur herrschen. Dionysos gebietet über eine Gemeinschaft von Menschen, deren Erleben im Zeichen der Zerrissenheit steht, die sich im Trunk, in der Liebe, im Kampf loslassen. Apollo ist der Gebieter über ein gemesseneres, formgebundenes, ausgeglicheneres Dasein.

In Allen Ginsbergs Gedicht *Howl* (*Das Geheul*) erhebt sich, so könnte man sagen, im modernen New York die Stimme des Dionysos. Es handelt von ekstatischen erotischen Bindungen und Ritualen zwischen Fremden inmitten der Slums und der Schatten der großen Stadt. Es handelt von Fremden,

> »die Polizisten in den Nacken bissen und vor Freude kreischten in den Streifenwagen, weil ihr einziges Verbrechen darin bestand, daß sie hemmungslose Päderasten und Süchtige waren,
>
> die in der U-Bahn auf den Knien lagen und es hinausheulten, vom Dach gezerrt wurden und Genitalien und Manuskripte schwenkten,
>
> [...]
>
> die morgens und abends bumsten in Rosengärten, im Gras der Parks und auf Friedhöfen und ihren Samen verschenkten an jeden, der wollte.«[1]

Dionysos ist im antiken Ritual der Gott des Weins, ein Gott, halb Ziegenbock, halb Mensch, der überall, wo er nachts umherstreift, Schrecken verbreitet. Nietzsche machte ihn zum Symbol der Entfesselung durch das Ritual: »Singend und tanzend äußert sich der Mensch als Mitglied einer höheren Gemeinsamkeit: er hat das Gehen und das Sprechen verlernt und ist auf dem Wege, tanzend in die Lüfte emporzufliegen. Aus seinen Gebärden spricht die Verzauberung.«[2] Diese Verzauberung kommt nicht in der Einsamkeit zustande. Es bedarf dazu vieler Menschen, die sich verlieren und zu einer ekstatischen Masse werden. Die dionysischen Riten, so wie Nietzsche sie auffaßte, konnten am besten unter Fremden praktiziert werden: das Trinken, das Tanzen, der Beischlaf ist intensiver, wenn niemand weiß, wer man ist und woher man kommt. Verrückung, Dekonstruktion, Desorientierung: diese Wörter können eine ekstatische, dionysische Stadt beschreiben.

Nietzsche dachte sich die Entfesselung aber nicht als eine auf Dauer gerichtete Lebensweise. Den erschöpften Zelebranten ergeht es wie dem antiken Silen, sie enden erfüllt von Lebensüberdruß. *Das Geheul* hat Allen Ginsberg einem Freund gewidmet, Carl Solomon, der in der Psychiatrischen Anstalt Rockland State eingeschlossen war. Die dionysische Ekstase hat ihn in eine gefängnisartige Heilanstalt gebracht, in der er jeden Tag mit Elektroschocks behandelt wird. Das erste Drittel von *Howl* ist eine Proklamation der dionysischen Stadt; die Teilnehmer am Kult erklären, daß ihre freien Seelen gefährlich seien, aber nie bekunden sie, daß sie selbst in dieser Freiheit gefährdet seien. Selbst wenn sie verhaftet werden, halten sie an dieser Überzeugung fest. Im zweiten Teil von *Howl* organisieren die Leute mit Schlips und Kragen eine Therapie, und am Ende verspricht der Dichter seinem von den Elektroschocks betäubten Freund, er werde ihn befreien, doch »entfesseln« kann er ihn nur in seinen Träumen.

In der Erschöpfung, so dachte Nietzsche, beginnt das Wissen von der Tragödie; Männer und Frauen, aus denen alles Verlangen gewichen ist, können mit klarem Blick um sich schauen. Obwohl Nietzsche in seinen späteren Jahren viel von dem jugendlichen Überschwang in *Die Geburt der Tragödie* zurücknahm, hat er niemals den Gedanken aufgegeben, daß die Offenbarung der tragischen Grenzen aus der Erfahrung einer mit anderen geteilten »Verwilderung« herrührt. Diejenigen, die durch den Ritus hindurchgegangen waren, verlangte es nachher nach nichts anderem mehr – deshalb konnten sie sehen. Darin besteht die dionysische Preisgabe. *Howl* endet mit der Unterwerfung der geschwächten, erschöpften Zelebranten unter die kontrollierende Hand von Bürokraten, die selbst nicht trinken und nicht rauchen.

Nietzsche meinte, die Zivilisation verdecke dieses tragische Wissen mit einer Maske. Die Maske zeigt das Antlitz eines gelassenen, unbeschwerten Gottes von vollkommener Gestalt, das Bild Apollos. Ähnlich wie diejenigen, die im 18. Jahrhundert gegen die Masken der Zivilisation und die Ausgeglichenheit der Höflichkeit zu Felde zogen, meinte auch Nietzsche, diese Gottheit regiere über eine schöne Illusion. Nietzsche entnahm sein Bild von Apollo einem berühmten Abschnitt in Schopenhauers Werk *Die Welt als Wille und Vorstellung*: »Wie auf dem tobenden Meere, das, nach allen Seiten unbegrenzt, heulend Wellenberge erhebt und senkt, auf einem Kahn ein Schiffer sitzt, dem schwachen Fahrzeug vertrauend; so sitzt, mitten in einer Welt von Qualen, ruhig der einzelne Mensch.«[3] Apollinische Ruhe und Ordnung rühren für Nietzsche aus dieser genügsamen Unabhängigkeit her. Er betrachtete die Fähigkeit des Menschen, eine ganzheitliche, harmonische Form zu schaffen, mit Argwohn; diese Fähigkeit blieb oberflächlicher als die von Katastrophen, wie der in *Howl*, bedrohte Erfahrung der Selbstpreisgabe.

Dagegen feierte der Komponist Igor Strawinsky den Menschen als den Schöpfer von Formen. Für ihn besteht ein »ewiger Gegensatz zwischen apollinischer und jener dionysischen Kunst, deren Ziel die Ekstase ist, in der das Ich untergeht. Die Kunst aber verlangt vor allem, daß der Künstler bewußt handelt«.[4] Einem Freund gegenüber äußerte Strawinsky gelegentlich, an Formen könne man besser teilhaben als am Selbst anderer Menschen, und vielleicht ist es sinnvoll, diesen Essay mit einigen Überlegungen zu der Frage zu beschließen, wie das apollinische Temperament mit Ungewißheit, Verschiebung und Verlust von Selbstkontrolle umgehen kann.

Die zwei Körper Apollos

Zu Beginn dieses Buches haben wir gesehen, wie die christlichen Ideale der Innerlichkeit dazu führten, daß die Menschen ihr Gleichgewicht in der Welt verloren. Die Trennung zwischen Innen und Außen einfach aufzuheben, wie es die Aufklärung tat, erwies sich als untaugliches Mittel – zumindest, soweit es darum geht, Anstöße für unsere heutige Zeit zu gewinnen. Es besteht ein wirklicher Unterschied zwischen dem inneren und dem äußeren Leben, zwischen der Familie und den Fremden, zwischen Gemeinschaft und Großstadt; das Außen besitzt seine eigene Wirklichkeit. Das apollinische Ideal, das sich auf diese Verhältnisse beruft, ist das Ideal eines »zentrierten« Menschen. Das alte griechische Wort für »Zentriertheit« ist *sophrosyne*, das man auch mit »Gleichgewicht« oder »Anmut« oder »Gelassenheit« übersetzen könnte. In der modernen Welt verrät dieses Ideal etwas davon, wie jemand draußen in der Welt leben könnte; indem sich der Mensch den Unterschieden preisgibt, könnte er sein Gleichgewicht finden. Die Berufung auf das heidnische Ideal der *sophrosyne* könnte erläutern, wie der Einzelne inmitten von Fremden auf der Straße »Zentriertheit« erlangen kann.

Für die Griechen war Apollo der Heiler von Krankheit und der Musaget, der Führer der Musen. Beide Kräfte, die Heilkraft und die Schaffenskraft, waren miteinander verbunden. Das schöpferische Bemühen erzeugt Ruhe und Zentriertheit. Dionysos hingegen schafft nichts, er trinkt, er vögelt, er tötet. Diejenigen, die sich unter das Zeichen Apollos stellen, sind frei, etwas zu schaffen, weil sie die Neigung, sich in das eigene Selbst zu versenken, weil sie ihre Ego-Zentrik gezügelt haben. Darin besteht die Antwort des Delphischen Orakels auf das, was Baudelaire, der uns zeitlich nähersteht, als spirituelles Leiden beschrieben hat: mache etwas und mache es gut. Für die Heiden der Antike nahm diese Anweisung greifbare Gestalt an, wenn sie die Statuen oder Bildnisse Apollos betrachteten.

Sie fanden Anleitung in der Modellierung der Lippen Apollos, in den Proportionen seiner Glieder, seiner Muskeln und seines Körperbaus, in der Formung seiner Nase und seines Mundes; ein gewöhnlicher Sterblicher erfuhr etwas über Größenverhältnisse, Proportion und Anmut, indem er die Form eines in vollendeter Weise gemachten Menschen studierte. Aus der Betrachtung dieser im technischen Sinne vollkommenen Form leiteten die Griechen ebenso wie jene, die später auf griechische Ideale zurückgriffen, jedoch zwei unterschiedliche Bedeutungen von Gleichgewicht ab. Auf der einen Seite findet der vom apollinischen Ideal geleitete Mensch seinen Standort und seine Festigkeit in dem Gegensatz zum Alltag und zur Unvollkommenheit der meisten Hervorbringungen. Auf der anderen Seite gelangt derjenige, der im Sinne des apollinischen Ideals etwas gut zu machen bestrebt ist, dahin, Komplexität und Unvollkommenheit, Fehlbarkeit und Scheitern in der Welt bereitwilliger zu akzeptieren. Seine eigene Zentriertheit im Schaffen gewährt ihm diese Bereitwilligkeit. Dieser Schaffende findet Zentrierung durch eine Art von Handwerkergelassenheit.

Der eindrucksvollste Versuch, die Gestalt Apollos dem Alltagsleben gleichsam als Vorwurf entgegenzuhalten, ist die Schilderung, die der Kunsthistoriker Johann Winckelmann im 18. Jahrhundert vom Apollo Belvedere gibt:

> »Hier ist nichts Sterbliches, noch was die menschliche Dürftigkeit erfordert. Keine Adern noch Sehnen erhitzen und regen diesen Körper, sondern ein himmlischer Geist, der sich wie ein sanfter Strom ergossen, hat gleichsam die ganze Umschreibung dieser Figur erfüllt. [...] Von der Höhe der Genugsamkeit geht sein erhabener Blick, wie ins Unendliche, weit über seinen Sieg hinaus: Verachtung sitzt auf seinen Lippen [...] und sein Auge ist voller Süßigkeit, wie unter den Musen, die ihn zu umarmen suchen.«[5]

Aus dieser leidenschaftlichen Haltung heraus rühmte Winckelmann an der Kunst des Altertums die »edle Einfalt und die stille Größe«. Ihm war es dabei um die Poesie idealer Körper zu tun, die niemals altern. In Wirklichkeit konnte Apollo Leiden über den Menschen bringen, und er konnte diese Leiden bannen; seine Kräfte waren, wie die anderer griechischer Götter, gedoppelt. So tötete er den jungen Achilles und war doch selbst der Gott der Jugend. Aber im Laufe der Entwicklung, die sein Kult durchmachte, sah man in ihm immer mehr den Heiler. Seine späteren, kultivierteren Verehrer erhofften sich von ihm Heilung ihrer kranken Seelen, indem er sie wieder zu etwas Ganzem machte, sie so wiederherstellte, wie sie in der Blüte ihrer Jugend gewesen waren. Die

Verknüpfung der idealen Form mit der irdisch-gewöhnlichen Welt ist von einer heftigen Konfrontation geprägt. Die Kraft von Apollos Schönheit wird gegen den Verfall zu Hilfe gerufen. Der apollinische Geist ist hier eine Kraft der Erneuerung: die Haut des jungen Apollo ist ewig glatt; seine heilende Kraft wird auch die Haut seines Verehrers so aussehen lassen, als sei sie nie rissig und runzelig gewesen.

Die Vorstellung, man könne oder solle die Spuren tilgen, welche die Zeit hinterlassen hat, scheint aus unserer heutigen Sicht auf eine Lüge hinauszulaufen. Vergleicht man Le Corbusiers glänzende, vollkommene Maschinen mit Légers Bildern voller Abfälle und zerbrochener Achsen, so wirken die letzteren wahrhaftiger, insofern sie zeigen, wie das Gemachte gebraucht und verbraucht wird. Aber eine Poetik der Erneuerung kann durch Vergleiche zwischen dem Idealen und dem Wirklichen die radikalste Sozialkritik entfesseln, die man sich vorstellen kann: das, was ist, ist ungenügend. Der Rückgriff auf die heidnische Vergangenheit, vor allem auf die attische Kultur des 6. und 5. vorchristlichen Jahrhunderts, enthält die radikale Bekundung, daß das, was heute ist, erbärmlich weit hinter dem zurückbleibt, was das Leben sein könnte. Solche Vergleiche münden in einer radikalen Anteilnahme an der Wirklichkeit, nicht in der Abkehr von ihr. Seit der Besinnung der Architektur auf die Antike, zu der es schon im 12. Jahrhundert kam, etwa bei der Fassade von St. Trophime in Arles (ca. 1150), erschien der Rückgriff auf antike Muster wie ein Tadel an der Gegenwart, artikuliert in einer Bauweise, die den Geist der ersten Europäer beschwor. Solche Wiederbelebungen erstrebten, in Ruskins Worten, eine universale menschliche Bedeutung, nicht »außerweltliche Andeutungen«. Der junge Le Corbusier war von seinen eigenen Provokationen vielleicht zu sehr eingenommen, um das Drama der Konfrontation verstehen zu können, von dem diese Form des apollinischen Ideals begleitet wird. Rilkes Gedicht »Archaischer Torso Apollos« schildert diese Anteilnahme in ihrem ganzen Ernst. Das Gedicht beginnt mit den Zeilen:

> »Wir kannten nicht sein unerhörtes Haupt,
> darin die Augäpfel reiften [...].«

Und es endet so:

> »[...] denn da ist keine Stelle,
> die dich nicht sieht. Du mußt dein Leben ändern.«[6]

Aus der letzten Zeile spricht Verzweiflung, zugleich formuliert sie ein absolutes Gebot – diese Verbindung des Idealen mit dem Unerreichbaren klingt auch im dritten von Rilkes »Sonetten an Orpheus« an:

> »Ein Gott vermags. Wie aber, sag mir, soll
> ein Mann ihm folgen durch die schmale Leier?
> Sein Sinn ist Zwiespalt. An der Kreuzung zweier
> Herzwege steht kein Tempel für Apoll.«[7]

Der Leib des Gottes inszeniert eine bittere Konfrontation des Idealen mit dem Wirklichen. Der Gott hat das Gleichgewicht der *sophrosyne*, während die Sterblichen ständig ins Wanken geraten.

Im Gegensatz dazu steht über dem Portal des Apollo-Tempels in Delphi das berühmteste und am wenigsten verstandene Gebot der Griechen: »Erkenne dich selbst«. Es bedeutet: Erkenne deine Grenzen. Es ist dies keine Empfehlung, sich zu bescheiden, Kompromisse einzugehen, diplomatisch zu verfahren. Auch ist es kein radikal konfrontatives Patentrezept für den Kampf, den man mit sich selbst führt, wie es in Rilkes Gedicht anklingt. Es enthält den Vorschlag einer anderenWeise des Anteilnehmens an der Welt.

Das Delphische Orakel warnte die Menschen davor, die Vollkommenheit der Götter nachahmen zu wollen, es warnte sie vor jenem Zustand der Großartigkeit, den die Griechen *pleonexia* nannten. Unter ihrem Bann glaubten Sterbliche, sie könnten die Herren des eigenen Schicksals sein und darüber bestimmen, wie sie in den Erinnerungen anderer fortlebten. Besonders großartig kamen sich diejenigen vor, die ganz bewußt nach Unsterblichkeit strebten; aber nicht viel besser war es um die bestellt, die zu verordnen versuchten, woran die Kinder der eigenen Enkel sich einst erinnern sollten, denn es sind die Götter, die über das Ende bestimmen ebenso wie über den Anfang. Wenn die Menschen sich von der *pleonexia* freigemacht haben, können sie in der Gegenwart und für die Gegenwart leben.

Wenn Apollos Warnung die Menschen im Hinblick auf die Sterblichkeit nachdenklich stimmt, dann warnt das delphische Gebot dieses schönsten aller männlichen Götter auch vor der Spiritualität – zumindest vor deren extremer Version, in der die Griechen sie kannten, vor dem Orphismus, dem Glauben, daß die »innere« Seele dem Körper überlegen sei, daß der Geist wichtiger sei als der Leib, daß die Wahrheit verborgen und jeder Berührung, jeder sinnlichen Wahrnehmung unzugänglich sei. Die Verehrer Apollos wiesen diese Spiritualität, die später in das Christentum aufgenommen wurde, ab; sie verehrten seinen Körper. Das Delphische Orakel erklärte es für eine Anmaßung, wenn der Mensch unter dem Einfluß der orphischen Lehren sich selbst, sein Blut und sein Fleisch zu transzendieren trachtete – als wäre er ein Gott.

Die dionysische Kraft, die in Ginsbergs *Howl* freigesetzt wird, ist ein »verwilderter« Eros. Der warnende, mäßigende Habitus des Apollo-Kults war eine Reaktion auf diese Selbstzerstörung. Der Goldene Schnitt war kein Kompromiß, sondern bezeichnete den Stand-Punkt im Zentrum von Kräften, die den Menschen, wenn er am Rand stünde, zu Fall brächten. Es sind die Betätigungen eines Handwerkers, die es ihm erlauben, zentriert in einer Welt zu stehen, die nicht zu einem Ganzen gemacht werden kann, die auch nicht durch ein göttliches Gericht erlöst werden oder in einer historischen Schicksalsbestimmung kulminieren kann. Man kann nichts weiter tun, als dem Vorhandenen etwas hinzuzufügen. Etwas machen und es gut machen – hierdurch bewahrt man sich seine geistige Integrität, auf diese Weise findet man einen Platz in der Welt.

Das erste dieser apollinischen Ideale verweist auf die Darstellung einer universalen, idealen menschlichen Form. Das zweite verweist überhaupt nicht auf Darstellung, es bezeichnet vielmehr eine Einstellung zu den eigenen produktiven Fähigkeiten, aus der man inmitten einer Menge von Menschen Gleichgewicht gewinnt und sich wohl fühlt. Beide, das edle und das prosaische Formideal sind dem christlichen Leiden entgegengesetzt, jenem Leiden, das aus der Wendung nach innen erwächst, aus dem Argwohn gegen die Sinne, aus der Ansicht, die Seele sei der Feind des Körpers.

Wir hatten diese Studie mit Überlegungen zur Lehre des Augustinus über die religiöse Vision begonnen, einer Lehre, die innerhalb der abendländischen Kultur zu einer Bevorzugung des Inneren vor dem Äußeren geführt hat. Der Grund dafür, daß sich das Innere, das Interieur, der Innenraum als Raum des inneren Lebens erhalten hat, ist, daß diese visuelle Dimension spirituelle oder, wie wir sagen können, subjektive Freiheit verheißt – eine größere Freiheit zur Reflexion, zur Empfindung, zur Selbsterforschung, als die von Zufälligkeiten erfüllte Straße sie bietet. In unserer Kultur scheint das freie Spiel der Subjektivität eine abgeriegelte und nicht eine preisgegebene Umgebung vorauszusetzen.

Beide Visionen Apollos widersetzen sich dieser geschlossenen Welt, die jede sinnliche und vor allem jede erotische Wahrnehmung ausschließt. Apollo ist ein Gott, dessen Göttlichkeit in seinem Körper gründet. Das »Apollinische« lenkt den Blick auf eine spirituelle Existenz, die sich öffnet und preisgibt. Sowohl die strenge als auch die prosaische Version der Spiritualität im Zeichen Apollos begegnen uns in der Kunst unserer Zeit, und beide wenden sich gegen das christliche Gewissen des Auges.

Der bedeutendste moderne Maler des Gitters ist zweifellos der Amerikaner Mark Rothko. Seine Malerei ist von einem apollinischen Geist jener Art erfüllt, die Rilke im Sinne hatte; doch statt nach dem Bild eines idealen Körpers strebte Rothko nach dem Bild eines idealen Gitters. In den Jahren 1947 und 1948 begann Rothko Gitter zu malen, deren Faszination ihn bis zu seinem Tod im Jahre 1970 nicht mehr losließ. 1947/48 zeichnet sich in seinen Arbeiten ein auffälliger Wandel ab; »Number 15« von 1948 steht den letzten unbetitelten Bildern von 1969 näher als Bildern wie »Personage Two« oder »Aquatic Drama« von 1946. Von da an wiederholte er jahrein, jahraus das, was der Kunsthistoriker Robert Rosenblum als sein »kompositorisches Erkennungsmerkmal« bezeichnet hat: »übereinander geschichtete Farbwolken, die wie magnetisiert vor der symmetrischen Zugkraft horizontaler und vertikaler Achsen stehen«.[8] Die Farbfelder, die ihre Gestalt durch die Zugkraft der horizontalen und vertikalen Achsen erhalten, waren für Rothko Sinnbilder einer idealen Form. Einer der Autoren, die sich mit Rothko beschäftigt haben, hat erklärt, sein Interesse an Rothko sei durch die Frage geweckt worden, warum ein Maler, der auf der Suche »nach universaler Wahrheit ist, überhaupt mehr als ein einziges Bild malt«.[9] Der Künstler selbst sah seine Gitter anders. Ihm dienten sie dazu, den Betrachter durch Wiederholung aus sich herauszulocken – in der Art, wie wir sie weiter oben erörtert haben.

Spät in seinem Leben, im Jahre 1964, machte sich Rothko an ein Projekt, in dem sich visuell das apollinische Ideal einer Form kristallisieren sollte, die sich gerade durch ihre Ruhe auf eine Konfrontation mit dem Alltag einläßt. Der Maler, damals einundsechzig Jahre alt und auf der Höhe seiner Schaffenskraft, hatte von der Familie de Menil den Auftrag erhalten, eine Reihe von Wandbildern für eine neue Kapelle in Houston, Texas, zu malen. Die de Menils waren entschlossen, Rothko einen Raum zur Verfügung zu stellen, der seiner Kunst würdig war: die achteckige Kapelle sollte alle Aufmerksamkeit des Betrachters auf die Bilder lenken, die Lichtführung entsprach Rothkos Wunsch nach einer gedämpften, gleichmäßigen Beleuchtung, die einzigen Möbel im Raum waren vier Bänke, von denen aus man die Gemälde anschauen konnte. Nach einer Reihe von Fehlschlägen gelang es, Rothko den Raum zur Verfügung zu stellen.

Dieser Raum erinnerte Rothko zu seinem Vergnügen an das Baptisterium von Torcello. Die Möglichkeit, einen Raum der Kontemplation zu schaffen, bedeutete aber sehr viel mehr für ihn; hier bot sich die Chance, ein ganzes »Environment« aus jener Art von Bildern herzustellen, die er seit 1948 malte. In der Tate Gallery und in einem Raum der Harvard University hatte Rothko schon vorher versucht, ein größeres Environment aus Bildern herzustellen, wobei die Bilder als Gruppe den Betrachter schließlich in einen Raum versetzten, der größer war als die malerischen Objekte. Die Kapelle sollte sein letztes Projekt dieser Art werden. Noch bevor die Bilder ihren endgültigen Platz in der Kapelle bekamen, beging Rothko Selbstmord. Er hat diese Bilder nur in seinem New Yorker Atelier gesehen.

Als junger Mann hatte er die frühen Kirchenväter gelesen, vor allem Origines; in den dreißiger Jahren hatte er ein »Abendmahl«, eine »Kreuzigung« und einen »Garten Gethsemane« gemalt, war aber nicht konvertiert. Kurz nachdem die de Menils Rothko ihr Angebot gemacht hatten, fragte ihn Dore Ashton, worin für ihn der Reiz dieser Autoren denn bestehe, wenn er doch nicht den Wunsch verspüre, Christ zu werden. Rothko antwortete, was er an ihnen schätze, sei »das Ballett ihrer Gedanken«; ihm kam es so vor, als würde in ihnen das Denken »Leitern ersteigen« – ein sehr schönes Bild, gerade für Origines, den das Spiel der Gedanken tatsächlich immer höher klettern ließ.[10] Die Bilder in der Kapelle sollten, wie die Kunstkritiker nicht müde wurden, zu wiederholen, »transzendente Emotionen« wecken, aber aus dem, was Rothko Dore Ashton über die Kirchenväter sagte, ergibt sich, daß man diese Worte in Anführungszeichen setzen sollte. Es war das Spiel der Gedanken des Origines, das ihn inspirierte, nicht dessen Gottesliebe. Und zu sehen sind in dieser Kapelle Gitter, die dem gleichen Ideal der Kontemplation und des gedanklichen Spiels dienen.

Wie sein Lehrer Henri Matisse sah Rothko in der Malerei eine Kunst, die auf die Anschauung des Unterschieds zielte. Rothko hatte eine Zeitlang in der Nähe des Museum of Modern Art in New York gewohnt und hatte dort stundenlang vor einem ganz bestimmten Bild von Matisse mit dem Titel »Das rote Atelier« verbracht. Die Leerstellen auf diesem Bild faszinierten Rothko besonders, die Idee, daß ein Pinsel als Ding überhaupt nur wegen seiner Beziehung zu einem Krug oder einem Stuhl existierte. Matisse hatte gesagt: »Ich male keine Dinge, ich male nur die Unterschiede zwischen Dingen«, ein Programm, das für den amerikanischen Maler gegen Ende seines Lebens immer bedeutsamer wurde.[11]

Rothkos Kapelle hat allerdings wenig gemeinsam mit ihrem, zumindest der Intention nach verwandten Gegenstück, der Kapelle, die Matisse in Vence schuf. Die schwungvollen Formen und überschwenglichen Farben in der Kapelle von Matisse bekunden die Gläubigkeit des Künstlers. Der hl. Franziskus hatte von der Befreiung des Geistes derer geschrieben, die glauben, davon, daß die Gläubigen leicht wie die Vögel sein werden; Matisse malte diese Befreiung – während es in Rothkos Kapelle scheint, »als sei die religiöse Kunst des Abendlandes hier all ihrer narrativen Komplexität und körperhaften Bildlichkeit endgültig entkleidet; und fast hilflos stehen wir vor diesen dunklen, bezwingenden Erscheinungen, die uns vor die Entscheidung stellen: Alles oder Nichts«.[12]

Die Bilder, die Rothko für Houston schuf, haben gewaltige Ausmaße, sie sind in dunklen Rot- und Schwarztönen gehalten. Seine Auftraggeberin, Dominique de Menil, beschreibt die Kapelle, wie sie dann schließlich eingerichtet wurde:

> »In der Apsis: ein Triptychon aus monochromen Bildern, 4 Meter 50 hoch. Rechts und links: zwei Triptychons, 3 Meter 30 hoch mit schwarzen Flächen. Alle anderen Bilder sind wieder 4 Meter 50 hoch. Die vier Bilder an den vier schmalen Seiten des Oktogons sind monochrom und fast 3 Meter 30 breit. Das am Eingang, das nur 2 Meter 70 hoch ist, hat wieder eine schwarze Fläche.«[13]

Rothkos Gitter sind allesamt rätselhafte Objekte mit einer eigenartigen Fähigkeit zur Selbstverwandlung. Je länger man sie betrachtet, desto mehr verändern sie sich. Die Gitter in Houston, die mit minimalen Differenzen operieren, sind die verwandlungsfähigsten von allen. Rothko fand, wie er sagte, in der Kontemplation keine Entlastung, auch kein Ziel und keinerlei Vollendung, und auch für andere halten die Tafeln seiner Kapelle dergleichen nicht bereit. Für diejenigen, die wußten, wie sehr die Depression auf dem Künstler lastete, während er an diesen Bildern arbeitete, lag es nahe, eine Übersetzung vorzunehmen: der dunkle Engel schien auch über diesen düsteren Bildern zu schweben. Aber seiner Freundin Katherine Kuh hatte Rothko einige Jahre zuvor erklärt: »Wenn meine späteren Werke tragischer sind, dann deshalb, weil sie umfassender, nicht weil sie persönlicher sind.«[14] Die Düsterkeit dieser Tafeln scheint die Bezeichnung »tragisch« zu rechtfertigen, doch auch damit würde man aus der Biographie des Künstlers den tieferen Sinn seines Werkes herleiten. Tragisch sind sie eher im Sinne von Serlios *Scena tragica*, ebenfalls einer Szenerie, in der niemand leidend gezeigt wird.

Über ihre innere Großartigkeit hinaus hält die Rothko-Kapelle für unsere immer noch christlich geprägten Augen einen schlichten

Hinweis bereit. Er besagt, daß das Subjekt an Zentriertheit gewinnen kann, wenn es Dinge betrachtet, wenn der Betrachter in dieser Kontemplation im Frieden mit sich selbst ist. Augustinus glaubte, ein solcher Friede könne sich nur am Ende einer langen Reise einstellen; auf seinem Weg durchs Leben müßte der Reisende einem irdischen Schatten nach dem anderen, einer Freude nach der anderen entsagen, bis er schließlich die Gegenwart eines göttlichen, außerirdischen Lichts verspürt. In unserer Kultur bleibt die Abkehr von der Welt mit dem spirituellen Leben eng verbunden; diese Abkehr begegnet uns auch noch in einer so prosaischen Form wie Ruskins Traum vom häuslichen Herd und der Umsetzung dieses Traums in die Architektur, die das Heim zur Zuflucht vor der Welt erhob, in der die Subjektivität blühen und gedeihen sollte. Bei Rothko hingegen kommt die spirituelle Erfahrung durch die sinnlich wahrnehmende Teilnahme am Sinnbild der äußeren Leere schlechthin, am Gitter, zustande. Häufig hat man von seinen Bildern gesagt, sie seien wie zenbuddhistische Meditationen; häufig hat man an dem Projekt in Houston kritisiert, Rothkos Bilder gehörten nicht wirklich in eine Kapelle, sie seien zu unpersönlich, sie spendeten keinen Trost.

In dieser Studie haben wir mit den Wörtern »tragisch« und »human« bestimmte Erfahrungs- oder Erlebnisqualitäten angedeutet. Diese Qualitäten haben etwas mit der Art und Weise zu tun, wie Menschen ihre Beziehungen zueinander wahrnehmen, wenn sie gleichsam ungeschützt, wenn sie draußen sind. Das Leben auf der Straße der Stadt ist die Szenerie par excellence für diese Preisgabe; sie wird zu einer humanen Szenerie, wenn die Menschen anfangen, sich umzusehen, und ihr Verhalten dem angleichen, was sie sehen – eine Szenerie der gegenseitigen Wahrnehmung. Aber diese Wahrnehmung kann, wie wir nachgezeichnet haben, einer Tiefenstruktur gehorchen. Wendung nach außen bedeutet zugleich Abkehr von bestimmten Impulsen zur Ganzheitlichkeit und Vollständigkeit; dies ist die Botschaft von James Baldwins Autobiographie. Auch visuell kann die Wendung nach außen zu einer Abkehr von Ganzheitlichkeit und Vollständigkeit und, auf einer anderen Ebene, zu einer forschenden, ruhelosen Wahrnehmung führen; dies ist die Botschaft der Renaissance, die zum erstenmal das perspektivische Sehen auf die Anlage von Straßen angewendet hat. Die Wendung nach außen kann sogar eine Sehweise begründen, die das Fragmentarische und Diskontinuierliche zu einem Moment der Moral macht; dies ist die Botschaft, die der Film über den Times Square bereithält. Die Reize der Ganzheitlichkeit, die uns zeitlich am nächsten stehen, sind die der Aufklärung, aber die Freuden dieses Zeitalters scheinen heute weiter entfernt und wirken fremdartiger als die Leiden einer sehr viel älteren religiösen Kultur. Von der Ganzheitlichkeit der Aufklärung ist nur dies eine geblieben: die These von der Integrität künstlerischer Objekte, jener Pläne und Bauten, die Rechte gegen diejenigen erworben haben, die sie bewohnen und benutzen müssen.

Handeln ohne das Verlangen nach Vervollständigung, Handeln ohne Herrschaft und Überwältigung – dies sind Ideale einer humanen Kultur. In der Zurückweisung des kathartischen Moments, des Moments der Erfüllung, scheint diesen Idealen eine wesentliche Dimension des Tragischen zu fehlen, nämlich sein heroisches Element. Heroische Tragik begegnet uns bei den griechischen Dramatikern, bei Shakespeare oder Dostojewski. Die Grenzen der Herrschaft, die der Mensch über die Welt ausüben kann, treten in diesem Kampf zutage. Tragik kann aber auch als etwas »viel weniger Großartiges, weniger Mythisches, als etwas Allgemeineres, Unmittelbareres, Intimeres« erlebt werden.[15] John Keats beschrieb diese unmittelbarere Erfahrung von Tragik in einem Brief an seinen Bruder als eine »negative Fähigkeit«; sie tritt dort in Erscheinung, wo »ein Mensch imstande ist, sich inmitten von Ungewißheiten, Geheimnissen, Zweifeln aufzuhalten, ohne gereizt nach Tatsachen und Gründen zu greifen«.[16] Unter heroischen Vorzeichen erwächst die Tragik aus dem unter Schmerzen erworbenen Wissen von den eigenen Grenzen; im unmittelbaren Sinne, den Keats meint, erwächst sie aus einem Wissen, das nicht in der Niederlage erworben wird, sondern in der Aufmerksamkeit für die Unterschiede. Rothko hat diese apollinische Kontemplation gemalt.

Es gibt auch eine weniger kontemplative Form des apollinischen Ideals, die sich aus dem Bild Apollos als Musenführer, als Musaget, herleitet. In ihrem Buch *Collage City* haben die Architekten Colin Rowe und Fred Koetter erklärt, der visuelle Zuwachs, der Gebäuden von einer Generation zur anderen durch unterschiedliche Hände zuteil wird, sei ein kollektiver, urbaner Prozeß, in dem Dissonanzen miteinander verbunden werden wie bei einer Collage, die ein einzelner Künstler anfertigt. Die »Poesie« solcher dissonanter oder fragmentierter Objekte scheint mit apollinischer Ruhe wenig gemeinsam zu haben. Es ist vielleicht nicht willkürlich, wenn ein Buch, das von der Urbanität, von der »civitas« der Großstadt handelt und in dem New York als Inbegriff der modernen Kultur erscheint, mit Überlegungen zum Ballett endet. Denn der bedeutendste moderne Künstler in dieser Stadt war der Choreograph Georges Balanchine. Und dieser apollinischste aller Künstler entwickelte aus Akten der Verschiebung eine zentrierte Kunst.

In einem Notizbuch, das er im Jahre 1917 führte, fragt sich Igor Strawinsky: »Wie kommt es, daß sich in mir von Jahr zu Jahr immer wieder Veränderungen vollziehen und daß diese Veränderungen als eine legitime Erscheinung angesehen werden, die sich aus dem beständigen, vitalen Verlangen nach Veränderung ergeben – während solche Erscheinungen in der Kunst Anlaß zu Vorwürfen bilden?«[17] Diese Frage ging mir durch den Kopf, als ich zusammen mit vielen anderen Menschen am 1. Mai 1979 im New Yorker City Ballet tief verblüfft Georges Balanchines Neuinszenierung des *Apollo* miterlebte, jenes Balletts, das er erstmals 1928 zu Strawinskys *Apollon musagète* geschaffen hatte. Dieses Ballett, eines der großartigsten unseres Jahrhunderts, besitzt in seiner ursprünglichen Fassung eine Form von so gebändigter Geschlossenheit, daß es wie ein Vorwurf gegen die desorganisierenden, anarchischen Kräfte der damaligen Kunst wirkte. Es war die marmorne Festigkeit dieser Schöpfung, die Balanchine 1948 zu der Feststellung veranlaßte:

»Auf den *Apollon* blicke ich zurück als einen Wendepunkt meines Lebens. In ihrer Disziplin und Zurückhaltung, in ihrer Geschlossenheit von Klang und Empfindung war die Partitur eine Offenbarung. [...] Bei *Apollon* und allen Stücken, die nachher kamen, ist es unvorstellbar, irgendein Bruchstück durch ein Bruchstück aus einer anderen Partitur von Strawinsky zu ersetzen. Jedes Stück ist in sich einmalig, nichts ist ersetzbar.«[18]

Aber nun hatte der alte Balanchine *Apollo* radikal verändert, hatte den Anfang und das Ende weggelassen und die Musik Strawinskys beschnitten.

Tanz, indem er getanzt wird, wandelt sich immerfort. Aber *Apollo* war ein besonderer Fall. Die Rolle des Apollo ist vielleicht die bedeutendste männliche Ballettrolle des 20. Jahrhunderts; viele, die an diesem Abend die Aufführung verfolgten, hatten miterlebt, wie sich fast alle wichtigen Tänzer aus Balanchines Gruppe in dieser Rolle versucht hatten. Aber mit einem Schlag hatte diese Rolle aufgehört, in ihrem vollständigen Umriß zu existieren; fast ein Drittel des Balletts fehlte. Wie konnte es geschehen, daß ein Mann dem, was er einst beinahe zur Vollkommenheit gebracht hatte, nicht die Treue hielt? In der *Ballet Review* bezeichnete Robert Garis die Produktion als eine »Plünderung«.[19] Ich hingegen empfand den Bruch des Versprechens, wenn es denn ein solcher war, als eine produktive Provokation. Auf seine alten Tage hatte sich der Choreograph darauf eingelassen, mit seiner Vergangenheit zu brechen; er wollte ein Ballett für heute schaffen. Doch die Provokation reichte noch weiter. Gab es in der Form des *Apollo* etwas, das eine Neugestaltung nahelegte?

Es fehlt diesem Stück zwar ein direkter Handlungsfaden, wie er im 19. Jahrhundert üblich war, aber ein thematischer, allegorischer Faden ist durchaus vorhanden. Strawinsky ersann dieses »Stück ohne Handlung« für die Musik, bevor Balanchine seine Choreographie entwickelte. Von den neun Musen der klassischen Mythologie hat Strawinsky drei ausgewählt: Kalliope, die die Dichtkunst inspiriert; Polyhymnia steht für die Kunst der Gebärde, Terpsichore für den Tanz. Leto bringt Apollo zur Welt; er entdeckt seine eigene Schönheit und seine Kraft; die Musen tanzen vor ihm, und er wählt sich die, die er am meisten liebt; der Gott wächst zur Reife heran, und die drei Künste verschmelzen in ihm zu einer einzigen; zuletzt »erscheint in der Apotheose Apollo und führt die Musen – als erste Terpsichore – auf den Parnaß, den er ihnen zum Aufenthalt bestimmt hat«.[20] Fünfzig Jahre später nun ließ Balanchine Apollos Jugend und seine Apotheose weg. Der Gott lernt nun seine Natur nicht mehr kennen; der Gott und seine Musen verlassen uns nicht mehr in einer aufwendigen Schlußszene, in der sich die Vollendung ihrer Glückseligkeit als ein Verlust für uns offenbart; es bleibt vor allem das Tanzspiel in der Mitte. An dem Maiabend, an dem Balanchine diese neue Version von *Apollo* zum erstenmal vorführte, zeigten sich die engeren Dimensionen des Werks auch in den Requisiten – vor allem in dem Stuhl, auf dem Apollo saß, während er sein Urteil über die Musen fällte.

Verminderung, Eliminierung, Reinigung der Gegenwart sind starke kritische Motive für eine Rückbesinnung auf die klassische Vergangenheit, für das Beharren auf einfachen, klaren Formen, die auf der Autorität und den Morphologien der Antike beruhen. Man könnte nun einfach sagen, dieses Ballett habe seine eigene Wiederbelebung aus der Klassik erlitten. Aber so einfach liegen die Dinge nicht. Schon 1928 ahnte Balanchine – in seinem Winkel von Apollos Reich – etwas von einer formalen Ordnung, die sich einer aus ihr selbst hervorgehenden radikalen Veränderung unterwerfen, ja sogar zu ihr einladen könnte, so daß sie sich in der Gegenwart immer wieder erneuert.

Der Solotanz der Terpsichore in *Apollo* zum Beispiel ist eine Etüde in der Auflösung klassischer Bewegungen: »Wir sehen Sprünge, die nicht vorwärtsführen, Sprünge, die nach unten führen, Drehungen, die die geheimnisvolle Beständigkeit einer Form selbst in ihrem Wandel zu bewahren scheinen.«[21] Bei der Premiere in Paris am 21. Juni 1928 reagierte das Publikum auf das Original gerade wegen dieser selbst-generativen Gegensätze mit Verwirrung. Es gab visuelle Anklänge an Petipa, und im Grunde genommen greift das Ballett noch weiter zurück, auf eine Produktion von *Le Pas de Quatre*, die 1845 in London aufgeführt wurde, aber wiederum nicht, indem sie sie zitiert. Die Musik enthielt seltsam irritierende Anspielungen auf das 18. Jahrhundert. Wie Strawinskys anderes klassisches Stück aus dieser Periode, *Pulcinella*, präsentiert auch sein *Apollon musagète* Materialien aus vergangenen Epochen, kommentiert sie aber zugleich, gibt ihnen Kontur und Relief, zeigt sie in einem nicht nur reflektierenden, sondern auch klärenden Spiegel. Die harmonischen Entwicklungen in *Apollon musagète* und in *Pulcinella* folgen Regeln des 18. Jahrhunderts – doch plötzlich werden diese Regeln auf den Kopf gestellt. Die sanften Modulationen, die sich Quatremère de Quincy vorstellte, findet man in dieser streng disziplinierten Variation nicht, die ihre eigene Form auseinandernimmt. Über eine andere Variation für Kalliope in *Apollon musagète* setzte Strawinsky ein Motto des Dichters Boileau:

»Que toujours dans vos vers le sens coupant les mots
Suspende l'hémistiche et marque le repos.«

Das Spiel mit dem Schweigen in der Partitur verstößt auch gegen diese Deklaration der Regelmäßigkeit.

Die inneren Mutationen von *Apollo* dienten Balanchine im weiteren Verlauf seiner Arbeit immer wieder als Prinzipien der Akzentuierung und Phrasierung. In dieser Ballettarbeit konzentriert sich das Auge »auf die vollständigen, klassischen Positionen und nicht auf die unendliche Zahl der dazwischen liegenden Nicht-Positionen«.[22] Balanchines choreographisches Verfahren bestand darin, gleichzeitig eine ganze »Familie« von Bewegungen zu umreißen; diese Familien zeichneten sich dadurch aus, daß sich die jüngeren Bewegungsgenerationen, wenngleich scheinbar voller Respekt vor ihren traditionellen Eltern, innerhalb einer Lebenszeit von fünfzehn Minuten sehr, sehr weit von ihnen entfernten. Die Elemente von Formstrenge, die zuerst in *Apollo* in Erscheinung traten, wurden mit den Fragezeichen von Körperbewegungen oder Tönen versehen, statt mit den Taktschlägen des Unausweichlichen, die das Standbild vollenden; die Verschiebung wird in die Formen eingebaut, die gleichzeitig kohärent sind.

Wer wie die Befürworter von Balanchines erstem *Apollo* behauptet, daß ein zur Vollkommenheit gebrachtes Ding unantastbar und zeitlos sein soll, der hat nicht verstanden, was es heißt, etwas auf eine wirklich humane Weise zu machen. Balanchine berief sich auf ein ganz und gar humanes Wissen von den Dingen, als er seinen eigenen Apollo schuf, genauso wie es Strawinsky tat, als er dem Gott Musik gab: einem Gott der Gelassenheit, nicht der Dauerhaftigkeit, einer Gottheit, die den Keim der Veränderung in sich trägt. Dieser Apollo altert. Es ist dieser Gott, und nicht der christliche Gott des Leidens, den wir in die Räume der Stadt einschreiben sollten.

Danksagung

Dieses Buch wurde ermöglicht durch ein Stipendium des Chicago Institute of Architecture and Urbanism. Dem Direktor des Instituts, John Whiteman, möchte ich für seine Ermutigung und seine Unterstützung danken. Teile dieses Buches habe ich zuerst im Rahmen der »Henry Luce Seminars« von 1986 an der Yale University vorgetragen, wo ich von Kollegen und Studenten wertvolle Hinweise erhielt. Eine frühere Fassung des vierten Kapitels erschien im Frühjahr 1988 in *Raritan*. Besonderen Dank schulde ich Carl Schorske, meinem beständigen, aufmerksamen, skeptischen Kritiker.

Anmerkungen

Kapitel 1

1 Harvey Cox, *The Secular City*, überarb. Ausg., New York: Macmillan 1966, S. 49; dt. *Stadt ohne Gott*, Stuttgart, Berlin: Kreuz 1966, S. 70.

2 Zit. n. Jaroslav Pelikan, *Jesus through the Centuries*, New Haven: Yale University Press 1985, S. 49f.; dt. *Jesus Christus. Erscheinungsbild und Wirkung in 2000 Jahren Kulturgeschichte*, Zürich: Benzinger 1986, S. 64.

3 Augustinus, *De civitate Dei*, 15. Buch, 1. Kapitel; hier zitiert in Anlehnung an: *Der Gottesstaat*, hrsg. v. Carl Andresen, München: DTV 1978, Bd. 2, S. 214. (Die Übersetzung von »Staat« für *civitate* wurde durch »Stadt« ersetzt.)

4 Augustinus, *De civitate Dei*, 14. Buch, 1. Kapitel; dt. *Der Gottesstaat*, Bd. 2, S. 154.

5 Peter Brown, *Augustine of Hippo*, Berkeley: University of California Press 1967, S. 314; dt. *Augustinus von Hippo*, Frankfurt: Societäts-Verlag 1973, S. 274.

6 Augustinus, *De civitate Dei*, 15. Buch, 2. Kapitel; dt. *Der Gottesstaat*, Bd. 2, S. 214, 215.

7 Brown, *Augustine*, S. 306; dt. 267.

8 Zit. n. Paul Zucker, *Town and Square*, New York: Columbia University Press 1959, S. 94.

9 John Ruskin, *Sesame and Lilies*, New York: Metropolitan Publishing Co. 1891, S. 136f.

10 Donald J. Olsen, *The City as a Work of Art*, New Haven: Yale University Press 1986, S. 102; dt. *Die Stadt als Kunstwerk*, Frankfurt: Campus 1988, S. 133f.

11 Christine Stansell, *City of Women: Sex and Class in New York, 1789–1860*, New York: Knopf 1986; University of Illinois Press 1987, S. 65.

12 Gwendolyn Wright, *Moralism and the Model Home*, Chicago: University of Chicago Press 1980, S. 292.

13 Zit. in ebd., S. 99.

14 Siehe Mary Black, *Old New York in Early Photographs, 1853–1901*, New York: Dover 1973, Abb. 111, S. 131.

15 Kevin Lynch, *The Image of the City*, Cambridge, Mass.: MIT Press 1960,

S. 2f.; dt. *Das Bild der Stadt*, Braunschweig, Wiesbaden: Vieweg 1965, S. 12.

16 Kevin Lynch, »Reconsidering the Image of the City«, in: Lloyd Rodwin, Robert M. Hollister (Hrsg.), *Cities of the Mind: Images and Themes of the City in the Social Sciences*, New York: Plenum 1984, S. 155.

17 Beide Zitate nach: William Sharpe, Leonard Wallock (Hrsg.), *Visions of the Modern City*, Baltimore: Johns Hopkins University Press 1987, S. 17.

18 Carol Krinsky, »Architecture in New York City, 1940–1965«, in: Leonard Wallock (Hrsg.), *New York: Culture Capital of the World, 1940–1965*, New York: Rizzoli 1988, S. 91.

19 Zit. n. Erich Heller, *The Artist's Journey into the Interior*, New York: Harvest 1965, S. 103; dt. *Die Reise der Kunst ins Innere und andere Essays*, Frankfurt: Suhrkamp 1966, S. 125.

Kapitel 2

1 Geoffrey Chaucer, *The Canterbury Tales*, New York: Pocket Books 1971, S. 357.

2 Zit. n. Charles B. Rice, *Proceedings at the Celebration of the Two Hundredth Anniversary of the First Parish at Salem Village*, Boston 1874, S. XXV.

3 Anthony N. B. Garvan, *Architecture and Town Planning in Colonial Connecticut*, New Haven: Yale University Press 1951, S. 52.

4 Zit. n. Kenneth Silverman, *The Life and Times of Cotton Mather*, New York: Columbia University Press 1985, S. 24.

5 George Goodwin, »Auto-Machia«, zit. n. Sacvan Bercovitch, *The Puritan Origins of the American Self*, New Haven: Yale University 1975, S. 19.

6 Increase Mather, »A Sermon concerning Obedience«, in: *The Autobiography of Increase Mather*, hrsg. v. Michael G. Hall, in: *Proceedings of the American Antiquarian Society* (1961), S. 352.

7 Joseph Rykwert, *The Idea of a Town: The Anthropology of Urban Form in Rome, Italy and the Ancient World*, Cambridge, Mass.: MIT Press 1988, S. 192.

8 Ebd., S. 90.

9 »Commissioner's Remarks«, zit. n. William Bridges, *Map of the City of New York and Island of Manhattan*, New York: unveröffentlicht 1811, S. 30.

10 »Royal Ordinances concerning the Laying Out of New Towns«, zit. n. John Reps, *The Making of Urban America*, Princeton: Princeton University Press 1965, S. 29.

11 Pierre Charles L'Enfant, »Note relative to the ground lying on the eastern branch of the river Potomac...«, undatiert, aber geschrieben zwischen dem 4. April 1791, als Washington die Pläne Jeffersons an L'Enfant

schickte, und dem 10. April 1791, als Jefferson sich damit einverstanden erklärte, daß L'Enfant die Leitung der Planungen für die neue Hauptstadt übernehmen sollte. Abgedruckt in: E. L. Kite, *L'Enfant and Washington 1791–1792*, Baltimore: Johns Hopkins University Press 1929, S. 47f.

12 Francis Baily, *Journal of a Tour in Unsettled Parts of North America in 1796 and 1797*, London: unveröffentlicht 1856, S. 226, zit. n. Richard Wade, *The Urban Frontier*, Cambridge, Mass.: Harvard University Press 1959, S. 24f.

13 »Commissioner's Remarks«, S. 25.

14 Lewis Mumford, *The City in History*, New York: Harcourt Brace Jovanovich 1961, S. 421; dt. *Die Stadt in der Geschichte*, Köln, Berlin: Kiepenheuer 1963, S. 490.

15 Die Anmerkungen zu diesem Buch beschränken sich zwar auf Quellenangaben zu den Zitaten, dennoch sei der Leser, der Näheres über den irrationalen Verlauf der »Logik des Kapitalismus« erfahren will, auf die Untersuchung von Peter Marcuse hingewiesen: »The Grid as City Plan: New York City and Laissez-faire Planning in the Nineteenth Century«, *Planning Perspectives* 2 (1987), S. 287–310.

16 Max Weber, *Die protestantische Ethik und der Geist des Kapitalismus*, hrsg. v. Johannes Winckelmann, Gütersloh: Gütersloher Verlagshaus Mohn 1981, S. 165.

17 Frederick Law Olmsted, »Description of a Plan for the Improvement of the Central Park, ›Greensward‹ 1858«, in: Frederick Law Olmsted Jr. u. Theodora Kimball, *Frederick Law Olmsted*, New York: unveröffentlicht 1928, S. 214.

18 John W. McCoubrey, *American Tradition in Painting*, New York: George Braziller 1963, S. 29.

19 Ada Louise Huxtable, *The Tall Building Artistically Reconsidered*, New York: Pantheon 1984, S. 9.

20 Arata Isozaki, »Floors and Internal Spaces in Japanese Vernacular Architecture«, *Res* 11 (Frühjahr 1986), S. 65.

21 Zit. n. John Hancock, »The Apartment House in Urban America«, in: Anthony D. King (Hrsg.), *Building and Society*, London: Routledge and Kegan Paul 1980, S. 181.

22 Henry James, »The Beast in the Jungle«, in: H. J., *The Stories*, hrsg. v. Willard Trask, New York: Signet 1962, S. 417; dt. »Das Tier im Dschungel«, in: H. J., *Erzählungen*, Frankfurt, Berlin, Wien: Ullstein 1983, S. 409.

23 Ebd., S. 449f.; dt. S. 443.

24 Ebd., S. 428; dt. S. 422.

25 Ebd., S. 449; dt. S. 442.

26 Alexis de Tocqueville, *Über die Demokratie in Amerika*, Zürich: Manesse 1987, Bd. 2, S. 195f.

Kapitel 3

1 Thomas Jefferson, *Writings*, hrsg. v. Merrill D. Peterson, New York: Library of America 1984, S. 660.

2 John Bunyan, *The Pilgrim's Progress from This World to That Which is to Come*, hrsg. von Roger Sharrock, Oxford: Oxford University Press 1960, S. 302 f.

3 Jefferson, *Writings*, S. 660.

4 Jean-Jacques Rousseau, »Träumereien eines einsamen Spaziergängers«, in: J.-J. R., *Schriften*, hrsg. v. Henning Ritter, München: Hanser 1978, Bd. 2, S. 648.

5 Adam Smith, *The Wealth of Nations*, Ausgabe 1776, Buch 1–3, hrsg. v. Andrew Skinner, London: Penguin Classics 1986, S. 104 f.

6 Horace Walpole, *Anecdotes of Painting in England*, Bd. 4, S. 263 f., zit. n. David Watkin, *The English Vision*, New York: Harper & Row 1982, S. 8 f., dessen gärtnerischem Auge ich viel verdanke.

7 Erasmus, *De civilitate morum puerilium libellus* (1530), Basel: Froben 1922, S. 1.

8 Zit. n. Roger Chartier u. a., *A History of Private Life*, Bd. 3, Cambridge, Mass.: Harvard University Press 1989, S. 449 f.

9 Johann Wolfgang Goethe an Karl Knebel, 23. April 1790, zit. n. Karl Joachim Weintraub, *The Value of the Individual. Self and Circumstance in Autobiography*, Chicago: Chicago University Press 1978, S. 345, dt. S. 398, Anm. 18. Goethe an Knebel vom 23. April 1790.

10 Immanuel Kant, zit. n. Norbert Elias, *Über den Prozeß der Zivilisation*, Frankfurt: Suhrkamp 1976, Bd. 1, S. 8.

11 Vgl. Norbert Elias, *Über den Prozeß der Zivilisation*, Bd. 1, S. 47.

12 Zit. n. Chartier, *History of Private Life*, S. 204 f.

13 Eine entgegengesetzte Auffassung zu den hier folgenden Überlegungen vertritt Lucien Febvre, »Civilisation, évolution d'un mot et d'un groupe d'idées«, in: *Civilisation: le mot et l'idée*, Paris: C. I. S. 1929, S. 1–55.

14 Erik H. Erikson, »The Problem of Ego Identity«, in: *Psychological Issues* 1, Nr. 1 (1959), S. 102; dt. »Das Problem der Ich-Identität«, in: E. H. E., *Identität und Lebenszyklus. Drei Aufsätze*, Frankfurt: Suhrkamp 1976, S. 124.

15 Rousseau, »Träumereien eines einsamen Spaziergängers«, in: *Schriften*, Bd. 2, S. 648.

16 Paul Zucker, *Town and Square*, New York: Columbia University Press 1959, S. 187.

17 Zit. n. Sigfried Giedion, *Space, Time and Architecture*, 5. Aufl., Cambridge, Mass.: Harvard University Press 1961, S. 147; dt. *Raum, Zeit, Architektur. Die Entstehung einer neuen Tradition*, Zürich: Artemis 1976, S. 115.

Kapitel 4

1 Adam Smith, *The Theory of Moral Sentiments*, Oxford: Oxford University Press 1976, S. 9; dt. *Theorie der ethischen Gefühle*, Hamburg: Meiner 1985, S. 2.
2 Jean-Jacques Rousseau, *Essai sur l'origine des langues*, in: *Œuvres Complètes*, Paris: Gallimard 1959, S. 614.
3 Benjamin Constant, »De L'esprit de conquête et de l'usurpation«, in: *Œuvres Complètes*, Paris: Gallimard 1957, S. 1013.
4 Beide Zitate nach David Jacques, *Georgian Gardens*, Portland: Timber Press 1984, S. 145.
5 Edmund Burke, *On the Sublime*, London: Mallard 1907, S. 62; dt. *Philosophische Untersuchung über den Ursprung unserer Ideen vom Erhabenen und Schönen*, Hamburg: Meiner 1980, S. 152 ff.
6 Sir William Chambers, zit. n. Watkin, *English Vision*, S. 73.
7 Ebd.
8 Sigfried Giedion, *Space, Time and Architecture*, 5. Aufl., Cambridge, Mass.: Harvard University Press 1982, S. 436; dt. *Raum, Zeit, Architektur. Die Entstehung einer neuen Tradition*, Zürich: Artemis 1976, S. 281.
9 Walter Gropius, *Die neue Architektur und das Bauhaus*, Mainz, Berlin: Kupferberg 1965, S. 56.
10 Michael Fried, »Art and Objecthood« (1967), in: Gregory Battock (Hrsg.), *Minimal Art: A Critical Anthology*, New York: Dutton 1968, S. 145.
11 Geoffrey Scott, *The Architecture of Humanism: A Study in the History of Taste* (1914), Nachdruck, New York: W. W. Norton 1974, S. 169, 170.
12 Paul Scheerbart, *Glasarchitektur*, München: Rogner & Bernhard 1971, S. 25.
13 Witold Rybczynski, *Home: A Short History of an Idea*, New York: Viking 1986, S. 146; dt. *Wohnen. Über den Verlust der Behaglichkeit*, München: Kindler 1987, S. 168.

Kapitel 5

1 Charles Baudelaire, »Der Maler des modernen Lebens«, in: Ch. B., *Sämtliche Werke/Briefe*, Bd. 5: Aufsätze zur Literatur und Kunst 1857–1860, München: Hanser 1989, S. 221.
2 Charles Baudelaire, *Spleen de Paris*, zit. n. Walter Benjamin, *Charles Baudelaire. Ein Lyriker im Zeitalter des Hochkapitalismus*, in: W. B., *Gesammelte Schriften*, Bd. 1, 2, Frankfurt: Suhrkamp 1974, S. 576 f.
3 Baudelaire, »Der Maler des modernen Lebens«, S. 226.
4 Robert Park, »The City: Suggestions for the Investigation of Behavior in the Urban Environment« (1916), nachgedruckt in: Richard Sennett

(Hrsg.), *Classic Essays on the Culture of Cities*, New York: Prentice Hall 1969, S. 126.

5 Worth, »Urbanism as a Way of Life«, in: Sennett, *Classic Essays*, S. 156.

6 Hannah Arendt, *The Human Condition*, New York: Anchor 1969, S. 9; dt. *Vita activa oder Vom tätigen Leben*, München: Piper o. J., S. 16.

7 Ebd., S. 15.

8 Vgl. hierzu Karl Joachim Weintraub, *The Value of the Individual. Self and Circumstance in Autobiography*, Chicago: Chicago University Press 1978, S. 375.

9 Zit. n. Melvyn Hill (Hrsg.), *Hannah Arendt: The Recovery of the Public World*, New York: St. Martin's Press 1979, S. 315.

10 Hannah Arendt, *On Revolution*, New York: Viking Compass Books 1965, S. 84; dt. *Über die Revolution*, München: Piper 1963, S. 113. Der von H. A. selbst formulierte Text der deutschen Ausgabe weicht an dieser Stelle vom amerikanischen Wortlaut, den Sennett diskutiert, etwas ab, deshalb folge ich hier dem englischen Original. *[A. d. Ü.]*

11 James Baldwin, *The Price of the Ticket: Collected Nonfiction 1948–1985*, New York: St. Martin's Press 1984, S. 334; dt. *Hundert Jahre Freiheit ohne Gleichberechtigung (The Fire Next Time)*, Reinbek: Rowohlt 1964, S. 11 f.

12 Ebd., S. 347; dt. S. 45 f.

13 Ebd., S. 348; dt. S. 48.

14 Ebd., S. 358; dt. S. 71.

15 Ebd., S. 361; dt. S. 77.

16 Ebd., S. 363; dt. S. 83.

17 Jacob Burckhardt, *Die Kultur der Renaissance in Italien*, hrsg. v. Walther Rehm, Stuttgart: Reclam 1960, S. 114.

18 Baldwin, *The Price of the Ticket*, S. 379; dt. S. 122 f.

Kapitel 6

1 Zit. n. *Oxford English Dictionary of Words and Their Historical Sources*, Oxford: Oxford University Press 1971, S. 431.

2 Sigfried Giedion, »Sixtus V. and the Planning of Baroque Rome«, in: *Architectural Review* (April 1952), S. 36.

3 Leon Battista Alberti, *Della pittura*, hrsg. v. Louisa Malle, Florenz: Sansoni 1950, S. 59.

4 John Berger, *Ways of Seeing*, London: BBC 1972, S. 109.

5 Svetlana Alpers, »Interpretation without Representation, or, The Viewing of ›Las Meninas‹«, in: *Representations* 1, Februar 1983, S. 37; dt. »Interpretation ohne Darstellung – oder: das Sehen von ›Las Meninas‹«, in: Wolfgang Kemp (Hrsg.), *Der Betrachter ist im Bild. Kunstwissenschaft und Rezeptionsästhetik*, Köln: DuMont 1985, S. 102.

6 Svetlana Alpers, *The Art of Describing: Dutch Art in the Seventeenth Century*, Chicago: University of Chicago Press 1983, S. 44; dt. *Kunst als Beschreibung. Holländische Malerei des 17. Jahrhunderts*, Köln: DuMont 1985, S. 84.
7 Heinrich Wölfflin, *Renaissance und Barock. Eine Untersuchung über Wesen und Entstehung des Barockstils in Italien* (1888), Basel: Schwabe 1961, S. 24f.
8 Marcel Proust, *A la recherche du temps perdu*, Paris: Gallimard 1954, Bd. 3, S. 187f.; dt. *Auf der Suche nach der verlorenen Zeit (Die Gefangene)*, Berlin: Deutsche Buchgemeinschaft o. J., Bd. 3, S. 3009.
9 Marcel Proust, *A la recherche du temps perdu*, Paris: Gallimard 1954, Bd. 3, S. 1046; dt. *Auf der Suche nach der verlorenen Zeit (Die wiedergefundene Zeit)*, Berlin: Deutsche Buchgemeinschaft o. J., Bd. 3, S. 4192.
10 Ebd.

Kapitel 7

1 Le Corbusier, *Quand les cathédrales étaient blanches* (1937), Paris: Gonthier 1965, S. 57.
2 Colin Rowe u. Fred Koetter, *Collage City*, Cambridge, Mass.: MIT Press o. J., S. 72.
3 Beide Zitate nach Michael Dennis, *Court and Garden*, Cambridge, Mass.: MIT Press 1986, S. 213
4 Jane Jacobs, *The Death and Life of Great American Cities*, New York: Random House 1961, S. 23; dt. *Tod und Leben großer amerikanischer Städte*, Berlin, Frankfurt, Wien: Ullstein 1963, S. 24.
5 Manfredo Tafuri, »›Machine et mémoire‹: The City in the Work of Le Corbusier«, in: H. Allen Brooks (Hrsg.), *Le Corbusier*, Princeton: Princeton University Press 1987, S. 207f.
6 Stanislaus van Moos, »Urbanism and Transcultural Exchanges, 1910–1935«, in: Brooks (Hrsg.), *Le Corbusier*, S. 225.
7 Fernand Léger. zit. n. Musée d'art moderne, Centre Georges Pompidou, »Parcours des collections permanentes: Léger«, S. 5ff.
8 Léger, »Parcours des collections permanentes«, S. 10.
9 Carl Schorske, *Fin-de-siècle Vienna: Politics and Culture*, New York: Knopf 1981, S. 72; dt. *Wien. Geist und Gesellschaft im Fin de Siècle*, Frankfurt: S. Fischer 1982, S. 68.
10 Marc Bloch, *La société féodale*, Paris: Albin Michel 1940, S. 116; dt. *Die Feudalgesellschaft*, Frankfurt, Berlin, Wien: Propyläen 1982, S. 100.
11 Eviatar Zerubavel, *Hidden Rhythms: Schedules and Calendars in Social Life*, Chicago: The University of Chicago Press 1981, S. 32.
12 Jacques Le Goff, »Au Moyen Age: Temps de l'Eglise et temps du marchand«, in: H. L. G., *Pour un autre Moyen Age. Temps travail et culture*

en Occident: 18 essais, Paris: Gallimard 1977, S. 56; in der deutschen Auswahlausgabe: *Für ein anderes Mittelalter*, Frankfurt, Berlin, Wien: Ullstein 1984, nicht enthalten, vgl. dort aber den Aufsatz: »Die Arbeitszeit in der ›Krise‹ des 14. Jahrhunderts«.

13 A. E. J. Morris, *History of Urban Form before the Industrial Revolutions*, New York: Wiley 1986, S. 130.

14 Antonio Filarete, *Trattato d'architettura*, zit. n.: Sigfried Giedion, *Space, Time and Architecture*, Cambridge, Mass.: Harvard University Press 1982, S. 47; dt. *Raum, Zeit, Architektur. Die Entstehung einer neuen Tradition*, Zürich: Artemis 1976, S. 58.

15 Jacob Burckhardt, *Die Kultur der Renaissance in Italien*, hrsg. v. Walther Rehm, Stuttgart: Reclam 1960, S. 161.

16 Ovid, *Metamorphosen*, übers. von J. H. Voß, Frankfurt: Insel 1990, S. 350.

17 Felix Gilbert, *Machiavelli and Guicciardini: Politics and History in Sixteenth-Century Florence*, Princeton: Princeton University Press 1965, S. 267.

18 Shakespeare, *Cymbeline*, V, 4; Shakespeare, *Sämtliche Dramen*, München: Winkler 1967, Bd. 3, S. 1087.

19 Gilbert, *Machiavelli and Guicciardini*, S. 270.

20 Edmund Spenser, »The Two Cantos of Mutability«, in: *The Works of Edmund Spenser*, Baltimore: Johns Hopkins University Press 1952, 7.4.5.

21 Lauro Martines, *Powers and Imagination: City-States in Renaissance Italy*, New York: Knopf 1979, S. 312.

22 Marshall Berman, *All That Is Solid Melts into Air*, London: Penguin 1988, S. 245.

23 Michail Bachtin, *Formen der Zeit im Roman*, Frankfurt: Fischer 1989.

24 Hayden White, »The Value of Narrativity in the Representation of Reality«, in: W. J. T. Mitchell (Hrsg.), *On Narrative*, Chicago: University of Chicago Press 1981, S. 23.

25 James Salter, *Light Years*, San Francisco: North Point Press 1982, S. 69.

26 Edward Said, *Beginnings*, New York: Columbia University Press 1985, S. 372.

27 William Makepeace Thackeray, *Vanity Fair*, London: Penguin 1986, S. 45; dt. *Jahrmarkt der Eitelkeit*, München: Winkler 1965, S. 18.

28 Ich habe das ausführlich erörtert in meinem Buch *The Uses of Disorder: Personal Identity and City Life*, New York: Knopf 1970.

29 Louis Wirth, »Urbanism as a Way of Life« (1938), nachgedruckt in: Richard Sennett (Hrsg.), *Classic Essays on the Culture of Cities*, New York: Prentice Hall 1969, S. 155.

30 Charles Dickens, *Great Expectations*, London: Oxford University Press 1975, S. 301; dt. *Große Erwartungen*, München: Winkler 1956, S. 402f.

31 Peter Brooks, *Reading for the Plot*, New York: Knopf 1984, S. 130.

32 Gustave Flaubert, *L'Éducation sentimentale*, in: *Œeuvres*, Paris: Gallimard 1952, S. 448, zit. n. Peter Brooks, *Reading for the Plot*, S. 206; dt. *Die Erziehung des Gefühls*, Zürich: Manesse 1971, S. 671 f.

Kapitel 8

1 Nathan Glazer, »On Subway Graffiti in New York«, in: *Public Interest*, Winter 1979, unpaginiert.
2 John Dewey, *Art as Experience*, New York: Capricorn 1934, S. 15.
3 Ebd.
4 Georg Wilhelm Friedrich Hegel, *Phänomenologie des Geistes*, Hamburg: Meiner 1952, S. 552 f.
5 Rosalind E. Krauss; »Grids«, in: *The Originality of the Avant-Garde and Other Modernist Myths*, Cambridge, Mass.: MIT Press 1986, S. 9–10.
6 Ebd., S. 9.
7 Walter Benjamin, *Das Kunstwerk im Zeitalter seiner technischen Reproduzierbarkeit*, in: W. B., *Gesammelte Schriften*, Bd. I, 2, Frankfurt: Suhrkamp 1974, S. 481.
8 Antoine Quatremère de Quincy, »Typus«, zit. n. Aldo Rossi, *The Architecture of the City*, Cambridge, Mass.: MIT Press 1982, S. 40. Das Originalzitat stammt aus: Quatremère de Quincy, *Dictionnaire historique d'architecture*, Bd. 2, Paris: unveröffentlicht 1832.
9 Ebd.
10 Carlo Aymonino, »The Formation of a Concept of Building Technology«, zit. n. Rossi, *The Architecture of the City*, S. 182. Das Originalzitat stammt aus: Aymonino, *Aspetti e problemi della tipologia edifizia*, Venedig: Istituto Universitario di Architettura di Venezia 1964, S. 9.
11 Hart Crane, *The Complete Poems and Selected Letters and Prose*, hrsg. v. Brom Weber, Garden City, N. Y.: Anchor 1966, S. 45.
12 John Ashbery, *Selected Poems*, New York: Elizabeth Sifton/Penguin Book 1986, S. 259.
13 John Ashbery, »Litany«, in: *As We Know*, New York: Viking 1979, S. 3; Anm. des Verf., S. 2.
14 Frederick James, »Cognitive Mapping«, in: C. Nelson, L. Grossberg, *Marxism and the Interpretation of Culture*, Urbana, Ill.: University of Illinois Press 1988, S. 351.
15 Brendan Gill, *Many Masks: A Life of Frank Lloyd Wright*, New York: Putnam 1987, S. 429.
16 Leo Steinberg, *Other Criteria: Confrontations with Twentieth-Century Art*, New York: Oxford University Press 1972, S. 84.
17 Zit. n. Simone Petrement, *Simone Weil*, New York: Schocken 1976, S. 407–08.
18 Simone Weil, *Die Einwurzelung. Einführung in die Pflichten dem menschlichen Wesen gegenüber*, München: Kösel 1956, S. 71.

19 Patrick Leigh Fermor, *Between the Woods and the Water*, New York: Viking-Penguin 1987, S. 97.
20 Zit. n. Petrement, *Simone Weil*, S. 244.
21 Simone Weil, *Ecrits de Londres et dernières Lettres*, Paris: Gallimard 1957, S. 74.
22 Josef Pieper, *Muße und Kult*, München: Kösel 1952, S. 52.
23 Aristoteles, *Politik*, Buch 1, Kap. 2, München: DTV 1973, S. 49.

Nachbetrachtungen

1 Allen Ginsberg, *Howl*, San Francisco: City Light Books 1956, S. 13; dt. *Das Geheul und andere Gedichte*, Wiesbaden, München: Limes 1979, S. 17.
2 Friedrich Nietzsche, *Die Geburt der Tragödie*, in: F. N., *Werke in drei Bänden*, hrsg. v. Karl Schlechta, München: Hanser 1966, Bd. 1, S. 25.
3 Zit n. Friedrich Nietzsche, *Die Geburt der Tragödie*, a. a. O., Bd. 1, S. 23.
4 Igor Strawinsky, »Erinnerungen«, in: I. S., *Leben und Werk – von ihm selbst*, Zürich, Mainz: Atlantis, Schott's Söhne 1957, S. 97.
5 Joachim Winckelmann, *Geschichte der Kunst des Altertums*, Wien: Phaidon 1934, S. 365.
6 Rainer Maria Rilke, »Archaischer Torso Apollos«, in: *Sämtliche Werke*, Bd 1: Gedichte, Frankfurt: Insel 1987, S. 557.
7 Rilke, a. a. O., S. 732.
8 Robert Rosenblum, »Notes on Rothko and Tradition«, in: *Mark Rothko 1903–1970*, London: Tate Gallery 1987, S. 22. Vgl. auch sein Buch *Modern Painting and the Northern Romantic Tradition*, New York: Harper & Row 1975; dt. *Die moderne Malerei und die Tradition der Romantik*, München: Schirmer/Mosel 1981.
9 Michael Compton, »Mark Rothko, the Subjects of the Artist«, in: *Mark Rothko 1903–1970*, London: Tate Gallery 1987, S. 65.
10 Dore Ashton, *About Rothko*, New York: Oxford University Press 1983, S. 169.
11 Ashton, *About Rothko*, S. 114.
12 Robert Rosenblum, *Modern Painting and the Northern Romantic Tradition*, New York: Harper & Row 1975, S. 218; dt. *Die moderne Malerei und die Tradition der Romantik*, München: Schirmer/Mosel 1981, S. 230.
13 Christophe de Menil, »The Rothko Chapel«, in: *Art Journal* 30, Nr. 3 (Frühjahr 1971).
14 Interview mit Katherine Kuh, 1961, Archives of American Art, Smithsonian Institution, Washington, D. C. Siehe Bonnie Clearwater, »Selected Statements by Mark Rothko«, in: *Mark Rothko 1903–1970*, London: Tate Gallery 1987.
15 Edward Joseph Shoben Jr., *Lionel Trilling*, New York: Unger 1981, S. 216.

16 Ebd.
17 Igor und Vera Strawinsky, *A Photographic Album: 1921 to 1971*, New York: Thames and Hudson 1982, S. 13f.
18 George Balanchine, »The Dance Element in Stravinsky's Music«, in: Minna Lederman (Hrsg.), *Stravinsky in the Theatre*, New York: Da Capo 1975, S. 81.
19 Robert Garis, *Ballet Review*, Herbst 1979, S. 6.
20 I. Strawinsky, »Erinnerungen«, a.a.O., S. 127.
21 Arlene Croce, *Going to the Dance*, New York: Knopf 1982, S. 114.
22 Eva Resnikova, »The Mystery of Terpsichore: Balanchine, Stravinsky, and ›Apollo‹«, *New Criterion*, September 1983, S. 24.

Register